郑竹群 著

巴赫金话语理论
以广义修辞学为阐释视角

**BAKHTIN'S
DISCOURSE THEORY**

FROM THE PERSPECTIVE OF
GENERALIZED RHETORIC

社会科学文献出版社
SOCIAL SCIENCES ACADEMIC PRESS (CHINA)

从仰视他者到平视对话

——序《巴赫金话语理论：以广义修辞学为阐释视角》

谭学纯

三十多年前，有学生问起我的读书生活，我将俗谚"宁吃仙桃一口，不吃烂杏一筐"化用为"愿吃仙桃一筐，不吃烂杏一口"——这在当时只是表明我对话语产品学术含量的看重。随着文化信息密集程度几何级递增，尤其是在"人人都是他自己的话语生产者"[①] 的学术生态中，我更加执着于自己的读书理念：远离水煮学术，精读细读能够为自我"立言"注入思想能量的他人"立言"，《巴赫金全集》属于这样的高品质文献。

《巴赫金全集》的理论谱系，加载中译本主编钱中文的长篇序言《理论是可以常青的——论巴赫金的意义》（通常认为理论是灰色的），在 20 世纪末亮相中国学术语境，一经出场，随即引发了国内围绕巴赫金的学术兴奋。遗憾的是，有关巴赫金的研究成果与修辞学少有瓜葛，《巴赫金全集》超过 500 多处关涉"修辞/修辞学"的学术表达，未见系统梳理和解说，即便是《巴赫金全集》中与修辞关联度最高的"话语"理论，"修辞问题"也是"巴赫金热"中的冷冻层。[②] 郑竹群挖掘巴赫金研究的修辞冻层，以《巴赫金全集》（七卷本）为考察对象，对巴赫金话语理论进行广义修辞学的阐释。用以阐释的理论框架是本土学术产品，这是巴赫金研究

---

① 仿用卡尔·贝克尔就任美国历史学会主席的演讲《人人都是他自己的历史学家》，贝克尔所论一定程度上推动了"人人"（美国"公众"）参与历史阐释的话语生产。参见马万利《卡尔·贝克尔的生平与学术（代译序）》，载〔美〕卡尔·贝克尔《人人都是他自己的历史学家——论历史与政治》，马万利译，北京大学出版社，2013，第 9 页。

② 谭学纯：《巴赫金小说修辞观：理论阐释与问题意识——以〈长篇小说的话语〉为分析对象》，《中国比较文学》2012 年第 2 期。

1

的一种新思路，也是国外理论强势渗透中国学术生产的总体格局中，中国学者传播中国声音的学术尝试。

一

作为郑竹群新著的"题解"，需要消除的可能疑问是：《巴赫金全集》中译本出版时间早于本土的《广义修辞学》，为什么后者却用作前者的解释框架？从潜在的对话关系说，考察巴赫金话语理论中的修辞思想，选择本土的广义修辞学作为参照，出于什么考虑？

这是作者隐而不宣的问题——

在国外理论范式被国内拷贝、求证、跟踪的当下，中国学术生产时或以国际化的名义沦陷于理论殖民化：或者套用国外理论框架，讲述本土学术故事；或者用本土学术案例，诠注国外理论，成为近年拥挤的热门赛道。郑著写作定位体现了不同的学术取向：选择本土理论范式，探寻修辞学研究的国际对话空间，国际化的视野不可或缺，本土化的理论与实践必须在场。注重广义修辞学与巴赫金话语理论的关联性和差异性，是本书探寻国际对话的可能性，同时不失自我话语权的学术姿态。这是区别于仰视他者姿态、取径平视对话的学术自信。

《巴赫金全集》（七卷本），河北教育出版社 2009 年出版，是该社 1998 年刊行《巴赫金全集》（六卷本）的扩展版。《巴赫金全集》（六卷本）在国内推介之初，还有国外修辞理论另一条译介路线：同在 1998 年，中国社会科学出版社出版《当代西方修辞学：批评模式与方法》《当代西方修辞学：演讲与话语批评》以及保罗·德曼《解构之图》，后者所辑修辞学研究的话语资源，连同前两种修辞学译著以及《巴赫金全集》的话语理论，从不同视角展示了修辞学研究的全球坐标，刺激了本土学术生产。其时正是中国修辞学研究步入后陈望道时代的蓄势期，从这个时期酝酿至 2001 年初版的《广义修辞学》，受国外修辞学研究的影响，吸纳但不拷贝国外修辞学理论，并在其后的系列探索中，从包括巴赫金在内的有国际影响力的理论之不足中自我修正，也从自身的不足中探求新知。

进入 21 世纪，本土修辞学研究呈现多元格局，有学者这样描述近 20 年中国修辞学研究的学术图景：

新世纪以来，学界在以往研究范式的基础上，注重新的"研究范式"的构建和实践，如刘亚猛主张"修辞象征研究"、刘大为倡导"修辞构式研究"、胡范铸提出"新言语行为研究"，还有不少其他学者试图引入"互文性分析""语篇分析""批评语言学""社会心理分析""传播理论""认知学科"等新兴理论和方法建构修辞学研究范式。其中，新的研究范式中影响最大、成果最丰的无疑是谭学纯等"广义修辞学研究"。①

同类学术关注，在宗廷虎主编《20世纪中国修辞学》（下卷）、高万云《汉语修辞学方法论研究》等专著中体现得更翔实。② 作为广义修辞学研究范式的理论倡导和实践推动者，我愧受师友溢美，同时也在有条件对话巴赫金修辞理论的意义上，不讳言以下学术事实。

其一，21世纪以来国内修辞学研究不缺少有影响力的成果，这些成果从不同向度推动了后陈望道时代修辞学研究进程，但在重建中国修辞学科形象的学科意识驱动下各有侧重。共同点之一是本土广义修辞学之外的修辞理论，极少触碰巴赫金，也极少引述巴赫金。这其中很重要却未言明的原因，是巴赫金在国内修辞学界的关注度远不如他在文艺学界的显示度。当然也因为巴赫金的修辞研究从理论资源到概念体系、再到技术路线和学术目标等，都与国内绝大多数修辞研究相去甚远。如果希望展开较为系统的修辞学对话，巴赫金与广义修辞学之外的本土理论共同关心的话题可能十分有限。在"以话语的方式"介入社会关切、基于社会正义"向权力说不"的意义上，包括在国家形象话语重塑、对外宣传话语创新的修辞策略与路径等诸多方面，本土的前沿研究敏锐而务实，但《巴赫金全集》修辞理论可能难以聚焦互为镜像的政治传播语言学的逻辑起点。③ 与此同时，国内"巴赫金热"的学术热情投向非修辞学领域。如果以国内关涉巴赫金的非修辞研究作为对话《巴赫金全集》修辞思想资源的本土参照，难免方枘圆凿。在国内修辞学研究冷落巴赫金、国内的巴赫金研究冷落修辞学的

① 段曹林：《新世纪以来中国修辞学科建设与发展研究综论》，《福建师范大学学报（哲学社会科学版）》2015年第1期。

② 宗廷虎主编《20世纪中国修辞学》（下卷），中国人民大学出版社，2008，第609～618页；高万云：《汉语修辞学方法论研究》，吉林教育出版社，2020，第106～147页。

③ 胡范铸、胡亦名：《政治传播语言学的逻辑起点》，《社会科学》2021年第1期。

学术背景下，本土的广义修辞学与巴赫金话语理论关联度较大——《巴赫金全集》高频使用的"修辞/修辞学"及其下位概念在文本语境中的具体指向，体现的是广义修辞观。①《广义修辞学》作者系列论著七种，与《巴赫金全集》（七卷本）话语理论的修辞学关联具有较多阐释与对话的可能性。

其二，从"隔"与"不隔"考量，后陈望道时代，本土广义修辞学及互文性研究之外的修辞学研究范式，对文学修辞作为修辞学研究的话语产品之一略有微词，甚或不乏文学修辞终结论的意向。而巴赫金话语理论体现的修辞思想却主要关涉文学修辞，代表性文献散见于第一卷《审美活动中的作者与主人公》《话语创作美学方法论问题》，第二卷《学术上的萨里耶利主义》《马克思主义与语言哲学》，第三卷《长篇小说的话语》《长篇小说话语的发端》《长篇小说的时间形式和时空体形式》，第四卷《言语体裁问题》《〈言语体裁问题〉相关笔记存稿》《文学作品中的语言》，第五卷《陀思妥耶夫斯基诗学问题》，第六卷《弗朗索瓦·拉伯雷的创作与中世纪和文艺复兴时期的民间文化》，第七卷《俄国文学史讲座笔记》，以及各卷相关题注等。正像巴赫金的修辞分析多解释文学现象、文学思潮、文学史，广义修辞学系列论著的主要话语场域也是文学修辞，《广义修辞学》作者参与和着力推动从 20 世纪 80～90 年代文学的语言学批评到 21 世纪文学修辞批评的理论建构，提出文学修辞研究的第三种模式：从语言学科/文学学科各自为政的文学修辞研究，转向整合语言学—文艺学理论资源和研究方法的文学修辞研究，包括从广义修辞学角度探索重写文学史、重释文学翻译、对勘不同版本修辞重构，以及审视文学期刊话语生产等。② 就释放文学研究和修辞学研究跨界再生产的能量而言，③ 广义修辞学论著与《巴赫金全集》话语理论的学术理念和分析路径，存在诸多相契之处。

其三，也是最重要的：《巴赫金全集》是苏联学科细分体制下完成的知识生产，却跨越学科细分，彰显广博的理论视野，以及游走在符号学、文艺

---

① 郑竹群：《〈巴赫金全集〉（七卷本）修辞理论研究》，博士学位论文，福建师范大学，2021。

② 参见肖翠云《中国语言学批评的发生与演进》，人民出版社，2016，第 276～314 页；潘红《哈葛德小说在晚清：话语意义与西方认知》，复旦大学出版社，2018，谭学纯序言第 1～12 页；董瑞兰《〈文艺学习〉的广义修辞学研究》，南京大学出版社，2018，谭学纯序言第 1～9 页。

③ 谭学纯：《中国文学修辞研究：学术观察、思考与开发》，《文艺研究》2009 年第 12 期；《新世纪文学理论与批评：广义修辞学转向及其能量与屏障》，《文艺研究》2015 年第 5 期。

学、哲学、社会学、文化学、语言学等多学科交叉地带的学术思维和执行力。广义修辞学也越出中国当代学科体制中将修辞学归属语言学科的边界，倡导并践行修辞学研究"融入大生态"：立足修辞学的交叉学科性质、契合跨学科视野，正视由小同行（教育部学科目录中的三级学科——修辞学科）、大同行（教育部学科目录中的二级学科——语言学科）、超同行（教育部学科目录关联修辞学的一级学科）共同构筑的多学科生态、研究成果向多学科话语平台流动。这是区别于国内诸多修辞观，而比较便于对话巴赫金修辞理论的认识论和本体论基础。①

以上所述，权作题解，或许可以在一定程度上看作广义修辞学与巴赫金修辞思想对话的理论前提，不影响本书和本文作者对本土其他修辞理论的尊重。

二

巴赫金没有建构一个自洽的修辞理论体系，因此有全面梳理的必要。理论梳理既要忠于《巴赫金全集》，又不能完全跟着巴赫金的节奏走，否则理论脉络可能由于巴赫金修辞研究的非体系性而显得杂乱。为减少阐释与对话的散点透视，对话框架本身不宜过于零散。本土的广义修辞学，给出了一个由修辞技巧、修辞诗学、修辞哲学层层建构的理论框架，这个理论框架的解释力和可推导性在作者的持续研究以及同行关注与援用中，得到不同程度的验证，② 这是本书选择广义修辞学解释框架，阐释巴赫金话语理论的缘由。从学术操作说：本书考察《巴赫金全集》话语理论的修辞性，涉及不同的概念系统，如果用巴赫金的"话语"概念解释其"修辞"概念，或者用巴赫金的"修辞"概念解释其"话语"概念，会造成阐释的循环，也很难避免概念交叉，这是《巴赫金全集》庞杂的"话语"概念和"修辞"概念决定的。本书立论，穿行在不同的概念系统之间，采用边界相对清晰的广义修辞学概念构成（修辞技巧、修辞诗学、修辞哲学），阐释巴赫金话语理论中的修辞问题，这在"绪论"和"结语"中略有说明。

书中"巴赫金话语理论中的修辞技巧问题"一章，阐释巴赫金反修辞

---

① 参见高万云《广义修辞学范式：本体论、认识论、方法论》，《当代修辞学》2014年第2期。
② 参见董瑞兰《〈文艺学习〉的广义修辞学研究》，南京大学出版社，2018，附录3"广义修辞学研究相关度较高的成果目录（2001~2018）"，第253~271页。

技巧论倾向，巴赫金用"书房技巧"表述修辞技巧，尤以第三卷《长篇小说的话语》对"淹没在修辞的细枝末节之中"的"书房技巧"的批评最为激烈，用语之犀利，透露了《巴赫金全集》对沉于遣词造句微表情的不满。批评拘于"书房技巧"的修辞研究，扩大了巴赫金的理论受众和修辞思想的传播范围，但批判意识如果越出了逻辑边框，对修辞技巧的过度反应就可能夹带矛盾。本书注意到了这种矛盾，其实，不是所有的"细枝末节"都是话语层面的一地鸡毛，有时候文本修辞的方向性改变，恰恰预理在修辞细节中。熟悉俄国文学史的读者，应该对契诃夫处理修辞细节的独到有深刻印象。巴赫金在理论上直率地反对细碎化的修辞研究模式，实践中却无法与修辞技巧真正切割。《巴赫金全集》中"修辞辞藻""修辞变体""修辞成分""修辞措施""修辞色彩""修辞偏好""修辞性问句"等术语的运用，多指向词句层面的修辞，时或不自觉地滑向修辞技巧。这可能与《巴赫金全集》中相当一部分"修辞××"的语义暧昧有关，也与技巧层面的修辞在巴赫金话语理论中没有给出明确的边界不无关系。广义修辞学系列论著尽可能避免这种矛盾，明确区分：一种说法/写法仅仅建构词句层面的生动形式，属于修辞技巧范畴；一种说法/写法建构文本层面（包括书面文本和口头文本，后者如即兴演说、现场辩论等）的章法，属于修辞诗学范畴；一种说法/写法参与建构话语主体的精神世界，属于修辞哲学范畴。广义修辞学包括但不限于修辞技巧，而向修辞诗学和修辞哲学延伸，或许构建了一个具有一定包容性的学理结构。

不管是西方的"一语说"，还是中国古代的"炼字"，如果止于词句调遣，则终于修辞技巧。中国古人所说的"有句无篇"，其实是工于修辞技巧、疏于修辞诗学；而"有篇无句"，其实是敏于修辞诗学建构，拙于修辞技巧拿捏。当修辞技巧始于并终于以词句为研究单位的言语运用美学的时候，《巴赫金全集》和广义修辞学系列论著将问题空间延伸到了修辞诗学。本书有专章讨论"巴赫金话语理论中的修辞诗学问题"，虽然《巴赫金全集》没有使用"修辞诗学"概念，但所涉修辞问题，主要指向修辞诗学的实质。《广义修辞学》提出"修辞诗学"概念，既基于《巴赫金全集》实际讨论的修辞问题，也基于"修辞学"和"诗学"互相交织的中西学术史实。修辞诗学研究艺术真实对生活真实的再编码，观察与解释的话语单位是文本整体，也就是说，修辞诗学研究的话语单位是结构性的，是影响文本结构的修辞元素，即便从局部切入，也是"为整体的局部"，需要落实到局部的优化组构形成的整体形式。反向的观察与解释是：如果局部组构 $1+1<2$ 甚至 $1+1=0$，是失败的修辞配置。问题在于文本建构过程中，常有 $1+1<2/1+1=0$ 的情形，虽然有叙述介入的文本生产免不了这种倾向，但学术研究较少关注文本层面失败的修辞配置，而更多地注意词句层面成功的修辞选择。身处隧道，难见开阔空间，久而久之，开阔的境界渐渐淡出自己的心理实现。而当阔大的境界淡出思维空间时，即使走在广场上，也多半走的是狭窄通道中的碎步。如同笼中的鸟，囚住了飞翔的愿望，也囚住了飞翔的能力。本书从修辞诗学层面考察巴赫金话语理论，体现了走出审美隧道、展现开阔天地的努力。所涉俄国形式主义、材料美学、马克思主义社会学等话语理论，以及凸显或隐匿的"修辞问题""修辞路线""修辞意义""修辞统一体"等，研究单位都是结构性的修辞元素，包括大于词句的单个文本、文本类别，乃至文学史视野中的文体流变。

本书作者有过语言哲学研究经历，所著《视域嬗替的语言镜像》曾获第七届高等学校科学研究优秀成果奖（人文社会科学）三等奖。从语言哲学到修辞哲学，关联度较大，而巴赫金又认为自己是哲学家，因此修辞哲学自然成为本书的阐释重点。书中讨论"巴赫金话语理论中的修辞哲学问题（上、下）"两章，在话语的外位性、完成性/未完成性、斗争性等不同程度地参与话语主体精神建构的意义上，打开了修辞哲学的阐释空间。尤其是话语的不确定性，需要联系语言的确定性来考察。后者受概念认知支持，前者由修辞认知运作。从概念认知的确定性重建为修辞认知的不确定性，作为语言动物的人，以修辞动物的认知方式重新出场。修辞认知非常规地框定我们的思考方向，也改变我们的思考方向；激活我们的感觉，也窒息我们的感觉；扩张我们的经验，也卸载我们的经验。不同的表象在修辞中相遇、汇聚，是广义修辞学和巴赫金话语理论的形而上层面，也是本书竭力挖掘与解释的修辞哲学问题。

三

《巴赫金全集》中译本初版的年代虽有"思想家淡出，学问家凸显"[①]

[①] 李泽厚：《思想家淡出，学问家凸显》，《李泽厚对话集：九十年代》，中华书局，2014，第 145 页。

的学术倾向，但巴赫金则是仰望学术星空、低头思考的思想家。

　　《巴赫金全集》最重要的修辞思想，是超语言学的修辞观。广义修辞学与《巴赫金全集》最接近的修辞理念，也是超语言学的修辞观。超语言学是相对于纯语言学的概念，后者基于索绪尔的语言系统（与言语系统相对），将修辞预设为必然如此的语言形式，实际上修辞学不仅需要观察与解释语言系统中必然如此的语言形式，更需要观察与解释言语系统中偶然如此的语用形式，"偶然如此"是修辞权力接管语法权力、逻辑权力的语用契机。据此将语言机制的常量投射为言语机制的变量，将现实秩序的不可能性修辞化为话语秩序的可能性，这是纯语言学的修辞研究难以抵达的解释空间，也是超语言学视野中可以拓展的解释空间。超语言学的修辞开发，扩大学科能见度的突围意识，超出对学科识别度的谨慎守望，以至于纯语言学的修辞研究时或以"什么不是修辞"质疑超语言学的修辞研究。

　　学术史上的中西修辞学，有一个共同的鲜明特征：修辞的超语言学基因＞纯语言学基因。西方修辞学史的叙述起点，多从古希腊开始，作为西方修辞学系统理论的奠基之作，亚里士多德《修辞学》涉及的问题，不是纯语言学能够充分解释的。中国修辞学史的叙述起点，从先秦开始，基因样本很难从《尔雅》《方言》《说文解字》《释名》《广韵》等纯语言学典籍提取。这一重要的学术事实，对西方修辞学研究的影响不是太大，因为西方修辞学没有语言学科的身份规约。但是对于学科身份被归入语言学科的中国现代修辞学来说，影响很大。超语言学基因＞纯语言学基因的修辞学，因其深厚的人文传统，在理论资源、研究范式等方面难以真正融入追求技术理性的当代语言学科，可能也因为"基因排异"，语言学科似乎也很难真正接受学术面貌与自己有差异的修辞学科。熟悉这种背景，可以更合理地解释：巴赫金的"修辞问题"，是超语言学问题＞纯语言学问题；广义修辞学则不拒绝纯语言学的理论资源和研究方法，同时向超语言学场域开放。后者在语言学和非语言学知识体系之间穿越，在穿越地带发出自己的声音，希望修辞学研究在纯语言学与超语言学之间重建平衡点。

　　本书主要是在超语言学的意义上展开的，这也是书中极少纯语言学概念术语的原因。本书的研究基础是细读《巴赫金全集》以及关联巴赫金话语理论的相关文献，既需要挖掘与梳理未知文献，也需要挖掘与梳理已知文献的未知信息，更需要体现对已知文献区别于现有研究的阐释触及了什么样的学术层次。作者力图还原巴赫金话语理论中的修辞思想是什么,梳理其来龙去脉、勾勒其左右关联的知识图谱。由于《巴赫金全集》的话语理论指向不同的问题域,话语理论所涉修辞问题被分割成思想碎片,本书提取碎片化分布于《巴赫金全集》话语理论相关篇章的修辞学理,分别置入修辞技巧、修辞诗学和修辞哲学三个层面,彰显其整体样貌。通过新的论证,展示巴赫金话语理论这一重要研究课题中未经全面阐释的修辞学资源。不回避巴赫金修辞思想的局限,也不放大他的不足。所涉巴赫金修辞观与本土广义修辞观在理论与实践方面的相同、相近、相关与相异,为推进本土修辞理论与域外修辞理论的对话,为重建中国修辞学科形象、重构中国修辞学科生态,提供了不同学术背景下域外与本土的探索实例,并在一定程度上冲击了中国教育部学科目录中框定的学科思维,触及了修辞学研究较深层次的问题空间。由此推导域外理论的本土适应性,本土研究如何为全球视野中的修辞学知识图谱提供"中国方案",本书的探索在再思考与再出发的双重意义上,传递了某种隐秘的信号。

《巴赫金全集》知识生产的时间跨度较大,但基本上体现了苏联学科细分体制下的广博视野,联系同样在苏联学科细分体制下出现的季莫菲耶夫、卡冈等具有国际影响的跨学科学者,再联系以术业有专攻名义"不知有汉,遑论魏晋"的学术生产,可见同样的学术体制下,学者的存在感有不同的自我实现方式。当学术防火墙红灯闪烁时,学者如何面对?这取决于不同的学术智慧和执行力。在个人无法改变学术体制游戏规则的情况下,学者可以改变的只是自己。《巴赫金全集》的知识图谱来自多学科,多学科的理论资源如何被跨学科地组织和整合,推动兼有包容性和开拓性的理论建构,是一种艰难的跋涉。巴赫金的学术生涯无声地宣告:他在包括长期流放的极端条件下完成了跋涉——巴赫金研究同样是艰难的跋涉,同样需要如同巴赫金的不放弃。就此而言,本书出版,不是艰难跋涉的结束,而是开始。

目 录
Contents

绪　论

第一节　研究背景与选题意义

巴赫金话语理论初步形成于 1929 年出版的《马克思主义与语言哲学》,[①]其关键词"话语"在《巴赫金全集》中有多种含义,主要通过五个不同的俄语单词来表达:"слово""высказывание""текст""говорение""речь"。"высказывание"指表述;"текст"指文本,泛指文艺学、语文学、语言学、哲学等人文学科的话语,也即文化话语;"говорение"指约定;"речь"指与语言相对的概念——言语;但最能体现"巴赫金整个人文哲学(对话主义哲学)思想的核心"的则是"слово"。[②] 在《论行为哲学》中,"слово"指包含主体"我"的情感意志语调的话语;在《文学作品的形式、内容与材料问题》中,"слово"指作为材料的词语;在《马克思主义与语言哲学》中,"слово"指社会学意义上的交际互动的言语;在《长篇小说的话语》中,"слово"则指具有社会学性质的修辞学特点的体裁;在《言语体裁问题》中,"слово"指语言学上的单词;后期在巴赫金的笔记中,"слово"则更多指真理。

"слово"既是书面的语言,也是口头的语言;既是语言学用语,也是日常生活用语;既是工具的语言,也是存在的语言,涉及哲学、语言学、

[①] 白春仁:《边缘上的话语——巴赫金话语理论辨析》,《外语教学与研究》2000 年第 3 期。

[②] 凌建侯:《试析巴赫金的对话主义及其核心概念"话语"(слово)》,《中国俄语教学》1999 年第 1 期。

1

语法学、修辞学等问题。由于"слово"意义的多变，巴赫金话语理论很难以一言来概括，但可以肯定的是，巴赫金话语理论是一门综合性的理论，包含语言学、修辞学、文艺学、符号学、社会学及哲学思想。由于巴赫金话语理论的基石建立在他对存在与上层建筑之间关系的思考上，巴赫金话语理论自始至终都立足于社会交往的意识形态，所以对巴赫金话语理论的研究应该至少由以下七个方面组成：话语基础（社会交往）、话语性质（社会性、外位性、对话性、未完成性、斗争性）、话语主体（作者/说者、读者/听者、主人公）、话语形式（言语体裁）、话语行为（文本、言语行为）、话语声调（社会评价）、话语边界（话语主体的更替）。

作为一种在人文领域被广泛应用的理论，巴赫金话语理论的研究工作却相对薄弱。当前国内外学界对话语理论的关注，更多集中在福柯、德里达等人身上，而对巴赫金话语理论的重要性尚未有足够的认识。实际上，巴赫金话语理论在语言的斗争性方面还有巨大的生命力，例如话语修辞中怪诞身体的夸张变形、声音的重读变调、社会形象的选择冲突等，无不传递出社会交往中多声多语多体的矛盾和复杂。深入巴赫金话语理论研究，对未来巴赫金话语理论研究的趋势有着极为重要的指导作用，对加强巴赫金话语理论研究的应用更具有十分重要的社会意义。

第二节　文献综述

20 世纪 60~70 年代巴赫金理论走出苏联，走进法国的结构主义与后结构主义理论界以及意大利的符号学界；20 世纪 80 年代，进军北美、欧洲以及东方，成为一门显学；20 世纪 90 年代，特别是巴赫金百年诞辰（1995 年）前后，是巴赫金理论研究的高潮。① 然而蹊跷的是，在 20 世纪 80 年代和 90 年代国外学者比较系统介绍和阐述话语理论研究的专著、读本或者关键词、研究的丛书系列，却没有巴赫金话语理论的说法或踪影，如 1986 年英国学者麦克唐纳（Diane Macdonell，又译为麦克唐奈）的《话语理论》（*Theories of Discourse：An Introduction*，又译为《言说的理论》），论

---

① 周启超：《"俄罗斯形式论学派 100 年国际学术研讨会"纪要》，《俄罗斯文艺》2014 年第 1 期。

述了从索绪尔、阿尔都塞、佩肖、兴达斯、希尔斯特到福柯等人的话语理论，却只字未提巴赫金的话语理论。①

如果麦克唐纳没有提到巴赫金是因为他所追寻的是法国流派的话语理论体系，那么1999年英国学者托尔芬（Jacob Torfing）的《话语理论新编：拉克劳、墨菲和齐泽克》（*New Theories of Discourse：Laclau，Mouffe and Zizek*）②也没有提到巴赫金话语理论就比较耐人寻味。这本书可以说是对麦克唐纳的补充，他引介新近发展的政治文化分析领域的拉克劳、墨菲、齐泽克的话语理论，这三位话语理论家并不属于法国流派。上述资料恰足以表明，以麦克唐纳和托尔芬为代表的西方主流学者对巴赫金在话语理论方面的成就并不给予肯定。

21世纪初，恰在"巴赫金理论研究已然风光不再"的时候，2001年国际上却有学者提出"如果费尔迪南·德·索绪尔被看做语言学之父，那么米哈伊尔·巴赫金就应被视为话语之父"。③2003年，国际上以读本形式呈现的最有影响力和代表性的话语研究精粹文集《话语理论与实践读本》（*Discourse Theory and Practice：A Reader*），④为反思"话语"在当下学术界几乎无处不在的现象，探讨话语的不同含义、话语研究的不同路径及其对社会科学的贡献和影响，特别遴选六大话语研究传统，这六大理论中就有巴赫金话语理论。Janet Maybin从语言、斗争和声音三个方面解析话语的对话性、声音的社会评价、话语的社会历史与交往以及多声的冲突，表明巴赫金话语理论的杰出贡献在于从社会交往与斗争中研究话语的意义。2014年，在"跨文化话语旅行中的巴赫金"国际学术研讨会上，俄罗斯国立人文大学瓦列里·秋帕对比巴赫金与福柯的话语理论，甚至认为巴赫金是当代话语研究交际理论的真正奠基者。⑤巴赫金似乎又开始重新进

---

① 〔英〕麦克唐奈：《言说的理论》，陈墇津译，台北：远流出版事业股份有限公司，1995，第3~5页。
② Jacob Torfing, *New Theories of Discourse：Laclau，Mouffe and Zizek*, Oxford：Blackwell Publishers Ltd.，1999.
③ 王永祥：《"语言"与"话语"：两种语言哲学视角论略》，《外语学刊》2010年第4期。
④ M. Wetherell, S. Taylor, and S. J. Yates（eds.），*Discourse Theory and Practice：A Reader*, London：Sage Publications，2003.
⑤ 汪磊、王加兴：《"跨文化旅行"中的巴赫金文论研究新进展——巴赫金国际学术研讨会综述》，《当代外国文学》2015年第2期。

入主流语言学话语理论研究的视野中。

牛津系列期刊属于世界顶级期刊，牛津系列期刊上关于巴赫金话语理论的文章，很大程度上代表了国际学界巴赫金话语理论研究的风向，对巴赫金话语理论研究具有重要的指导意义。在 1990～2017 年牛津系列期刊中，共有 79 篇文章述及巴赫金，这 79 篇文章从研究方向上基本可分为两类：第一类为巴赫金话语理论基础性研究；第二类为巴赫金话语理论应用性研究。

在牛津系列期刊 1990～2017 年的 79 篇文章中，巴赫金话语理论基础性研究成果极少，仅英国剑桥大学 Graham Pechey 教授发表的一篇——《倒数第二句话：米哈伊尔·巴赫金"换气孔"的生命》（"Penultimate Words：The Life of the 'Loophole' in Mikhail Bakhtin"）。[①] Graham Pechey 教授十分注重对巴赫金思想的梳理，善于从中发现巴赫金具体而微的话语思想，比如他从《陀思妥耶夫斯基诗学问题》入手，在探索第五章后半部分的文本时，发现一些细微但充满力量又使人讶异的思想，他将这种"高度复杂的内在的"、具有"外位性向内且微型化的透视"的文学思想称为"换气孔"话语。

"换气孔"话语主要存在于巴赫金所钟爱的诗人的作品里，是一种诗歌意象，指语言中没有不容更改的意义，在任何时刻，语言都像变色龙一样，准备随时改变它的音调和它的终极意义，所以"换气孔"的重要性在于一个人保留改变自己最终、最后话语意义的可能性……仅从意义来判断，带有"换气孔"的话语应该是终极话语，所呈现的现象也是如此，但事实上，在一个有条件的阶段，它不是最终的阶段，只是倒数第二句话或地方。Graham Pechey 认为"换气孔"话语是巴赫金思想发展中的一个重要范畴，是巴赫金从宗教和哲学角度对文学现象进行的一次思考，也是他者关于自我无限延迟的最后一句话所提供的生活上关于道德规范的精神呼吸的空间。此外，"换气孔"除了帮助我们"看见"话语之外，还在独语内部发生的内在对话里，得以提出"情节"功能之外的另一种小说功能。"换气孔"成为巴赫金外位性美学和可应答事件伦理之间的关键，是巴赫

---

① Graham Pechey, "Penultimate Words：The Life of the 'Loophole' in Mikhail Bakhtin," Literature & Theology, 20, 3 (2006)：269－285.

金（得益于东正教对化身的强调）得以即刻逃脱西方哲学内在化，调解宗教启示和大众启蒙的手段之一。Graham Pechey 援引约瑟夫·曼德尔斯塔姆来解释所有诗歌对"换气孔"收件者的预设，即这个收件者就是具有他/她独特性的我们中的每一个人；而在大卫·琼斯的笔下，诗歌话语的"换气孔"结构则暗含着一种信仰，即诗歌是使世俗世界的通风口畅通的神圣行为。

在牛津系列期刊 1990～2017 年的 79 篇文章中，巴赫金话语理论应用性研究数量众多。此类研究主要围绕文学话语进行，但不同时代呈现不同的特征。1990～1999 年基本集中在语言外位性的应用上，在文化领域里，外位性是产生不理解的一个很大的因素，外国文化只有在另一种文化的视角中，才能得到最深刻和最全面的揭示，只有与另一种意义相遇，某种意义才能得到更深刻的揭示，如 "Inheritance and Invention in Li‐Young Lee's Poetry"（《李立扬诗歌中的传承和创新》）等。[①] 2000～2017 年除持续对跨种族文学话语的关注外，开始对数字文学展开研究，如 "Poetics of Crisis or Crisis of Poetics in Digital Reading/Writing? —The Case of Spanish Digital Literature"（《数字阅读/写作中危机的诗学或者诗学的危机？——以西班牙数字文学为例》）。[②] 与此同时，巴赫金话语理论的应用研究出现跨学科特点，延展出的研究视角十分丰富，有社会学话语、历史话语、新殖民话语、情色话语、音乐话语、电影话语、剪纸话语、装饰画话语、女性话语、宗教话语、新闻话语、政治话语等。

国内将巴赫金话语理论作为专门研究对象始于 1999 年凌建侯的博士学位论文《话语的对话本质——巴赫金对话哲学与话语理论关系研究》，[③] 该文以巴赫金的话语和对话为观察点，沿着巴赫金辨析语言的路径，将话语理论研究贯穿在话语的主体——说者和听者/作者与读者的言语交际互动中，通过与巴赫金对话哲学的结合，讨论巴赫金话语理论中"话语对话

① Zhou Xiaojing, "Inheritance and Invention in Li‐Young Lee's Poetry," *MELUS*, 21, 1 (1996): 113-132.
② Dolores Romero Lopez, "Poetics of Crisis or Crisis of Poetics in Digital Reading/Writing? —The Case of Spanish Digital Literature," *Literary and Linguistic Computing*, 27, 3 (2012): 305-320.
③ 凌建侯：《话语的对话本质——巴赫金对话哲学与话语理论关系研究》，博士学位论文，北京外国语大学，1999。

性"思想的普遍意义，建议采取多学科交叉的边缘视角研究话语及其对话性。该文重点放在巴赫金话语理论中"话语对话性"是否具有普遍意义的问题上，因此未对巴赫金话语理论做一个系统的归纳和总结。此后虽有学者对巴赫金话语理论进行阐释，但对巴赫金话语理论的理解各持己见，如白春仁将巴赫金话语理论概括为一种文化理论——"语言的生命在话语，话语的生命在于价值，价值产生于对话，对话贯穿于文化"；① 凌建侯、毛伟、刘晗将超语言学视为话语理论；② 李彬认为社会交往与对话学说、"超语言学"理论以及意识形态话语观等构成巴赫金一整套的话语理论。③ 另有个别学者研究巴赫金的社会杂语话语理论、异质语话语理论、广场语话语理论、复调话语理论等，故而，国内巴赫金话语理论基础性研究比较零散，局限在文学范围内，未形成跨学科的研究气象。

国内学者对巴赫金话语理论应用性研究也很分散，涉及话语理论对比研究、外语教学的理论指导、文学话语和非文学话语的话语分析、话语理论的哲学意义等。不过值得一提的是，国内学者对巴赫金话语理论应用性研究在修辞学领域研究还较为深入，颇能形成自己的话语体系，如谭学纯分析巴赫金的《长篇小说的话语》时，指出巴赫金小说修辞观是一种修辞统一体的整体观照，修辞研究应该从修辞话语、文本建构以及主体建构方面促进研究，从语言学向文艺美学和文化哲学层面延伸，拓展小说修辞学的理论空间；④ 朱玲从探讨巴赫金的修辞观、研究方法及启发层面表示，由于巴赫金从哲学、社会学高度把握语言问题，实际上也就提出了一些关于修辞研究的方法论和认识论。⑤

1990～2017 年国内外的巴赫金话语理论基础性研究及应用性研究存在较大差别。国外学者来自世界各人文领域，许多学者本身既在跨文化研究也在跨文化实践，学术视野开阔，话题深入，且涉及诸多意识形态热点问

---

① 白春仁：《边缘上的话语——巴赫金话语理论辨析》，《外语教学与研究》2000 年第 3 期。
② 凌建侯：《巴赫金话语理论中的语言学思想》，《中国俄语教学》2001 年第 3 期；毛伟：《对话性中的语言哲学：巴赫金超语言观理释》，《求索》2009 年第 7 期；刘晗：《双重批判与反思中的理论建构》，《新疆社科论坛》2009 年第 1 期。
③ 李彬：《巴赫金的话语理论及其对批判学派的贡献》，《国际新闻界》2001 年第 6 期。
④ 谭学纯：《巴赫金小说修辞观：理论阐释与问题意识——以〈长篇小说的话语〉为分析对象》，《中国比较文学》2012 年第 2 期。
⑤ 朱玲：《修辞研究：巴赫金批评了什么——兼谈广义修辞学观》，《当代修辞学》2014 年第 2 期。

题，如身份政治、生态、区域、种族、性别、后殖民、文化霸权等；所跨学科不但包含了语言学和哲学，还有音乐、电影、剪纸、版画等艺术类的美学研究，以及神学、历史学、法学、政治学、社会学等方面的研究，文章多以批判和反思为主。国内学者研究涉及语言学、文学、哲学，着力点比较分散，较少跨学科，研究内容较宽泛，多诠释，少批判，有些结论流于表面。但不管如何，国内外巴赫金话语理论研究文献的梳理，对巴赫金话语理论研究的将来，将会有怎样的路径和方向的选择，具有极为重要的参考价值和借鉴意义。

第三节　写作思路

《巴赫金全集》时间上主要按照年代顺序进行排列；内容上话语理论和小说理论相互交叉，并且始终贯穿着对哲学和方法论的思考；结构上采取类似俄罗斯套娃方式，大问题套小问题。具体参见表1。

表1　《巴赫金全集》的内容和结构

话语理论		
第一卷	1919~1924 年	《审美活动中的作者与主人公》结语"作者的问题"及其他
第一卷	1924 年	《话语创作美学方法论问题》第一部"文学作品的形式、内容与材料问题"第三章"材料问题"
第二卷	1926 年	《生活话语与艺术话语》（署名 V. N. 沃洛希诺夫）
第二卷	1927 年	《文艺学中的形式方法》
第二卷	1929 年	《马克思主义与语言哲学》（署名 V. N. 沃洛希诺夫）
第三卷	1934~1935 年	《长篇小说的话语》
第三卷	1940 年	《长篇小说话语的发端》
第四卷	1953 年	《言语体裁问题》
第四卷	1954~1955 年	《文学作品中的语言》

话语理论		
第四卷	1959 年	《文本问题》
第四卷	1961 年	《1961 年笔记》前半部分
第四卷	1970 ~ 1971 年	《1970—1971 年笔记》
第五卷	1929 年初版	《陀思妥耶夫斯基诗学问题》第五章 "陀思妥耶夫斯基的话语" 第一部分 "小说语言的类型"
第五卷	1963 年再版	《陀思妥耶夫斯基诗学问题》
小说理论		
第一卷	1919 ~ 1924 年	《审美活动中的作者与主人公》
第一卷	1924 年	《话语创作美学方法论问题》第一部 "文学作品的形式、内容与材料问题" 第二章 "内容问题"
第三卷	1936 ~ 1938 年	《教育小说及其在现实主义历史中的意义》
第三卷	1937 ~ 1938 年	《长篇小说的时间形式和时空体形式》
第三卷	1941 年	《史诗与长篇小说》
第五卷	1929 年初版、1963 年再版	《陀思妥耶夫斯基诗学问题》第二章 "陀思妥耶夫斯基创作中的主人公和作者对主人公的立场"，第三章 "陀思妥耶夫斯基作品中的思想"，第四章 "陀思妥耶夫斯基作品的体裁特点和情节布局特点"，以及 1963 年再版中第一至三章的增补修订部分
第六卷	1965 年	《弗朗索瓦·拉伯雷的创作与中世纪和文艺复兴时期的民间文化》
哲学和方法论		
第一卷		《论行为哲学》
第一卷		《话语创作美学方法论问题》
第二卷		《文艺学中的形式方法》
第三卷		《史诗与长篇小说》
第四卷		《论人文科学的哲学基础》
第四卷		《人文科学方法论》

资料来源：钱中文主编《巴赫金全集》（七卷本），晓河等译，河北教育出版社，2009。

　　《巴赫金全集》通篇论述言语、话语的只有第二卷（1929 年）《马克思主义与语言哲学》，言语类型论中篇幅最长最详细的是第三卷（1934 ~ 1935

年）《长篇小说的话语》，而将话语理论与小说理论混合起来谈论发生在 20世纪 60 年代，即 "1963 年出版的再版《陀思妥耶夫斯基诗学问题》改变初版时第一部《小说论》、第二部《话语论》的格式，不再分小说论、话语论，把全书分成五个章节（60 年代初期的记录中，还有小说论、话语论之分）。70 年代所写的最后的（？）笔记中，已把小说论和话语论混合起来谈论了"①。基于此现象，本书中的巴赫金话语理论综合了话语论和小说论的主要观点。

巴赫金话语理论中关于话语、独白、对话、双声、杂语、多语、复调、众声喧哗、体裁、互文、怪诞、狂欢、戏仿、笑话、外位性、时空体等核心概念，代表边缘文化在遭遇中心化时不断变迁和运动过程中所形成的各种各样的拉锯力量，入木三分地揭示语言背后所隐藏的许多形形色色的复杂问题。作为一种力透纸背的话语理论，巴赫金话语理论有其得天独厚的优势和发展潜力。在结合国内外研究的基础上，本书的写作思路将在如下三个方面展开。

第一，研究方向跨学科交叉化。近 20 年来，话语作为研究对象，已经泛化到几乎所有的人文社会学科，除了传统的语言学、文学、修辞学之外，还泛化到社会学、历史学、政治学、新闻学、传播学、人类学、女性学、环境学、宗教学、视觉艺术、认知心理学、社会心理学等，这种泛化"客观上扩大了话语研究的对象和范围"②，并形成了多学科、多视角的交叉、融合和整合的态势。"学科建设与发展的思想能量部分地来自学术观察与思考"③，以巴赫金话语理论与音乐的跨学科研究为例，Anindita Ghosh 分析 19 世纪晚期加尔各答地区歌曲话语，认为通常歌曲中叙述的事件和经验可以为公众歌曲的编写和城市居民情感的形成提供普通、真实的参考。④ 19 世纪的加尔各答是一个迁移民工、技工、船夫、劳工、小商贩、店主和职员的大熔炉，此外，还有一些非常知名的学者和孟加拉的教育阶层迁居至此。加尔各答作为英属印度首都，是国家行政和商业中心，也是

---

① 〔日〕北冈诚司：《巴赫金：对话与狂欢》，魏炫译，河北教育出版社，2001，第 14 页。
② 陈汝东：《论话语研究的现状与趋势》，《浙江大学学报（人文社会科学版）》2008 年第 6 期。
③ 谭学纯：《本期话题：修辞学科学术观察与思考（五）》，《福建师范大学学报（哲学社会科学版）》2017 年第 2 期。
④ Anindita Ghosh, "Singing in a New World: Street Songs and Urban Experience in Colonial Calcutta," *History Workshop Journal*, Vol. 76, No. 1, (2013): 111 – 136.

次大陆一座典型的现代化城市。许多人对这里低收入外来者的喧嚣生活知之甚少。循着城市公共生活可视化、有声化的轨迹，以城市公共空间如街道、市场、开放广场等教育水平不高的地区为据点，可以发现19世纪早期加尔各答的街巷歌曲文化是喧嚣的，这种文化的最初客人是加尔各答第一代富人——旧的土地贵族、城里东印度公司买办和商业大亨，他们仍然强烈地认同自己的乡村生活。但是这种街巷歌曲文化很快在城市里远不那么富裕的居民中得到广泛的支持。这些街巷歌曲文化包括了民歌中间穿插的谩骂，充满肢体语言的讽刺哑剧以及本地化的性诱惑的舞蹈，这些文化所带来的具有讥讽意味的笑声，有时轻松但更多是尖锐的，饱含拉伯雷狂欢世界的意向。19世纪末加尔各答的歌曲用它独特的广为流传的话语，影响包括女性、物质改变、自然灾害和性在内的城市，证实城市的普世经验，暴露出加尔各答这座繁华城市是一个辛辣的充满底层社会仇恨的世界。由此可见，巴赫金话语理论作为话语研究的一个重要领域，如果"中国学者更主要从语言学和文化理论的角度来理解巴赫金的话语理论"[①] 显然是远远不够的，细致的学术观察和思考，将很好地推动跨学科研究，使多学科或跨学科的探讨成为今后的研究趋势。

第二，研究内容系统性细化。现在主流的话语理论研究对象已然包括了话语主体的言语机制和言语能力、话语本体、话语的建构和解构、话语权利和话语秩序；话语研究范围涉及日常话语、书面话语、多媒体话语、网络话语等；话语研究范式可以基于话语社会性、经济性和艺术性的考虑，也可以基于话语生产和消费规律的考虑，或者基于话语功能的认识。因此巴赫金的话语理论也应该进行系统性的细化研究，如话语基础研究（社会交往/社会性）、话语性质研究（外位性、对话性、未完成性、斗争性）、话语主体研究（作者、读者、主人公/表达者、接受者）、话语形式研究（言语体裁）、话语行为研究（文本、言语行为）、话语声调研究（社会评价）、话语边界研究（讲话主体的更替）等。研究范围上，除语言学话语、文学话语外，还可以拓展到社会学话语、音乐话语、电影话语、剪纸话语、装饰画话语、女性话语、宗教话语、新闻话语、政治话语等方面。巴赫金对语言的斗争性有十分独到的见解，其中关于身体的怪诞修

---

① 曾军、李维：《新世纪以来中国巴赫金研究的现状及其问题》，《人文杂志》2017年第2期。

辞、声音的距离及力量、视觉修辞、空间修辞等，无不透着社会交往中多声多语多体的矛盾性、复杂性和斗争性。以对笑声的研究为例，研究表明，笑声是一种十分细微且复杂的话语现象。笑声，可以被视为黑人奴隶对白人权力的抵抗标志，"是他们手中一件自由的工具"①，像火炬一样，充满战斗的力量。在中世纪和近代早期的流行的节日中，笑则被视为生活中"低"的一面，如食物、饮料、排便、消化和性等，因此常常以笑来亵渎贬低神灵或官方权威。而在被广为阅读的意大利人行为手册里，开玩笑被视为控制危险能量的媒介，因为它暴露了威胁价值主导体系的行为。这时的笑声不是来自官方世界约束的释放，而是为官方世界效力，并且加强了既定的秩序。② 在《改变世界的笑的力量：瑞典女漫画家发出的声音》③中，女漫画家的作品为读者特别是女性读者带来了笑声。这种笑声表明，这些女漫画家不但实现对传统漫画美学的转型，同时还实现了以其历史性别规范为标志的社会转型。

第三，研究范式重新语境化。南京大学陈新仁教授在谈到学术创新问题时曾说："研究者需要将自己的学术研究'语境化'，契合学科语境，融入话题语境。"④ 巴赫金话语理论由苏联到欧洲再到中国，在其一路的旅行中，对其接受的同时，不同的文化、语境以及时空也会对其产生影响，从而也存在重新编码和重新接受的情形。中国有自身的话语传统，中国学者通过建构中国本土话语理论的研究范式，实现话语研究的多元对话，因而重新语境化巴赫金话语理论也将是巴赫金话语理论研究的新趋势。以修辞学角度重新语境化巴赫金话语理论为例。巴赫金话语理论与修辞关系源远流长。巴赫金话语理论的源头——超语言学理论，正是建立于批判现代语言学将修辞降格为一种书房技巧的研究的基础之上。巴赫金明确提出"修辞学不应只依靠语言学，甚至主要不只应依靠语言学，而应依

---

① Andy Doolen, "Reading and Writing Terror: The New York Conspiracy Trials of 1741," *American Literary History*, 16, 3 (2004): 377 – 406.

② Donna G. Cardamone, "Erotic Jest and Gesture in Roman Anthologies of Neapolitan Dialect Song," *Music & Letters*, 86, 3 (2005): 357 – 379.

③ Y. Lindberg, "The Power of Laughter to Change the World: Swedish Female Cartoonists Raise Their Voices," *Scandinavian Journal of Comic Art*, 2, 2 (2016): 3 – 31.

④ 陈新仁：《语用学研究：学术创新与文本呈现》，《福建师范大学学报（哲学社会科学版）》2017 年第 2 期。

靠超语言学"①。修辞在巴赫金话语理论中占据着十分重要的位置，仅从《巴赫金全集》第四卷的篇目就可以看出究竟，如《拉伯雷与果戈理——论语言艺术与民间的笑文化》《讽刺》《关于长篇小说的修辞》《中学俄语课上的修辞问题》《多语现象作为小说话语发展的前提》《言语体裁问题》《文学作品中的语言》等。巴赫金话语理论对修辞研究提出了要求。除了传统的语义分析和句法逻辑分析之外，修辞还应增加对话语的研究。既然连每一个语音都是有意义的社会声响，可想而知，话语的修辞研究也应该是社会的、广义的。自 2001 年谭学纯、朱玲著《广义修辞学》始，中国现代修辞学开始由狭义修辞学转入广义修辞学的研究范式。作为中国本土理论，广义修辞学以狭义修辞学为理论生长点，同时立足于语言学、文艺美学和文化哲学的结合部，在表达者和接受者两个主体双向互动的社会性基础上，建构一个由话语、文本和精神组成的多层级修辞分析框架：修辞作为话语建构方式的修辞技巧层面，与语言学交叉；修辞作为文本建构方式的修辞诗学层面，与文艺学相交叉；修辞作为参与人的精神建构的修辞哲学层面，与哲学相交叉。② 广义修辞学下的修辞研究从技巧走向诗学，并最终转向哲学对修辞的召唤。走出修辞技巧论之后的广义修辞学具备更为开阔的学术视野和学术空间，那么利用广义修辞学视角对巴赫金话语理论进行一番"重绘""重写""重释"，则不失为一种新的理论尝试，不但帮助重构一个广义的巴赫金话语理论，推动巴赫金话语理论研究向纵深处发展，同时也推动广义修辞学理论的进一步阐发和应用。

简而言之，研究方向跨学科交叉化，研究内容系统化、具体化、深入化，研究范式重新语境化，这三个方向的写作思路将有效避免巴赫金话语理论研究的"獭祭之嫌"。

第四节 研究对象与研究方法

本书以《巴赫金全集》（七卷本）为研究对象，主要有《审美活动中

---

① 〔苏〕米哈伊尔·巴赫金：《陀思妥耶夫斯基诗学问题》，白春仁、顾亚铃译，载钱中文主编《巴赫金全集》第五卷，白春仁等译，河北教育出版社，2009，第 264 页。
② 谭学纯、朱玲：《广义修辞学》，安徽教育出版社，2001，第 16 页。

的作者与主人公》《话语创作美学方法论问题》《生活话语与艺术话语》《马克思主义与语言哲学》《长篇小说的话语》《长篇小说的时间形式和时空体形式》《长篇小说话语的发端》《拉伯雷与果戈理——论语言艺术与民间的笑文化》《讽刺》《关于长篇小说的修辞》《中学俄语课上的修辞问题》《多语现象作为小说话语发展的前提》《言语体裁问题》《文学作品中的语言》《关于陀思妥耶夫斯基长篇小说的复调性》《陀思妥耶夫斯基诗学问题》《弗朗索瓦·拉伯雷的创作与中世纪和文艺复兴时期的民间文化》等。

本书以广义修辞学为研究方法，首先，讨论巴赫金话语理论中修辞技巧问题：什么是修辞。具体分析巴赫金研究了哪些修辞技巧，通过对话语的声音、话语的指物、话语的联系、话语的语调、话语的语感等方面，尝试建构巴赫金话语理论的话语修辞技巧体系，进而分析巴赫金为什么既批评修辞技巧又论及修辞技巧。其次，讨论巴赫金话语理论中修辞诗学问题：修辞还可以是什么。通过对传统修辞的分析，指出传统修辞强调修辞技巧，注重修辞格，缺乏对交流的考量，同时分析巴赫金生活的话语与艺术的话语、诗的话语与小说的话语、话语与修辞习俗的关系等，指出巴赫金话语理论的修辞思想基于文艺美学与社会学的观点，即修辞存在于一切人类话语交际中，它既是一种审美活动，同时又是社会互动的必然结果。通过从审美活动角度分析审美、体裁、风格等内容，从社会互动角度分析对话、复调、杂语、多声等材料，尝试建构巴赫金话语理论的修辞诗学，一种基于审美互动的修辞诗学。再次，讨论巴赫金话语理论中修辞哲学问题：为什么要修辞。巴赫金提倡的社会学视角开拓了修辞研究的视野，在社会学话语修辞背后，隐藏着修辞的哲学追问，因为话语实质上受更深层面、特定的历史使命和历史任务的驱动。巴赫金话语的外位性、对话性、不确定性、未完成性及斗争性等（博弈论），诠释了话语与说话人、与社会、与历史的关系问题，而拉伯雷诙谐小说对巴赫金的影响，也促进巴赫金对话语非官方性、全民性、狂欢性、游戏性的思考。可见，修辞作为人类独一无二的言语行为，凭借话语实现人类的意识、价值、身份、关系以及社会制度的确立。最后，对本书作出总结，陈述研究结果和意义以及存在的局限之处。展望后续研究或相关研究的可能性。

本书拟解决的关键问题如下：迄今为止，国内巴赫金话语理论有关研究仍然相对薄弱，而运用中国本土理论进行巴赫金话语理论研究更是凤毛麟角，基于此，本书运用中国本土理论——广义修辞学视角对巴赫金话语理论进行修辞重构和批判。要解决该问题，须从三个层面重返巴赫金话语理论：第一，在语言学基础上，对巴赫金话语理论进行修辞技巧方面的考察；第二，在美学和社会学基础上，对巴赫金话语理论进行修辞诗学方面的重构；第三，在哲学基础上，对巴赫金话语理论进行修辞哲学方面的重构、反思和批判。

第一章　巴赫金话语理论中的
修辞技巧问题

第一节　修辞技巧批评

巴赫金批评传统修辞学狭隘的修辞技巧观，"修辞学对自己要研究的课题，失去了真正哲学的和社会学的角度，淹没在修辞的细枝末节中，不能透过个人和流派的演变感受到文学语言重大的不关系个人名字的变化。在大多的情况下，修辞学只是书房技巧的修辞学，忽略艺术家书房以外的话语的社会生活，如广场大街、城市乡村、各种社会集团、各代人和不同时代的话语的生活。修辞学接触的不是活的话语，而是话语的生理上的组织标本，是服务于艺术家个人技巧的语言学上抽象的话语"①。巴赫金认为"书房技巧"修辞观是抽象客观主义语言学思维下的修辞观，存在下面十个亟须修正的根本性问题。

第一，孤立的历史存在。在抽象客观主义视野下，语言史是一些单个语言形式的历史，如语音的、语义的、句法的，这些语言形式仅仅是表述中抽象出来的因素，没有自己完整的体系，自成整体，不管具体的表述内容，是自身孤立的历史存在，好像是一张只依据时间和地点编好的历史清单。

第二，成分的语音意义。抽象客观主义语言学认为语言的各个成分的形式要优于整体的形式。形式主义者解释语音与意义的关系时，主要从语

---

① 〔苏〕米哈伊尔·巴赫金：《长篇小说的话语》，白春仁译，载钱中文主编《巴赫金全集》第三卷，白春仁等译，河北教育出版社，2009，第36页。

言角度来论述，把音和意义之间的相互关系确定在语言本身各个成分的范围内，如某个词范围内的音，或者某个纯语言单位句子范围内的音，由此认为语言本身之中音与意义相符合，两者之间的相符可能是稳定的甚至是固定不变的。

第三，物化的词语含义。为了同含义脱离材料的唯心主义做法做斗争，俄国形式主义者通过否定意识形态含义本身来物化含义，即物化词。词的物化主要通过自然主义或享乐主义物化词的意义。俄国形式主义者认为，"词就是词，首先和主要是它的音响的经验的物质性和具体性，把词从词的超负荷中，从被象征主义者赋予词语的崇高含义全部吞没的危险中解救出来"[1]。形式主义者或者以享乐的方式将词看作个人的消费品，通过消费词语的方式，使词失去词的意义，或者以自然主义的方式将词看作物理的自然体，达到物化词语的目的。不仅如此，形式主义者关于词的概念，还明显带着结构主义的特点，如"奇异化""摆脱自动化状态""变形""突出""破坏""联想""关系"等，这些概念意味着修辞中词的构成仅仅就是在进行"各种重新编组、移动和重新组合"。[2]

第四，唯心的词义本体论。要想很好地理解表述，就要注意到话题、意义与评价密切相关。语言含义形成的背后是社会集团的社会视野的存在。一定的视野形成一定的评价，一定的评价沉淀在一定的语义层面上。如果词义与评价分离，那么将会导致词义本体论，使词义变成与历时形成相脱离的"唯心存在"。[3]

第五，抽象的句法系统。抽象客观主义语言学认为抽象的体系性要优于历史性，其基本范畴主要产生于印欧比较语言学，完全是语音的和词法的思维，这种语言学思维使句法形式词法化、抽象化，使语言学丧失对言语整体的感觉。从句法上看，如果词语扩展成句子成分完整的简单句，把这个简单句列入语言学范畴，那么语言学家永远找不到把简单句恰好变为完整表述的原因，而这是"由于我们处于现有的现代语法范畴的语言学范

---

① 〔苏〕米哈伊尔·巴赫金：《文艺学中的形式方法》，李辉凡、张捷译，载钱中文主编《巴赫金全集》第二卷，李辉凡等译，河北教育出版社，2009，第180页。

② 〔苏〕米哈伊尔·巴赫金：《文艺学中的形式方法》，李辉凡、张捷译，载钱中文主编《巴赫金全集》第二卷，李辉凡等译，河北教育出版社，2009，第232页。

③ 〔苏〕米哈伊尔·巴赫金：《马克思主义与语言哲学》，华昶译，载钱中文主编《巴赫金全集》第二卷，李辉凡等译，河北教育出版社，2009，第451页。

围内，就永远察觉不到难以察觉的言语整体"①。

第六，封闭的话语语境。抽象客观主义语言学在话语语境上犯三个错误：首先，通常语言学家是将话语从语境中剥离出来，赋予它语境外的确定性，从中创造出词典意义。这种孤立词语意义、稳定词语意义的做法在与其他语言的对比中得到进一步的强化，因为语言学家为此要虚构适应于该词语自身一致、意义统一的客体，促进意义的进一步实体化。这使意义的统一性和多样性的辩证联系研究变得不可能起来。其次，把语境看成是一系列定向的封闭的自足表述。事实上语境是"处在一种紧张而不断地相互作用和斗争的状态之中"，"使用同一话语的不同语境常常是相互对立的"②。最后，语言学忽视了不同语境中，话语意义重音所发生的变化。话语多重音与话语多意义是紧密联系的问题。

第七，孤立的独白型表述。抽象客观主义语言学认为通过孤立表述可以得到纯粹的理解。"以语文学为主导的语言学，总是从完成的独白型表述——古代文献出发"，③ 把表述从现实中分离出来，割断与它们相连接的历史纽带，把它看成仿佛是一个独立意义的孤立整体，只在表述的内部范围进行语言学研究，对于表述的外在活动的一切问题，一概置之不理。"语言学思维也无法超出独白型表述的成分。复合句的（长复合句的）结构，这是语言学最大的兴趣……在语言学那里不涉及整体结构的形式。"④ "语言学在表述身上看到的，只是语言现象，只把它归于语言统一体，却绝不归于概念、人生实践、历史、人物性格等等。"⑤

第八，外在化的对话结构。尽管也时常有人宣称对话的地位胜过独白，但是在过去的研究中，对话只是作为组织言语的一种结构形式，一种将话语人为地从表述对象的对话中抽取出假定性的话语状态来加以研究。

---

① 〔苏〕米哈伊尔·巴赫金：《马克思主义与语言哲学》，华昶译，载钱中文主编《巴赫金全集》第二卷，李辉凡等译，河北教育出版社，2009，第455页。

② 〔苏〕米哈伊尔·巴赫金：《马克思主义与语言哲学》，华昶译，载钱中文主编《巴赫金全集》第二卷，李辉凡等译，河北教育出版社，2009，第421页。

③ 〔苏〕米哈伊尔·巴赫金：《马克思主义与语言哲学》，华昶译，载钱中文主编《巴赫金全集》第二卷，李辉凡等译，河北教育出版社，2009，第411页。

④ 〔苏〕米哈伊尔·巴赫金：《马克思主义与语言哲学》，华昶译，载钱中文主编《巴赫金全集》第二卷，李辉凡等译，河北教育出版社，2009，第418～419页。

⑤ 〔苏〕米哈伊尔·巴赫金：《话语创作美学方法论问题》，晓河译，载钱中文主编《巴赫金全集》第一卷，晓河等译，河北教育出版社，2009，第352页。

换句话说，传统修辞学的话语只知道自己的语境、自己的表述对象，超出自己语境之外的他人话语，则被当作与己无关的其他话语。传统修辞学在研究表述对象的过程中，始终感觉不到对同一表述对象的来自他人话语的阻力和抗拒。"没有谁阻碍它，没有谁同它争辩。"①

第九，虚假的理解理论。抽象客观主义语言学研究对象为僵死的他人语言，被抽象出来的完成型的独白文献。解释这种死语言，抽象客观主义语言学主要采取语言学文本解读法，甚至语义学解读法，从语言学的规定性角度，如形态学、句法学、词汇学理解他人语言。这种脱离话语现实语境，没有使用他人语言的说话者语言意识的理解，是一种消极的理解，也是虚假的理解。

第十，偷梁换柱的修辞分析。传统修辞学不研究小说中不同语言构成的特殊的社会对话，而是以个别的小说家的个性语言来代替分析小说的风格，或者不针对一部作品的完整风格，却把小说的某一从属体式作为整体风格来研究。就研究小说家个性语言来说，即使对个人语言作出最准确最全面的描写，哪怕就是以语言和言语成分的描绘特征为目标，如使用"诗性语言""语言个性""形象""象征"等概念范畴，仍然算不上是对作品的修辞分析，"因为这些成分还是属于语言体系或言语体系，亦即属于某种语言学的统一体，而非属于文学作品的体系，文学作品遵从的完全是另一些规律，不同于语言学中语言体系和言语体系的规律。"② 就研究小说风格而言，被大多数人归为"史诗风格"概念范畴，目的只在于找出小说中史诗性描绘的成分，忽略长篇小说的描绘性与史诗的描绘性之间的深刻区别，或者分析叙述的主观表现力、分析非规范的日常叙述成分、分析小说中的纯戏剧成分等，"所有这一类分析，都不仅不符合小说整体的风格，也不符合所分析的小说某一基本成分的风格，因为这一成分一停止同其他成分的相互作用，就会改变自己的修辞意义，不再是原来在小说中的那个真实样子了"③。

---

① 〔苏〕米哈伊尔·巴赫金：《长篇小说的话语》，白春仁译，载钱中文主编《巴赫金全集》第三卷，白春仁等译，河北教育出版社，2009，第 53 页。
② 〔苏〕米哈伊尔·巴赫金：《长篇小说的话语》，白春仁译，载钱中文主编《巴赫金全集》第三卷，白春仁等译，河北教育出版社，2009，第 41 页。
③ 〔苏〕米哈伊尔·巴赫金：《长篇小说的话语》，白春仁译，载钱中文主编《巴赫金全集》第三卷，白春仁等译，河北教育出版社，2009，第 43 页。

巴赫金对抽象客观主义语言学的"修辞技巧"思想进行了深入的批判，意在说明修辞技巧不是一门不值得研究的小技巧，而是认为修辞是一门大技巧，需从大处着手，在更为开阔的视野下，采取更为丰富的方法进行探究，不要受限于抽象客观主义语言学的修辞观。

国内狭义修辞学理论深受抽象客观主义语言学影响，对修辞技巧的理解几乎如出一辙，比如认为修辞就是研究比喻、夸张、双关语，或者研究声音的锤炼、词义的选择、句式的调整、句段的安排等。广义修辞学则认为修辞技巧应该是话语的建构方式，① 这个提法与巴赫金修辞是一门大技巧的思想殊途同归。

由于巴赫金的话语修辞技巧既包含了话语最细微最细腻变化的发音、手势、表情、含义、关联等的变化，又包含了话语极为宽广复杂的社会评价，为此，笔者分别从话语声音、话语意义、话语联系、话语评价、话语语感等五个因素，系统概括巴赫金对修辞技巧的践行。

第二节　修辞技巧践行

话语修辞"原因不在于说了什么，而在于如何说，在于话语活动时时刻刻能感到自己是一个完整统一的活动，而不依赖于内容本身在对象和内涵方面的完整统一"②。修辞性的话语是怎么说的？在1927年《文艺学中的形式方法》里，巴赫金提出应该依靠社会评价。"手法并不是在中性的语言环境中运动的，它切入社会评价的体系之中，因而本身也成为社会行为。"③ 社会评价使手法积极地重新配置、更新有价值的东西。社会评价从两个方面决定话语的组合：从语言形式的选择上和从语言意义的选择上，所以，"在每一个暗喻中，在每一个修饰语中，我们都可找到认识的判断、道德的评价和起完成作用的艺术外形这三者构成的化合物。每一个修饰语

① 谭学纯、朱玲：《广义修辞学》，安徽教育出版社，2001，第16页。
② 〔苏〕米哈伊尔·巴赫金：《话语创作美学方法论问题》，晓河译，载钱中文主编《巴赫金全集》第一卷，晓河等译，河北教育出版社，2009，第373页。
③ 〔苏〕米哈伊尔·巴赫金：《文艺学中的形式方法》，李辉凡、张捷译，载钱中文主编《巴赫金全集》第二卷，李辉凡等译，河北教育出版社，2009，第271页。

都在作品事实上的实现中占有地位，在其中表示一定意义，同时又着眼于主题的统一，成为说明现实的艺术定语"①。社会评价的力量足以使远方和过去与当代融为一体。话语评价隐藏在话语的声音、意义、联系、评价及语感里，通过这些话语修辞方式，最大限度地实现了说话者的价值立场，正是采取这一"怎么说"的立场，话语卓有成效地、创造性地全面完成作品内容。

根据重要性，话语修辞技巧要素从高到低依次排序，分别为：话语语感 > 话语评价 > 话语联系 > 话语意义 > 话语声音。五个话语修辞技巧因素中，话语语感反映着其他四个因素，是其他四个因素与说话者个人发生联系的那一侧面，即感到声音、含义、联系和评价的生成过程。在每一个因素中，都竭力实现话语内容和形式的统一，但话语语感起主导作用，是构成能量的焦点。

第一，话语语感，指积极的产生有意义的声音的感觉，包括一切动作因素，如发音、手势、脸部表情等，以及个人发自内心的用话语、表述体现某种价值上和含义上立场的积极性。在认识性表述中，事物整体主导一切，话语物质意义、指物意义起主导作用，因此感受不到对所说话语要采取的积极的立场过程。在话语行为中，如判决、同意、原谅、祈求等，属于伦理事件，因此也感受不到话语积极性。只有在诗歌和散文中，才能真切感受到话语生成的积极性。在诗歌和散文中，由被感觉到的生成积极性首先表现出来的是节奏以及"通常非指物性的任何表述序列；这个序列要求说者不断返回自身、返回到统一的行动着的生成的自身"②。诗歌和散文的话语积极性是在不断返回自身的过程中反复体验自身积极性，一次次地在自身、在自己身心的高度紧张状态中感觉到了自己主观上的完整统一，领会和把握对象以及事件的统一，而没有在对象中失去自身。长篇小说中，生成话语的积极性是选择意义、联系、评价态度的积极性，是对大片话语、整章，最后甚至整部小说进行精神观照和把握，直到最终完成的内心努力。"这里表现特别突出的是紧张地始终把握评价态度的积极性，把

---

① 〔苏〕米哈伊尔·巴赫金：《文艺学中的形式方法》，李辉凡、张捷译，载钱中文主编《巴赫金全集》第二卷，李辉凡等译，河北教育出版社，2009，第291～292页。

② 〔苏〕米哈伊尔·巴赫金：《话语创作美学方法论问题》，晓河译，载钱中文主编《巴赫金全集》第一卷，晓河等译，河北教育出版社，2009，第373页。

感情贯穿始终的积极性"，表现在创作者身上就是，"他要看、要听、要评头品足、要联想、要选择，他在整个小说中从头到尾贯穿着自己统一的积极性，体现着一种完整的有效的理性的内心向往"①。

话语积极性控制着情感意志的语调。生成声音表意的话语，生成的不单纯是声音，而是有意义的声音，这些话语活动在感觉到自身的同时也感觉到把握着自己整体的活动，不仅如此，话语活动还超越行动者的机体和心理，面向一切外部世界。话语活动都是关涉爱、颂扬、贬抑、讴歌、哀哭等能够确定价值关系的话语活动，因此话语积极性在其中意识到自身的价值，将话语积极性渗透到话语的语调方面，通过对语调的积极感受来驾驭评价。话语的语调，"在心理学上具有一定的情感意志语调"，② 是话语表现说话者对表述内容的多种评价态度的能力，巴赫金认为它在心理层面上就是说话者多种多样的情感意志的反应。对语调的积极感受在诵读时或者真的化为语调，或者化为一种可能性。作者的积极性通过情感意志的语调变成话语评价的积极性，而评价给话语的一切方面都抹上了一层感情色彩：或是咒骂，或是爱抚，或是淡漠，或是凌辱，或是美化，等等。

话语积极性掌握着话语的重要联系。在巴赫金看来，话语联系纯属主观联系，主要通过比拟、隐喻或者其他诗化的方式进行。比拟、隐喻等都必须以话语情感意志的相互关系及近似性为基础，以一定的评价积极性为依据，靠对评价积极性的感受来创造，话语积极性对话语联系的感受起组织的作用。比拟和隐喻除了需要情感意志的主体主观上的统一外，还可能要求事物间的一致和联系，甚至伦理事件的统一，因为只有在这个背景上，才显得出隐喻和比拟的创造积极性。"隐喻和比拟包含着顽强抗争的认识伦理意向，在隐喻和比拟身上所表现出来的评价也就真的能使事物具形而使其物性消解。如果把隐喻从作者对联系和形成的积极性感受中抽取出来，隐喻就要死亡，即不再是诗化的隐喻，或者变成为神话。"③ 话语的一切句法联系要想成为布局联系，实现艺术客体的表现形式，都应该贯穿

———————

① 〔苏〕米哈伊尔·巴赫金：《话语创作美学方法论问题》，晓河译，载钱中文主编《巴赫金全集》第一卷，晓河等译，河北教育出版社，2009，第378页。

② 〔苏〕米哈伊尔·巴赫金：《话语创作美学方法论问题》，晓河译，载钱中文主编《巴赫金全集》第一卷，晓河等译，河北教育出版社，2009，第374页。

③ 〔苏〕米哈伊尔·巴赫金：《话语创作美学方法论问题》，晓河译，载钱中文主编《巴赫金全集》第一卷，晓河等译，河北教育出版社，2009，第376页。

着情感意志主体对话语联系积极性的整体感受。"这一积极性所施的对象，也是由话语联系所实现的，是属于认识或伦理性质的事物间和涵义间的联系的统一体，话语间一切句法联系还都应贯穿着对外部的认识伦理内容的领会、理解以及紧张感知的一致性。"①

话语积极性掌控着话语的具体指物意义。话语具有的指物意义被情感意志主体选择词义的积极性感受所控制，被情感意志主体特殊的语义首创精神所控制，"这种选择词义的感受指向被选择物，统辖着被选择物本身的认识伦理规律"。②

话语积极性统摄着话语的声音层面。在诗歌中，话语产生的声音，本身的意义并不大，要么在阅读过程中得以实现，要么在聆听时共同感受，要么只被当作一种可能的东西来接受。生成的声音比听到的声音重要。听到的声音几乎被降到辅助的角色，要么唤起相应的动作，要么充当含义、意义的符号，要么可能成为语调的基础，要么成为节奏的基础。在长篇小说中，或者在卷帙浩繁的散文作品中，声音的辅助性功能——表义、引起动作、成为语调的基础，几乎全部让给了文字。不管有韵还是无韵的诗歌，其生成声音的积极性并非都具有相同的意义。抒情诗中内部生成声音的机制是最大的，能感到自身统一而有效的激奋，并被吸引到形式中去，但在长篇小说中，内部生成声音的机制参与形式的程度最低。

第二，话语评价是一种价值取向，表现说话者多样的价值关系，从心理学讲，话语评价是情感意志因素，是充满情感意志的话语语调。话语不仅表现某种实有的事物，而且通过自己的语调表现"我"对事物的评价态度。情感意志方面的语调，是行为甚至最抽象的思想不可或缺的一个因素。真正作为行为的思维，是含有情感与意志的思维，是带着语调的思维，而且这种语调要深入地贯穿于思想的所有内容因素。情感意志的语调在行为中涵盖着思想的全部含义内容，并把这内容同唯一的存在即事件联系起来。情感意志的语调恰恰属于整个的具体而唯一的统一体，表现此时此刻事件情势的全貌，包括来自我这个合格参与者的实有因素和设定因

---

① 〔苏〕米哈伊尔·巴赫金：《话语创作美学方法论问题》，晓河译，载钱中文主编《巴赫金全集》第一卷，晓河等译，河北教育出版社，2009，第376页。

② 〔苏〕米哈伊尔·巴赫金：《话语创作美学方法论问题》，晓河译，载钱中文主编《巴赫金全集》第一卷，晓河等译，河北教育出版社，2009，第376页。

素。"每一个表达出来的话语,不仅表明事物,不仅激发某种形象,不仅发之为声,而且对所称谓的事物要产生某种情感意志的反应;这种反应在实际的话语发音中是通过语调表达的。话语的声音形象不仅是节奏的载体,而且整个渗透着语调,其中在实际朗读作品时,语调与节奏之间还可能出现冲突"。①

"历史的现实性把表述的特殊的现存性与它的意义的共同性和完整性结合起来,把意义个体化和具体化,说明词中的音在此时此地的现存性,这种历史的现存性称作社会评价。"② 巴赫金认为,在一切已说出的词语中,除了话题、意义之外还有社会评价,能够最清楚最直接表达社会评价的是声调。尽管社会评价贯穿表述所有方面,但是它在表情语调中得到了"最纯粹和最典型的表现"。③ 表情语调反映了表述的"历史的不可重复性"。④ 表情语调并非必要,但有表情语调的地方一定可以最实时了解到社会评价。

语言学只说明一些语言为什么可以放在一起,但是这些语言为什么实际上可以放在一起,语言学解释不了。巴赫金指出:"这是需要由社会评价来把某种语法的潜力变为言语活动的具体事实。"⑤ 社会评价"使表述的事实上的存在以及它的思想意义具有现实性。它决定对象、词、形式的选择,决定它们在具体表述内独特的组合。它也决定内容的选择、形式的选择以及形式和内容之间的联系"⑥。社会评价将作品"织入某一历史时代和某一社会集团的社会生活的总的结构中去"。⑦ 社会评价其实就是作者创作过程中前前后后的考虑和思量,一条组织作者看法和理解的绳子。"社会

① 〔苏〕米哈伊尔·巴赫金:《审美活动中的作者与主人公》,晓河译,载钱中文主编《巴赫金全集》第一卷,晓河等译,河北教育出版社,2009,第84页。
② 〔苏〕米哈伊尔·巴赫金:《文艺学中的形式方法》,李辉凡、张捷译,载钱中文主编《巴赫金全集》第二卷,李辉凡等译,河北教育出版社,2009,第254页。
③ 〔苏〕米哈伊尔·巴赫金:《文艺学中的形式方法》,李辉凡、张捷译,载钱中文主编《巴赫金全集》第二卷,李辉凡等译,河北教育出版社,2009,第266页。
④ 〔苏〕米哈伊尔·巴赫金:《文艺学中的形式方法》,李辉凡、张捷译,载钱中文主编《巴赫金全集》第二卷,李辉凡等译,河北教育出版社,2009,第266页。
⑤ 〔苏〕米哈伊尔·巴赫金:《文艺学中的形式方法》,李辉凡、张捷译,载钱中文主编《巴赫金全集》第二卷,李辉凡等译,河北教育出版社,2009,第269页。
⑥ 〔苏〕米哈伊尔·巴赫金:《文艺学中的形式方法》,李辉凡、张捷译,载钱中文主编《巴赫金全集》第二卷,李辉凡等译,河北教育出版社,2009,第266页。
⑦ 〔苏〕米哈伊尔·巴赫金:《文艺学中的形式方法》,李辉凡、张捷译,载钱中文主编《巴赫金全集》第二卷,李辉凡等译,河北教育出版社,2009,第271页。

评价既把对叙述的事的看法和理解组织起来，也把叙述这件事的形式组织好；材料的安排、插叙、回溯、重复等等，所有这一切都贯穿着社会评价的统一逻辑。"① 社会评价通过手法，在语言形式和语言意义的选择上，积极地重新配置、更新有价值的东西。巴赫金认为，诗人在选择词、词的具体组合、词在结构上的配置方式时，他所选择、对比、组合的，正是词中包含的评价，而且"我们在每一部诗歌作品中所感觉到的材料的违拗，正是其中所包含的和为诗人事先找到的社会评价的违拗"②。又如社会经济基础不同的集团在同样的语法结构下，会组成意义上和风格上完全不同的句子。因为不同的集团，社会评价标准不同，语言知识构成不同，言语活动特点不同，交际风格不同。巴赫金认为，作品的所有成分——语音、语法结构、主题——正是通过评价结合起来的，并为评价服务。

话语评价最清楚也最表层地借助于声调表达出来，声调在多数情况下取决于直接的情境和往往最短暂的环境。巴赫金举一个生活语境里运用声调的典型例子，陀思妥耶夫斯基在《作家日记》中写道："一次在星期天，已经快入夜了，我不得不经过距六个一伙的酒鬼约十五步远的地方，我突然确信，可以只用同一名词的说法，至少不是太复杂的（谈的是一个最流行的粗话。——沃洛希诺夫注），就可以表达所有思想、感觉乃至非常深刻的论断。有一个小伙子尖声而有力地说出了这一个词，以便表达自己对他们过去所谈内容的最蔑视的否定。另一个回答他时，也重复这一名词本身，然而已完全是用另一种声调，并且表达另一个意思，正是表达了对第一个小伙子否定的正确性的全部怀疑。第三个突然对第一个小伙子愤怒起来，谈话中充满了激动和刺耳的话，也冲着他喊着同样的名词，然而已含有骂人的意思。这时第二个小伙又冲着第三个小伙、骂人者发火，用这样的意思来制止他：'你为什么这样乱说，小伙子？我们在心平气和地议论，而你是从哪钻出来的，乱骂菲尔克！'瞧，他说出所有这一意思，也是用同样的一个宝贝词，用同样非常简短的一个客体称呼，只是抬起手抓住第三个小伙的肩。但是这时突然第四个小伙子，整个这伙人中最小的一个，

---

① 〔苏〕米哈伊尔·巴赫金：《文艺学中的形式方法》，李辉凡、张捷译，载钱中文主编《巴赫金全集》第二卷，李辉凡等译，河北教育出版社，2009，第274页。

② 〔苏〕米哈伊尔·巴赫金：《文艺学中的形式方法》，李辉凡、张捷译，载钱中文主编《巴赫金全集》第二卷，李辉凡等译，河北教育出版社，2009，第267~268页。

至此一直沉默着的，大概忽然找到了解决原来造成争吵困难的办法，兴奋地抬了抬手，喊着……妙，你们想出来了吗？找到了，找到了吗？没有，完全不妙并且没找到；他只重复着那同样一个没有词典意义的名词，只是一个词，总共就一个词，但只是兴奋地，兴高采烈地尖叫着，看来，是太用力了，所以第六个忧郁的年龄最大的小伙子对此就看不惯，他一下就制止了乳臭未干的毛头小伙的兴奋，转向他，并用忧郁而有教训意味的低沉口吻，重复着那同一个在妇人面前不能说的名词，而且明确地表示着：'喊什么，住口！'就这样，没说别的话，他们都重复着的仅仅是一个词，但却是他们最喜爱的词，重复了六次，一次接一次，互相都很清楚。这是事实，我是这件事的见证者！"① 尽管酒鬼的所有六次"言语行为"都是由同一个词构成的，但它们每一次含义都不一样。实际上，这个词只是每个人声调的一个支点，交谈在这里是由表现说话者评价的声调来进行的，这些评价及与其相一致的声调完全取决于交谈的最直接的社会环境。

巴赫金还特别提到准直接引语也同样存在这样一个非常重要的现象和因素：他人的话语评价常常打断作者的话语重音和语调。下面见巴赫金对《波尔塔瓦》里面一段话进行的话语评价分析范例："玛泽帕装着一副忧伤的样子，用一副恭顺的目光仰视着沙皇。'上帝明鉴，苍天在上：他是个可怜的首领，二十年忠心耿耿效忠沙皇；他为沙皇倾其所有，赞颂无止……啊，恶毒多么盲目而疯狂！难道他在垂死之际还开始学习背叛和给名誉抹黑吗？不是他吗，愤然拒绝帮助斯坦尼斯拉夫，羞愧地，拒绝乌克兰王冠，协议把致沙皇的秘密信件，按职责打发了吗？他没有对汗和威严的苏丹的唆使表示沉默吗？乐于用英雄的忠诚，用智慧和军刀与白发沙皇的敌人斗争，奋斗，不吝惜生命，今日凶狠的敌人竟敢玷污他的白发！究竟是谁？伊斯克拉，柯丘别依！还曾一直是他的朋友呢！……而且凶手含着凶狠的泪水，以自己冷酷的举动，要严惩他们，给谁严惩呢？坚强的老人！谁的女儿投在他的怀抱中？但是他那颗冰冷的心，压制了那单调的絮语。'"② 这段话中，一方面读者可以读出玛泽帕哀怜恭顺的哀诉语气，另一方面也

---

① 〔苏〕米哈伊尔·巴赫金：《马克思主义与语言哲学》，华昶译，载钱中文主编《巴赫金全集》第二卷，李辉凡等译，河北教育出版社，2009，第449~450页。

② 〔苏〕米哈伊尔·巴赫金：《马克思主义与语言哲学》，华昶译，载钱中文主编《巴赫金全集》第二卷，李辉凡等译，河北教育出版社，2009，第512页。

可以读出作者平静客观的陈述性语调，只是这种语调在这种情景下被主人公愤怒的语气所渲染，如"谁将会被处死？老者是不会屈服的！看仔细了谁的女儿投在他的怀抱里？……"

再有陀思妥耶夫斯基《白痴》中的一个例子，巴赫金在这里读出一个声音里转换出不同的语调，即作者语调转换成他人语调："为什么他，公爵，现在不亲自走近他，而是转身离开了他，好像什么也没发现似的，虽然他们的目光已经对视了一下。（是啊，他们的目光对视在一起了！而且他们还相互看了一会儿。）他不是想亲自拉住他的手，和他一道去那儿的吗？他不是想亲自在明天去他那儿，对他说他去过她那儿了吗？他不是在去他那儿的半路上，当他的心头突然充满了喜悦时，他自己不是断绝了与自己的魔鬼的关系了吗？或者在罗戈任心中有某一种感觉，即在这个人今天的整体形象里，在他说的所有话语中，在他的举止行动和眼神中，能够证实公爵可怕的预感，能够证实他的魔鬼的愤怒诅咒吗？有一种东西是他自己亲眼所见，可是却很难分析和叙述，不能用足够的原因来证实，不过尽管有这么些困难，有这么些不可能，他还不是能够说出全部完整的和强烈的、能不由自主地转入最坚定信仰的印象吗？信仰什么呢？（噢，这个怪物，这个有损尊严的信仰和这个卑贱的预感，是如何折磨公爵的啊！他又是如何自责的啊！……）"[1] 在这段话语里，一个作者的声音隐藏着两种不同的语调，其中修辞性问句和感叹句起到从作者语调转换到他人语调的组织作用。

第三，话语联系指一种比拟联系，隐喻联系的话语内部的关系，或者是话语相互的关系；换一句话说，就是话语布局上利用句法联系、重复、排偶、疑问句，利用从属关系、并列关系等，建立话语内部各种联系，或者是表述与表述之间建立的各种相互联系。话语间一切句法联系不仅贯穿着作者对联系积极性的整体感受，还贯穿着作者对外部的认识伦理内容的领会、理解以及紧张感知的一致性。

以普希金创作于 19 世纪 30 年代的抒情诗《离别》为例，巴赫金分析诗歌中人与自然互构的话语联系机制：

为了遥远祖国的海岸，

---

① 〔苏〕米哈伊尔·巴赫金：《马克思主义与语言哲学》，华昶译，载钱中文主编《巴赫金全集》第二卷，李辉凡等译，河北教育出版社，2009，第 512 页。

你告别了异国他乡……

在永志难忘、肝肠寸断的时刻，

我在你面前久久地哭泣。

我用发冷的双臂，

紧紧抱住你不放；

我的呻吟在祈求，

不要结束这离别的苦痛……

你说：有一天会相会在永恒的蓝天下，

在翠绿的橄榄树丛中，

那时爱情之吻呀，我的朋友，

犹如燃烧的烈火熊熊。

啊，在那茫茫的苍穹下，

闪烁着点点蔚蓝的星光，

海水在礁岩下打盹，

你竟长眠不醒在一旁。

你的美貌，你的痛苦，

永远消逝在骨灰盒里。

何处又去寻觅那相逢之吻……

但我还在期待：吻总伴着你！①

　　整首离别诗中，首先，自然以背景的方式进入事件，如永恒蓝天下男女主人公的亲吻。其次，自然以渲染气氛的方式烘托重逢的欢乐与死别的悲哀。这样，事件与人的活动以及生命以直接的方式进入自然内部，犹如人之血在身体内部那样。最后，自然以隐喻的方式参与整体事件，进入人的现实以及人的命运之中，如苍穹下，眼睛一样闪烁着蔚蓝色的星光，礁岩下海水在打盹，而礁石则覆盖了大海的梦，蓝天那么永恒，可人的生命却那么短暂，苍天的永恒与人的有限生命在价值上形成了鲜明对照。

　　下面见巴赫金以马雅可夫斯基诗作《给我们的青年》中的诗句所做的人与机器之间转换的话语联系分析："我们用列车嘶哑地大声吼叫……"

---

　　① 〔苏〕米哈伊尔·巴赫金：《审美活动中的作者与主人公》，晓河译，载钱中文主编《巴赫金全集》第一卷，晓河等译，河北教育出版社，2009。

和"我飞驰在山谷间，汽笛哑声鸣叫"。这里人和物之间重新划了界。老派诗人非常严格地区分开自己和物：是火车在吼叫，不是我。我只限于自身，轰鸣的列车是我的环境，我的印象，我不同它一起吼叫，我只是听见它的叫声，而且这种叫声可能融入我的感受，可能成为我的体验的伴奏，但仍是作为物——列车的吼叫，而不是我借助于列车的吼叫，在我和吼叫的列车之间有一条（不可逾越的）鸿沟。我同物保有距离，我不觉得自己是物的活动的负责的参加者。实际上，在巴赫金看来，还应当有一种新的联系，那就是乘车之人以列车代替自身发出吼叫。我们乘列车飞驰，就好像我们在飞驰；我们乘坐的列车在吼叫，就好像我们发出吼叫。列车不是我们的环境，而是我们自身，是被技术拓宽和延伸了的自身。不但如此，随着技术的发展，人的边缘还要比列车更远更辽阔，会远远超过火车。因此，人和列车的有机融合，是靠将机器躯体化的隐喻——"吼叫"和"嘶哑"来实现的。这种转移边界、扩展人身（物质上的扩大）的形象，只有在下述条件下才能成为艺术上令人信服的形象，即人本身不再是封闭的、不再是完成了的以自我为中心的内心小世界，只能感受和观察的小世界；人应躯体化，不脱离集体，非常积极，加入到人和物的运动和工作中去。与此同时，物也要躯体化。所以巴赫金认为，人和物的相互关系会发生下面这样的变化：物体和世界不是处在人的对面，而是和人并立，他不是处于世界之中，而是与世界并立，在并立中依靠世界实现运动和生活。这是处于巨大的宇宙性和历史性背景上的新关系。① 既然人不是从内心接近物，而是在外在的物质的接触中与物交会起来，那么这样庞大的人与物的规模关系首先必须是物质的，其差距不是用抽象的思想和抽象的感情可以弥补或替换的。世界始终是物质的，以物质的方式与人发生联系。

巴赫金在分析福楼拜作品中人与兽之间转换的话语联系中指出，兽在欧洲以外的各种文化中占据着特殊地位，比如在东方文化里佛可以舍身救鸽，因为这是佛教的救赎，佛要使所有生物从生存的痛苦中得以解脱。巴赫金指出，福楼拜认为现代欧洲人人道精神退化，骄傲自大，已经忘记了兽的问题。兽的形象犹如孩童的形象，葆有一颗单纯的心，天真无邪又弱

---

① 〔苏〕米哈伊尔·巴赫金：《长篇小说理论问题 笑的理论问题》，黄玫译，载钱中文主编《巴赫金全集》第四卷，白春仁等译，河北教育出版社，2009，第73～74页。

小无援，它对自己"是什么"没有责任，它不用为自己的存在承担责任，因为不是它创造了自己，它也无法拯救自己，它需要怜悯，需要宽恕，它深深地信赖别人，它想不到会被出卖。但是兽既触动不了人的良心，也触动不了人的思想。在色诺芬的作品中充满了对兽的屠杀、出卖、背叛、嗜血和残酷。巴赫金指出，福楼拜把生命视为一种特殊的整体性，这个最基本的生命整体性意味着童贞、纯洁、淳朴、神圣。东方佛教徒怀着一种特别的怜悯善心对兽、孩童及普通人承担起责任。因此，在巴赫金的眼里，福楼拜拒绝幼稚的人道主义，他认为人道主义的怜悯应该针对人身上的动物本性而发，针对一切"生物"和作为生物之人而发；而人道主义的爱心则针对人的心灵方面、超生物方面，是自由的本性，即在人不等同于他自己的方面，不同于"是什么"的地方而发。巴赫金从福楼拜身上发现，福楼拜在热爱兽和孩童的真实的、"神圣"的纯真的同时，对人类的愚笨则怀着又爱又憎的双重感情，因为他以"兽"（"bête"）作引申，隐喻幼稚的愚笨（bêtise）和睿智的愚笨（bêtise），这是他对待愚笨的独特的双重的态度，也是对"资产者身上体现的人的愚蠢"的隐喻。①

巴赫金也在果戈理小说《鼻子》中找到个别与整体之间转换的话语联系。俄罗斯文化中鼻子象征人的社会形象和体面，如果丢失鼻子，无形中意味着社会身份受到贬损，甚至有可能丧失原本的社会地位。如此重要的鼻子，柯瓦廖夫居然丢失，这一发现令他在人际社会中惶惶不安，唯恐往昔地位不保。而作为鼻子，尽管原来只是柯瓦廖夫身上一个器官而已，如今官居高位，身为主人，为了加官晋爵，反而要向它好言相求。鼻子和主人的身份和地位完全颠覆在钻营和苟且之中。鼻子失而复得之后的柯瓦廖夫，有了装门面的器官，重新燃起对物质、女色、地位追逐的欲望。巴赫金肯定果戈理以《鼻子》敏锐地嗅到了俄国社会的现实。

为什么修辞要采用隐喻、借喻、暗喻，甚至奇异化的表现形式？在巴赫金看来，其原因都在于价值判断。"通常存在着隐喻的表现形式，如艺术形式讴歌某人，美化、改变、维护、肯定某人或某事等等，还具有某些

---

① 〔苏〕米哈伊尔·巴赫金：《关于福楼拜》，何芳译，载钱中文主编《巴赫金全集》第四卷，白春仁等译，河北教育出版社，2009，第97页。

科学真理的成分。其原因恰恰就在于：有艺术价值的形式，除了它所依附的并与之密不可分的材料之外，实际上总还要指称某事，对某事做价值判断。看来必须要有内容的因素，以便更深入地理解形式的内涵"①，"为了重新确定价值，诗人才使用借喻，而不是为了语言学的练习"②，"在每一个暗喻中，在每一个修饰语中，我们都可找到认识的判断、道德的评价和起完成作用的艺术外形这三者构成的化合物。每一个修饰语都在作品事实上的实现中占有地位，在其中表示一定意义，同时又着眼于主题的统一，成为说明现实的艺术定语"③。奇异化，俄国形式主义者通过消除词的原有含义，减去各种重要的因素，减少含义，贫乏含义，阉割含义，使词产生了词语及其所表示的客体的新奇和奇异性。例如什克洛夫斯基对托尔斯泰《霍尔斯托麦尔》的理解是这样的："故事是通过马来叙述的，事物也不是通过我们而是通过马的认识而变得奇异化。"④ 但是托尔斯泰奇异化的目的是为了离开这一事物，"从而更强烈地提出真正应该有的东西——某种道德价值"。托尔斯泰的奇异化手法具有"明确的意识形态功能"，巴赫金认为托尔斯泰的奇异化"不是为了'使石头变成石头'，而是为了别的'事物'，为了道德价值"⑤。因此，托尔斯泰的奇异化不是为了手法本身，而是为了揭示某种价值，如果离开这些价值，手法就没有存在的意义。

第四，话语意义，即话语的指物，话语的含义或意义因素及其全部细微色彩及变体。艺术家总在词语上下大功夫，竭力摆脱语言学意义上的词语，通过克服词语的材料性，实现词语含义上的细微变化，因为作为被艺术观照的客体，它的艺术结构"不是自然科学上的存在，也不是心理学上的存在，当然更不是语言学上的存在，这是一种特殊的审美存在，它通过

① 〔苏〕米哈伊尔·巴赫金：《话语创作美学方法论问题》，晓河译，载钱中文主编《巴赫金全集》第一卷，晓河等译，河北教育出版社，2009，第 323 页。
② 〔苏〕米哈伊尔·巴赫金：《生活话语与艺术话语》，吴晓都译，载钱中文主编《巴赫金全集》第二卷，李辉凡等译，河北教育出版社，2009，第 104 页。
③ 〔苏〕米哈伊尔·巴赫金：《文艺学中的形式方法》，李辉凡、张捷译，载钱中文主编《巴赫金全集》第二卷，李辉凡等译，河北教育出版社，2009，第 291~292 页。
④ 〔苏〕米哈伊尔·巴赫金：《文艺学中的形式方法》，李辉凡、张捷译，载钱中文主编《巴赫金全集》第二卷，李辉凡等译，河北教育出版社，2009，第 182 页。
⑤ 〔苏〕米哈伊尔·巴赫金：《文艺学中的形式方法》，李辉凡、张捷译，载钱中文主编《巴赫金全集》第二卷，李辉凡等译，河北教育出版社，2009，第 183 页。

克服作品的材料性质、非审美性质而生成在作品的边缘上"①。

以巴赫金分析普希金诗歌《回忆》中的"城市"（город）为例：

> 当常人嘈杂的白日归于沉寂，
> 城市那无声的广场，
> 爬上朦胧的夜色……②

诗中普希金通过"夜色""回忆""忏悔"等话语，建构起人们对"城市"的审美意向，使"城市"获得一种审美表现，但是"城市"的具象是什么，诗人没有暗示。这"城市"到底是国外的城市还是俄国的城市？是大城市还是小城市？是莫斯科还是彼得堡？"城市"不是以一个清晰可辨的视觉表象呈现，仅仅只是视觉表象中一些偶然而又主观的片段。显然诗人选择表达"城市"的感觉，不是依据来自词典里"城市"的含义，而是他的生活环境对这个词所形成的独特感觉。巴赫金认为，诗歌中的"城市广场""夜色""一连串的回忆"，如此等等，不是视觉表象，也不是通常的心理感受，更不是材料性质的词语，诗人乃是出自一种审美上的责任心，在同城市、回忆、忏悔、过去以及未来等打交道的时候，从心里将这些词语视为具有伦理的和审美的价值。普希金的"城市"饱含"教会斯拉夫语形式所表现的细微意味，标志着这个城市的伦理审美价值，使这一价值获得了重大的意义；这一细微意味成了具体价值的表征，并以这种身份进入审美客体，换言之，进入审美客体的不是语言学的形式，而是它的价值意义（心理美学则说：是与这一形式相对应的情感意志因素）"③。

一方面，我们选择词语是依据生活语境对词语含义的解释；另一方面，话语含义的细微变化可以反映出说话人的相互关系。各国语言中第一人称"我"、第二人称"你"和第三人称"他"以及取决于谁是主体的惯用语变化的结构，反映出说话人相互关系的事件。日语有专门的修辞和语

---

① 〔苏〕米哈伊尔·巴赫金：《话语创作美学方法论问题》，晓河译，载钱中文主编《巴赫金全集》第一卷，晓河等译，河北教育出版社，2009，第358页。

② 〔苏〕米哈伊尔·巴赫金：《话语创作美学方法论问题》，晓河译，载钱中文主编《巴赫金全集》第一卷，晓河等译，河北教育出版社，2009，第356页。

③ 〔苏〕米哈伊尔·巴赫金：《话语创作美学方法论问题》，晓河译，载钱中文主编《巴赫金全集》第一卷，晓河等译，河北教育出版社，2009，第361页。

法形式，它们的使用严格地取决于表述主人公相互之间的等级区别。在某些语言中以复数的形式表示所谓"包含在内"和"不包含在内"的形式。例如，如果说话人在使用"我们"时，即"我们"的意思指的是"我"和"你"，将听者包括在内，他用的是一种形式。如果他指的是自己和另一个人，即"我们"的意思指的是"我"和"他"，那么他使用的则是另一种形式。在澳大利亚某些语言中重数的使用就是这样。比如，两种特殊的形式都为三重数存在：一种形式意味着"我、你、他"，另一种形式也意味着"我、他、他"（"你"——听众——被排除了）。在欧洲的一些语言中，说话人之间与之相类似的这些关系没有特别的语法表现。"这些语言的性质更抽象且不经这样的程度也能以自身的语法结构反映表述语的情景。但是这些相互关系也无可比拟地、更精微地和有区别地表现在表述的风格和语调上：创作的社会情景以纯艺术手法的方式全面地反映在作品中。"① 此外，艺术作品中的语言含义在许多方面会取决于作者对主人公的感受，如客观叙述的形式，呼语的形式，像祈祷、颂歌、某些抒情形式等，自我表述形式，像忏悔、自传等，抒情独白形式——爱情表达的最重要的形式，都是由作者与主人公的感受程度所决定。最后，语言含义还与职业分野相关，如律师、医生、教师、企业家、政治家等，他们各自语言的区别，具体表现在词汇上，词汇的含义上，有着不一样的表情表意以及不同的理解和评价。

第五，话语声音，指生成的声音，话语的音乐要素，特别在诗歌中，声音仿佛把其余的全部因素都纳入自身，成为整体话语的载体。巴赫金以马雅可夫斯基诗歌中音和义形成韵脚来说明，任何语音的特点，辅音重复、元音重复、重叠的特点，都不是为了音乐性（抒情性），而是为了特殊的双关性。那么这种韵脚的特点及功用何在？

马雅可夫斯基 1912 年底出版了俄国未来派的第一本诗集《给社会趣味一记耳光》，他宣称："只有我们才能代表我们的时代的面貌……要把普希金、陀思妥耶夫斯基、托尔斯泰等等从现代生活的轮船上扔出去"②。收在诗集里的马雅可夫斯基两首短诗《夜》《早晨》以及后来陆续发表的一些诗作如《码头》（1912）、《城市大地狱》（1913）等，带着鲜明的未来

---

① 〔苏〕米哈伊尔·巴赫金：《生活话语与艺术话语》，吴晓都译，载钱中文主编《巴赫金全集》第二卷，李辉凡等译，河北教育出版社，2009，第 98 页。

② https://news.gmw.cn/2017-03/22/content_24025570.htm.

主义烙印。这些作品在艺术上抛弃了传统的现实主义手法，通过韵脚双关，追求标新立异，强调诗歌意境的音响、色彩和运动的效果。以 1923 年长诗《好！》为例，下面是一段对镇压者克伦斯基打电话的描写：

> 土地？
>
> 　　暴动？
>
> 　　　　有许多？
>
> 赶快派——
>
> 　　　　这个，
>
> 　　　　　　怎么说，
>
> 　　　　　　　　围剿
>
> 队！[①]

　　诗中马雅可夫斯基不仅把一个句子或一个词组分成数行排列，甚至将"围剿队"一个词也进行了拆分，这种诗歌梯式分行结构，加上声音的韵律和节奏，完美呈现声音和韵脚的双关。克伦斯基平日满口民主自由，可当听到农民暴动的消息，却恨不得立即派出围剿队镇压，为了能最好地表现出克伦斯基的恼怒、惊慌和声嘶力竭，马雅可夫斯基在声音和韵脚的停顿和加强中，让人物伪善又凶残的本性原形毕露。

　　长诗《好！》描写农民对地主的仇恨，采用丰富的顿歇：

> 举起
>
> 　　刀子
>
> 　　　　咔嚓一下
>
> 　　　　　　砍死
>
> 那残
>
> 　　暴
>
> 　　　的
>
> 　　　　地
>
> 　　　　　主。[②]

[①]　转引自陈守成《马雅可夫斯基诗的梯式分行》，《外国文学研究》1980 年第 1 期。

[②]　转引自陈守成《马雅可夫斯基诗的梯式分行》，《外国文学研究》1980 年第 1 期。

在俄语里，"残暴的"是一个词，却被诗人分成三行；"地主"也是一个词，被分成两行。这两句诗，采用一个音节或两个音节一顿，读者从音调里可以听出农民的咬牙切齿之声，众多的顿歇表达了他们对地主阶级的仇恨。

马雅可夫斯基长诗《列宁》里歌颂党的诗句，把"党"字分割出来，单独排列，押上韵脚，从而使诗句显得节奏鲜明，铿锵有力：

> 现在
> 普尔科沃天文台
> 正忙着研究
> 火星的红光，
> 正忙着探寻
> 天上的百宝箱。
> 但是在世界的眼中，
> 这一个小写字母
> 却更是
> 百倍地美丽
> 百倍地伟大辉煌。
> 我们的字，
> 一直到最重要的，
> 都已经用俗了，
> 用烂了，
> 就象衣服一样。
> 我要
> 使这个
> 最壮丽的字
> 党
> 重新发光。①

巴赫金指出，长诗中的韵脚既由马雅可夫斯基个人的语调决定，也由

---

① 〔俄〕弗拉基米尔·马雅可夫斯基：《列宁》，汪飞白译，人民文学出版社，1977，第6页。

其诗歌梯式分行的形象结构决定。诗行顿歇和押韵互相配合，从而赋予词语以更重要的内容或更强大的力量，加强了诗歌的感情色彩，提高了诗歌的表现能力。

巴赫金认为，在声音形象中唤醒或者臆造词源学上的含义，应该要直接联系事物来理解声音。韵脚使词语凸显出来，并将词语物质化（如同隐喻得以实现）。它又使各不相关的现象互相靠近，破坏了诗语的等级关系，算是一种屈身俯就的韵脚。诗歌的韵脚与粗鲁的外号十分接近，它使世界亲昵化。外号或绰号理论与诗歌或民谣韵脚的理论，即民谣的现实效应，道理是相通的。

第三节　修辞技巧路径

在《巴赫金全集》第三卷中，巴赫金批判传统修辞学只懂得文本细枝末节的分析，只关心艺术家个人和流派的细小修辞差异，仅接触话语生理上的组织标本，忽视修辞体裁背后的社会洪流、社会基调和历史变故。巴赫金指出："同过去一样，对长篇小说（还有短篇小说）中话语的修辞特点，既缺乏原则的研究角度，同时也缺乏具体的研究角度（二者不可分离）；依照传统修辞学的精神对语言作出一些偶然的观察评价，这种方法仍继续占着统治地位，而类似的观察评价是完全不能触及艺术散文的真正本质的。"①

尽管 20 世纪 20 年代小说修辞开始在分析的具体角度和研究的原则立场进行尝试，但这种尝试或者局限于对小说家语言的语言学描写，或者局限于举出小说的传统修辞学范畴内的某些修辞因素，没有涉及小说话语的整体修辞。在巴赫金看来："各种语言与风格的特殊形象、这些形象的组织、它们的类型（极其多样）、各种语言形象在小说整体中的结合、不同语言和声音的接替交错、它们之间的对话关系——这些便是小说修辞的基本课题。"②

---

① 〔苏〕米哈伊尔·巴赫金：《长篇小说的话语》，白春仁译，载钱中文主编《巴赫金全集》第三卷，白春仁等译，河北教育出版社，2009，第 37 页。

② 〔苏〕米哈伊尔·巴赫金：《长篇小说话语的发端》，白春仁译，载钱中文主编《巴赫金全集》第三卷，白春仁等译，河北教育出版社，2009，第 464 页。

俄国形式主义解体的时候，巴赫金曾提过一份宝贵的建议，他主张为了研究艺术的全部特殊性，应当要有正常的眼力和广阔的意识形态视野。"眼界愈开阔，每一种具体现象的特点就会显得愈明亮、愈清晰。"① 正是在这样的思想指导下，巴赫金从话语现象、布局风格、体裁形式及语言形象等四个话语层级不断观察到话语修辞的对话特点，通过古代文学的讽拟滑稽化和现代文学的幽默讽拟化，指出传统修辞学一直以来忽视的修辞技巧——对话修辞是文学修辞的根本特点。

一　话语层级

（一）话语现象

传统语言学认为修辞研究的对象应该是说话者个人独白所使用的抽象的、规范的、统一的语言学意义上的标准语。"语言哲学、语言学、修辞学，都公认说话者同'自己'统一而又唯一的语言，保持着单纯和直接的关系，公认说话者是以普通的独白话语来实现这一语言。它们实际上只承认语言生活中的两极，两极之间排列着它们所能理解的一切语言现象和修辞现象；这两极就是一个统一语言体系，以及用这一语言说话的个人。"② 传统修辞学核心范畴离不开"统一的语言""独白语""说话者个人"。尽管传统修辞学有不同流派，而且在不同时代给核心范畴添加不同的意味，但它们的本质都不曾改变，这个本质就是"它们是受到特定社会集团话语和思想的作用，在这种历史的现实的作用之下而诞生和形成的；这些范畴是各社会集团语言创造力在理论上的表现"③。

与语言现象直接相关的传统修辞学范畴是"统一的语言"，它包含两个概念：标准语（纯正的语言）和居主导地位的口头语言（生活语言）。"统一的语言"是来自语言的组合和集中的历史过程在理论上的表现，是语言向心力的表现，是语言生活的创造力量，是各种语言规范构成的体

① 〔苏〕米哈伊尔·巴赫金：《文艺学中的形式方法》，李辉凡、张捷译，载钱中文主编《巴赫金全集》第二卷，李辉凡等译，河北教育出版社，2009，第199页。
② 〔苏〕米哈伊尔·巴赫金：《长篇小说的话语》，白春仁译，载钱中文主编《巴赫金全集》第三卷，白春仁等译，河北教育出版社，2009，第47页。
③ 〔苏〕米哈伊尔·巴赫金：《长篇小说的话语》，白春仁译，载钱中文主编《巴赫金全集》第三卷，白春仁等译，河北教育出版社，2009，第47页。

系。"统一的语言"与实际语言生活中的杂语现象相矛盾，它在克服杂语的过程中，把语言和观念的思维组合起来、集中起来，形成有思想内容的语言，有世界观的语言，有具体意见的语言，比如亚里士多德的诗学、奥古斯丁的诗学、中世纪教堂"统一的真理语言"的诗学、莱布尼茨的"通用语法"、洪堡特的具体观念等。这些"统一的语言"都表现出一种向心的力量、主导的力量、排挤其他语言的力量、启蒙的力量、使各种思想体系程式化的力量。因此，受这一向心力作用影响的文学体裁，其风格自然形成"统一的语言"范畴式的风格。

在巴赫金看来，语言任何时候都不会是统一的，只有作为抽象的语法规范体系，因其脱离具体的思想内容，脱离不间断的历史发展，才会是统一的。但即使在抽象的统一的民族语范围内，作为标准语的语言，随着具体的社会生活和不断发展的历史进程，也会自然而然分化为不同的思想视野和社会视野，对同样的抽象的语言成分，形成各种具体的指物表意和情味，获得不同的意义和评价，发出不同的声音，组合成各不相同的杂语世界。在标准语里，如果有发达的小说文化，特别是长篇小说文化，那么标准语就会是一个包含本民族杂语现象的话语体系。标准语的统一性绝不是一个封闭的语言体系的统一性，而是不同"语言"构成的具有深刻特色的统一性。巴赫金认为，研究话语，如果只停留在话语自身，忽视它身外的指向，是没有意义的，"正如研究心理体验却离开这体验所依赖的现实，离开决定了这一体验的现实"①。标准语实质上并不统一，它在意向上是有分化的，同时也是可比较的。由于不同语言是观察世界的不同视角，它们之间相互关联，话语之间就还会存在可能的对话关系。

实际的语言生活是杂语的世界、多语的环境。语言在其形成过程中分解成为语言学里的方言，分解为不同社会集团的语言、不同职业的语言、不同体裁的语言、不同代际的语言、不同流派的语言、不同思潮的语言等。只要语言生存着、发展着，自然就会不断分解着。语言在向心的同时，也在离心。语言思想在集中和结合的同时，也在四散和分离。在话语和思想的凝聚、集中、向心中发展出来的一些基本的文学体裁如诗作，实

---

① 〔苏〕米哈伊尔·巴赫金：《长篇小说的话语》，白春仁译，载钱中文主编《巴赫金全集》第三卷，白春仁等译，河北教育出版社，2009，第71页。

现的是话语和思想在文化、民族、政治上的集中化任务；在话语和思想分散、逃逸、离心中发展出来的长篇小说和相近的艺术散文体裁，如民间杂谈、笑谑、歌谣、趣闻、戏弄等，却在嘲弄、讥讽、讽拟社会，甚至驳斥社会。巴赫金指出，"长篇小说是用艺术方法组织起来的社会性的杂语现象，偶尔还是多语种现象，又是个人独特的多声现象"①。多声现象和多语现象进入长篇小说，在其中构成一个严谨的艺术体系。"栖身于语言之中的各种社会和历史的声音，即赋予语言以特定的具体涵义的声音，在小说中组合而成严密的修辞体系；这个修辞体系反映出作者在时代的杂语中所占据的独具一格的社会和思想立场。"②

话语修辞所面对的应该是一个由标准语、杂语甚至多语构成的话语现象，然而在欧洲的话语生活和思想生活中，由于以"统一的语言"为目标，话语中最稳定、最牢靠、很少变化、离社会因素最远的语音成分，首先成为修辞学关注的重点，而参与形成杂语等语言现实的语言意识却没有得到应有的重视，代表社会分散力量的话语现象始终在修辞学研究的视野之外。对此，巴赫金强调指出："致力于文学的语言意识，无论在标准语自身中或者在它之外，都自然观察到更为丰富多彩、更为深刻的杂语事实。对词语修辞的任何认真的研究，都应该从这一基本的事实出发。观察发现的这种杂语性质，以及把握杂语现象的方法，决定着词语的具体的修辞生命。"③

（二）布局风格

基于话语现象的特点，话语存在两种布局风格：独白型布局风格和对话型布局风格。

1. 独白型布局风格

传统修辞学中，文学作品的体系是个封闭自足的体系，是某种类型的语言体系。作为语言体系，只有内在的语言结构，只有消极的听众，不存

---

① 〔苏〕米哈伊尔·巴赫金：《长篇小说的话语》，白春仁译，载钱中文主编《巴赫金全集》第三卷，白春仁等译，河北教育出版社，2009，第 39~40 页。
② 〔苏〕米哈伊尔·巴赫金：《长篇小说的话语》，白春仁译，载钱中文主编《巴赫金全集》第三卷，白春仁等译，河北教育出版社，2009，第 80 页。
③ 〔苏〕米哈伊尔·巴赫金：《长篇小说的话语》，白春仁译，载钱中文主编《巴赫金全集》第三卷，白春仁等译，河北教育出版社，2009，第 75 页。

在任何与其他话语的相互作用或者对话关系。巴赫金指出，像辩论体、讽拟体、讥讽体的话语现象，在传统修辞学的观点里，都属于雄辩术现象，不属于文学现象。可以说，与布局结构直接相关的传统修辞学范畴只有"独白语"，纯粹作者的独白语，这一特点反映在话语布局结构上，就是独白型布局结构。

独白型布局风格最鲜明的一个特点是"布局结构为独白语的一切论辩演说形式，都以听者及其回答为目标"①。在引起回答的策略上是"公开的、显露的、具体的"②，即公开地考虑到听者和听众的回答。目标和策略决定了独白型布局结构的风格。语言学家以听者及其回答为目标，注意到听者的态度，他们所考虑的是由明白易懂、有说服力、有直观性等要求决定的某些风格因素，"亦即恰恰是不带内在对话性的那些因素"③。由于那些考虑听者的因素只把听者当作消极理解的人，而不是积极回答和反驳的人，这就导致独白型布局结构对话语的理解只停留在理解说者的话语和理解说者的意图，对话语的理解停留在话语"字面的不涉褒贬的意义"，"没有理解话语实在的涵义"④。这种理解是放在语言的背景下来理解，是对话语的消极理解，"这样的理解，无非是复制而已，最高的目标只是完全复现那话语中已经有了的东西。这样的理解，不超出话语的语境，不会给话语充实任何新内容"⑤。真正理解话语的背景应该放在"论述同一题目的其他具体表述，是各种杂语所表现的不同见解、观点和评价；换句话说，这是任何话语在接近自己对象的途中都要遇到的种种复杂情况"⑥。

独白型布局风格最典型的代表就是诗歌，当然还包括发生在史前时期语言意识中的民族神话以及有史时期思想领域里的一切崇高文体。以诗歌

① 〔苏〕米哈伊尔·巴赫金：《长篇小说的话语》，白春仁译，载钱中文主编《巴赫金全集》第三卷，白春仁等译，河北教育出版社，2009，第58页。
② 〔苏〕米哈伊尔·巴赫金：《长篇小说的话语》，白春仁译，载钱中文主编《巴赫金全集》第三卷，白春仁等译，河北教育出版社，2009，第58页。
③ 〔苏〕米哈伊尔·巴赫金：《长篇小说的话语》，白春仁译，载钱中文主编《巴赫金全集》第三卷，白春仁等译，河北教育出版社，2009，第58页。
④ 〔苏〕米哈伊尔·巴赫金：《长篇小说的话语》，白春仁译，载钱中文主编《巴赫金全集》第三卷，白春仁等译，河北教育出版社，2009，第59页。
⑤ 〔苏〕米哈伊尔·巴赫金：《长篇小说的话语》，白春仁译，载钱中文主编《巴赫金全集》第三卷，白春仁等译，河北教育出版社，2009，第59页。
⑥ 〔苏〕米哈伊尔·巴赫金：《长篇小说的话语》，白春仁译，载钱中文主编《巴赫金全集》第三卷，白春仁等译，河北教育出版社，2009，第59页。

为例，诗歌一贯始终的独白性主要得益于有一个统一的又是唯一的语言，这对于实现诗人个人的直接意志，是不可缺失的条件。在自满自足的诗歌话语体系里，诗人凭借统一又唯一的语言，理所当然地把整部作品的语言视为自己的语言，他利用语言的每一个词形、每一个词、每一个词语，来表现自己不加括号的、无可争议的、直接的意图，丝毫不顾及任何的他人话语。诗人即便讲起他人的东西，展示他人的世界，使用的仍然是自己的语言，而不是更符合这个世界的他人话语。在诗歌中，如果有出现表示疑问的话语，这个疑问话语的实质还是毋庸置疑的、无须回答的话语。

2. 对话型布局风格

在对话型布局风格里，主要以他人话语为目标，要么针对话语对象身上的他人话语所采取的对话态度，要么针对听者答话里的他人话语所采取的对话态度。在引起回答时，采取了理解的策略，主要从理解的角度考虑听者的回答。在理解和回答的关系中，回答是一个积极因素，在二者中起主导作用。"回答为理解提供土壤，关切地为理解作好准备。只有在回答中，理解才能达到成熟。理解和回答是辩证的统一，相互制约，不可分离。"① 基于回答的理解是积极的理解，"这种理解能把所理解的东西，纳入到理解者自己的事物和情感世界里去"②。积极的理解能把所理解的东西，与理解者的新视野联系起来，以揭示自己与所理解之物的一系列的相互关系、和声或不相协调，给所理解的东西增添新的因素。最重要的一点是，通过对话语的积极理解，听者升华为积极回答和反驳的人。

对话型布局风格的典型是长篇小说。在传统修辞学家和语言学家看来，各种类型的语言错综复杂，唯有抽象出来的、规范组织的语言才具可比性，任何活生生的具体的话语完全不具可比性。巴赫金认为，不管什么类型的语言，不管根据什么原则进行区分，都是可比的，比较的方法所依据的理论就是：一切语言"都是观察世界的独特的视点，是通过语言理解世界的不同形式，是反映事物涵义和价值的特殊视野"③。在一切语言都能

---

① 〔苏〕米哈伊尔·巴赫金：《长篇小说的话语》，白春仁译，载钱中文主编《巴赫金全集》第三卷，白春仁等译，河北教育出版社，2009，第60页。
② 〔苏〕米哈伊尔·巴赫金：《长篇小说的话语》，白春仁译，载钱中文主编《巴赫金全集》第三卷，白春仁等译，河北教育出版社，2009，第59~60页。
③ 〔苏〕米哈伊尔·巴赫金：《长篇小说的话语》，白春仁译，载钱中文主编《巴赫金全集》第三卷，白春仁等译，河北教育出版社，2009，第70页。

相互比较、相互补充、相互对立、相互形成对话式的对应关系的基础上，"它们以这样的身份相遇和共存于人们的意识之中，而首先是在小说艺术家的创作意识之中"。①

巴赫金认为，任何具体的话语所接触到的对象都是被论说过、被争论过、被评议过，话语所接触的对象或者被他人话语所遮蔽，或者被他人话语所照亮，或者被他人话语所浸透，话语在接触对象时，就是进入由他人议论、他人评价所形成的激动而紧张的对话地带，卷入它们之间复杂的相互关系之中，就会同意一些人，排斥一些人，同一些人会合交叉。话语穿过充满他人话语多种褒贬不一意向的对话地带时，必然带着自己的情味、自己的意思，与这些他人话语发生共鸣或出现异调，同时还希冀得到回答。巴赫金把话语与他人话语相遇所产生的对话和应答视为话语内在的一种对话性，这种对话性具有"巨大的构筑风格的力量"。"所有这一切会给话语形式以重大影响，会浸透到话语含义的各个层次中，会使话的情味变得复杂，会影响到它的整个修辞面貌。"② 话语在这种复杂的对话过程中形成自己的修辞面貌、情调和布局风格，可以说，在巴赫金之前，对话只是作为组织言语的一种结构形式，在巴赫金提出话语内在的对话性之后，开始有了内在对话化的布局风格研究。

从内在对话化的布局风格出发，一部长篇小说通常可分解为下面几种基本的布局：第一，作者直接的各种半规范（笔语）性日常叙述（书信、日记等）的模拟；第二，作者直接的文学叙述（包括所有各种各样的类别）；第三，对各种日常口语叙述的模拟（故事体）；第四，各种规范的但非艺术性的作者言语（道德的和哲理的话语、科学论述、演讲申说、民俗描写、简要通知等）；第五，主人公带有修辞个性的言语。在这些布局里，有作为结构形式的对话，也有语言混合体中和小说对话化背景中的不同语言间的相互对话，它们是"紧密相连的"，共同形成小说特殊的对话型布局风格，它截然不同于纯粹的戏剧对话，"没有终结、含蓄不露、互有隔阂、生动具体，还有'一如实际'"③。

---

① 〔苏〕米哈伊尔·巴赫金：《长篇小说的话语》，白春仁译，载钱中文主编《巴赫金全集》第三卷，白春仁等译，河北教育出版社，2009，第70页。

② 〔苏〕米哈伊尔·巴赫金：《长篇小说的话语》，白春仁译，载钱中文主编《巴赫金全集》第三卷，白春仁等译，河北教育出版社，2009，第54页。

③ 〔苏〕米哈伊尔·巴赫金：《长篇小说的话语》，白春仁译，载钱中文主编《巴赫金全集》第三卷，白春仁等译，河北教育出版社，2009，第150页。

（三）体裁形式

基于话语现象和布局风格，话语的体裁形式一般分为两种类型：代表官方的、向心力的话语体裁和代表底层的、离心力的话语体裁。

1. 代表官方的、向心力的话语体裁

这种类型主要是在官方的上层社会和思想境界中，在话语和思想生活中凝聚的、集中的、向心的轨道上，发展出来的一些基本的文学体裁，如诗歌、神话和崇高文体等。以诗史上尚未从社会杂语和多语中自觉升华的诗歌体裁为例，那时诗歌体裁的世界是统一的又是唯一的托勒密世界，诗歌体裁的任务是努力实现话语和思想世界在文化、民族、政治上的集中化任务。当时的诗歌体裁有四个"无"：无词语中的他人意向，无词语与特定意向、特定语境的联系，无诗歌体裁之外的各种体裁"所具有的典型的和客体的形象"，无"典型的或个别的说话人的形象、他们讲话的姿态、典型的语调"。诗歌体裁的语境"纯粹是表现一定意义的上下文，是所谓各种笼统的情调的上下文"①。诗歌体裁的面孔只有作者语言的面孔。诗歌体裁只满足于一种语言和一个语言意识，"无论诗中每一词语包含多么丰富多样的意义和情调的线索、联想、展示、暗指、呼应，所有这些内容都只要求有一种语言，有一个视野，而不需要多种的杂语的社会语境。不仅如此，诗歌形象的展开（如隐喻的扩展），也要求有一个统一的、与其表现对象直接对应的语言。社会上的杂语事实，如果渗透到作品中并引起作品语言的分化，就会妨碍作品中形象的正常发展和演变"②。诗歌体裁的节奏使诗歌体裁所要求的统一的语言层面变得更加完整统一、更加封闭，因为节奏"使每一因素都参与整体的语调体系（通过邻近的节奏单位）的同时，把词语中潜在的那些社会的、言语的世界和面貌，窒息在萌芽状态中"③。由于诗歌体裁在一切语言因素中抽掉他人意向和语调，消除社会杂语和多语痕迹，结果诗歌作品就成了语言严格统一的话语体裁。

---

① 〔苏〕米哈伊尔·巴赫金：《长篇小说的话语》，白春仁译，载钱中文主编《巴赫金全集》第三卷，白春仁等译，河北教育出版社，2009，第76页。
② 〔苏〕米哈伊尔·巴赫金：《长篇小说的话语》，白春仁译，载钱中文主编《巴赫金全集》第三卷，白春仁等译，河北教育出版社，2009，第76~77页。
③ 〔苏〕米哈伊尔·巴赫金：《长篇小说的话语》，白春仁译，载钱中文主编《巴赫金全集》第三卷，白春仁等译，河北教育出版社，2009，第77页。

长篇史诗作为流传至今的一种特定的实有的体裁，它是"民族英勇的过去，是民族历史的'根基'和'高峰'构成的边界，是父辈和祖先的世界，是'先驱'和'精英'的世界"①。与此同时，长篇史诗作为完全现成的体裁，它完美、稳定，艺术上尊崇高雅，是僵化的、几近死亡的体裁。具体地说，长篇史诗只描写过去，"绝对的过去"，"完结了的过去"，"封闭的过去"；史诗中作者的意向主要在于表述对过去的敬仰和崇高敬意；史诗的风格、语调、形象性都不是表现对同时代、对同代人的一种亲昵，而是隔着一定距离的疏离；长篇史诗对过去所使用的评价都是区分等级的评价，如"开端""先驱""创始人""祖先""从前有过"等最高级的评价范畴，而且还加上时间属性的评价范畴，用这样的评价来说明过去一切都是好的，是以后各时代一切美好事物的唯一源泉和根基；史诗主要靠记忆来获得创造力；史诗以无名作者无可怀疑的传说为依托，作为神圣不可侵犯的传说而存在，获得普遍一致的看法和评价。"史诗世界不仅作为久远过去的现实事件是彻底完成了的东西，而且就它的涵义和价值来说，也是彻底完成了的东西，因为这个世界既不可再作改变，也不可重新理解，又不可重新评价。"②

　　归结起来，长篇史诗包含三个基本特征：第一，长篇史诗描写一个民族庄严的过去；第二，长篇史诗渊源于民间传说；第三，史诗的世界远离当代。这三个特征或多或少，"也存在于希腊罗马古典期和中世纪的其他崇高体裁中③。所有崇高体裁的基础都是对时间的那种评价，传说都起那样的作用，距离都是那样可以区分等级的。当今现实生活，由于保持着真实面貌的那一部分，成不了崇高体裁的描写对象，但高级层次的那一部分，可以进入崇高体裁，因为它退出生活，与现实隔着一定的距离，与时代不再亲昵，仿佛参加到过去，通过联系和各种中介环节成为传说和记忆，以终结、完成和封闭，取得普遍一致的评价和看法。"崇高体裁对过去的理想化，具有官方的性质。统治的力量和统治的道理（即所有完成了的东西），将其一切外在的表现，都形诸过去这个价值等级的范畴中，形

①　〔苏〕米哈伊尔·巴赫金：《史诗与长篇小说》，白春仁译，载钱中文主编《巴赫金全集》第三卷，白春仁等译，河北教育出版社，2009，第507页。
②　〔苏〕米哈伊尔·巴赫金：《史诗与长篇小说》，白春仁译，载钱中文主编《巴赫金全集》第三卷，白春仁等译，河北教育出版社，2009，第512页。
③　〔苏〕米哈伊尔·巴赫金：《史诗与长篇小说》，白春仁译，载钱中文主编《巴赫金全集》第三卷，白春仁等译，河北教育出版社，2009，第512页。

诸保持距离的遥远的形象之中（从手势、服装直到风格，即权力的一切象征）"。"在崇高体裁中，任何权力和特权，任何重要意义和崇高性质，都从亲昵交往的领域转入了遥远的层次里去（衣饰、礼仪、主人公讲话风格、叙述主人公的语言风格）。力求具有结束完成的性质，这是一切非小说体裁的古典性的表现"①。

在史前时期的语言意识中，民族神话和语言是有机结合在一起的。神话一个重要的基本特点就是体现在话语和思想含义的绝对结合上，"它一方面决定着神话形象的发展，另一方面决定着对语言形式、意义和修辞组合的特殊感受"②。巴赫金认为，一方面，神话控制语言，拘束语言意识，给语言和话语蒙上神奇和魔幻的色彩，形成神话思维和魔幻思维。当语言受神话思维形象的控制时，这些神话思维形象会约束语言意向的运动，使各种语言范畴较难获得普遍性和灵活性，也较难具有纯粹的形式性质，这些因素综合起来就大大限制了话语表现情态的可能性。另一方面，语言也控制着神话思维，控制对现实的理解和思考，进而产生神话的现实，换句话说，语言通过把语言中的相互联系和相互关系，如语言的范畴和制约，转换成现实中一些成分的相互联系和相互关系。

当语言意识进入有史时期，神话不再对语言形成绝对的控制，但在崇高文体的领域中，"语言的权威性仍有一种神话般的力量，所有意义和情态都直接从属于语言不可争议的统一体，因而没有可能在大部头的文学作品中强有力地艺术地运用语言的杂语性"③。随着民族文化不断接触他人文化和他人语言，不再封闭自足，语言的神话力量才从根本上得以打破，话语和思想含义的绝对结合开始瓦解和分化。因此，在希腊化时代，在歧语、多语、杂语的作用下，在多种语言与文化的相互映照中，神话消亡了，"清醒的"小说诞生了。

2. 代表底层的、离心力的话语体裁

这种类型是在底层的游艺场和集市的戏台上，在历史上分散的、离心

---

① 〔苏〕米哈伊尔·巴赫金：《史诗与长篇小说》，白春仁译，载钱中文主编《巴赫金全集》第三卷，白春仁等译，河北教育出版社，2009，第515~516页。

② 〔苏〕米哈伊尔·巴赫金：《长篇小说的话语》，白春仁译，载钱中文主编《巴赫金全集》第三卷，白春仁等译，河北教育出版社，2009，第154页。

③ 〔苏〕米哈伊尔·巴赫金：《长篇小说的话语》，白春仁译，载钱中文主编《巴赫金全集》第三卷，白春仁等译，河北教育出版社，2009，第154~155页。

的轨道上形成的文学体裁，像长篇小说，以及相近的艺术散文体裁，还有一些"如现实主义的短篇小说、讽刺作品、某些传记体和自传体形式，某些纯演说体的体裁（譬如刻薄责难的发言），历史体裁，最后还有书信体"。①

在分析具体什么原因导致长篇小说体裁出现的时候，巴赫金指出："在小说话语史前期，可以看到有许多的和常常十分不同的因素在起作用。据我们看来，最重要的是两个因素，一个是笑，另一个是多语现象。笑能把古老的描绘语言的形式组织起来，这些形式最初正是用来嘲笑他人语言和他人直接话语的。多语现象和与此相关的不同语言的相互映照，把这些形式提高到了一个新的艺术思想水平；正是在这个新水平上，才有可能出现长篇小说的体裁。"②

多声现象和杂语现象是出现长篇小说的基础，它既体现长篇小说体裁的独特性，又充分显示长篇小说体裁的优越性。这些参与杂语和多语的语言生活的体裁，代表着语言生活中的分散倾向，是特殊的话语形态和话语现象。在底层社会的游艺场和集市的戏台上，随处可见人们用杂语说笑话，以故事诗、笑谈、街头歌谣、谚语、趣闻等方式，取笑一切"语言"和方言，并在此过程中逐渐形成诸如模仿风格体、故事体、讽刺模拟体、多种"不直说"的话语假面形式、多语言合奏的多主题的艺术形式，以及塞万提斯、拉伯雷等人的长篇小说模式。

编写长篇小说的作家将杂语、多语引进作品，依靠语言的杂语和多语，形成小说体裁的各种变体，建构出小说家自己内在统一的话语风格体系。在面对杂语和多语现象时，小说家擅长在话语中辨析词语中的他人意向和他人语气，将隐藏在语言中的词语含义、语言形式背后的语言面貌以及言语姿态显现出来，同时小说家尽量让这些词语和形式，"都同自己作品的文意核心，同自己本人的意向中心，保持或远或近的一段距离"③。小说家处理他和语言的关系时，不会把自己完全交付给话语，他或者只允许语言一半是他人的，或者允许语言完全是他人的，或者让语言彻底服从于

①　〔苏〕米哈伊尔·巴赫金：《长篇小说的话语》，白春仁译，载钱中文主编《巴赫金全集》第三卷，白春仁等译，河北教育出版社，2009，第156页。
②　〔苏〕米哈伊尔·巴赫金：《长篇小说话语的发端》，白春仁译，载钱中文主编《巴赫金全集》第三卷，白春仁等译，河北教育出版社，2009，第465页。
③　〔苏〕米哈伊尔·巴赫金：《长篇小说的话语》，白春仁译，载钱中文主编《巴赫金全集》第三卷，白春仁等译，河北教育出版社，2009，第78页。

他自己的意向；小说家懂得充分利用带有他人意向的话语，要么直截了当地表现作者情态，要么赋予幽默、讽刺、揶揄模仿的语调折射作者意向，要么更加明显折射作者意向，要么完全不带有作者意向，从而使"反映作者意向的主题变成一首合奏曲"①。

小说体裁区别于其他体裁的地方在于笑谑、讽刺地模拟其他体裁，揭露这些体裁假定的形式和语言，小说体裁讽拟其他体裁时，总是排除一些体裁，使用一些体裁，将可用的体裁纳入自己的结构，"赋予它们新的涵义和新的语调"②。为什么笑谑可以是组织小说语言的形式？作为低级体裁，长篇小说首先容纳和描绘的对象是当代现实、转瞬即逝的东西、"低级的"东西、"没开头也没结尾"的当代生活、"我本人"、"我的同代人"、"我的时代"，"这些最初都是双重笑声作品的对象，即同时既是快活的笑也是致命的笑"，这类属于所谓的"庄谐体"，它的体裁包括"索夫龙情节不多的民间歌舞剧、整个田园诗、寓言、早期回忆录文学（希沃斯岛的约恩和克里契的作品）、抨击文章"③、《苏格拉底对话》、罗马讽刺（卢奇利乌斯、贺拉斯、佩尔西乌斯、尤维那利斯）、描写"饮宴"的大量文学作品，以及梅尼普讽刺和卢奇安式对话。随着小说的发展，后来又发展出新的描写对象，即对一切崇高体裁和民族传说里崇高形象的讽刺模拟和滑稽化，"英雄""天神""半神"被放到当代现实里、日常生活环境里，用"今天的"低俗的语言加以讽拟和嘲弄。

庄谐体作为小说形成的第一阶段，巴赫金认为它的意义在于，"它们描写的对象，更重要的是理解、评价和赋予它们形式所依据的出发点，都是当今的现实"。当今的现实就是多声和杂语的现实。巴赫金更进一步指出，尽管当今现实是艺术构想的新出发点，但"绝对不排斥描写英雄的过去，而且不涉任何滑稽的描写"④。关于这一点，巴赫金以色诺芬的《远征

---

① 〔苏〕米哈伊尔·巴赫金：《长篇小说的话语》，白春仁译，载钱中文主编《巴赫金全集》第三卷，白春仁等译，河北教育出版社，2009，第78页。
② 〔苏〕米哈伊尔·巴赫金：《史诗与长篇小说》，白春仁译，载钱中文主编《巴赫金全集》第三卷，白春仁等译，河北教育出版社，2009，第499页。
③ 〔苏〕米哈伊尔·巴赫金：《史诗与长篇小说》，白春仁译，载钱中文主编《巴赫金全集》第三卷，白春仁等译，河北教育出版社，2009，第516页。
④ 〔苏〕米哈伊尔·巴赫金：《史诗与长篇小说》，白春仁译，载钱中文主编《巴赫金全集》第三卷，白春仁等译，河北教育出版社，2009，第523页。

记》为例，这是一类不属于庄谐体的小说体裁，它处于庄谐体边缘地带，它对过去的写法不带距离，"是放在当代现实的平面上的"。①

与其他体裁相比，小说体裁具有不可战胜的优势。"小说不仅仅是诸多体裁中的一个体裁。这是在早已形成和部分地已经死亡的诸多体裁中间唯一一个处于形成阶段的体裁。这是世界历史新时代所诞生和哺育的唯一一种体裁，因此它与这个新时代有着深刻的血缘关系。而其他正统体裁是作为现成的东西为新时代所继承，只需适应新的生存条件就可以了，其中有的适应得好些，有的则差些。与它们相比，小说是另一种性质的东西。它难以同它们融洽相处。它在夺取文学中的统治权，一旦它在那些地方获胜，其他的旧体裁便要瓦解。"②

文学史家往往把小说与其他现成体裁之间的斗争看成是各种派别和思潮的生存和斗争，巴赫金认为这只是一种热闹的表面现象，真正的原因就是体裁。小说的体裁不是现成的、定型的或程式化的。"小说从来不让自己任何一个变体稳定不变。"③ 人们习惯性地将小说体裁看成与其他体裁一样，企图揭示小说体裁的程式化形式或者类型，但任何对小说类型的描写都不可能概括小说的全部。巴赫金尝试把小说当作在整个现代文学发展过程中居主导地位的正在形成中的体裁来加以考察，因此，长篇小说体裁中具有三个区别于其他一切体裁的特点：第一，长篇小说修辞具有与小说中要实现多语意识相关联的三维性质；第二，小说中文学形象的时间坐标发生了根本变化；第三，小说中进行文学形象的塑造，获得了新的领域，亦即最大限度与未完成的现在（现代生活）进行交往联系的领域。

受时代的影响，巴赫金以对立和斗争的眼光看待代表底层的、离心力的话语体裁与代表官方的、向心力的话语体裁，对代表底层的、离心力的话语体裁予以高度的认可，认为由俚俗体裁中组织起来的杂语体裁，有意同处于语言核心的官方话语体裁对立，通过体裁上讥讽的模仿，与当代各

---

① 〔苏〕米哈伊尔·巴赫金：《史诗与长篇小说》，白春仁译，载钱中文主编《巴赫金全集》第三卷，白春仁等译，河北教育出版社，2009，第524页。

② 〔苏〕米哈伊尔·巴赫金：《史诗与长篇小说》，白春仁译，载钱中文主编《巴赫金全集》第三卷，白春仁等译，河北教育出版社，2009，第498页。

③ 〔苏〕米哈伊尔·巴赫金：《史诗与长篇小说》，白春仁译，载钱中文主编《巴赫金全集》第三卷，白春仁等译，河北教育出版社，2009，第500页。

种官方语言针锋相对。

（四）语言形象

1. 小说修辞的主要任务是塑造语言形象

小说话语修辞很重要的一点就是如何对语言进行艺术描绘，即如何描绘语言的形象。那么，什么是语言形象？语言形象就是"在真正的小说中，每一个表述背后都觉得出存在着一种社会性语言，连同它的内在逻辑和内在必然性"，"不仅展示出该语言的现实，还揭示出该语言的潜力，它的所谓理想的极致，它全部完整的涵义，它的实质和它的局限性"[①]。语言形象由说话人及其话语构成，在这里，需要说明的一点是，说话人在小说中不一定非得是主人公。传统修辞学与人物形象直接相关的范畴只有"说话者个人"，但小说体裁的话语作为杂语中一种独特的语言，构成其修辞特色的"能说明问题"[②] 的基本对象就是说话人和他的话语，这可以从三个方面来解释：第一，说话人及其话语是话语以及艺术的表现对象；第二，说话人是具有重要社会性的人，是历史的具体而确定的人；第三，说话人或多或少是个思想家，他的话语是思想的载体。

2. 语言形象必须具有特定的社会视野

语言形象首先必须具有特定的社会视野，代表一定的社会思想，"语言在历史上的真实情况，是杂语形成的过程，里面充斥着种种未来的和往昔的语言、处于消亡中的古板的语言贵族、语言暴发户、难以数计的寻求自立的语言；这些语言有的成功有的不很成功，覆盖的社会面有广有窄，应用的思想意识领域也各自不同"。"这种语言形象，在小说中便是社会视野的形象，是与自己话语、语言连成一体的某一社会思想的形象。不同语言、不同派头、不同风格的形式标志，在小说中便是不同社会视野的象征"。[③]

---

① 〔苏〕米哈伊尔·巴赫金：《长篇小说的话语》，白春仁译，载钱中文主编《巴赫金全集》第三卷，白春仁等译，河北教育出版社，2009，第 140 页。

② 〔苏〕米哈伊尔·巴赫金：《长篇小说的话语》，白春仁译，载钱中文主编《巴赫金全集》第三卷，白春仁等译，河北教育出版社，2009，第 117 页。

③ 〔苏〕米哈伊尔·巴赫金：《长篇小说的话语》，白春仁译，载钱中文主编《巴赫金全集》第三卷，白春仁等译，河北教育出版社，2009，第 141 页。

3. 语言形象必须是双声双语

"真正的语言形象，总有着对话化了的双声和双语的框架"。① 人物的语言特点常常是语言社会分野的补充特征，有时甚至成为作者对人物言语的注解。如《父与子》中，屠格涅夫有时就点明自己人物用词或发音上的特点。以巴赫金所举"原则"俄文一词的不同读音为例，不同的发音成为区分不同文化历史环境和社会阶层的一个标志，比如一个是 19 世纪二三十年代地主老爷的文化环境，由法国文学熏陶而来，与拉丁语和德国科学格格不入；另一个是 19 世纪 50 年代平民知识分子的世界，受了拉丁语和德国科学教育的师范生、医科学生。从外表上直接观察人物语言特点，是小说表现人物的一种方法，但这些语言特点在小说中并不塑造出语言形象，这是因为"这些纯属客体性的观察；作者话语在这里只不过是表面地涉及一下被观察的语言，把后者视为物件；这里没有内在的对话性，而内在的对话性是语言的形象所特有的东西"②。

4. 刻画语言形象的双声和双语框架被镶嵌在语境里

"镶嵌被描绘言语的语境对塑造语言的形象起着头等重要的作用。镶嵌的上下文犹如艺术家手中的雕刻刀，加工他人言语的边缘，在言语现实的原材料上镌刻出语言的形象；雕刻家把被描绘语言自身内在的倾向，同它外在的作为对象的特征结合到了一起。描绘并镶嵌他人言语的作者话语，为他人言语拓宽了前景，分开了主次，为它的出现创造了环境和一切条件，最后还渗透到他人言语当中，带进了自己的语调、自己的词汇，为它提供了产生对话的背景。描绘他人言语的语言（作者话语）有这样的能力：既出现于他人言语之外，同时又出现于他人言语之中；既论说他人语言，同时又使用他人语言，且同他人语言对话。另一方面，被描绘的语言能够同时既作描绘的对象，自己又可以说话。正由于上述的缘故，才能塑造出小说中独具特点的语言形象。"③

5. 如何镶嵌语言形象

巴赫金把所有小说塑造语言形象的方法归结为无法分割的三个基本范

① 〔苏〕米哈伊尔·巴赫金：《长篇小说的话语》，白春仁译，载钱中文主编《巴赫金全集》第三卷，白春仁等译，河北教育出版社，2009，第 142 页。

② 〔苏〕米哈伊尔·巴赫金：《长篇小说的话语》，白春仁译，载钱中文主编《巴赫金全集》第三卷，白春仁等译，河北教育出版社，2009，第 141~142 页。

③ 〔苏〕米哈伊尔·巴赫金：《长篇小说的话语》，白春仁译，载钱中文主编《巴赫金全集》第三卷，白春仁等译，河北教育出版社，2009，第 142 页。

畴和三个方法：语言的混合；语言对话化的相互关系；纯粹的对话。这三个范畴和三个方法只能在理论上区别，在统一的艺术形象中不可分割。

（1）语言的混合

语言的混合指两种社会性语言在一个表述范围内的结合，是为时代或社会差别（或兼而有之）所分割的两种不同的语言意识在这一表述舞台上的会合。表述是引起混合的导火索。一种语言或各种语言的历史演变，基本上是通过混合的途径，通过共存于一种社会方言、一种民族语、一个分支或一组不同分支之中的不同"语言"的混合。语言的艺术形象，就其本质是有意混合的语言混合体。

这个语言形象之所以是混合的，是因为只有两个语言意识才可以描绘出语言形象：一个是被描绘者的语言意识，另一个是属于另一个语言体系的描绘者的语言意识。如果没有作为另一个语言体系的描绘者的语言意识，那么面对的就不是语言形象，而是不知真伪的他人语言。

语言形象之所以有意为之，首先，是自觉意识的混合，即一个语言为另一个语言所意识到，一个语言意识为另一个语言意识所映照。要塑造一个语言形象，必须从另一个语言的角度出发，才有可能。其次，这两个语言意识是两个个性化了的语言意识和语言意向：一个是作为描绘者的作者个人的意识和意向，另一个是所描绘人物的个性化的语言意识和意向。两个意识、两个意向、两个声调、两种语调。要塑造语言形象，个性化语言是必需的，但同时又与社会性语言密切联系，所以还必须是两个社会性的语言意识、两个时代。特别是两个社会性的语言意识，在表述的范围内，会特意走在一起争斗。再次，在相互混合中，存在对世界不同观点的混合，这不是抽象的意义混合或逻辑混合，而是具体的社会性的意义混合。这种混合不是自觉的比较和对立，是不知不觉的混合，这混合孕育了新的世界观，孕育着世界上语言意识中新的"内部形式"。然后，这种混合具有内在对话性，不是掺和，是对话式的相反相成。这种社会性语言之间不同观点的对话，不可能发展为圆满清晰的个人间意义上的对话，因此具有一定程度的天然自发性和无法得出结果的特点。最后，这种混合具有十分特别的句法结构：一个表述内结合着两个潜在的表述，仿佛是一个对话中的两句对语。这个句法结构常常被两个个性化的语言意向弄得支离破碎。"小说中的混合是不同语言结合所形成的有机的艺术体系，它的目的在于利用一个语言去说明另一个语言，为另一个语言塑造生动的形象。""为艺术目的将两种社会性语言有意地混合在一个表述范围内，是塑造语言形象最重要的手法之一。"①

（2）语言对话化的相互关系

语言对话化的相互关系指不同语言通过内在对话化而相互说明。通过语言内在对话化所塑造的语言形象，通常是贯穿着不同言语意向、反映着不同意向的对话交流的艺术形象，或者是"包含着内在对话因素的形象"。②不同语言通过内在对话化而相互说明、对话式地相互对立，是塑造语言形象的一个强大手段，"有助于划清不同语言的界限，使人感受到这种界限，逼迫人们体会语言可塑的形态"③。杂语中各语言进入小说塑造语言形象，不管采用无人称的讽刺模拟形式、讽刺的模拟风格形式、镶嵌文体、假托作者的形式，还是无条件的作者言语，"首先主要还是依靠语言内在对话化来加以实现"。④

语言对话化的相互关系的典型形式主要有三个：风格模拟；变体；讽刺性风格模拟。风格模拟和变体在小说发展史上意义很大，但要次于讽刺性风格模拟。风格模拟和讽刺性风格模拟好比两个极端，两者之间存在着语言相互映衬和语言直接混合的多种形式，取决于不同语言、不同语言和话语意向在一个表述中相遇而发生的多种多样的关系。在话语内部发生的斗争、被描绘话语对描绘者话语抗拒的程度、被描绘的各种社会性语言外形上的显现程度、它们在描绘中所达到的个性化的程度，最后还有总是起着对话化背景和共鸣器作用的四周的杂语，所有这些造成了描绘他人语言的多种多样的方法。

①风格模拟

在语言对话化的相互关系中，风格模拟是"不同语言通过内在对话化

① 〔苏〕米哈伊尔·巴赫金：《长篇小说的话语》，白春仁译，载钱中文主编《巴赫金全集》第三卷，白春仁等译，河北教育出版社，2009，第146页。
② 〔苏〕米哈伊尔·巴赫金：《长篇小说的话语》，白春仁译，载钱中文主编《巴赫金全集》第三卷，白春仁等译，河北教育出版社，2009，第55页。
③ 〔苏〕米哈伊尔·巴赫金：《长篇小说的话语》，白春仁译，载钱中文主编《巴赫金全集》第三卷，白春仁等译，河北教育出版社，2009，第149页。
④ 〔苏〕米哈伊尔·巴赫金：《长篇小说的话语》，白春仁译，载钱中文主编《巴赫金全集》第三卷，白春仁等译，河北教育出版社，2009，第119页。

而相互说明的最典型、最清晰的形式"①。风格模拟是对他人语言风格的艺术描绘，是他人语言的艺术形象，在修辞上已经定型。风格模拟所塑造的语言形象"是最稳当、艺术上最圆熟的形象，它能在小说所允许的范围内，最大限度地追求美感"②。

风格模拟存在两个个性化的语言意识，一个是模拟者的语言意识，另一个是被模拟者的语言意识。在模拟过程中，模拟者不使用任何具有现代背景的语言材料，如现代的词、词形或者词汇，只带进现代模拟者的仿效意向、语言意向和艺术意向，在以被模拟者语言意识作为材料的基础上进行语言形象的塑造。风格模拟与本来风格不同之处在于，风格模拟存在着"一个现代模拟者及其听众的语言意识，从这一语言意识出发，才复现了被效仿的风格。正是在这一意识的背景上，这风格获得了新意"③。

②变体

在小说创作过程中，如果模拟者有意把现代的语言材料（词、词形、语汇）掺进模拟的风格，使模拟者的语言意识不仅表现被模拟者的语言意识，本身也取得发言权，这就是变体，"变体常常转化为混合"。④ 变体的特点在于，被模拟者的语言被纳入现代题材中，被模拟者的世界被现代意识的世界融合，被模拟者的语言被放在它不可能出现的新环境中考验。

③讽刺性风格模拟

讽刺性风格模拟指模拟者话语的意向同被模拟者话语的意向互不一致，相互对立，这时为了实现对现实物质世界的描绘，模拟者不借助作为一种积极视角的被模拟者的语言，而是采取改变和揭露被模拟者语言的办法来加持。讽刺性风格模拟的积极意义在于，被讽刺模拟得以复现的语言，可以通过自己具有内在逻辑和价值，揭示被讽刺模拟的那个世界。

---

① 〔苏〕米哈伊尔·巴赫金：《长篇小说的话语》，白春仁译，载钱中文主编《巴赫金全集》第三卷，白春仁等译，河北教育出版社，2009，第147页。

② 〔苏〕米哈伊尔·巴赫金：《长篇小说的话语》，白春仁译，载钱中文主编《巴赫金全集》第三卷，白春仁等译，河北教育出版社，2009，第148页。

③ 〔苏〕米哈伊尔·巴赫金：《长篇小说的话语》，白春仁译，载钱中文主编《巴赫金全集》第三卷，白春仁等译，河北教育出版社，2009，第147页。

④ 〔苏〕米哈伊尔·巴赫金：《长篇小说的话语》，白春仁译，载钱中文主编《巴赫金全集》第三卷，白春仁等译，河北教育出版社，2009，第148页。

（3）纯粹的对话

纯粹的对话不仅指小说中作为结构形式的对话本身，而且还不局限于小说人物在情节中的实际对话，此外还有"形式繁多的为情节所实际需要的无法终结的对话性的对立争执"。① 可以说，小说纯粹的对话包括文本结构性对话、小说中各自话语（他人话语、自己话语）的对话、作品中人物的对话以及人物的独白、为情节所实际需要的对话，这些对话充满矛盾和歧义，却在小说中融为一体，融到了不同语言的对话之中。

构成对话的小说情节，它的任务就是"服务于描写说话人和他们的思想世界"②。小说情节通过确定不同语言的相互关系，组织这些关系，把不同社会性的语言和社会思想揭示出来，让它们相互揭示，把这些相互关系表现出来，如表现种种社会的、历史的、民族的大小世界的生活（纪实小说、民俗小说、地理小说），或者表现不同时代的社会和思想世界（回忆录、历史小说），或者联系时代和社会思想的世界来表现各种年龄的人们、不同辈分的人们（教育小说、成长小说），借此达到塑造语言形象的目的，同时小说情节也以此来考验这些话语和思想、考验世界观、考验被思想支配的行动。

小说纯粹的对话特点在于不同话语之间的对话没有结果，而且对话由语言和社会本身在社会思想中的发展过程所决定，"对话不仅是不同社会力量在静态的共处中的对话，也是不同时期、不同年代、不同时日间的相互对话，是消亡、生存、诞生间的对话"③。对话形成一个共同的特点："没有终结、含蓄不露、互有隔阂、生动具体，'一如实际'"。④

二　对话修辞

（一）古代文学讽拟滑稽化的对话修辞

关于讽拟滑稽化，在古希腊罗马人的文学意识中，认为艺术的整体必

---

① 〔苏〕米哈伊尔·巴赫金：《长篇小说的话语》，白春仁译，载钱中文主编《巴赫金全集》第三卷，白春仁等译，河北教育出版社，2009，第 149 页。

② 〔苏〕米哈伊尔·巴赫金：《长篇小说的话语》，白春仁译，载钱中文主编《巴赫金全集》第三卷，白春仁等译，河北教育出版社，2009，第 150 页。

③ 〔苏〕米哈伊尔·巴赫金：《长篇小说的话语》，白春仁译，载钱中文主编《巴赫金全集》第三卷，白春仁等译，河北教育出版社，2009，第 149 ~ 150 页。

④ 〔苏〕米哈伊尔·巴赫金：《长篇小说的话语》，白春仁译，载钱中文主编《巴赫金全集》第三卷，白春仁等译，河北教育出版社，2009，第 150 页。

须庄谐一致，艺术应该由两个部分构成，一方面是直来直去的严肃的形式，另一方面则是相应等值的笑谑、讽拟和滑稽化。讽拟滑稽化和引语存在一定关系，确切地说，讽拟滑稽化是人们引入他人话语时的一种方法和态度。讽刺性模拟和滑稽化是描写他人直接话语的一种最古老最普及的形式，它"打破直接话语对人的意识的束缚"。① 在全世界的文学创作中，讽拟和滑稽化占据很大比重，任何一种直接性文体和任何一种直接性话语，如史诗、悲剧、抒情诗、哲学的话语，都可以成为被讽刺模拟的对象，巴赫金称："过去未曾有过哪一种严肃的直接文体、一种直接的话语（包括文学的、雄辩术的、哲学的、宗教的、日常生活的话语）是没有被讽拟和滑稽化的，没有获得过滑稽和讽刺的 contre – partie 的。"② 对各种体裁和体裁风格进行讥讽、嘲笑的方式丰富多彩，最具代表性的是讽刺性模拟和滑稽化。

1. 讽拟滑稽化的形式

（1）人物形象的讽拟和滑稽化

较常见的是对崇高的民族神话中的民族英雄加以讽拟和滑稽化，使崇高的英雄变成遭人嘲讽的小丑和傻瓜，如埃斯库罗斯讽刺剧《收骨人》中"可笑的奥德修斯"。埃斯库罗斯运用讽拟和滑稽化方法叙述特洛伊战争中奥德修斯和阿喀琉斯、狄俄墨得斯的争吵，其中奥德修斯被一把臭夜壶扣到头上，弄得狼狈不堪。而在另一些嘲讽情节里，奥德修斯则被戴上傻瓜丑角的帽子，把马和牛一起套在自己的犁上，为逃避兵役，佯装发疯，成为疯狂主题的代言形象。其他讽拟剧中，有著名的"可笑的赫拉克勒斯"。赫拉克勒斯是胆小、懦弱、虚伪的国王埃弗里斯芬的仆人，他力大无比，心地纯良，食量惊人，性喜玩笑，酷爱酗酒，热衷打斗，可以称得上是个既英勇大力，又滑稽可笑的人物。赫拉克勒斯滑稽快活的形象是人物与笑以及与物质肉体生活结合的产物。"可笑的赫拉克勒斯"作为民间快活而朴实的英雄形象，对后世文学产生了巨大的影响。

（2）悲剧的讽拟和滑稽化

对悲剧进行讽拟滑稽化，如苏格拉底时代悲剧表演完之后上演即兴

① 〔苏〕米哈伊尔·巴赫金：《长篇小说话语的发端》，白春仁译，载钱中文主编《巴赫金全集》第三卷，白春仁等译，河北教育出版社，2009，第474页。
② 〔苏〕米哈伊尔·巴赫金：《长篇小说话语的发端》，白春仁译，载钱中文主编《巴赫金全集》第三卷，白春仁等译，河北教育出版社，2009，第467页。

剧，或者罗马时期，悲剧之后上演民间歌舞剧，这都是对悲剧的滑稽化。此外，还有起着希腊第四悲剧或罗马快活剧（exodium'a）作用的各种各样笑谑滑稽的幕间剧、幕间曲。①

（3）神话壁画的讽拟和滑稽化

巴赫金引迪特里希对古希腊罗马时期庞佩扬水彩壁画的研究，指出庞佩扬壁画讽拟滑稽化在于，两幅壁画相对而立，一幅画的是神话故事中的男女，"安得罗米达被佩尔西救起"；另一幅画的是俗世生活中的男女，水塘中洗澡时被蛇缠住的女人被手拿木棍、石头的农夫救起。这里神话故事中的情节和世俗现实的情节相映成趣，通过安得罗米达被水塘中洗澡的女人讽拟滑稽化，佩尔西被执木棍的农夫讽拟滑稽化，形成对神话画面的讽拟滑稽化处理。

（4）神圣经文的讽拟和滑稽化

神圣经文的讽拟和滑稽化是一种神圣的讽拟（parodia sacra），② 神圣的讽拟（parodia sacra）相当于是部卷帙浩繁、历时近千年的手抄稿。这些神圣话语在各种民间的语言语调中，戴上狂欢节的面具，被渲染成许多可笑的形象。它们既是一场语言的悲剧，也是一场快活的闹剧，可以说是语言的农神节——Lingua sacra pileata（戴着节日小帽的神圣话语）。

在一部哥特式的晚宴作品 Coena Cypriani（《基普里安的晚餐》）中，③整部圣经和福音里所有人物，从亚当夏娃到耶稣及其圣徒等圣人关于吃吃喝喝的所有碎片，所有细节，被原封不动地全部整理在一起，构成一幅浩大的饮宴图，使神圣的圣经被讽拟滑稽化成经文的狂欢节、农神节，以表达对至高无上的神的亵渎和嘲笑。在古希腊罗马时期，节日的笑谑是合法的笑谑，因此《基普里安的晚餐》才可以从直接的神圣话语被讽拟和滑稽化。在 9 世纪时，《基普里安的晚餐》甚至被改写为诗体，得到教会人士更广泛的接受，曾在国王宴会上和复活节时寺院学校以笑谑的方式广为诵读。

---

① 〔苏〕米哈伊尔·巴赫金：《长篇小说话语的发端》，白春仁译，载钱中文主编《巴赫金全集》第三卷，白春仁等译，河北教育出版社，2009，第493页。

② 〔苏〕米哈伊尔·巴赫金：《长篇小说话语的发端》，白春仁译，载钱中文主编《巴赫金全集》第三卷，白春仁等译，河北教育出版社，2009，第490页。

③ 〔苏〕米哈伊尔·巴赫金：《长篇小说话语的发端》，白春仁译，载钱中文主编《巴赫金全集》第三卷，白春仁等译，河北教育出版社，2009，第484页。

神圣经文的讽拟和滑稽化可以构成两种风格的神圣讽拟以及两种风格的互文，以 14 世纪和 18 世纪 *Pater Noster*（《我们的上天之父》）为例。①

18 世纪 *Pater Noster* 最后一节诗的开头是这样混合拉丁语和法语：

"Sed Iibera nos，mais delivre nous，Sire，

（拉丁语：主啊，救救我们，让我们摆脱恶魔，）

A malo，de tout mal et de cruel，martire."

（古法语：摆脱一切罪恶和残酷的折磨。）

巴赫金认为上面这个混合话语中，古法语的插话是虔诚的、肯定的，补充了拉丁语未说出的含义部分"摆脱一切罪恶和残酷的折磨"。

但 14 世纪 *Pater Noster* 在开头的部分，描写战争灾难的感受，却是这样表述的：

"Pater noster，tu n' ies pas foulz

（拉丁语：我们的上帝啊，你可不蠢，）

Quart u t' ies mis en grand repos

（拉丁语：因为爬得那么高，）

Qui es montes haut in celis."

（古法语：能十分安稳地在天上得到安生。）

巴赫金指出，这里法语的补充话语是尖刻的、嘲讽的，打断了开头祷文的崇高和神圣，讥讽上帝栖身天堂是对人世灾难无动于衷的态度和立场。

由此可见，14 世纪 *Pater Noster* 构成对 18 世纪 *Pater Noster* 的故意粗俗化和讽拟化，其中话语似乎以 14 世纪"能十分安稳地在天上得到安生"对 18 世纪"摆脱一切罪恶和残酷的折磨"进行一种粗鲁、率直的讽拟。

（5）神圣仪式的讽拟和滑稽化

神圣仪式的讽拟和滑稽化是另一种神圣的讽拟（parodia sacra）。罗马士兵在仪式上嘲笑凯旋的将军；亲朋挚友在葬礼上亲切嘲弄逝去的至爱；

---

① 〔苏〕米哈伊尔·巴赫金：《长篇小说话语的发端》，白春仁译，载钱中文主编《巴赫金全集》第三卷，白春仁等译，河北教育出版社，2009，第 491~492 页。

笑闹的农神节上，小丑仿现皇帝，奴隶复现主人，傻瓜再现智者；或者节庆游艺形式中，人们赶跑旧皇帝，赶跑旧年，赶跑冬天以及斋戒；最后还有宗教仪式上对神和教士的嘲笑，如复活节中的"risus paschalis"，就是对复活节的笑谑，传教士在教坛上开玩笑，说些逗乐的趣闻，引发教堂里人们的笑声；又如圣诞节的"risus natalis"，[①] 是对圣诞节的笑谑，这种笑谑不同于复活节的笑谑，不是讲故事，而是唱歌，把严肃庄严的教堂赞美诗用一些轻松活泼的街头小曲调子进行演唱，从而彻底改变赞美诗原来的语气和气氛。

（6）讲话姿态和说话声音的讽拟和滑稽化

法洛弗人和杰伊克人在演说中不仅讽拟神话，还模拟音容笑貌与普通人不太一样的各种人等，如对外地人、学校书呆子、拉皮条客、妓女、农夫、奴隶等人物进行惟妙惟肖的言语举止模仿，此外还有演员对动物、禽鸟声音的模仿。

（7）创作形式的讽拟和滑稽化

第一种狭义的讽拟和滑稽化径直模仿被讽拟的体裁，如讽拟的长诗、悲剧、讽拟的法庭演说；第二种是特殊的体裁形式，如讽刺剧、即兴喜剧、讽刺作品、无情节对话；第三种讽拟滑稽语言是不稳定的、没有成形的布局结构，缺乏一定的牢靠的体裁核心。"所有这些繁复多样的讽刺滑稽形式，仿佛构成了一个特殊的超体裁世界或介乎不同体裁之间的世界。"[②] 但这些超体裁的世界或介乎不同体裁之间的世界，内在是统一的，它们都服务于直接话语，借此塑造出不同风格的语言形象，可以说，这些世界是独具一格的统一体。讽拟形式的对话、讽拟形式的日常场景、可笑的牧羊人诗句等，都是这个统一体中的一个片段。

（8）句法结构的讽拟和滑稽化

作为一部讽刺作品，《蒙昧者书简》是一种特意为之的语言混合体，[③]以拉丁语为背景，讽刺模拟蒙昧人的语言。这些蒙昧者表面使用拉丁文，

① 〔苏〕米哈伊尔·巴赫金：《长篇小说话语的发端》，白春仁译，载钱中文主编《巴赫金全集》第三卷，白春仁等译，河北教育出版社，2009，第486页。

② 〔苏〕米哈伊尔·巴赫金：《长篇小说话语的发端》，白春仁译，载钱中文主编《巴赫金全集》第三卷，白春仁等译，河北教育出版社，2009，第473页。

③ 〔苏〕米哈伊尔·巴赫金：《长篇小说话语的发端》，白春仁译，载钱中文主编《巴赫金全集》第三卷，白春仁等译，河北教育出版社，2009，第494页。

背后显示出来的却是他们的德语句法结构，拉丁文语词在德语句法结构的形式上结合起来，甚至一些德语特有的词语被照字面翻成了拉丁语。蒙昧者的语调带着德语语调。马卡罗派诗歌则是对纯正的严格的西塞罗式拉丁语进行降低格调的讽拟滑稽化。它使用正确无误的拉丁文句法结构，但是句式中充斥的是他们意大利的本族语，词语粗俗。

2. 小结

讽拟滑稽化的修辞特点在于两种风格语言的对话化的混合体。首先，这些讽拟滑稽化话语都是一种混合体，一种语言内部的混合体，用巴赫金的话说就是"一个语言内部的两种'语言'"。① 这种混合体依靠话语的两种风格、两种"语言"以一定的方式混合起来，"一个是被讽拟的语言，如英雄长诗的语言；另一个是从事讽拟的语言，即散文体的鄙陋语言、亲昵的谈话体语言、现实主义体裁的语言、讽拟体作者认为的'正常'的语言、'健康'的标准语"②。其次，讽拟滑稽化也是话语对话化的一种话语修辞关系，巴赫金指出："交错汇合于其中的不同语言，相互间犹如一个对话的不同对语。这是不同语言间的争论，是不同语言风格间的争论。但这不是情节上和抽象思想上的对话；这是不可互译的具体的语言视角的对话。"③ 因此巴赫金最后强调："任何讽拟体都是有意的对话化的混合体，其中不同的语言和风格在积极地相互映照。"④

讽拟滑稽化的修辞作用在于对现实进行校正和丰富。"这种直来直去的分别体裁的话语（史诗的或悲剧的），是一种片面的局限的话语，不可能囊括整个对象的内容；讽刺性模拟却让人感觉出了对象身上那些不能容于这一体裁这一风格的因素。讽拟滑稽化的创作，通过笑声和批判不断地校正片面而严肃的直来直去的崇高话语，不断地根据现实进行校正。现实总要丰富得多，重要得多；而主要的一点是，它较之直来直去的崇高文体

① 〔苏〕米哈伊尔·巴赫金：《长篇小说话语的发端》，白春仁译，载钱中文主编《巴赫金全集》第三卷，白春仁等译，河北教育出版社，2009，第488页。
② 〔苏〕米哈伊尔·巴赫金：《长篇小说话语的发端》，白春仁译，载钱中文主编《巴赫金全集》第三卷，白春仁等译，河北教育出版社，2009，第488页。
③ 〔苏〕米哈伊尔·巴赫金：《长篇小说话语的发端》，白春仁译，载钱中文主编《巴赫金全集》第三卷，白春仁等译，河北教育出版社，2009，第489页。
④ 〔苏〕米哈伊尔·巴赫金：《长篇小说话语的发端》，白春仁译，载钱中文主编《巴赫金全集》第三卷，白春仁等译，河北教育出版社，2009，第489页。

所能容纳的，要更加矛盾，话语也纷杂得多。各种崇高文体都是语调单一的，而'第四戏剧'和同类体裁却维系着古代的双调话语。古希腊罗马的讽拟不是作虚无的否定。要知道这里讽刺模拟的，全然不是主人公其人，不是特洛伊战争及其参加者，而是他们在史诗中的英雄化；不是赫拉克勒斯和他的功勋，而是他在悲剧中的英雄化。整个的体裁、风格、语言被打进了括号以示欢快的嘲笑；并且这嘲笑是以它们自身无力容纳的矛盾着的现实生活为背景的。直来直去的严肃话语变成了可笑的语言形象，显露出自己的局限性和不完全性，不过却丝毫也不贬值。因此人们才会觉得是荷马本人针对荷马风格写了讽拟的作品。"①

讽拟滑稽化的修辞意义在于，通过模仿创作者可以采取反顾的立场对待语言。"创作者学会了从外部来看这个语言，用别人的眼光，从另一种可能的语言和风格角度出发。要知道，恰恰是得借助另一种可能的语言和风格为出发点，才可以给某一直接风格施以讽拟、滑稽化、嘲弄。"②

此外，巴赫金特别提醒，现代人对讽拟滑稽化的认识已经不同于古希腊罗马时期，现代的讽拟体的功能已经变得狭窄、无关紧要，它在现代文学中的地位已经微不足道。但是在当时讽拟滑稽化的作用是巨大的，"是它培养了新型标准语的意识，也是它培育了文艺复兴时代伟大的长篇小说"③。讽拟滑稽化的收获是丰硕的，"笑谑和多语现实，造就了现代小说话语"④。

（二）现代文学幽默讽拟化的对话修辞

长篇小说在引进和组织杂语时，通常会造成标准语的分化和杂语性的形成，这样就出现一些特别的语言结构形式，这些语言结构形式都有特殊的修辞潜力，构成长篇小说幽默讽拟的话语风格。

① 〔苏〕米哈伊尔·巴赫金：《长篇小说话语的发端》，白春仁译，载钱中文主编《巴赫金全集》第三卷，白春仁等译，河北教育出版社，2009，第469页。
② 〔苏〕米哈伊尔·巴赫金：《长篇小说话语的发端》，白春仁译，载钱中文主编《巴赫金全集》第三卷，白春仁等译，河北教育出版社，2009，第474页。
③ 〔苏〕米哈伊尔·巴赫金：《长篇小说话语的发端》，白春仁译，载钱中文主编《巴赫金全集》第三卷，白春仁等译，河北教育出版社，2009，第485页。
④ 〔苏〕米哈伊尔·巴赫金：《长篇小说话语的发端》，白春仁译，载钱中文主编《巴赫金全集》第三卷，白春仁等译，河北教育出版社，2009，第496页。

1. 幽默化话语结构形式

（1）他人话语与作者话语混合

巴赫金将幽默化话语结构形式分为两大类：一类为他人话语，另一类为作者话语。巴赫金认为，"他人话语是经过转述的、施以揶揄的、附上一定色彩的话语，是或密集或分散的话语，多数情况下是没有定属人称的话语（所谓'一般见解'、职业语和体裁语）"。[①] 巴赫金试图将他人话语再分为两类：一类为一般人见解/通用语言，另一类为不同于作者的他人话语。一般人见解，也称"通用语言"，指一个社会阶层的人们通用于口头和书面的语言，作者把这种阶层语言视为这个社会阶层对人和对事的一种正常的语言态度，一种流行的观点和评价，属于比较公开的他人话语。一般人见解/通用语言是幽默长篇小说的语言基础。不同于作者的他人话语则主要指长篇小说作品中具体的某个人物或某个集体，以他人语言的方式道出的他人话语，属于比较隐蔽的他人话语。有时一般人见解/通用语言与不同于作者的他人话语的区分不是十分明显。作者话语是直接的话语，直接的作者话语风格表现为"热情感人的""感伤哀婉的""道德说教的""安逸闲适的"，[②] 可以直接地、无条件地效法诗体或雄辩术的各种体裁。他人话语与作者话语没有截然明晰的界限。

（2）他人话语与作者话语混合修辞特色分析

巴赫金以狄更斯长篇小说《小杜丽》为分析对象，他认为这部小说中作者话语"就像许多零散的小岛，四周汹涌着杂语的波涛"。[③] 但要确切指出哪些只属于作者话语，哪些属于他人话语，则十分困难，因为他人话语与作者话语界限不清，同一个词既属于他人话语也属于作者话语的情况常常发生。下面的案例分析在保持巴赫金分析特色的同时，适当做了一些简明图示，尽量达到最直观的效果。

【例1】 "在加尔列和卡温基公园不断喧响着马车辘辘声和门锤咚咚声的中午，谈话持续了四五个小时。当谈话达到了上面指出的结果时，麦

---

① 〔苏〕米哈伊尔·巴赫金：《长篇小说的话语》，白春仁译，载钱中文主编《巴赫金全集》第三卷，白春仁等译，河北教育出版社，2009，第89页。
② 〔苏〕米哈伊尔·巴赫金：《长篇小说的话语》，白春仁译，载钱中文主编《巴赫金全集》第三卷，白春仁等译，河北教育出版社，2009，第82页。
③ 〔苏〕米哈伊尔·巴赫金：《长篇小说的话语》，白春仁译，载钱中文主编《巴赫金全集》第三卷，白春仁等译，河北教育出版社，2009，第88页。

尔利先生回到了家里。他结束了日间的劳动,内容在于向世界所有角落,不遗余力地颂扬一个不列颠家族,这家族独具慧眼,懂得规模巨大的贸易实业,懂得智力与资本的博大结合。尽管谁也说不准,麦尔利先生的实业究竟是什么(人们只晓得他能弄钱),可【在一切庄重场合,他的活动都正是用这些字眼来形容的;大象和针眼的故事,也恰好形成了一个新的充满敬意的版本,为所有人所接受,绝无异议。】"(狄更斯《小杜丽》第1册,第33章)

【分析】着重号标出的是对议会上或宴会上隆重讲话语言的讽刺性模仿。作为讽刺性模仿的过渡,"日间的劳动"多少带着庄严的叙事语气。接着"内容在于向世界所有角落……懂得智力与资本的博大结合"就开始以作者话语对麦尔利的工作进行挖苦和讽刺。两句之间风格发生巨大转变,由庄严风格急转为讽刺风格。"在一切庄重场合,他的活动都正是用这些字眼来形容的"表现为他人评价,属于加在括号里的话语,即他人话语。在这段打括号的他人话语里,既不是直接引语,也不是间接引语,而是作者话语隐蔽性引进他人话语,即巴赫金所谓的"不同于作者的他人'语言'讲出的他人话语",属于"虚伪的官场隆重演说体的老式语言"①。

【例2】"【过了一两天,全城都知道了:爱德蒙·斯巴尔科列(阁下),闻名遐迩的麦尔利先生之养子,成了委婉内阁的一根顶梁柱。】一切忠诚之士被告之:这一惊人的【任命,是仁慈厚待的杰茨木斯垂青商界的仁慈厚待的标志;在商业大国里,商界的利益应该永远……如此这般,一切均应有相应的排场,有鼓乐相伴。在官方的这种青睐之下,(惊人的)银行和其他(惊人的)实业一下子飞黄腾达起来。】【于是看热闹的人群聚在加尔列和卡温基公园里,只求一睹黄金大亨的住所。】"(狄更斯《小杜丽》第2册,第12章)

【分析】着重号标出的是对隆重官场语言的讽刺性模仿,是不同于作者的他人话语,以间接引语的方式被公开引入。与之相较,周围零散的打括号的他人话语是隆重的官场语言,却是隐藏的。这段话语中,以官场特色的词语"阁下"为引入的他人话语的公开做准备,然后以"一般人见

---

① 〔苏〕米哈伊尔·巴赫金:《长篇小说的话语》,白春仁译,载钱中文主编《巴赫金全集》第三卷,白春仁等译,河北教育出版社,2009,第83页。

解"的他人话语"惊人的"修饰语作结束。这种"一般人见解"的他人话语围绕着麦尔利鼓吹的事业，制造出一场官场闹剧。

【例3】"午餐可真叫人食欲大振。精美的菜肴烹制得好，拼配得也妙；还有精选的上好水果和人们罕见的美酒。金银器具、瓷器和水晶玻璃，简直都是艺术珍宝。有无数的方法调节人们的胃口，色香俱全。【啊，这个麦尔利真是惊人哪！这个人多么伟大，多么有才华，多么有天赋】，【一句话，这是个多么富有的人哪！】"（狄更斯《小杜丽》第2册，第12章）

【分析】这段话以讽刺性模仿崇高叙事文体开头。接着是隐蔽的他人话语，这些他人话语表达对麦尔利的狂热吹捧，着重号标出的是崇拜者合唱的他人话语。为了揭露这个合唱的他人话语的虚伪，在一连串修辞语"惊人""伟大""才华""天赋"之后，点出吹捧的缘由："有钱"。作者的揭露话语"一句话，这是个多么富有的人哪！"从"啊，这个麦尔利真是惊人哪！"到"一句话，这是个多么富有的人哪！"，属于一个简单句，可分为两个括号的话语，前面括号是吹捧狂热的语气，后面括号是愤怒揶揄的语气，而且后面括号里揭露性话语是主导语气。这个简单句是典型的幽默化话语结构形式——双重语气和双重格调的混合语式。

【例4】"可是基特·波里普把所有的衣扣全扣好了，因此也就成了一个有分量的人。"（狄更斯《小杜丽》第2册，第12章）

【分析】从句子形式标志上看，这句话是作者的解释，但实质上，这个解释根植于人物的主观视角，即一般人见解的视角。从属连词"因此"在句子里已经失去作者的直接意向，变成为折射性词语，甚至纯粹客观化词语，使这个解释是在假客观地解释因果。假客观的解释以隐蔽的他人话语形式出现，在他人话语占主导地位的幽默小说中，是一种典型现象。

【例5】"【犹如熊熊大火以其呼啸之声弥漫了广大的空间，强大的波里普人在伟人麦尔利祭坛上点起的神圣之火，把这个名字传播到越来越远的地方。这名字响在所有人的嘴上，膨胀在所有人的耳鼓里。】

"【过去、现在、将来都不会再有另一个人像麦尔利先生了。】"

"【如前所述，谁也不知道他建立了什么功勋，但谁都知道他是凡人中最伟大的一个。】"（狄更斯《小杜丽》第2册，第13章）

【分析】第一个括号里的句子讽刺性模拟一段荷马史诗一样的开头。接着第二个括号里的句子转为大众对麦尔利的吹嘘，是一般人见解，这里表现为用他人语言说出的隐蔽的他人话语。最后一个括号里的句子是作者话语，具有作者意向，但"谁都知道"是带有客观性的话语。

【例6】"【麦尔利先生这位知名的人物，祖国的骄傲，在继续自己那光辉的路程。】【人们逐渐明白了：像这样对社会作出如此贡献的人，像这样从中捞到大笔钱财的人，不应该仅仅是个普通的公民。】有人议论说要让他做二等男爵，又风传要给他贵族称号。"（狄更斯《小杜丽》第2册，第24章）

【分析】第一个括号里的句子，三个加给麦尔利的形容词"知名的""祖国的"以及"光辉的"，反映出这些话语的性质是属于一般人见解，一种隐蔽的他人话语。这些一般人见解全是一般人吹捧拍马的虚伪见解。

第二个括号里的句子比较复杂，是混合语式。主句"人们逐渐明白了"是作者话语，语气客观，不似表达主观意见，倒像在陈述一个不容争辩的客观事实。"像这样对社会作出如此贡献"，这句话语纯粹是一般人见解，继续重复官场上的吹捧拍马。副句"从中捞到大笔钱财"，属于直接的作者话语。副句"不应该仅仅是个普通的公民"重新恢复为一般人见解。可见，在这个混合语式里，主句是他人话语，第一个副句为直接的作者话语，主副句分别属于两种不同话语、不同语气、不同视角和不同价值观。

巴赫金认为，在《小杜丽》这部小说里，在描写麦尔利和与他相关人物部分，都使用一般人见解的语言，具体表现为一般人对麦尔利虚情假意和狂热赞颂。作者为了达到讽刺幽默的目的，模拟各种语言格调，如上流社会阿谀奉承的日常语言、官场褒奖和宴会演说的庄重语言、崇高的史诗风格和圣经格调。在笼罩着强烈的一般人见解的氛围下，小说中的正面人物，原本头脑清醒的潘克斯，把他和小杜丽的财产都投资到麦尔利虚夸的事业中。

【例7】"医生一下子就把这新闻在加尔列给说出来了。律师不可能马上回过头来再去讨好央求那些最有教养、最出色的陪审人员。【律师有时在陪审席上就能见到这样的陪审员，他敢向自己的同事们保证：对这种陪审人员采用庸俗的诡辩术是徒劳无益的，滥用职业艺术和耍花样是无济于事的（律师正是想用这句话开始自己的演说）。】所以他就主动要和医生一起走，对医生说他将在街上等医生出来。"（狄更斯《小杜丽》第2册，

第 15 章）

【分析】这是一段特点鲜明的混合语式。以作者言语"律师不可能马上回过头来再去讨好央求……陪审员……所以他就主动要和医生一起走"为说明性和介绍性的话语总框架，中间镶嵌进去他人言语，即律师早就准备好的讲话开头。镶嵌进来的律师话语是对作者话语中直接补语"陪审人员"的扩展性的修饰说明。"陪审人员"一词，既是作者言语中说明介绍的一个成分，是"讨好央求"必不可少的补语，也是讽刺模拟律师言语不可或缺的语境。"讨好央求"一词，是作者言语，强调出模拟律师言语的讽刺用意，揭露出律师言语的虚伪含义：这样好的一些陪审员，是没有办法靠讨好去央求的。

【例8】"总之，麦尔利太太作为上流社会的妇女，作为有良好教养的女人，也是粗野之人的可怜牺牲品（因为麦尔利先生从打成了穷鬼那一刻起，就变得彻头彻尾的粗暴蛮横），得到了自己那个圈子里人的保护；而这个圈子如此做，也全是为了自己圈子的利益。"（狄更斯《小杜丽》第2册，第33章）

【分析】这里同样是混合语式。作者言语为整体话语框架，属于说明介绍性话语框架，如"麦尔利太太作为……得到了……也全是为了自己圈子的利益"。在这个整体话语框架里，上流社会的一般人见解，如"上流社会的妇女""有良好教养的女人""粗野之人的可怜牺牲品"，与周围的作者言语结合在一起，最后一句作者言语"而这个圈子如此做，也全是为了自己圈子的利益"揭露出上流社会一般人见解的虚伪和自私。

2. 非幽默化话语结构形式

（1）假托作者或叙述人的话语及其修辞特色分析

假托作者或叙述人的话语指一个个性化的具体的假托作者话语（书面语中），或是一个叙述人的话语（口头语中）。在幽默小说中，假托作者或叙述人的话语是一种布局结构方法，目的在于"增加文学形式和体裁的相对性、客观性和模拟的讽刺性"，[①] 如塞万提斯的《堂吉诃德》。在非幽默小说中，假托作者或叙述人的话语则是一种修辞方式。作为一种修辞方

---

① 〔苏〕米哈伊尔·巴赫金：《长篇小说的话语》，白春仁译，载钱中文主编《巴赫金全集》第三卷，白春仁等译，河北教育出版社，2009，第94页。

式，假托作者或叙述人的话语具有三条"独特的"修辞特点：第一，是引进一种独特的语言视角和观念视角的载体；第二，是对世界对事件一种独特观点的载体；第三，是独特的评价和语调的载体。这里的"独特"，巴赫金指的是"不同于作者，不同于真正的直接的作者话语，不同于'通常'的文学叙述和标准语"①。它"能够一方面使描写对象本身呈现出一种新的面貌（指出它的一些新方面、新因素），另一方面又从新的侧面来展现'通常'的文学视角；叙述人的讲述特点，正是以这个'通常'的视角为背景才显露出来的"②。以普希金现实主义小说《别尔金小说集》为例。普希金以别尔金为假托作者或叙述人，预设了一位个性化的叙述者和叙事视角，借以打造一个"对传统的诗形象、诗情节的一种特殊的'缺乏诗意'的视角"③。别尔金的视角决定了别尔金不懂诗却又处世激昂的态度，以"缺乏诗意"的方式叙述来自其他叙述人的故事，以"缺乏诗意"的情节对故事进行结局，最终形成一个"缺乏诗意"的"积极作用"。

假托作者或叙述人话语的意义如巴赫金所说，"对于普希金来说，别尔金之所以重要，就因为他是另一个人的声音，而首先是某一特定社会阶层的人物，有着相应的精神面貌和看待世界的态度，其次又是具有个性和典型性的一个人物形象"④。普希金通过这样一位个性的和典型性的，同时具有独特精神风貌的假托作者或叙述人的话语——"另一个人的声音"，实现四个目的：首先，可以将故事提供者或者讲述者的各种不同风貌、视角的语言有机地引入假托作者或叙述人的话语中，形成假托作者或叙述人的杂语化，这不但让读者听到不同阶层人物的声音，也为不同叙述主体间的对话提供了载体。其次，可以使小说尽量建立在客观、冷静、节制的描写基础上，增强作品的真实感受。再次，"作者不在叙述人的语言之中，也不在与叙述语相对应的那个通常的标准语之中（尽管作者可能接近其中

① 〔苏〕米哈伊尔·巴赫金：《长篇小说的话语》，白春仁译，载钱中文主编《巴赫金全集》第三卷，白春仁等译，河北教育出版社，2009，第94页。
② 〔苏〕米哈伊尔·巴赫金：《长篇小说的话语》，白春仁译，载钱中文主编《巴赫金全集》第三卷，白春仁等译，河北教育出版社，2009，第94页。
③ 〔苏〕米哈伊尔·巴赫金：《长篇小说的话语》，白春仁译，载钱中文主编《巴赫金全集》第三卷，白春仁等译，河北教育出版社，2009，第94页。
④ 〔苏〕米哈伊尔·巴赫金：《言语体裁问题〈相关笔记存稿〉》，史铁强译，载钱中文主编《巴赫金全集》第四卷，白春仁等译，河北教育出版社，1998，第254页。

的某个语言）；他是既利用这个语言，又利用那个语言，不把自己的意向完全地交给其中任何一个"，① 这可以帮助作者退居幕后，保持中立，自由操纵语言。最后形成多种对话关系，即三个叙述层次的对话、两个视野的对话以及两个表达系统的对话；三个叙述层次的对话指的是故事提供者或者讲述者层次、假托作者或叙述人层次以及作者叙述层次的对话；两个视野的对话指的是"通常"文学视野和"对立"文学视野的对话，比如浪漫主义文学视野与现实主义文学视野的对话；两个表达系统的对话指的是"用他人语言讲出自己的意思"与"用自己的语言表达他人的意思"的对话。②

（2）主人公话语及其修辞特色分析

主人公话语指小说中在话语和文意上具有一定独立性、具有自己视角的主人公，以他人语言讲出的他人言语，这些话语间接反映作者的意向，一定程度上可以看作"作者的第二语言"。③ 主人公话语常常影响作者言语，它把他人十分隐蔽的话语，星罗棋布地分散在作者言语中，使作者言语出现分化性和杂语性。分化性和杂语性起着极其重要的修辞作用，它们帮助主人公话语"领区"内形成混合语式和对话化的两大修辞特色。巴赫金的"领区"指"是这样或那样附着于作者声音之上的人物语言有效作用的区域"④。巴赫金的主人公话语领区，即主人公话语作用于周围作者语境的情况下，主人公话语在作者言语中形成一个话语的势力范围："这一范围超出了（常常超出极多）主人公直接话语的界限。"⑤

下面以巴赫金节选屠格涅夫长篇小说《父与子》《处女地》部分段落为例，从句法标志和情态结构两个方面，综合分析主人公话语的修辞特色：分化性和杂语性，以及混合语式和对话化。巴赫金将句法标志分为三种模式：直接引语、间接引语、非直接引语。希腊化时期，引语是个"最

① 〔苏〕米哈伊尔·巴赫金：《长篇小说的话语》，白春仁译，载钱中文主编《巴赫金全集》第三卷，白春仁等译，河北教育出版社，2009，第 96 页。
② 〔苏〕米哈伊尔·巴赫金：《长篇小说的话语》，白春仁译，载钱中文主编《巴赫金全集》第三卷，白春仁等译，河北教育出版社，2009，第 96 页。
③ 〔苏〕米哈伊尔·巴赫金：《长篇小说的话语》，白春仁译，载钱中文主编《巴赫金全集》第三卷，白春仁等译，河北教育出版社，2009，第 97 页。
④ 〔苏〕米哈伊尔·巴赫金：《长篇小说的话语》，白春仁译，载钱中文主编《巴赫金全集》第三卷，白春仁等译，河北教育出版社，2009，第 98 页。
⑤ 〔苏〕米哈伊尔·巴赫金：《长篇小说的话语》，白春仁译，载钱中文主编《巴赫金全集》第三卷，白春仁等译，河北教育出版社，2009，第 103 页。

为有趣的"修辞问题。① 句法标志依靠作者语境作框架，分层次，做到生动驾驭多种话语，使主人公话语和作者话语相互渗透，相互感染。以下分析基本保留巴赫金的修辞用语和特点。

【例1】 "他开始感到心里暗暗起火。巴扎罗夫的随随便便，满不在乎，激怒了他的贵族个性。这个乡村医生的儿子不但不胆怯，答话反倒冲口而出，一副不大愿意的样子；他那声音里有点粗鲁，甚至有天不怕地不怕的味道。"（《父与子》第6章）

【分析】 这段第一句、第二句明显分散布局着巴维尔·彼得洛维奇的话语。第三句"这个乡村医生的儿子"，表层上看句法标志显示的是作者话语，但深层次上的情态结构隐藏着巴维尔·彼得洛维奇的话语。句法和情态上的混合使第三句清晰表现出巴维尔·彼得洛维奇对巴扎罗夫的极度不满以及隐隐打算做出的应答。

【例2】 "谢苗·彼得洛维奇在宫廷里供职，是宫中士官。爱国主义妨碍了他，使他没有走上外交仕途，可他身上的一切看来都适合入外交界：他受的教育、社交的习惯、常得的女人青睐，以及本人的相貌……"（《处女地》第5章）

【分析】 这段话句法标志上是卡洛梅采夫的话语。从第二句开始，"爱国主义妨碍了他，使他没有走上外交仕途"，情态结构上出现了浓厚的卡洛梅采夫的语调和视角，特别在最后进行说明的结尾句"可他身上的一切看来都适合入外交界：他受的教育、社交的习惯、常得的女人青睐，以及本人的相貌……"，句法标志上是卡洛梅采夫的直接话语，但同时混合着作者话语，是作者话语下的从属副句。

【例3】 "卡洛梅采夫却不慌不忙把圆镜片夹到眉毛和鼻头之间，死盯住那个胆敢不理会他的'担心'的小小大学生。"（《处女地》第7章）

【分析】 这段话句法标志表面是作者话语，实际混合着卡洛梅采夫的话语，情态结构上也是混合的，先是出现卡洛梅采夫愤怒和气愤的语调，如"胆敢不理会"、"小小大学生"，然后细读就会现出作者讽刺的语调，隐含着作者对卡洛梅采夫气恼的调笑，所以这里是双重语调的混合语式。

① 〔苏〕米哈伊尔·巴赫金：《长篇小说话语的发端》，白春仁译，载钱中文主编《巴赫金全集》第三卷，白春仁等译，河北教育出版社，2009，第482页。

【例4】 "他的心情很奇怪。这两天是那么多的感受，见了那么多新人……他头一回同一个姑娘有了深交，看来他准定是爱上她了。他目睹了自己事业的开端，看来他已经为这个事业付出了一切力量……结果怎样呢？他感到高兴吗？没有！他是不是动摇了？胆怯了？不知如何是好了？当然不是。那么他是否至少会因临近战斗而感到全神贯注，产生冲上前去做先锋战士的愿望呢？这也没有。说到底，他是否相信这个事业？是否相信自己的爱情？唉！可恶的美学家！怀疑主义者！——他的嘴巴悄声自语。——为什么他只要一不叫喊，一不发疯，就感到疲倦，连说话的愿望都没有？他想用这喊声压下心底怎样的声音呢？"（《处女地》第18章）

【分析】 这段话从句法标志上看，是作者话语，从情态结构上看，带着作者诱发性的问话语调，以及作者讽刺揭露性的解释口气；但从深层次情态结构上看，却是涅日丹诺夫的话语，是涅日丹诺夫的非直接引语，也是涅日丹诺夫的内部话语，只是这些话语夹杂混合着作者的说明、解释和问话。这种作者话语和主人公话语的混合方式，很好地将涅日丹诺夫的矛盾、犹疑、杂乱以及间断的内部话语以秩序的、严谨的修辞来加以表达，"是屠格涅夫作品中表达内心言语的常见方式"①。此外，句法标志的第三人称"他"，修辞标志的词语"头一回""准定""目睹""付出""是不是""是否""不知如何""为什么""怎样的"等，完整有机地将主人公话语和作者话语严谨地结合到一起，这样既保留了主人公内部话语的情态结构，特别是主人公内部话语的含蓄、模糊特点，又避免间接引语可能导致出现的干巴的逻辑关系话语。

【例5】 "巴维尔·彼得洛维奇坐到桌旁。他身着很讲究的英式晨装，头上是顶漂亮的小帽。这平顶小帽和随便打起的领带，暗示着乡间生活的自由。可是衬衫脖领却紧绷绷的，虽说这衬衫不是雪白而是杂色的；晨装正是理应如此，衣领一如平日毫不含糊地紧顶着刮得溜光的下巴颏儿。"（《父与子》第5章）

【分析】 这段话句法标志上是作者话语，但从第二句起，情态结构上，作者话语已然转化为一种绅士腔调，巴维尔·彼得洛维奇的语调。从第四

---

① 〔苏〕米哈伊尔·巴赫金：《长篇小说的话语》，白春仁译，载钱中文主编《巴赫金全集》第三卷，白春仁等译，河北教育出版社，2009，第102页。

句起，修辞标志的话语"可是""虽说""理应""毫不含糊"，渐渐显示出两种话语情态结构，明面上是巴维尔·彼得洛维奇的绅士标准，实际上隐隐可以听出作者揶揄、讽刺的语调。

【例6】"马特维·伊里奇待人的温和，只能同他的恢宏气度相媲美。他抚爱所有的人，对其中一些人有点厌恶的味道，对另一些人又带几分敬重；在女士面前像一个真正的法国男子毕恭毕敬，又不停地用一个调门朗声大笑，一位高官也正应该这么笑。"（《父与子》第14章）

【分析】这段话句法标志上是作者话语，情态结构上是马特维·伊里奇的语调和视角，修辞标志话语"温和""恢宏气度"混合着作者的嘲弄语气，特别是最后一句"一位高官也正应该这么笑"，情态结构上是主人公话语的高官论调，实际上却是作者的讽刺性话语，巴赫金解读为"假客观"的解释性说明。

【例7】"卡洛梅采夫来到C城度两个月的假，以便处理家业，也就是：'有的该吓一吓，有的该压一压'。要知道不这样是不成的！"（《处女地》第6章）

【分析】这段话特别之处在于句法标志采用镶嵌式，在作者话语中镶嵌进卡洛梅采夫话语"有的该吓一吓，有的该压一压。"在卡洛梅采夫原话之后，紧接着"要知道不这样是不成的"，情态结构上貌似作者做了一个客观的论断，实际上是主人公卡洛梅采夫的视角，表现主人公处理家业的意志和态度。

【例8】"第二天早晨，涅日丹诺夫动身到城里西皮雅金的家里去；那里有间富丽堂皇的书房，摆满了老式家具，整套陈设足以配得上这位自由主义派国务活动家兼绅士的尊严……"（《处女地》第4章）

【分析】这段话句法标志上是作者话语和主人公话语的混合，情态结构上以涅日丹诺夫视角观察西皮雅金的家，如"富丽堂皇的书房，摆满了老式家具"，但修辞话语"足以配得上"显示出情态结构上真实的语调应该是作者貌似客观的论断和实际上的嘲讽。

（3）镶嵌体裁及其修辞特色分析

镶嵌体裁指长篇小说中镶嵌进文学体裁或非文学体裁等各种不同的体裁，如故事、抒情剧、长诗、短戏等文学体裁，又如日常生活体裁、演说、科学体裁、宗教体裁等非文学体裁。各种被镶嵌在长篇小说中的体裁，在小说中仍然保持结构上的稳定性和独立性，以及修辞上的语言特色。一些特殊体裁嵌入小说之中，或者小说的首尾之中，形成整部小说特殊的结构框架，如自白体小说、日记体小说、书信体小说等。所有嵌入小说的体裁，在瓦解小说语言统一性的同时，"重新深化小说的杂语性"。[①] 镶嵌体裁可以直接表现作者意向，也可以完全不表现作者意向，还可以不同程度、不同距离地折射作者意向。

镶嵌诗歌的小说类型有如下三种：镶嵌抒情诗的小说，直接表现诗歌作者意向，如歌德镶入《威廉·迈斯特》里的短诗，完全表达作者歌德的思想情感；镶嵌抒情诗的小说，完全不表现作者意向，如陀思妥耶夫斯基《群魔》中上尉列比亚金特的诗作；镶嵌抒情诗的小说，折射作者意向，如《叶甫盖尼·奥涅金》中连斯基的诗句"你在哪里啊，去了何方……"很大程度是在折射假托作者的意向，属于讽刺性模拟。

镶嵌格言警句的小说类型，情形也大致如镶嵌诗歌的小说类型。以折射作者意向为例，普希金在《叶甫盖尼·奥涅金》嵌入下面一段箴言：

> 谁经验过生活，长于思索，
> 心底对人无法不起鄙视；
> 谁有过感情，怎能不为
> 无返的去日充满忧思。
> 他从此失去了迷恋，
> 是蛇一般的回忆，
> 是悔恨在他心头啃噬。[②]

上面这段箴言，或多或少折射假托作者的意向，带有轻微的讽刺模拟，巴赫金认为箴言与假托作者的意向几乎融为一体。紧接着出现两行诗：

> 这类话时常出现，
> 使言谈不胜美妙新奇。

---

① 〔苏〕米哈伊尔·巴赫金：《长篇小说的话语》，白春仁译，载钱中文主编《巴赫金全集》第三卷，白春仁等译，河北教育出版社，2009，第 104 页。

② 〔苏〕米哈伊尔·巴赫金：《长篇小说的话语》，白春仁译，载钱中文主编《巴赫金全集》第三卷，白春仁等译，河北教育出版社，2009，第 105 页。

这两句话，表现假托作者和奥涅金之间的交谈，讽刺模拟的语调明显加重，渗透着奥涅金的视角、语调和意向，讽刺模拟了连斯基的诗，所以这段箴言与假托作者的意向不完全一致，与假托作者保持着一定距离。

3. 混合语式话语结构形式

长篇小说的幽默风格要求作者要与一般人见解保持若即若离的距离，不断变换两者间的距离，使一般人见解客观化，透过一般人见解的语境得以折射作者意向。这就使作者对一般人见解的态度也并非一成不变，而是摇摆不定。作者有时需要挖苦或夸张一般人见解中的某些因素，有时需要决然揭示出一般人见解的不足，有时几乎与一般人见解合为一体，有时彻底同一般人见解融为一体。他人话语与直接的作者话语界限模糊，常常出现在一个句法整体之中、一个简单句之中，甚至句子的主要成分之间。他人话语与直接的作者话语界限扑朔迷离、变化多端，他人话语与直接的作者话语没有截然明晰的界限是幽默长篇小说十分重要的一个特点。①

在引进和组织杂语的过程中，由于他人话语与直接的作者话语界限模糊，幽默长篇小说话语的第二个修辞特点表现为话语混合。长篇小说引进各种各样语言和各种话语、观念的视角时，在没有明显界限的情况下，作为他人话语的"作者话语"与"直接的作者话语"交替混合出现。这些引进的杂语，来自不同体裁、不同职业、不同社会阶层的话语。以不同社会阶层为例，有贵族话语、农场主话语、商人话语、知识分子话语、农民话语，等等。此外，还有各种流派的话语，各种社交圈子的话语，如上流社会的闲谈话语、农村社会的井边话语以及各式的流言蜚语。这些话语无固定形式，也不固定于作品中的特定主人公或叙述人身上，而是"作者话语"与"直接的作者话语"以模糊边界的方式混合出现在作品的叙述中。

话语混合形成长篇小说典型的混合语式的话语结构形式。在巴赫金看来，混合语式指"按照语法（句法）标志和结构标志，它属于一个说话人，而实际上是混合着两种表述、两种言语习惯、两种风格、两种'语言'、两种表意和评价的视角……不同声音、不同语言的分野，就发生在一个句子整体之内，常常在一个简单句的范围内；甚至同一个词时常同时分属交

---

① 〔苏〕米哈伊尔·巴赫金：《长篇小说的话语》，白春仁译，载钱中文主编《巴赫金全集》第三卷，白春仁等译，河北教育出版社，2009，第89页。

错结合在一个混合语式中的两种语言、两种视角，自然便有了两层不同的意思、两种语气。混合语式在长篇小说的风格中具有重大的意义"①。

长篇小说引进和组织杂语，实现了讽刺性模拟的修辞目的，这是幽默长篇小说话语的第三个修辞特点。讽刺性模拟指引进各种语言和各种社会的、观念的视角时，以不同形式和不同程度的讽刺性模拟方式表现。讽刺性模拟引进各种语言的目的在于暴露其虚假、伪善、自私、闭塞、狭隘、失实的一面，这些被讽拟的语言主要是"已经定型的、得到正式承认的、占据统治地位的、具有权威性的、注定要衰亡和更替的反动的语言"②。

现代长篇小说幽默化主要通过对各种语言的兼收并蓄，对各种体裁语言进行讽刺性模拟来加以实现。一般来说，作者的叙述语言会随着描绘对象的不同采用不同的讽刺口气，像议会雄辩的形式、法庭演说的形式、议会记录的形式、法庭记录的形式、报章采访的形式、伦敦金融中心的公文形式、搬弄是非闲言碎语的形式、书生气十足的学究话的形式、崇高的史诗风格或圣经风格形式、伪善的道德说教的形式、各种社会人物的言语格调等。长篇小说的幽默风格"要求作者灵活地同语言能合能离，不断变换两者的距离，使语言的这些或那些成分经常地时隐时现"③。作者讽刺模拟多种体裁、职业以及其他层次的语言，最后造成标准语分化，杂语性凸显，这成为幽默风格不可缺少的前提条件。④

总而言之，在巴赫金看来，不管是古代文学讽拟滑稽化还是现代文学幽默讽拟化，对话修辞应该是文学作品修辞的重要特征。

---

① 〔苏〕米哈伊尔·巴赫金：《长篇小说的话语》，白春仁译，载钱中文主编《巴赫金全集》第三卷，白春仁等译，河北教育出版社，2009，第 84 ~ 85 页。
② 〔苏〕米哈伊尔·巴赫金：《长篇小说的话语》，白春仁译，载钱中文主编《巴赫金全集》第三卷，白春仁等译，河北教育出版社，2009，第 93 页。
③ 〔苏〕米哈伊尔·巴赫金：《长篇小说的话语》，白春仁译，载钱中文主编《巴赫金全集》第三卷，白春仁等译，河北教育出版社，2009，第 81 ~ 82 页。
④ 〔苏〕米哈伊尔·巴赫金：《长篇小说的话语》，白春仁译，载钱中文主编《巴赫金全集》第三卷，白春仁等译，河北教育出版社，2009，第 92 页。

第二章 巴赫金话语理论中的修辞诗学问题

　　"修辞诗学"是《广义修辞学》的核心概念之一,① 巴赫金本人并没有提出"修辞诗学"概念,《巴赫金全集》也没有这个概念,但是《巴赫金全集》中对俄国形式主义和材料美学、系统哲学美学抑或马克思主义社会学的批判,与《广义修辞学》修辞诗学研究的目标相一致。

　　《广义修辞学》的"修辞诗学"概念,基于修辞学和诗学的"学科间性",研究作家的修辞策略如何借助相应的修辞处理,操控文本叙述。② 修辞诗学研究话语层面的"说法/写法"和文本层面的"章法",修辞分析单位从词句延伸到文本,扩展到一种或几种文本类型。

　　《巴赫金全集》中,巴赫金指出俄国形式主义者研究诗歌语言的形式规律,以形式方法为重,过于在技巧层面上强调和突出材料、手法和风格的作用。巴赫金批判俄国形式主义极端化的同时,将修辞研究对象确定为生活话语和艺术话语,其中艺术话语包含了诗歌语言和文学语言,从而走出了淹没于修辞细枝末节的"书房技巧"。不仅如此,巴赫金还从系统哲学美学的角度,将修辞研究从局部研究拓展到系统的"修辞统一体"研究,并从马克思主义社会学的观点,进一步指出修辞的意识形态性质,表示应当运用马克思主义社会学方法来诠释修辞问题。

　　巴赫金的修辞研究与《广义修辞学》的"修辞诗学"有着异曲同工之

---

① 谭学纯、朱玲:《广义修辞学》,安徽教育出版社,2001,第32页。
② 谭学纯:《义位/自设义位:释义话语风格之广义修辞阐释》,《当代修辞学》2021年第1期。

妙，巴赫金的"修辞诗学"为修辞研究提供了一个行之有效的路径，展示了巴赫金修辞研究在修辞学领域的独特风格。

第一节　俄国形式主义和材料美学修辞诗学

在形式主义者诗歌语言的结构里，包括了声音、词汇、形象、韵律、结构、体裁、主题以及风格，这些结构因素没有哪一个不是修辞要研究的对象。修辞从狭义的层面来看，不论是句段、篇章，都是研究一种语言结构的形式，一种选择和组合的技巧。俄国形式主义者研究诗歌语言的形式规律，以形式方法为重，过于在技巧层面上强调和突出材料、手法和风格的作用。巴赫金批判形式主义极端化的同时讨论俄国形式主义诗学，因此有必要先对俄国形式主义的背景有所了解。

一　背景

俄国形式主义的出现受欧洲三大因素影响。俄国形式主义"从 1916 年至 1917 年诗语研究会头两部诗集问世算起，正式存在于俄罗斯不过八年时间，但其发展过程却非同一般"①。尽管巴赫金认为俄国形式主义是土生土长的，特别在一些重要的理论方面，与欧洲形式主义有着明显的差异，但从更广阔的历史氛围来看，俄国形式主义的出现，还是受到欧洲三个发展因素的影响：第一，20 世纪初欧洲形式主义艺术学对文艺学产生巨大影响，随后用于艺术研究的形式方法被移植到文艺学中，有了形式主义的文艺学研究，这成为俄国形式主义发展的关键，巴赫金指出："我国形式主义是在同样的氛围里形成的，是艺术本身以及整个意识形态视野内发生的、决定西欧形式主义发展的那些变动的表现。"② 第二，20 世纪初，在俄国文学理论界的一般意识形态视野中，正经历一场对唯心主义、实证主义、心理主义、历史主义、象征主义、未来主义、阿克梅主义的反思和

---

① 〔苏〕米哈伊尔·巴赫金：《学术上的萨里耶利主义》，柳若梅译，载钱中文主编《巴赫金全集》第二卷，李辉凡等译，河北教育出版社，2009，第 1 页。

② 〔苏〕米哈伊尔·巴赫金：《文艺学中的形式方法》，李辉凡、张捷译，载钱中文主编《巴赫金全集》第二卷，李辉凡等译，河北教育出版社，2009，第 155 页。

批评，其中最主要的是唯心主义"形而上的美学"和实证主义的"形而下的美学"出现了危机，此时欧洲的世界观从关注世界的思维形式，转而投向对世界及其事物的具体的视觉和听觉的形式，这对当时的俄国形式主义者也产生了影响，他们声称："我们决心以对待事实的客观的科学方法，来反对象征主义的主观主义美学原理。由此产生了形式主义者所特有的科学实证主义的新热情；哲学和美学的臆想被抛弃了。"① 第三，19 世纪末 20 世纪初德·索绪尔在《普通语言学教程》中提出语言学三对重要概念：语言和言语、语言内部要素和外部要素、共时性和历时性。索绪尔结构主义语言学理论体系导致西方思想史产生一次深刻的语言学转向，这也成为影响俄国形式主义发展的一大要素。俄国形式主义者认为，语言学是关于语言结构的总学问，那么诗学（或称文艺理论）也可以看作语言学中的一个分支，俄国形式主义诗学的目的就是要通过语言学来回答是什么因素促使语言材料转变成文学作品。

俄国形式主义最早可以追溯到 1914 年，盛行于 20 世纪 20 年代。1914年俄国形式主义学派理论家维克托·什克洛夫斯基发表《词的复活》，这份小册子是俄国形式主义学派的第一份历史文献，被鲍里斯·艾亨鲍姆称为"形式主义学派的宣言"。紧接着 1915 年、1916 年先后出现莫斯科语言学会、彼得堡诗歌语言研究会。前者以罗曼·雅各布森为首，成员包括格里高利·维诺库尔、奥西普·布里克、鲍里斯·托马舍夫斯基等，后者以维克托·什克洛夫斯基为首，成员包括鲍里斯·艾亨鲍姆、列奥·亚库宾斯基、尤里·梯尼亚诺夫、维克托·日尔蒙斯基等。这两个学习小组横跨语言学和诗学，深受结构主义语言学家德·索绪尔的影响，将索绪尔现代语言学理论引入文学研究中。1916 年莫斯科语言学会出版两本文集（《诗歌语言理论集刊》1—2 期），成为俄国形式主义学派成立的一个重要标志。1917 年什克洛夫斯基发表《作为手法的艺术》，将形式特征看成是文学批评的首要原则，成为形式主义的重要宣言。因此可以说，1916 年和 1917年是 20 世纪俄国形式主义文论发生、兴起的时间，也是俄国形式主义学派奠定理论诗学基础的时间。

① 〔比〕J. M. 布洛克曼：《结构主义：莫斯科—布拉格—巴黎》，李幼蒸译，中国人民大学出版社，2003，第 41 页。

同时，俄国形式主义也终结于 20 世纪 20 年代。俄国形式主义在研究文艺的出发点、研究对象和研究方法上形成自己独特的见解，在文艺研究的原则、功能以及有关文艺的其他许多看法带有强烈的反传统色彩，同时也因他们反对一切把文学看作任何文学以外因素的媒介的倾向，以及形式主义研究方法绝对化的缘故，逐步封闭了自己的研究。文学是社会诸多系统里的一个子系统，在社会这个总系统中，文学的系统与其他的系统相互影响、相互渗透、相互作用，因此在整个社会－文化系统中，文学系统内部的形式和结构如何与文学配合起作用，文学的独立自主性与文学的社会性之间的分裂导致俄国形式主义学派最终走向解体。

那么，在上述背景的基础上，俄国形式主义的诗学以及相关的材料美学又有怎样的发展状态？

二 俄国形式主义和材料美学诗学

什么是俄国形式主义的诗学，或者说什么是俄国形式主义诗学的任务？鲍里斯·托马舍夫斯基在《诗学的定义》中将诗学的定义建立在诗与散文/诗学与修辞学的区别上："诗亦称艺术文学，它与散文——非艺术文学相对应。"他接着说道："研究非艺术作品的结构的学科称之为修辞学；研究艺术作品结构的学科称之为诗学。修辞学和诗学组成文学概论。"[①] 对于诗学概念的认定，维克托·日尔蒙斯基在《诗学的任务》中也持同样观点："诗学是把诗当做艺术来进行研究的科学。"[②] 他认为文学科学的发展是以诗学为标志的，科学感兴趣的对象不是哲学世界观，不是对古代文学作品中生活感受的演化，不是社会心理在与诗歌作者个人心理交互下的历史演化，而是"对诗的艺术的研究，是历史的和理论的诗学"。[③]

俄国形式主义诗学主要分为历史诗学和理论诗学。追溯历史诗学和理论诗学的源头，日尔蒙斯基指出："在俄国，历史诗学的问题是由院士亚·尼·维谢洛夫斯基在自己的著作中提出的，不过，他没能完成根据各

---

① 〔俄〕鲍里斯·托马舍夫斯基：《诗学的定义》，张惠军、丁涛译，李济生校，载〔俄〕维克托·什克洛夫斯基等《俄国形式主义文论选》，方珊等译，三联书店，1989，第 79 页。
② 〔俄〕维克托·日尔蒙斯基：《诗学的任务》，罗俊伶译，方珊校，载〔俄〕维克托·什克洛夫斯基等《俄国形式主义文论选》，方珊等译，三联书店，1989，第 209 页。
③ 〔俄〕维克托·日尔蒙斯基：《诗学的任务》，罗俊伶译，方珊校，载〔俄〕维克托·什克洛夫斯基等《俄国形式主义文论选》，方珊等译，三联书店，1989，第 209 页。

种诗体勾画文学史的宏伟设想。""理论诗学问题的提出，见于阿·阿·波捷布尼亚的著作，首先是他的《文学概论札记》一书。如果说波捷布尼亚的体系，从整体上讲遭到激烈的反对，那么他所运用的方法本身，即诗学与关于语言的一般科学——语言学的结合，却有极高的价值，而且它已得到广泛的承认。"① 总的来说，维谢洛夫斯基开创了从社会的历史和文化变迁中考察文学体裁与形式变化的历史诗学，波捷布尼亚则提出诗学与语言学相结合的理论诗学。1914 年，弗·尼·别列茨以《俄国文学史方法论讲义》在文学史领域竖起重要的里程碑。② 不过，历史诗学和理论诗学的划分也不是绝对的，它们之间的划分，"与其说具有方法论性质，不如说具有技术性质。理论诗学也应当是历史诗学"③。

俄国形式主义者大多为语言学家，所以俄国形式主义诗学研究方法与结构主义语言学有关。虽然俄国形式主义诗学早期研究诗歌语言及其成分，但后来转向采用研究诗歌语言体系的方法来研究诗学结构的文学作品，与此同时，还确立了将文学作品视为"外在于意识的实体"的形式主义文学史的基本观点，逐渐形成以历史诗学和理论诗学取代文学材料来勾画文化通史的局面。由于索绪尔结构主义语言学的影响，俄国形式主义最重视的还是理论诗学（或称普通诗学）。日尔蒙斯基在《诗学的任务》中宣称："既然诗的材料是词，那就应当把语言学为我们所作的语言事实的分类，作为诗学系统建构的基础。"④ 俄国形式主义理论诗学是诗学与语言学的结合，或者更准确地说，在索绪尔结构主义语言学的影响下，从结构主义语言学出发，以结构主义语言学的方法研究诗学问题。

俄国形式主义理论诗学的立足点是诗学的材料——词。什克洛夫斯基《词的复活》被视为学派宣言，其纲要表述如下："词语是形象和形象的硬化。修饰语是革新词语的手段。修饰语的历史是诗学风格的历史。旧的语

---

① 〔俄〕维克托·日尔蒙斯基：《诗学的任务》，罗俊伶译，方珊校，载〔俄〕维克托·什克洛夫斯基等《俄国形式主义文论选》，方珊等译，三联书店，1989，第 210 页。

② 〔俄〕维克托·日尔蒙斯基：《诗学的任务》，罗俊伶译，方珊校，载〔俄〕维克托·什克洛夫斯基等《俄国形式主义文论选》，方珊等译，三联书店，1989，第 211 页。

③ 〔苏〕米哈伊尔·巴赫金：《文艺学中的形式方法》，李辉凡、张捷译，载钱中文主编《巴赫金全集》第二卷，李辉凡等译，河北教育出版社，2009，第 143 页。

④ 〔俄〕维克托·日尔蒙斯基：《诗学的任务》，罗俊伶译，方珊校，载〔俄〕维克托·什克洛夫斯基等《俄国形式主义文论选》，方珊等译，三联书店，1989，第 225 ~ 226 页。

言艺术家和作品的命运也和词语本身的命运一样：它们经历了从诗歌到散文的道路。物的死亡。未来主义的任务——使物复活起来——是使人重新感受到世界。未来主义者的诗歌方法同一般语言思维方法的联系。古代诗歌的半懂不懂的语言。未来主义的语言。"① 这份纲要是俄国形式主义理论诗学基本原理的萌芽。

莫斯科语言学会领头人罗曼·雅各布森在推动形式主义诗学的发展时，不但深受索绪尔结构主义语言学的影响，还深受欧洲形式主义艺术学的影响。他说："对我影响最大的是艺术家而非学者，他们是毕加索、勃拉克、赫列勃尼柯夫、乔伊思和斯特拉文斯基。从 1913 年到 1914 年，我和画家生活在一起。"② 因此雅各布森才有将诗歌纳入艺术体系里，将诗歌视为一个艺术类别的理念，以艺术关注材料的方式方法对待文学，并理所当然将文学的"词语"当作文艺学中的材料来加以处理。至于诗歌的内容，在《现代俄国诗歌》中，雅各布森则表示"诗歌的事实就是简单得如同牛叫一般的词语"。③"词语"成为雅各布森统摄语言学与诗学的立足点。

莫斯科语言学会和彼得堡诗歌语言研究会，选定"诗歌词语"作为初期俄国形式主义诗学的研究对象，主要原因在于诗歌词语深陷象征主义的泥淖，"将诗歌词语从越来越使象征主义者痴迷的哲学和宗教倾向的枷锁中解脱出来这一口号，成为促使形式主义者最初小组统一起来的基本口号"。不仅如此，形式主义者还认为"应当彻底消除词语的本身的思想意义，亦即是主张一种'无意义词语'的概念"④。这是俄国形式主义将对词的复活的理解，强调摆脱词的一切着重强调的意义和任何象征意义，取消词的意识形态意义。俄国形式主义要旨"词的复活"其实就是词的完全物化，词就是词，首先和主要是它的音响的经验的物质性和具体性。试图将独立于含义的语音、词法和句法玩出新的审美意向，把各种作为语法单

---

① 〔苏〕米哈伊尔·巴赫金：《文艺学中的形式方法》，李辉凡、张捷译，载钱中文主编《巴赫金全集》第二卷，李辉凡等译，河北教育出版社，2009，第 173 页。

② 〔比〕J. M. 布洛克曼：《结构主义：莫斯科—布拉格—巴黎》，李幼蒸译，中国人民大学出版社，2003，第 37 页。

③ 罗曼·雅各布森的《现代俄国诗歌》（НовейшаяРусскаяПоэзия）是用俄语写成的，1921 年于布拉格出版了单行本，后来收入《雅各布森选集》第五卷（*Selected Writings V: On Verse, Its Masters and Explorers*, Hague: Mouton, 1979）。

④ 王钟陵：《俄国形式主义研究》，《湖南文理学院学报》2006 年第 3 期。

位、无意义的语音形象的词语建立新的艺术组合，这种词语物化游戏，俄国形式主义在理论上做了突出贡献。在俄国形式主义设法拯救诗歌词语之前，阿克梅主义就已经尝试过对象征主义诗学进行改革。象征主义者提出诗歌中的词语的自我价值和结构性，试图把词语的结构性同其最紧张的意识形态性结合起来，赋予词语崇高的含义，因此具有自我价值的词语常在神话、象形字、魔法、神秘、巫术、上帝语言等崇高语境中出现，象征主义的词语既不表现，也不表示，而是表征，词语被看作祭司和神的启示，是神秘的来世，是隐喻和象征。诗歌词语的结构任务在阿克梅主义这里得到更明确和更清楚的认识，词语更加物化，阿克梅主义主张要为艺术而艺术，词语的结构意义成为艺术的假定性，词语从神的话语返回到人的话语，即词语不是取自意识形态生活的形成过程，而是直接取自文学的语境，并且只能取自文学的语境。不管象征主义、阿克梅主义还是形式主义，本质上都是对"词语"意义的追问。俄国形式主义理论诗学所有的问题都是以"词语"为基础发展而来的。

俄国形式主义理论诗学由三个部分构成：狭义诗学部分、主题以及结构。由于理论诗学的狭义诗学部分必须与语言学的每一部分相对应，俄国形式主义理论诗学研究就侧重在音韵学（或称诗学语音学）、词法学（或称诗学词法学）、句法学（或称诗学句法学）、词义学（或称诗学词义学）以及语用学（或称诗学语用学）。这五个部分组成了狭义上的诗语学说，日尔蒙斯基指出，"这种学说在传统中被称作修辞学。这样，修辞学就接近于诗歌语言学了，因为它把普通语言学的事实放到专门的艺术使用中来审视"①。因此狭义诗学部分或称修辞学，或称诗歌语言学。对诗学的分析不能脱离其特殊的艺术材料——词——去作抽象的分析，诗学的主题与结构存在于人类话语的材料——词里面，诗歌的主题和结构是特殊的主题和结构事实，是"由词来体现的情节和由众多词语建立的结构"，② 主题和结构就是从这些语文事实特殊的艺术使用中发展而成的。主题与结构在修辞学——诗语学说——中有所体现，一般来说，诗歌主题成分的基础存在于

① 〔俄〕维克托·日尔蒙斯基：《诗学的任务》，罗俊伶译，方珊校，载〔俄〕维克托·什克洛夫斯基等《俄国形式主义文论选》，方珊等译，三联书店，1989，第229页。

② 〔俄〕维克托·日尔蒙斯基：《诗学的任务》，罗俊伶译，方珊校，载〔俄〕维克托·什克洛夫斯基等《俄国形式主义文论选》，方珊等译，三联书店，1989，第231页。

词语主题亦即诗歌语义学中，诗歌的结构——语音和意义——体现在词语材料在韵律和句法上的建构。还有一些诗作，它的主题或结构比较庞大，如长篇小说中的场景、人物外表和性格等的描写，或者对事件发展，各因素相互联系的交代等，虽然也是通过词语材料加以表现，但是在词语修辞分析中不能得到完尽的解释，因此要采取两种不同的方法来解决：选择和组合。一方面需要选择主题，即选择一定组成部分；另一方面需要组合结构，即按一定顺序组合和排列这些主题。因此，情节是具体主题（细节）的总和，情节结构是结构手法。体裁是某种特殊的结构。诗语的修辞因素与主题及结构因素的联系十分紧密。①

诗学结构在诗学研究中占据着极为重要的地位，主要涉及两个核心概念：材料和手法。在形式主义者看来，就像一个词同时包含语音、形态、意义和句法等属性，艺术作品也同时包含材料、结构手法和风格等属性。在诗歌中，话语的内容、基本的词语主题及其自然顺序、词语较为复杂的整体"结构"，具有特殊的艺术手法意义，即主题与结构的手法意义。形式主义理论诗学的任务就是对手法进行系统的研究，对它们进行比较性的描写和分类。材料、主题的选择、结构的组合，如"作者无论是谈幻想中的达吉雅娜，还是讲主人公乞乞可夫；无论是刻画外省枯燥的生活图景，还是描写高贵的强盗们浪漫的功绩与奇遇"，对于诗学来说，"这一切都是艺术感染力的手法，这些手法随时代而变化，并且总是印有一定的时代风格"②。一切手法内在相互制约，从属于共同的艺术任务，并在这个任务中取得自己的地位和根据，这种艺术统一被日尔蒙斯基称作"风格"。风格的概念有助于更准确地区分是从诗学观点还是从语言学观点对作品进行的分析。材料是说明结构手法的动因，风格是结构手法的艺术统一，而结构手法则自有价值。手法的价值正如什克洛夫斯基在《作为手法的艺术》中所宣布的："艺术的目的是使你对事物的感觉如同你所见的视觉那样，而不是如同你所认知的那样；艺术的手法是事物的'反常化'手法，是复杂化形式的手法，它增加了感受的难度和时延，既然艺术中的领悟过程是以

---

① 〔俄〕维克托·日尔蒙斯基：《诗学的任务》，罗俊伶译，方珊校，载〔俄〕维克托·什克洛夫斯基等《俄国形式主义文论选》，方珊等译，三联书店，1989，第231页。

② 〔俄〕维克托·日尔蒙斯基：《诗学的任务》，罗俊伶译，方珊校，载〔俄〕维克托·什克洛夫斯基等《俄国形式主义文论选》，方珊等译，三联书店，1989，第229页。

自身为目的的，它就理应延长；艺术是一种体验事物之创造的方式，而被创造物在艺术中已无足轻重。"[1]

什么是俄国形式主义的材料美学？俄国形式主义诗学把诗歌创作理解为把现成的成分进行重新组合，特别是语法形式的组合，从音素、词素、义素、语段来阐述诗歌的诗学意义。形式主义诗学的手法采用形式否定法和对比原则。形式主义者几乎一致公认研究美学就是研究材料和形式，形式由手法构成，由于材料不进入审美客体，不能作为美学意义的目标，所以形式主义者"把手法推崇到首位"，认定"诗学结构就是手法的总和"。[2] 因此诗学美学就成了研究材料的形式美学、手法美学，即材料美学。

俄国形式主义材料美学的基本观点可以罗列如下：形式主义诗学研究的对象必须是"文学作品本身，而不是研究者所认为的作品反映的那个对象"；"文学作品本身只是'纯粹的形式'"。"总的来说，艺术里就没有内容'"；或者确切地说"'文学作品的内容（这里也包括心灵）等于作品修辞手法的总和'"；因此，"……文学作品是由材料和形式组成的"。"词语是文艺创作的材料，形式则是由加工词语的各种手法构成的"；"如果文学科学想成为一门科学，那么它不得不承认'手法'是唯一的主人公"[3]。

为什么会有上述材料美学的观点，这得从形式主义诗学美学肯定材料的首要地位说起。在日尔蒙斯基看来，诗学美学的任务要"从绝无争议的材料出发，不受有关艺术体验的本质问题的牵制，去研究审美对象的结构，具体到本文就是研究艺术语言作品的结构"[4]。俄国形式主义者认为，任何艺术作品都使用取自自然界的某种材料。艺术用其特有的手法对材料进行加工，使材料被提升到审美的地位，形成艺术作品。就像音乐的材料是许多音符，它们在音乐作品中有一定的高度、长度和力度，按一定的顺序排列，以一定节奏、和声和旋律的形式编织成乐曲。文学作品也是如

---

① 〔俄〕维克托·什克洛夫斯基：《作为手法的艺术》，方珊译，张惠军校，载〔俄〕维克托·什克洛夫斯基等《俄国形式主义文论选》，方珊等译，三联书店，1989，第6页。

② 〔苏〕米哈伊尔·巴赫金：《学术上的萨里耶里主义》，柳若梅译，载钱中文主编《巴赫金全集》第二卷，李辉凡等译，河北教育出版社，2009，第9页。

③ 〔苏〕米哈伊尔·巴赫金：《学术上的萨里耶里主义》，柳若梅译，载钱中文主编《巴赫金全集》第二卷，李辉凡等译，河北教育出版社，2009，第3页。

④ 〔俄〕维克托·日尔蒙斯基：《诗学的任务》，罗俊伶译，方珊校，载〔俄〕维克托·什克洛夫斯基等《俄国形式主义文论选》，方珊等译，三联书店，1989，第219页。

此。俄国形式主义者把文学作品看成是一种纯艺术现象，取自然界的词语作为材料，通过一定手法进行选择和组合，使作为材料的词语有了审美的地位，并得以形成艺术作品。

三　俄国形式主义和材料美学修辞诗学

由于材料是一切审美的源点，材料组织的形式方法就显得十分重要。俄国形式主义者认为，研究文学必须从文学本身去寻找构成文学的内在根据和理由，也就是说，只有文学艺术本身特有的规律才能恰当地说明文学作品，只有文学本身特有的规律才能说明文学的形式和结构。文学是一个复杂的有机系统；一部文学作品是一个体系，正如整个文学是一个总系统一样，要研究文学之所以成为文学的内部规律，就要从文学系统内部去研究文学的形式和结构。按照形式—内容这一传统划分，艺术有了审美成分和非审美成分的区别。俄国形式主义者采取与形式—内容这一传统划分相对立的划分方法——手法—材料，这种划分方法完全将文学作品视为审美对象，也是对"形式"因素进行理论研究和系统研究的途径。

什克洛夫斯基和艾亨鲍姆认为手法具有至高无上的地位，审美应当建立在手法的否定方式和对比原则的基础上，因为旧的手法逐渐衰老，正在丧失活力，习惯之物不再引起注意，转而变成无意识的；离经叛道的新手法被提出来，好像进行对照，以便从常见的无意识中引出认识来；什克洛夫斯基提出，"作品的规模是无关紧要的，它的分子与分母的算术意义也无关紧要，重要的是它们的对比关系。"[1] 形式主义者普遍认为，当某种风格消失时，根据对比原则，能够产生出各种不同的新倾向。

总的来说，在谈到欧洲形式主义对俄国文学研究的影响时，鲍里斯·艾亨鲍姆认为俄国形式主义是一场新思潮："在文艺学领域里，形式主义是革命运动，因为它把这门学科从古老而破旧的传统中解放出来，并迫使它重新检验所有的基本概念和体系。"[2] 巴赫金则评价说，欧洲艺术的形式

---

[1] 〔苏〕米哈伊尔·巴赫金：《文艺学中的形式方法》，李辉凡、张捷译，载钱中文主编《巴赫金全集》第二卷，李辉凡等译，河北教育出版社，2009，第268页。

[2] 〔美〕马克·斯洛宁：《苏维埃俄罗斯文学（1917-1977）》，浦立民、刘峰译，毛信仁校，上海译文出版社，1983，第105~106页。

方法在俄罗斯走向极端，欧洲的形式方法"在俄罗斯第一个开创了文学形式与技巧的系统研究"，① 成为形式主义和形式主义世界观；在俄国形式主义者的著述中，"形式方法不仅要扮演历史诗学的角色，还要扮演理论诗学的角色，在文学史的方法论上自诩为普遍的基本原则，觊觎艺术科学的立法者地位"②。鉴于形式方法的学术权限被明显地夸大，巴赫金着手批判了俄国形式主义的诗学和材料美学，并先后提出系统哲学美学的诗学思想和马克思主义社会学的诗学思想。

俄国形式主义诗学以材料—手法取代传统诗学的内容—形式，唯材料论、形式论、手法论，以语言学的语言结构成分作为诗学作品结构成分的分析理论，把"物质化""奇异化""玄奥化""否定化"拔高到普遍真理的高度，因此当形式方法由普通方法走向方法论和世界观，那就成为一种荒谬。对此，巴赫金对俄国形式主义诗学和材料美学的诗学进行了一场彻底的修辞诗学的批判。

巴赫金将批判置于国际与国内的比较视野之下。巴赫金比较了欧洲形式主义与俄国形式主义的差异，认为欧洲形式主义的形式具有意义，俄国形式主义的形式没有意义。具体表现为：（1）欧洲形式主义尽量赋予形式本身以深刻的世界的意义；俄国形式主义则丧失意识形态的含义。③（2）欧洲形式主义的视度问题（注：视度问题讨论的是"在艺术中眼睛与整个机体在可见形式世界中的具体定向，它与所发生事情的抽象规律中的思想认识定向是相对立的"），④ 是被认识的视度问题、作为意义的感性认知问题，或加重含义的感性品格问题，即追求艺术在于获得"看得到、听得到、摸得着的品格"；俄国形式主义则回避问题，"把诗歌语音学里的'声音'的概念特别地简化"⑤。（3）尽管欧洲形式主义对"无名历史"的理解也是唯心

① 〔苏〕米哈伊尔·巴赫金：《学术上的萨里耶利主义》，柳若梅译，载钱中文主编《巴赫金全集》第二卷，李辉凡等译，河北教育出版社，2009，第4页。

② 〔苏〕米哈伊尔·巴赫金：《学术上的萨里耶利主义》，柳若梅译，载钱中文主编《巴赫金全集》第二卷，李辉凡等译，河北教育出版社，2009，第2页。

③ 〔苏〕米哈伊尔·巴赫金：《文艺学中的形式方法》，李辉凡、张捷译，载钱中文主编《巴赫金全集》第二卷，李辉凡等译，河北教育出版社，2009，第165页。

④ 〔苏〕米哈伊尔·巴赫金：《文艺学中的形式方法》，李辉凡、张捷译，载钱中文主编《巴赫金全集》第二卷，李辉凡等译，河北教育出版社，2009，第166页。

⑤ 〔苏〕米哈伊尔·巴赫金：《文艺学中的形式方法》，李辉凡、张捷译，载钱中文主编《巴赫金全集》第二卷，李辉凡等译，河北教育出版社，2009，第166页。

主义或"生命哲学"式的，但他们认为"人的基本的处世态度决定他的'艺术意志'，从而也决定作品—物体的结构原则本身"①。俄国形式主义则指责欧洲形式主义对实证主义和自然主义"形而下"美学缺乏斗争。

巴赫金梳理了俄国形式主义诗学发展路线图。巴赫金认为方法要适应对象，同时没有一定的方法就不能研究对象。应当善于挑选研究对象，正确发现它特有的本质特点，正确地加以区分，确保不隔断与别的客体的联系。因此研究工作初期摸索研究对象的方法论原则十分重要，具有决定性意义。形式主义者最初选择"诗歌语言"作为诗学研究对象，而不是诗歌作品结构。因此制订和运用一些特殊方法来研究诗歌语言，并形成他们的思维习惯。形式主义者后来转入研究封闭的诗学结构的诗歌作品，采用研究诗歌语言的方法。先确定诗歌音素及功能，接着有了诗歌语言成分的主题和情节。正是在情节问题上，形式主义者完成了从研究诗歌语言到研究诗学结构的作品的过渡。在从语言体系到作品结构的过渡中，形成了诗学结构的两个组成部分，即材料—手法的基本定义，用来取代内容—形式。在论战及对立的情况下，在关于题材、情节、结构的学说中，材料—手法的结构意义得到区分。至此，形式主义诗学的基本概念和手法体系始告完成。与此同时，也确定了形式主义者对待文学史的基本观点，即文学作品是"外在于意识的实体"，这符合形式主义者关于诗学结构学说的规定，但对形式主义的修正就得从文学史的问题和方法开始。

巴赫金归纳了俄国形式主义诗学三个时期的发展特点。

第一时期，俄国形式方法与未来派混合，使其学术视野变得极度狭窄；俄国形式主义者甚至与庸俗的艺术观点论争，把论战从著作引向研究对象本身，使论战极端化，但没有鲜明的和明确的方法论观点。最重要的一点是俄国形式主义者没有同实证主义进行过斗争。俄国形式主义者在同含义脱离材料的唯心主义做法斗争时，否定意识形态含义，但没有提出具体的物化含义、物的含义的问题。俄国形式主义者将结构意义问题简单化为"任何诗学成分的结构意义都要以失去其直接的意识形态意义为条件"②。尽管如

---

① 〔苏〕米哈伊尔·巴赫金：《文艺学中的形式方法》，李辉凡、张捷译，载钱中文主编《巴赫金全集》第二卷，李辉凡等译，河北教育出版社，2009，第166页。

② 〔苏〕米哈伊尔·巴赫金：《文艺学中的形式方法》，李辉凡、张捷译，载钱中文主编《巴赫金全集》第二卷，李辉凡等译，河北教育出版社，2009，第189页。

此，俄国形式主义诗学第一时期运动具有统一性。

第二时期，从过去的"词语的复活""玄奥的语言"之类玩弄词语语法游戏，转变为诗学倚重语言学。日尔蒙斯基在《关于形式方法问题》中把"形式主义世界观"同形式方法对立起来，被视为日尔蒙斯基对形式方法的背叛。[①] 与此同时，马克思主义者在捍卫内容免受形式主义损害时，与诗学结构对立，回避内容在作品结构中的功能问题。马克思主义者要形式主义者相信对文学起影响作用的是其外在的社会因素，事实上形式主义者从不否定这些因素的作用，但是彻底的形式主义者认为，外在的社会因素会毁掉文学。[②] "形式主义者不能承认对文学起作用的外在社会因素可以成为文学本身内在因素，成为其内在发展的因素。"[③] 因此，在这一点上，形式主义与马克思主义相对立。另外，诗学语音学问题被风格问题、文艺作品结构问题所取代。第二时期，形式主义者在诗韵学和韵律研究上作出贡献，形式主义者的文学史研究处在不断的论争和否定中，形式主义没有产生新的理论，没有对第一时期的原则进行有效的修改，第二时期运动不存在统一性。

第三时期，有多少个形式主义者就有多少种形式主义，俄国最后形成了四种主要的形式主义倾向：（1）阿克梅派的形式主义，代表是日尔蒙斯基《拜伦与普希金》（1924年），特点是力求缓和矛盾，拒绝从原则上提出问题。（2）从心理学和哲学上理解文学问题，代表是艾亨鲍姆《莱蒙托夫》（1924年），特点是社会伦理教育。（3）向社会学方法转变，代表是托马舍夫斯基和雅库宾斯基，特点未提及。（4）保守形式主义，代表是什克洛夫斯基《散文理论》，特点是一方面既不否定"语言受社会关系的影响"，另一方面又宣称感兴趣的是研究"语言内部的规律"。他以工厂为例，提出感兴趣的"不是世界的棉纱市场的情况，不是托拉斯政策，而仅仅是棉纱的标号和它的织造方法"[④]。但是巴赫金反驳道："棉纱的制作方

---

① 〔苏〕米哈伊尔·巴赫金：《文艺学中的形式方法》，李辉凡、张捷译，载钱中文主编《巴赫金全集》第二卷，李辉凡等译，河北教育出版社，2009，第191页。

② 〔苏〕米哈伊尔·巴赫金：《文艺学中的形式方法》，李辉凡、张捷译，载钱中文主编《巴赫金全集》第二卷，李辉凡等译，河北教育出版社，2009，第193页。

③ 〔苏〕米哈伊尔·巴赫金：《文艺学中的形式方法》，李辉凡、张捷译，载钱中文主编《巴赫金全集》第二卷，李辉凡等译，河北教育出版社，2009，第193页。

④ 〔苏〕米哈伊尔·巴赫金：《文艺学中的形式方法》，李辉凡、张捷译，载钱中文主编《巴赫金全集》第二卷，李辉凡等译，河北教育出版社，2009，第196页。

法既受工业技术水平的制约，也受市场规律的制约。"①

巴赫金对俄国形式主义学派解体进行了总结。巴赫金认为三个"改变"造成俄国形式主义学派解体：（1）形式主义的目标改变了；（2）形式主义与文学和社会的实际生活相联系的东西改变了；（3）社会文学环境和一般意识形态的视野改变了。②

就俄国形式主义学派的解体，巴赫金给出宝贵的建议："为了研究艺术的全部特殊性，就不应当不要正常的眼力和广阔的意识形态视野。眼界愈开阔，每一种具体现象的特点就会显得愈明亮、愈清晰。"③

巴赫金分析俄国形式主义形式方法体系存在的问题，认为俄国形式主义形式方法体系存在六大问题：（1）作为诗学对象的诗歌语言、诗歌语音学问题也属于诗学范围；（2）诗歌中作为诗学结构两个组成部分的材料和手法；（3）作为材料和手法的结构功能的详细说明的体裁和结构、主题、本事和情节；（4）作品作为外在于意识的实体的概念；（5）文学史问题；（6）艺术接受和批评的问题。④

前三条构成形式主义诗学的内容，后三条则是形式主义文学史的内容。⑤ 诗学问题源于模糊了诗学与语言学的界限，以语言的语言学结构成分的方法来解释艺术作品的语言结构成分，文学史问题在于把一种自足封闭的文学作品作为科学分享的唯一事实，以绝对客观的方法解读意识形态的文学作品。

巴赫金对俄国形式主义形式方法体系进行六大纠偏，提出问题的根源在于方法论上出现了认识错误，并从以下六个方面做了明确的纠偏。

（1）诗歌语言与实用语言之间的对立问题。形式主义者曾寻找纯语言学的证据，如什克洛夫斯基的《词的复活》、雅库宾斯基的《论实用语言和诗歌语言中同样的流音辅音的聚集》，或者什克洛夫斯基在《诗学》中对雅库

---

① 〔苏〕米哈伊尔·巴赫金：《文艺学中的形式方法》，李辉凡、张捷译，载钱中文主编《巴赫金全集》第二卷，李辉凡等译，河北教育出版社，2009，第197页。

② 〔苏〕米哈伊尔·巴赫金：《文艺学中的形式方法》，李辉凡、张捷译，载钱中文主编《巴赫金全集》第二卷，李辉凡等译，河北教育出版社，2009，第197页。

③ 〔苏〕米哈伊尔·巴赫金：《文艺学中的形式方法》，李辉凡、张捷译，载钱中文主编《巴赫金全集》第二卷，李辉凡等译，河北教育出版社，2009，第199页。

④ 〔苏〕米哈伊尔·巴赫金：《文艺学中的形式方法》，李辉凡、张捷译，载钱中文主编《巴赫金全集》第二卷，李辉凡等译，河北教育出版社，2009，第206~207页。

⑤ 〔苏〕米哈伊尔·巴赫金：《文艺学中的形式方法》，李辉凡、张捷译，载钱中文主编《巴赫金全集》第二卷，李辉凡等译，河北教育出版社，2009，第206页。

宾斯基著作评价以及雅各布森的《论捷克诗》，通过语言学的流音辅音异化规律，试图来证明诗歌语言与实用语言存在对立，但最后都无法用这种纯语言的特征去说明两种语言到底对立在哪里，因为诗歌语言和实用语言之间不存在形式主义者所设想的语音差别，不管是诗歌语言还是实用语言，都可能出现流音辅音异化，只是由于"诗学中的功能不同"造成的。①

（2）诗学语言和语言学语言之间的区别问题。诗歌创作中语言的功能和作为特殊语言体系的"诗歌语言"是不一样的。形式主义者认为语言是一个封闭的艺术结构，只要语言具有了词汇学、词法学、语音学的语言学特点，那么这个语言就是诗学语言。巴赫金认为，语言只有在具体的诗学结构中才具有诗学特性，是结构决定了语言的诗学特性，如果语言脱离了表述及其形式和具体组织，势必就失去诗学特性。语言学语言与诗学语言最大的不同就在于"语言学的语言和语言学的成分对认识的真理，对诗歌的美，对政治上的正义性等，是漠不关心的"。②

（3）诗学和语言学之间的区别问题。形式主义者把语言的语言学成分套用于诗歌作品的结构成分，认为语言的语言学成分与诗歌作品的结构成分一定是一致的，如雅库宾斯基的《论诗歌的语符组合》、日尔蒙斯基的《诗学的任务》。尽管语言作为一个体系，确实是由语言学成分构成的，但不等于说，词素、音素和其他语言学范畴是诗歌作品独立的结构成分，从而以为诗歌作品也是由语法形式构成的。事实上，在巴赫金等人看来，语言的语言学成分和诗歌结构的成分是两种不同的语言现象，"不可能一致"。③

（4）材料的物质化问题。巴赫金申明俄国形式主义对词的物化是自然主义和享乐主义的表现。俄国形式主义者认为，"词就是词，首先和主要是它的音响的经验的物质性和具体性，把词从词的超负荷中，从被象征主义者赋予词语的崇高涵义全部吞没的危险中解救出来"④。这种"词的复

①　〔苏〕米哈伊尔·巴赫金：《文艺学中的形式方法》，李辉凡、张捷译，载钱中文主编《巴赫金全集》第二卷，李辉凡等译，河北教育出版社，2009，第211页。
②　〔苏〕米哈伊尔·巴赫金：《文艺学中的形式方法》，李辉凡、张捷译，载钱中文主编《巴赫金全集》第二卷，李辉凡等译，河北教育出版社，2009，第214页。
③　〔苏〕米哈伊尔·巴赫金：《文艺学中的形式方法》，李辉凡、张捷译，载钱中文主编《巴赫金全集》第二卷，李辉凡等译，河北教育出版社，2009，第214页。
④　〔苏〕米哈伊尔·巴赫金：《文艺学中的形式方法》，李辉凡、张捷译，载钱中文主编《巴赫金全集》第二卷，李辉凡等译，河北教育出版社，2009，第180页。

活"或"词的物化"是形式主义者玩弄语法词语的游戏。为了同含义脱离材料的唯心主义做法做斗争，俄国形式主义者通过否定意识形态含义本身，物化含义，即物化词。词的物化主要通过自然主义或享乐主义物化词的意义。词要么成为物理的自然体，要么成为个人的消费品。自然主义如什克洛夫斯基《散文理论》："词语是物。词语是按其与言语等的生理现象相联系的词语规律而变化的。"① 享乐主义如什克洛夫斯基《玄奥的语言和诗歌》和雅库宾斯基《论诗歌语言的语音》，通过在作品中自取快乐，以享乐的方式消费词语，词语成为消费品，失去词的意义，达到物化词语的目的。

（5）手法的奇异化问题。巴赫金表示，俄国形式主义对词的奇异化和玄奥化的手法实质上是一种消极虚无主义。巴赫金认为，俄国形式主义者引用"玄奥的词"目的不在于理解这种玄奥的意义和激情，而是使词的可理解的音响失去意义。俄国形式主义者对词的奇异化，目的是消除词的原有含义，减去各种重要的因素，减少含义，贫乏含义，阉割含义，使词产生了词语及其所表示的客体的新奇和奇异性。例如什克洛夫斯基对托尔斯泰《霍尔斯托麦尔》的理解是这样的："故事是通过马来叙述的，事物也不是通过我们的而是通过马的认识而变得奇异化。"② 实际上托尔斯泰奇异化的目的是离开这一事物，"从而更强烈地提出真正应该有的东西——某种道德价值。"③ 托尔斯泰的奇异化手法具有"明确的意识形态功能"，巴赫金认为托尔斯泰的奇异化"不是为了'使石头变成石头'，而是为了别的'事物'，为了道德价值"④。因此，奇异化不是为了手法本身，是为了揭示某种价值，如果离开这些价值，手法就没有存在的意义。由于形式主义是在象征主义瓦解的时期诞生的，在未来派的影响下，才会"醉心于玄奥的东西，醉心于小体裁中的形式主义实验和大散文体裁中的惊险情节"⑤。

---

① 〔苏〕米哈伊尔·巴赫金：《文艺学中的形式方法》，李辉凡、张捷译，载钱中文主编《巴赫金全集》第二卷，李辉凡等译，河北教育出版社，2009，第186页。
② 〔苏〕米哈伊尔·巴赫金：《文艺学中的形式方法》，李辉凡、张捷译，载钱中文主编《巴赫金全集》第二卷，李辉凡等译，河北教育出版社，2009，第182页。
③ 〔苏〕米哈伊尔·巴赫金：《文艺学中的形式方法》，李辉凡、张捷译，载钱中文主编《巴赫金全集》第二卷，李辉凡等译，河北教育出版社，2009，第183页。
④ 〔苏〕米哈伊尔·巴赫金：《文艺学中的形式方法》，李辉凡、张捷译，载钱中文主编《巴赫金全集》第二卷，李辉凡等译，河北教育出版社，2009，第183页。
⑤ 〔苏〕米哈伊尔·巴赫金：《文艺学中的形式方法》，李辉凡、张捷译，载钱中文主编《巴赫金全集》第二卷，李辉凡等译，河北教育出版社，2009，第196页。

（6）结构的否定化问题。巴赫金认为，俄国形式主义用否定的方式歪曲诗学结构只是一种论争性的、愤懑的否定。巴赫金认为，诗学的基本任务是揭示文学作品及其每一个成分的结构意义，掌握诗学结构的具体的和物质的统一，并使意识形态意义的全部丰富性进入具体结构，让整个诗学结构成为有意义的结构，但由于论争性的否定渗入了形式主义的各种定义的内部，艺术结构本身成了某种完全是论争性的结构，它的每一种成分都只能通过否定某事、同某事进行论争的途径才能实现自己的结构使命。为了获得诗学结构的统一，俄国形式主义付出了歪曲诗学事实全部内涵的代价。

第二节　系统哲学美学修辞诗学

一　重新确立诗学概念

巴赫金研究诗学问题，首先是重新确定诗学的概念。巴赫金郑重提出："什么是艺术，什么是诗歌，什么是作为艺术现象的文学作品？怎样才能科学地研究这一现象？这些都是诗学中最基本、最核心、最关键的问题。形式主义者至今未能系统地研究这些问题；现有的个别的解释，或者明显不足，或者根本是错误的。"① 为此，巴赫金重新确立诗学的概念或者说诗学的任务。在巴赫金看来，诗学不仅指诗歌语言，还指文学语言，而且诗歌语言和文学语言同属艺术话语，巴赫金认为不单单诗歌语言和文学语言可以属于诗学语言，只要在一定条件下、一定背景下，生活中一个最简单的表述，一个运用得当的词语，甚至一个单词，都可以成为艺术接受的对象，都可以成为具有诗学特征的诗学语言，可以说，巴赫金的诗学包括了生活话语和艺术话语，而艺术话语则包含了诗歌语言和文学语言。

具体理论架构见图 2 - 1。

俄国形式主义不加分析地使用诗学的概念，不科学地、系统地界定诗学，不掌握审美的现实、艺术内容的意义、形式的概念和材料的作用，只

---

① 〔苏〕米哈伊尔·巴赫金：《学术上的萨里耶利主义》，柳若梅译，载钱中文主编《巴赫金全集》第二卷，李辉凡等译，河北教育出版社，2009，第5页。

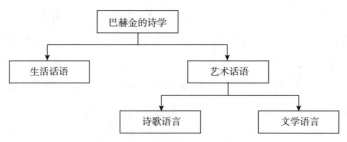

图 2 - 1　巴赫金的诗学理论架构

知道"技巧的、语言学的现实，只知道'如牛叫一样单纯'的语言"，①
是把诗学引向幼稚现实主义、教条主义和简单化的危险道路。

二　系统哲学美学诗学

俄国形式主义诗学的方法论中存在着一些"基本的、不可避免的缺
点"和它所"无法克服的困难"②，这些缺点和错误归根到底是由其方法论
中的根本错误所造成的，"这就是认为可以而且应该脱离系统性哲学美学
来建立艺术科学，由此带来的后果是：没有科学性的坚固基础"。③ 形式主
义者的材料美学缺乏系统哲学美学思想，艾亨巴乌姆 1925 年就承认说：
"我们决心以对待事实的客观的科学方法，来反对象征主义的主观主义美
学原理。由此产生了形式主义者所特有的科学实证主义的新热情；哲学的
和美学的臆想被抛弃了。"④

材料美学只把作品视为经过组织的材料，巴赫金批判材料美学时说：
"事实上属于艺术家的只有材料：物理学数学上的空间，质料，声学中的
声音，语言学里的词语；因之艺术家的审美立场只能是对此种确定的材料
而发的。"⑤ 他认为材料美学用于研究艺术创作的技巧还是有效的，但是

---

① 〔苏〕米哈伊尔·巴赫金：《学术上的萨里耶利主义》，柳若梅译，载钱中文主编《巴赫
　金全集》第二卷，李辉凡等译，河北教育出版社，2009，第 6 页。
② 〔苏〕米哈伊尔·巴赫金：《语言艺术创作中的内容、材料和形式问题》，《巴赫金文论
　选》，佟景韩译，中国社会科学出版社，1996，第 269 页。
③ 〔苏〕米哈伊尔·巴赫金：《语言艺术创作中的内容、材料和形式问题》，《巴赫金文论
　选》，佟景韩译，中国社会科学出版社，1996，第 269 页。
④ 〔比〕J. M. 布洛克曼：《结构主义：莫斯科—布拉格—巴黎》，李幼蒸译，中国人民大学
　出版社，2003，第 39 页。
⑤ 〔苏〕米哈伊尔·巴赫金：《话语创作美学方法论问题》，晓河译，载钱中文主编《巴赫
　金全集》第一卷，晓河等译，河北教育出版社，2009，第 320 页。

"以它为基础理解并研究整个艺术创作、艺术的审美特性和意义,那就绝无益处而不可行的了"。① 材料美学无法解释形式所表现的情感,无法解释作者和观照者对材料之外的某种东西的评价态度,不能阐明审美客体和外在作品之间的区别,不能区分话语的建构形式和布局形式,不能说明艺术史。最根本的问题是,材料美学重视材料和形式,轻视内容,把内容当成材料的一个因素,或者形式的一个因素。从材料美学来理解,诗学是极端形式主义的美学。

巴赫金认为材料是一种话语,是词语(слово)的纯语言因素,专指语言学意义的语言。语言学对材料的审美,体现了自然科学及语言学规定性和规律性的那种材料组合的审美。"审美活动施于材料,它只赋形于材料,因为具有审美意义的形式是材料的形式,这个材料就是自然科学或语言学所理解的材料",② 艺术家的审美立场只能对材料而发,这就是材料美学。"在西欧乃至俄国的美学文献中,话语艺术作品的技巧研究,无不发轫于材料美学。"③

在西方 20 世纪文学理论发展史上,巴赫金站在马克思主义文艺学立场上,希望把现代诗学建立在一种真正科学的方法论上。巴赫金在《语言艺术创作中的内容、材料和形式问题》一文中坦言,任何一门艺术学科要想真正确立其科学性,必须以一般的系统性美学作为学科的方法论基础。④ 巴赫金的诗学是诗艺和修辞学的现代变体。⑤ 诗学是一门普通美学,但又不同于普通美学,它应该建立在系统哲学美学的基础上,增加对材料性质的考察。⑥ 巴赫金主要从内容、材料和形式三者关系出发,运用系统哲学美学对诗学进行诠释。

① 〔苏〕米哈伊尔·巴赫金:《话语创作美学方法论问题》,晓河译,载钱中文主编《巴赫金全集》第一卷,晓河等译,河北教育出版社,2009,第 321 页。
② 〔苏〕米哈伊尔·巴赫金:《话语创作美学方法论问题》,晓河译,载钱中文主编《巴赫金全集》第一卷,晓河等译,河北教育出版社,2009,第 319 页。
③ 〔苏〕米哈伊尔·巴赫金:《话语创作美学方法论问题》,晓河译,载钱中文主编《巴赫金全集》第一卷,晓河等译,河北教育出版社,2009,第 321 页。
④ 〔苏〕米哈伊尔·巴赫金:《语言艺术创作中的内容、材料和形式问题》,《巴赫金文论选》,佟景韩译,中国社会科学出版社,1996,第 269 页。
⑤ 〔苏〕米哈伊尔·巴赫金:《话语创作美学方法论问题》,晓河译,载钱中文主编《巴赫金全集》第一卷,晓河等译,河北教育出版社,2009,第 353 页。
⑥ 〔苏〕米哈伊尔·巴赫金:《话语创作美学方法论问题》,晓河译,载钱中文主编《巴赫金全集》第一卷,晓河等译,河北教育出版社,2009,第 318 页。

三　系统哲学美学修辞诗学

系统哲学美学诗学的首要任务是界定内容。什么是内容？巴赫金认为认识的现实、伦理行为的现实是艺术作品的内容。艺术行为要与相对立的现实打交道，艺术作品的意义才会被作品与现实的紧张关系激活。与艺术相对立的现实是认识的现实、伦理行为的现实，而且在很大程度上被审美化，它只在审美直觉中才成为具体的统一的现实。艺术作品对现实有其独立的评价立场。艺术通过"讴歌、美饰、回忆"的审美行为将认识因素和伦理因素纳入审美客体内部。认识的现实、伦理行为的现实是艺术作品的内容，更精确的说法是审美客体的内容。

具体理论架构见图 2 - 2。

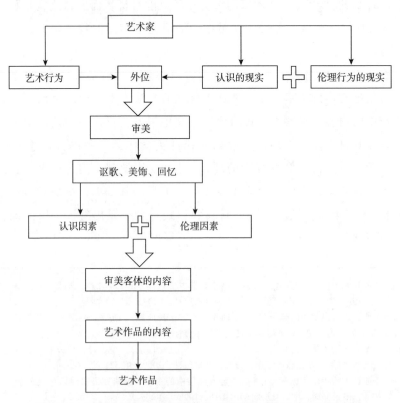

图 2 - 2　巴赫金系统哲学美学诗学内容与艺术行为关系理论架构

"内容是审美客体必不可少的结构因素，与之相对的是艺术形式。离开这一相关性，艺术形式就根本没有任何涵义。"① 艺术作品的内容（认识的现实、伦理行为的现实）带着自己被认识被评价的特点进入审美客体内部，"实现具体直接的联合、个人化、具体化、独立化以及最后的完成"。② 艺术家以观照者的身份，以位于事件之外的立场，通过同感的审美直觉，对现实的事件，而不是材料，加以融合和完成。艺术作品中既没有纯粹的内容，也没有纯粹的形式，"内容和形式相互渗透，不可分割"。③

然而从审美分析的角度来说，艺术作品的内容和形式在价值上不能融合，内容具有认识价值和伦理价值，形式具有审美价值，内容的价值决定了形式的价值；同时，形式的审美价值通过内容的非审美价值得以实现和完成。对内容的认识因素和伦理因素进行审美分析，认识因素主要靠深刻的理解，可是"尽管从审美客体的内容中能分析出来这种或那种认识见解"，"所有这些见解不管本身是如何的深刻"，"这些见解必须与内容的伦理因素、与行为世界、与事件世界联系在一起"。④ 伦理因素主要靠转述形式，在可能的范围内对伦理因素进行纯理论的诠释。

具体理论架构见图 2－3。

系统哲学美学诗学的第二要务是正确确立材料在艺术创作中的地位。巴赫金对材料进行准确的界定。他认为作为材料的词语，应该是纯语言学的词语，而不是审美化了的词语，或者是玄奥的、臆想的、物化的词语。材料纯属艺术创作的技术因素，材料和艺术作品的关系，类似于建造房子所需的脚手架和房子的关系。艺术创作既受材料的物质性制约，同时又成功地克服了材料的物质性。材料的物质性决定了材料不具审美性，而材料的非审美性使材料根本无法直接进入话语艺术的审美客体，无法成为艺术整体的组成部分。材料是产生审美客体的要素，但不是审美客体的内容。艺术创作要对作为材料的语言做内在的完善，克服材料的语言，迫使材料

---

① 〔苏〕米哈伊尔·巴赫金：《话语创作美学方法论问题》，晓河译，载钱中文主编《巴赫金全集》第一卷，晓河等译，河北教育出版社，2009，第 340 页。

② 〔苏〕米哈伊尔·巴赫金：《话语创作美学方法论问题》，晓河译，载钱中文主编《巴赫金全集》第一卷，晓河等译，河北教育出版社，2009，第 340 页。

③ 〔苏〕米哈伊尔·巴赫金：《话语创作美学方法论问题》，晓河译，载钱中文主编《巴赫金全集》第一卷，晓河等译，河北教育出版社，2009，第 342 页。

④ 〔苏〕米哈伊尔·巴赫金：《话语创作美学方法论问题》，晓河译，载钱中文主编《巴赫金全集》第一卷，晓河等译，河北教育出版社，2009，第 347 页。

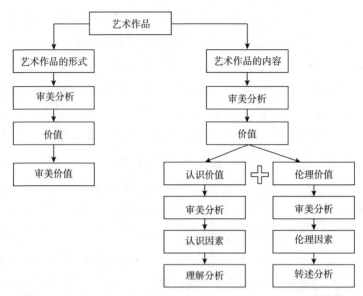

图 2 - 3 巴赫金系统哲学美学诗学内容与艺术形式关系理论架构

的语言超越自身；话语创作美学对技巧的理解主要基于对材料地位的认识和对审美客体特殊性的认识。审美客体是在克服语言学的语言在材料性质上和非审美性质的基础上最终生成的。为了不降低材料的美学意义，巴赫金指出材料美学研究的三个关键：第一，"技巧不能也不应脱离审美客体，正是这一客体使技巧生机勃勃，使其所有因素行动起来"；[①] 第二，"应该强调作品中材料的组织只具有从属的性质，纯技术的性质，这样做的目的不在贬低它，相反是为了理解它，赋予它以生机"；[②] 第三，从审美客体及其建构方法中了解材料的布局结构。

系统哲学美学诗学的第三要务是要掌握对待形式的正确态度。巴赫金认为艺术形式是内容的形式，由材料来实现；在审美客体内部，艺术形式是表现内容、从属内容的建构形式；在作品整个材料布局内部，艺术形式是表现技巧、受材料特性制约的布局形式。作者兼创造者是艺术形式的创造者，是艺术形式的基本因素，"以创造者的角色进入所见、所闻、所说

---

① 〔苏〕米哈伊尔·巴赫金：《话语创作美学方法论问题》，晓河译，载钱中文主编《巴赫金全集》第一卷，晓河等译，河北教育出版社，2009，第364页。

② 〔苏〕米哈伊尔·巴赫金：《话语创作美学方法论问题》，晓河译，载钱中文主编《巴赫金全集》第一卷，晓河等译，河北教育出版社，2009，第364页。

的东西之中，以此克服形式的非创造性、特定的材料性质，它的物性"。①
形式对内容具有孤立、隔离和完成的功能，隔离作品内容与自然界、伦理
事件的联系，帮助作者兼创造者解放感知事物、感知内容的积极性，孤立
或隔离"是形式获得个体性、主观性的条件"，"使作者兼创造者成为形式
的基本因素"。② 孤立或隔离令材料成为"假定性的东西"，形式利用材料
完成伦理事件，作者兼创造者借助材料对内容采取立场。孤立或隔离使话
语、表述、材料获得创造力。作者兼创造者以及观照者对作为材料的话语
的各种因素占据着价值上和含义上立场的积极性，以此完成形式表现
内容。

　　材料内部的布局形式成为作者对内容进行创造立场的表现手段，审美
客体内部的建构形式是作者对内容进行调整和完成事件的审美手段。巴赫
金认为，"建构形式是审美个人的心灵与肉体价值的依存，是自然界（作
为审美个人环境）的形式，是事件（表现为个人生活、社会、历史等方
面）的形式"。③ 布局形式就要看材料能否圆满实现建构任务。巴赫金认
为，严格区分建构形式和布局形式是绝不可能的，完全融建构形式于布局
之中的极端表现是俄国形式主义方法（极端形式主义）。巴赫金还批判日
尔蒙斯基在著作中把建构形式归于题材，把布局形式归于修辞。巴赫金认
为，即便如此，两者的不同也相差无几，这是日尔蒙斯基不理解它们完全
属于不同层面、不做方法论上的区分的缘故。④

　　布局形式和建构形式的作用在于把非审美的语言学的语言转化成审美
的语言。"不是通过对语言的否定，而是通过对它作内在的完善：艺术家
仿佛用语言自身的武器来制胜语言，通过从语言学上加以完善的途径，迫
使语言超越自身。"⑤ "词语在诗歌作品中一方面组织成单句、繁句、章节、

---

① 〔苏〕米哈伊尔·巴赫金：《话语创作美学方法论问题》，晓河译，载钱中文主编《巴赫
金全集》第一卷，晓河等译，河北教育出版社，2009，第367页。
② 〔苏〕米哈伊尔·巴赫金：《话语创作美学方法论问题》，晓河译，载钱中文主编《巴赫
金全集》第一卷，晓河等译，河北教育出版社，2009，第370页。
③ 〔苏〕米哈伊尔·巴赫金：《话语创作美学方法论问题》，晓河译，载钱中文主编《巴赫
金全集》第一卷，晓河等译，河北教育出版社，2009，第328页。
④ 〔苏〕米哈伊尔·巴赫金：《话语创作美学方法论问题》，晓河译，载钱中文主编《巴赫
金全集》第一卷，晓河等译，河北教育出版社，2009，第329页。
⑤ 〔苏〕米哈伊尔·巴赫金：《话语创作美学方法论问题》，晓河译，载钱中文主编《巴赫
金全集》第一卷，晓河等译，河北教育出版社，2009，第357页。

场次等整体，另一方面又创造出主人公外形、性格、身份、环境、行为等的整体；最后，创造一个经过审美加工和完成的伦理生活事件的整体。在这种情况下，词语已不再是词语、句子、诗行、章节。因为审美客体的实现过程，即实现艺术任务本质内容过程，便是语言学意义上和布局意义上的词语整体不断转化为审美构建的已完成的事件整体的过程；这时理所当然的，语言学意义上和布局意义上的词语间一切联系和相互关系，都变成语言外的建构意义上的事件联系。"①

具体理论架构见图 2-4。

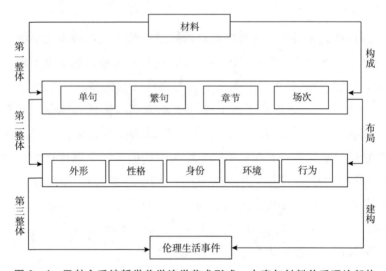

图 2-4　巴赫金系统哲学美学诗学艺术形式、内容与材料关系理论架构

内容是形式的内容，形式是内容的形式，内容与材料不可分割。材料是纯技术的和纯物质的，材料是内容的要素，形式依靠材料来实现。巴赫金解决了内容、材料和形式三者的关系，其意义在于明确诗学的美学源于建构在材料之上的内容和形式，美在有内容的形式，也美在有形式的内容，但不美在技术意义的材料上。以诗歌的语言为例，诗歌的语言是内容形式兼具的语言，诗歌的语言需要词语语音在质和量上的复杂特征，需要形形色色的语调，需要感受发音器官的动作等等，诗歌的语言是审美的语言。相反，语言学的语言只是一块材料，就像雕塑家面前的石块，画家眼

---

① 〔苏〕米哈伊尔·巴赫金：《话语创作美学方法论问题》，晓河译，载钱中文主编《巴赫金全集》第一卷，晓河等译，河北教育出版社，2009，第 358 页。

里的颜料，语言学的语言不具审美性。因此巴赫金的修辞诗学不是材料的修辞，也不是材料＋形式的修辞，而是内容＋材料＋形式的修辞，即系统哲学美学的诗学。

巴赫金认为，系统哲学美学界定的诗学是文学创作的美学，是科学系统的艺术接受对象的理论，这种艺术认识是有内容的，而不是纯形式的，通过系统分析诗学的审美对象，揭示艺术内容的意义、形式的概念和材料的作用，得出一些诗学基本的定义，这样从方法论上对诗学重新界定，调整了诗学研究的视野，进而为真正科学的理论诗学提供一个相对科学的基础。

第三节　马克思主义社会学修辞诗学

一　马克思主义社会学

在诗学结构问题上，光从系统哲学美学角度讨论还远远不够。不论是传统诗学的内容—形式或者是形式主义诗学的材料—手法，都是形式重于内容或者手法居首要地位的观点。所有形式问题几乎都针对材料提出，是在将材料理解为语言学的语言的基础上提出的。这种技术分析最终会归结为一个问题："形式的社会艺术任务是以怎样的语言学的手段实现的?"①如果不预先阐明这项任务的意义，不了解这项任务，那么技术分析就是盲目的。巴赫金及其小组坚信能够解答这个问题的是辩证唯物主义社会学方法。能够把哲学世界观的一般性与艺术作品的特殊性进行综合思考，只有辩证唯物主义才能做到。

俄国形式主义诗学关于诗学的社会学立场是这样的：文学的外部因素是社会性的，可以采用马克思主义方法研究文学外部现象，但文学的内部结构是非社会性的。该观点最具代表性人物是萨库林。萨库林认为，社会学的方法只适宜出现在诗学的内容因素里，因为内容属于意识形态因素复杂化了的艺术诗学形式的领域，但形式本身自有其独特的、非社会学的艺术本质和规律。艺术在成为社会因素并受到其他社会因素影响时，要从属

---

① 〔苏〕米哈伊尔·巴赫金：《文艺学中的形式方法》，李辉凡、张捷译，载钱中文主编《巴赫金全集》第二卷，李辉凡等译，河北教育出版社，2009，第104页。

社会学的一般规律，但是永远不可能从这个规律性中引出它的审美本质，正像不能从商品流通的经济规律中引出任何商品的化学公式一样，所以艺术学和理论诗学应该寻找一种独立于社会学的"专门的"艺术作品的公式。换句话说，"艺术被看成在本质上是非社会学的"。① 这种对艺术本质的理解，巴赫金认为在根本上与马克思主义的基础相矛盾，用社会学的方法找不出化学公式，但对于意识形态任何领域，"只有用社会学方法才能找到科学的'公式'。"②

巴赫金以辩证唯物主义四个原则为立场，分别从材料、艺术作品、文学、文学史等四个层次进行社会学分析，讲清楚诗学为什么是社会学的诗学、诗学内在结构的功能问题，厘清诗学结构是社会学的事实，清晰地阐明"文学的内在性是社会性的"③ 的马克思主义社会学修辞诗学思想。

第一个是辩证唯物主义坚持物质的具现性和物质的社会意义的原则。"马克思主义关于意识形态的科学应当作为依据的第一个原则，是整个意识形态创作的物质具现性和彻底的客观现实性原则。"④ 每一个意识形态产品都不是存在于抽象的心灵或内心世界里，而是存在于客观的意识形态的材料里。一切客观事物因其客观具体，都有客观的认识和研究的方法。在第一条原则下，材料应该是什么？首先，材料是客观的、具体的、可以理解的意识形态的物质现实，是物质社会现实的一部分。不管词的抽象含义是什么，它首先表现出来的是客观存在的物质，"即作为说出来的、写出来的、刊登出来的、交头接耳小声说的和通过内心言语考虑过的东西，它永远是人的社会环境的客观存在的一部分。"⑤ 其次，材料是社会交流的物质客体，在社会交往的过程中获得自己的特殊存在、自己的符号性环境以及社会意义。

---

① 〔苏〕米哈伊尔·巴赫金：《生活话语与艺术话语》，吴晓都译，载钱中文主编《巴赫金全集》第二卷，李辉凡等译，河北教育出版社，2009，第76页。

② 〔苏〕米哈伊尔·巴赫金：《生活话语与艺术话语》，吴晓都译，载钱中文主编《巴赫金全集》第二卷，李辉凡等译，河北教育出版社，2009，第77页。

③ 〔苏〕米哈伊尔·巴赫金：《生活话语与艺术话语》，吴晓都译，载钱中文主编《巴赫金全集》第二卷，李辉凡等译，河北教育出版社，2009，第76页。

④ 〔苏〕米哈伊尔·巴赫金：《文艺学中的形式方法》，李辉凡、张捷译，载钱中文主编《巴赫金全集》第二卷，李辉凡等译，河北教育出版社，2009，第112页。

⑤ 〔苏〕米哈伊尔·巴赫金：《文艺学中的形式方法》，李辉凡、张捷译，载钱中文主编《巴赫金全集》第二卷，李辉凡等译，河北教育出版社，2009，第112页。

第二个是辩证唯物主义坚持存在和意识的原则。存在决定意识，意识反作用于存在。"社会的人处于意识形态现象、不同类型和范畴的物体——符号——实现形式极为多样的和不同的词语、有声的、书面的及其他的科学见解，宗教象征和信仰，艺术作品及其他等等——的环境之中。这一切的总和组成人的意识形态环境，一种从各个方面严实地包围着人的环境。"① 人的意识交流直接以意识形态环境为依据，意识形态环境决定意识交流的具体形式，意识交流的具体形式反作用于意识形态环境，间接反映和折射社会经济的和自然的存在。在第二个原则下，怎么理解艺术作品？作为意识形态创作的产品、有组织的意识的材料——艺术作品，是物质的事物，不同于一般的、物理的、自然界的特殊种类的物质，有其特殊的社会价值和社会意义，这些社会价值和社会意义只在社会交往中表现。最为重要的是，艺术作品的社会价值和社会意义只在意识形态环境下进行意识形态交流时才产生。艺术作品绝不是戈特弗里德·桑珀所谓的"生产工具"，戈特弗里德·桑珀曾给文艺作品下了一个定义："根据使用目的、原料和技术制成的一件机械产品。"② 艺术作品作为组织材料的特殊形式，绝不同于任何生产工具，也不能归结于生产工具。也绝不是阿洛伊斯·里格尔所谓的"艺术意志"，阿洛伊斯·里格尔称："艺术产品是一定的目标明确的艺术意志的结果，它是在同使用目的，原料和技术的斗争过程中得到实现的。"最后，艺术作品绝不是消费品。以什克洛夫斯基和雅库宾斯基为代表，他们视艺术作品为个人享受和感受的对象，将艺术作品——意识形态现象——完全等同于个人消费品。

第三个是辩证唯物主义坚持经济基础和上层建筑的原则。"文学科学在其一切部门（理论诗学、历史诗学、文学史）中的统一性，建立在对意识形态上层建筑及其对基础以及对文学本身的特点（也是社会的特点）的理解的马克思主义原则的统一性上。"③ 在第三个原则下，文学具有什么属性？首先，文学作为独立的意识形态，属于上层建筑，反映和折射意识形

---

① 〔苏〕米哈伊尔·巴赫金：《文艺学中的形式方法》，李辉凡、张捷译，载钱中文主编《巴赫金全集》第二卷，李辉凡等译，河北教育出版社，2009，第121页。

② 〔苏〕米哈伊尔·巴赫金：《文艺学中的形式方法》，李辉凡、张捷译，载钱中文主编《巴赫金全集》第二卷，李辉凡等译，河北教育出版社，2009，第114页。

③ 〔苏〕米哈伊尔·巴赫金：《文艺学中的形式方法》，李辉凡、张捷译，载钱中文主编《巴赫金全集》第二卷，李辉凡等译，河北教育出版社，2009，第123页。

态环境以及社会经济基础，反过来，基础也影响着整个文学和整个意识形态环境。其次，在文学的各种特点中，文学艺术形成于经过意识形态折射的社会现实，这个特点构成文学在意识形态环境中的特殊地位，形成和其他意识形态的关系。具体表现为，社会现实中的政治经济生活只有经过意识形态的折射，才能赋予政治经济生活具体的意识形态的内容，才能成为文学结构里的情节、本事、主题、母题。而"任何情节本身都是在意识形态上经过折射的生活的一种公式。这种公式是由意识形态的冲突，经过意识形态折射了的物质力量确定的"①。最后，不论选择什么样的情节、本事、主题、母题，都需要展示其构成的意识形态因素，没有意识形态因素，就没有情节和母题等。意识形态因素取决于意识形态视野。善、恶、美、丑等这些意识形态因素，取决于是来自封建地主还是资产阶级，是农民还是无产阶级的意识形态视野。意识形态视野可以决定情节等的异同。对社会现实进行意识形态的折射是情节进入文学作品结构和文学作品内容的先决条件。关于意识形态视野，巴赫金建议文学史家应当通过意识形态视野，"掌握该社会集团和真正的社会经济存在"②。总的来说，在意识形态环境中，文学是其中一个独立的上层建筑，它以自己特有的结构和内容艺术地反映和折射社会政治经济生活的基础，在社会现实中占据着特殊的社会地位。

第四个是辩证唯物主义坚持社会经济规律性的原则。社会经济规律性是一种社会学规律性，它从外到内对社会生活、意识形容生活的一切成分起作用。巴赫金认为，文学作品是文学环境的一个部分，文学环境是意识形态环境的一个部分，意识形态环境是社会经济环境的一个部分，每一前者都被后者所决定，"由这个环境所决定，并从头至尾贯穿着统一的社会经济的规律性"③。在第四个原则下，文学史应该具有哪些特点？首先，文学史的对象应该是文学作品、文学环境、意识形态环境、社会经济环境相互关系和相互影响的文学统一体，在文学统一体之外无法了解文学作品，"要揭示和确定某一作品的文学面貌，就不能不同时揭示其一般意识形态

---

① 〔苏〕米哈伊尔·巴赫金：《文艺学中的形式方法》，李辉凡、张捷译，载钱中文主编《巴赫金全集》第二卷，李辉凡等译，河北教育出版社，2009，第125页。

② 〔苏〕米哈伊尔·巴赫金：《文艺学中的形式方法》，李辉凡、张捷译，载钱中文主编《巴赫金全集》第二卷，李辉凡等译，河北教育出版社，2009，第129页。

③ 〔苏〕米哈伊尔·巴赫金：《文艺学中的形式方法》，李辉凡、张捷译，载钱中文主编《巴赫金全集》第二卷，李辉凡等译，河北教育出版社，2009，第138页。

面貌，因为一方离开另一方就不存在，而在揭示这后一种面貌时，我们不能不揭示其社会经济的性质"。"只有遵守所有这些条件才可能有对艺术作品的真正具体的历史研究。"① 其次，文学史的任务是"在不断形成的文学环境的统一体中研究文学作品的具体生活；在包围着它的意识形态环境的形成中研究这种文学环境；最后，在渗透于其中的社会经济环境的形成中研究这种意识形态环境"。② 最后，文学史的研究方法是辩证看待文学的内在因素与外在因素的关系："每一种文学现象（如同任何意识形态现象一样），同时既是从外部也是从内部被决定的。从内部是由文学本身所决定；从外部是由社会生活的其他领域所决定。不过，文学作品被从内部决定的同时，也被从外部决定，因为决定它的文学本身整个的是由外部决定的。而从被外部决定的同时，它也被从内部决定，因为外在的因素正是把它作为具有独特性和同整个文学情况发生联系（而不是在联系之外）的文学作品来决定的。这样，内在的东西原来是外在的，反之亦然。"③ 内外两部分相互依存并且可以相互转化，"任何影响文学的外在因素都会在文学中产生纯文学的影响，而且这种影响逐渐地变成文学的下一步发展的决定性的内在因素。而这一内在因素本身逐渐变成其他意识形态范围的外在因素，这些意识形态范围将用自己的内部语言对它作出反应；这一反应本身又将变成文学的外在因素"④。各种因素的辩证演绎都在统一的社会学规律性的界限内完成，而且内在因素与外在因素在辩证地相互影响的过程中，一切都保持自己的特点。

归根结底，俄国形式主义者在诗学结构问题上采取非社会性的观点与其方法论立场有关，俄国形式主义者错误地认为"具有个别的、此时此地的实物的现存性的"诗学结构不可能"具有充分性、共同性和广度的意义"，⑤ 形式

---

① 〔苏〕米哈伊尔·巴赫金：《文艺学中的形式方法》，李辉凡、张捷译，载钱中文主编《巴赫金全集》第二卷，李辉凡等译，河北教育出版社，2009，第 139 页。

② 〔苏〕米哈伊尔·巴赫金：《文艺学中的形式方法》，李辉凡、张捷译，载钱中文主编《巴赫金全集》第二卷，李辉凡等译，河北教育出版社，2009，第 140 页。

③ 〔苏〕米哈伊尔·巴赫金：《文艺学中的形式方法》，李辉凡、张捷译，载钱中文主编《巴赫金全集》第二卷，李辉凡等译，河北教育出版社，2009，第 141 页。

④ 〔苏〕米哈伊尔·巴赫金：《文艺学中的形式方法》，李辉凡、张捷译，载钱中文主编《巴赫金全集》第二卷，李辉凡等译，河北教育出版社，2009，第 142 页。

⑤ 〔苏〕米哈伊尔·巴赫金：《文艺学中的形式方法》，李辉凡、张捷译，载钱中文主编《巴赫金全集》第二卷，李辉凡等译，河北教育出版社，2009，第 262 页。

主义诗学结构就是单纯的材料和手法问题，不认为思想意义与诗学结构有什么联系。

二 马克思主义社会学诗学

马克思主义社会学诗学的诗学结构每个成分都与历史现实社会密切相关，充满着历史意义和社会意义，问题是"如何在艺术结构的统一体中，把单个作品的直接的物质现存性、它的'此时此地'性与注入其中的思想意义的无限远景结合起来？如何把表演、听或读的现实时间内叙事的展开与观念中长达数年的时间内所叙述的事件的展开结合起来？"① 巴赫金采取社会学方法，着眼点首先是诗学结构的最重要的组成部分——材料，不过他不称之为"材料"，而是"词"，材料是语言学的语言，词是社会学的语言，词成为诗学结构社会性的最佳注脚。

能够把词的物质现存性与其意义进行结合依靠什么媒介物？巴赫金指这个媒介物是社会评价。材料是抽象的语言学的语言，意义和记号之间的联系是偶然的和技术的，不存在社会评价。词是"活的词语"，活在具体的个别的表述中，任何一个表述都是社会行为，不仅是物质的综合体，也是社会现实的一部分，存在着社会评价。在社会交流活动中，表述具有了历史意义和社会意义，表述正是因为意义才进入社会交流的人的视野里，表述的个别的现实性由此从自然体的现实性转换成历史现象的现实性。在意义和话语行为之间，在行为与具体的社会历史环境之间，即在表述的具体历史行为中，意义和记号建立起有机的联系。表述的历史现象的现实性"把表述的特殊的现存性与它的意义的共同性和完整性结合起来，把意义个体化和具体化，说明词中的音在此时此地的现存性，——这种历史的现存性就是社会评价"②。正是社会评价决定了诗人对词的具体意义的选择和具体表述内的组合，也决定了内容的选择、形式的选择以及形式和内容之间的联系。词是社会评价的表达者，带着交际的历史任务进入表述。社会交流也是诗学结构的历史任务。

---

① 〔苏〕米哈伊尔·巴赫金：《文艺学中的形式方法》，李辉凡、张捷译，载钱中文主编《巴赫金全集》第二卷，李辉凡等译，河北教育出版社，2009，第262页。
② 〔苏〕米哈伊尔·巴赫金：《文艺学中的形式方法》，李辉凡、张捷译，载钱中文主编《巴赫金全集》第二卷，李辉凡等译，河北教育出版社，2009，第265页。

手法并不是俄国形式主义者所设想的那样，在中性的语言环境中运动，它切入社会评价的体系，是一种社会行为。手法能够积极地重新配置和更新有价值的东西或使之保持细微的差别，正是社会评价对手法的作用。语音、语法、主题等也都是通过社会评价结合起来，为社会评价服务。本事不是情节展开的动因，"本事与情节一起展开：所叙述的生活事件和叙述本身这件实际发生的事，结合成为艺术作品统一的事件"。把对叙述的事的看法和理解组合起来，把叙述这件事的形式组织好，安排材料、插叙、回溯、重复等，所有这一切都贯穿着社会评价的统一逻辑。

形式主义者通常认为体裁是手法的某种固定的独特的主要成分，体裁由手法机械地组合而成。在巴赫金看来，体裁是整个作品、整个表述的典型形式，作品只有具有一定形式时才实际存在，诗学中每一个结构成分的意义只有与体裁联系才能理解。每一种体裁所能掌握的，只是现实的某些方面，它有一定的选择原则、观察和理解现实的一定形式，以及所包括的范围的一定广度和渗透的一定深度。体裁决定主题，主题不是通过圆周句，也不是通过单句和圆周句的总和来实现的，主题是通过短篇故事、长篇小说、抒情诗、童话来实现的。主题的统一与体裁的统一是有机结合的。每一种体裁都有自己观察和理解现实的方法和手段。体裁的现实性与体裁所能达到的现实性也是有机结合的。体裁的现实性是它在艺术交往中得以实现的社会现实性。体裁对现实的理解就是借助词、作为表述的词来进行。体裁对现实的理解，会在思想的社会交际过程中不断发展和形成，"因此体裁的真正诗学只可能是体裁的社会学"。①

俄国形式主义诗学的主人公只是诗学结构的外在成分之一，以托马舍夫斯基的观点为证："主人公绝非情节的必要属性。情节作为细节的系统也完全可以没有主人公及其性格描写。主人公是把材料形成情节分布的结果，它一方面是连贯细节的手段，另一方面又是对细节联系生动的、拟人化的细节印证。"② 巴赫金认为主人公在他是主题成分的时候，必然要担起

---

① 〔苏〕米哈伊尔·巴赫金：《文艺学中的形式方法》，李辉凡、张捷译，载钱中文主编《巴赫金全集》第二卷，李辉凡等译，河北教育出版社，2009，第284页。

② 〔俄〕鲍里斯·托马舍夫斯基：《主题》，姜俊锋译，方珊校，载〔俄〕维克托·什克洛夫斯基等《俄国形式主义文论选》，方珊等译，三联书店，1989，第138页。

结构功能的作用，这时的主人公不是连贯细节的线，也不是细节的串联，所有细节描写组成的仍然是主人公生活的实际的统一体，体现的只能是一个与其相符的主人公。主人公作为一个形象在作品中担任展示主题的功能，自有其表现时代意识形态视野的价值。主人公的主题和结构功能一定融合在作品之中，只有作为生活事件的主人公才能进入作品，同时只有通过主人公的结构作用，读者才能看见和理解主题——主人公实际生活情况的某些方面。

诗学结构中，主题、本事和情节的社会性关系是相互关联的：本事在选择主题时，是从对现实理解的角度来说明体裁。在情节把作品内容实际展开时，是把生活看成本事，情节的展开就为了掌握好本事，情节是从体裁在其社会实现过程中的实际情况的角度来说明体裁。"本事和情节实质上是作品的一个统一的结构成分。这个成分作为本事，在走向被完成的现实在主题上的统一的一极时形成；作为情节，则在走向作品的起完成作用的现实的一极时形成。"①

诗学结构之外，俄国形式主义文学史的社会学问题非常复杂，亟待理清和说明。俄国形式主义者第一个看法，作为外在于意识的实体，艺术作品是客观现实的产物，无关作者和接受者的主观意识和主观心理，因此文学史应该是作品及其流派、派别、风格、体裁的历史。以艾亨鲍姆《〈外套〉是怎样做成的》为例证："艺术作品中的每一个句子自身不可能是作者个人感情的简单'反映'，任何时候都是一种构造和游戏。……通常把某个议论与作者心灵的心理内容等同起来的做法，对科学来说就是一种错误的方法。从这个意义上说，艺术家作为一个具有这样或那样的情绪的人，他的心灵任何时候都留在和应该留在他的作品之外。"② 俄国形式主义者第二个看法，由于文学具有"自动化—可感觉性"的客观规律，这是一个"典范化"（什克洛夫斯基）③ 或"进化的"（梯尼亚诺夫）或"继承的"（梯尼亚诺夫）④

① 〔苏〕米哈伊尔·巴赫金：《文艺学中的形式方法》，李辉凡、张捷译，载钱中文主编《巴赫金全集》第二卷，李辉凡等译，河北教育出版社，2009，第290页。

② 〔苏〕米哈伊尔·巴赫金：《文艺学中的形式方法》，李辉凡、张捷译，载钱中文主编《巴赫金全集》第二卷，李辉凡等译，河北教育出版社，2009，第299页。

③ 〔苏〕米哈伊尔·巴赫金：《文艺学中的形式方法》，李辉凡、张捷译，载钱中文主编《巴赫金全集》第二卷，李辉凡等译，河北教育出版社，2009，第315页。

④ 〔苏〕米哈伊尔·巴赫金：《文艺学中的形式方法》，李辉凡、张捷译，载钱中文主编《巴赫金全集》第二卷，李辉凡等译，河北教育出版社，2009，第322页。

的"轮流更替"过程，因此文学是某种引起相对的和主观的感觉的刺激物；俄国形式主义者第三个看法，艺术作品的表达和接受，无关社会交际，无关作者和接受者的相互关系和相互影响，也就是说，艺术作品通过表达者和接受者之间现成的信息沟通渠道就可以完成由物到物的发送和接收，这个论调本质上就是把艺术作品看成仅是一件"自动化→脱离自动化→可感觉的"物。俄国形式主义者第四个看法，日常生活与文学的相互关系是，日常生活进入文学的代价是付出日常生活的意义，日常生活意义被取消，取而代之的是文学结构的意义。梯尼亚诺夫的言论可见一斑："但是这里现象的全部本质就在于日常生活的事实被提高到了文学事实的高度！在高雅体裁占统治地位的时代，同样的家庭通信只不过是日常生活的事实——它与文学没有直接关系。"① 俄国形式主义者第五个看法，将艺术假定性概念由某些艺术实际现象推广到整个艺术现象。就意识形态材料而言，有的流派是当真的看，有的流派当假定的看。俄国象征主义不管是在艺术、生活还是在哲学上，都是将意识形态材料当真的看，到阿克梅主义者那里，这种材料就成为假定性的。阿克梅主义之后，就有了艺术材料完全具有假定性的学说。此外，俄国形式主义的"自动化—可感觉性"规律、艺术接受的"纯逻辑性和分析性"以及"文学进化图式"，都存在缺乏马克思辩证唯物主义的社会学方法进行研究的问题。

在——指出俄国形式主义文学观之后，巴赫金批判形式主义者将文学作品断定为外在于意识的实体，使作品脱离它的客观的真实的同时也是历史的领域，脱离意识形态统一体，脱离社会交际的客观现实，脱离作品产生的时代的历史现实性，这个结果造成艺术创作的表达者和艺术作品的接受者都变成"某种感觉装置"。形式主义的"自动化—可感觉性"理论解释不了历史的发展过程，只会使历史的交替出现"布里丹笔下驴"的困境；"自动化—可感觉性"理论让读者和作者以为只要通过对形式进行对比、区分以及历史回顾，就自然接受到手法的自动化和可感觉性，完全脱离现实社会的相互交往、联系和影响，令"纯逻辑性和分析性"徒有虚名；再者"自动化—可感觉性"理论下的"文学进化图式"意味着形式主

---

① 〔苏〕米哈伊尔·巴赫金：《文艺学中的形式方法》，李辉凡、张捷译，载钱中文主编《巴赫金全集》第二卷，李辉凡等译，河北教育出版社，2009，第308页。

义者的文学史都是在"某种永恒的现代中完成"。① 历史对形式主义者来说就是"一个堆放用来说明他们的理论主张的大量材料的仓库"②。要想理解清楚意识形态领域的思想和行为，只有服从历史现实本身的意义记号；思想和行为要想具有历史的意义，就必须客观地存在于历史之中。这是历史唯物主义带给诗学的意义。

马克思辩证唯物主义作为一门社会学理论，它强调在个人和社会的互动中解释个人的发展和社会的变迁。以马克思辩证唯物主义的社会学眼光看待诗学，社会学诗学是文艺学学科系列中的第一门学科，它可以帮助区分和确定哪些是属于文学的材料，指出研究这些材料的基本方向。社会学诗学的研究对象十分广泛，比如什么是文学作品？文学作品结构怎样？文学作品结构的成分是什么？文学作品结构成分的艺术功能包含哪些方面？文学作品结构中的体裁、风格、情节、主题、母题、人物、韵律、节奏、旋律等具有哪些特点，甚至包括意识形态视野在文学作品内容中的反映以及意识形态反映在文学作品结构总体中的功能问题，这一切都是社会学诗学的研究领域。社会学诗学的首要任务是确定特点、进行描述和分析。社会学诗学的基本任务就是要突出文学作品本身，说明其结构，确定其可能的形式和变体，确定它的成分及这些成分的功能。

马克思主义社会学诗学需要完成诗学的社会任务。如果诗人要实现社会为他提出的任务，他需要把这项社会任务写成诗歌的语言，表述为具有诗歌力量的纯诗学的任务，也就是说，诗人要根据诗歌艺术的手段和可能来理解这项社会任务，选择诗歌的词，组合各个结构成分，通过诗歌本身的现实的语言来表达出这项社会任务。社会任务就是诗学的任务。诗歌的语言、艺术的语言，都是社会语言的一种特殊语言，所以完全可以运用这一特殊语言表达出其他意识形态的特殊语言。因此社会学诗学的方法就是将诗歌语言理解为社会语言，运用诗歌语言表达社会任务。巴赫金谴责说，假如艺术家不懂得生活的社会任务，那么他所奉献的只是形式主义的实验，或者是小学生的习作。"必须学会把诗歌语言理解为从头到尾的社

---

① 〔苏〕米哈伊尔·巴赫金：《文艺学中的形式方法》，李辉凡、张捷译，载钱中文主编《巴赫金全集》第二卷，李辉凡等译，河北教育出版社，2009，第331页。

② 〔苏〕米哈伊尔·巴赫金：《文艺学中的形式方法》，李辉凡、张捷译，载钱中文主编《巴赫金全集》第二卷，李辉凡等译，河北教育出版社，2009，第332页。

会语言。社会学诗学应当实现这一点。"①

马克思主义社会学方法综合了哲学世界观的一般性和艺术作品的独特性，辩证地理解意识形态的独特性，很好地把意识形态的独特性与社会历史生活的具体性和客观性结合起来考虑，讲清楚诗学为什么是社会学的诗学，诗学内在结构的功能问题，厘清诗学结构是社会学的事实。

三　马克思主义社会学修辞诗学

在语音、词法、句法三种语言形式中，巴赫金认为句法形式非常重要，句法问题涉及怎么理解语言及其形成的问题，可以说句法形式与说话的现实环境之间的联系要比语音和词法来得密切，句法是"最为接近表述的具体形式，最为接近具体的言语行为形式"。② 要运用社会学方法分析句法问题，不能以传统语言学词法的思维方式对待句法现象，句法问题词法化不是句法要争取的解读方式。词法范畴只适合解读表述内部，不适合言语整体；抽象的现代语言学的语法范畴无法读懂出现在言语交往中的细微变化。如果纠结于句法模式是属于语法学问题还是修辞学问题，那么语法模式和修辞变体之间的界限在实际的语言生活中是模糊不清的。句法模式是转述他人言语的各种表现形式，包含了"直接言语""间接言语""准直接言语"等各种变体和类型。在这些转述他人言语的形式中，这种表述与那种表述彼此之间的关系会在语言本身的固定结构形式中表现出来，而不是在主题结构中，因此转述他人言语的形式是语言研究非常好的现象，这些现象在语言学家看来是次要的，但如果从社会学角度予以重视，它们所具有的方法论上的意义和超语言学的特征却能得以彰显。

（一）他人言语是分析句法模式的重要概念

"他人言语"是巴赫金社会学诗学批评中一个极为重要的概念，指"言语中之言语，表述中之表述，但与此同时也是一种关于言语之言语，

---

① 〔苏〕米哈伊尔·巴赫金：《文艺学中的形式方法》，李辉凡、张捷译，载钱中文主编《巴赫金全集》第二卷，李辉凡等译，河北教育出版社，2009，第151页。
② 〔苏〕米哈伊尔·巴赫金：《马克思主义与语言哲学》，华昶译，载钱中文主编《巴赫金全集》第二卷，李辉凡等译，河北教育出版社，2009，第454页。

表述之表述"，① 是相对于作者言语的另一个人言语。他人言语的话语结构独立完整，同时在这种独立存在的情况下，他人言语被转入到作者语境。为了使所纳入的他人言语与作者言语保持句法、结构和修辞上的一致，就出现一些句法、修辞和结构的标准，形成某些类型的句法模式及变体。从社会学的角度来看，转述他人言语的句法模式不是个体在客观心理上"内心"接受的形式，而是被积极接受的稳定的社会倾向经过语法化或修辞化后的一种语言结构形式。"积极接受"指在个体内部言语语境中实现对他人言语的接受、理解和评价，有"现实评述式"和"反驳式"之分。观察和分析转述他人言语的句法模式，应该从说话人相互理解的社会关系中把握，即在作者言语和他人言语的动态关系中了解。巴赫金认为转述他人言语的句法模式反映出说话人的相互的社会关系。说话人相互理解的意向强，那么这个转述形式就会得到发展，反过来，如果这个转述形式未受到重视，那么说明"大多数理解和评价他人言语的意向很难出现在这种形式中，这种形式不给予它们以自由发展的可能，且阻碍它们"②。

（二）句法模式在动态社会关系下的两种情况

句法模式受作者言语和他人言语在动态社会关系中的可能意向决定有两种情况。

1. 作者言语和他人言语界限清晰

作者言语对他人言语采取积极的态度，甚至是失去个性的完全接受，作者的言语尽量与他人言语隔开，以便严格、准确地区分出他人言语，方便他人言语个性语言特征的发展。这种类型的句法模式在中古时期法语、古代俄罗斯文献中常常遇到。这种情形下需注意权威的教条主义对言语的影响。"越是比较教条的言语，越是不允许理解和评价真理与谎言之间、善与恶之间的任何转变，转述他人言语的形式将越多地失去其特点。"③ 这种情形用沃尔夫林的术语被称为"线性风格（素描风格）"。

---

① 〔苏〕米哈伊尔·巴赫金：《马克思主义与语言哲学》，华昶译，载钱中文主编《巴赫金全集》第二卷，李辉凡等译，河北教育出版社，2009，第458页。

② 〔苏〕米哈伊尔·巴赫金：《马克思主义与语言哲学》，华昶译，载钱中文主编《巴赫金全集》第二卷，李辉凡等译，河北教育出版社，2009，第461页。

③ 〔苏〕米哈伊尔·巴赫金：《马克思主义与语言哲学》，华昶译，载钱中文主编《巴赫金全集》第二卷，李辉凡等译，河北教育出版社，2009，第464页。

2. 作者言语和他人言语界限模糊

作者言语力图消解他人言语的严密和封闭状态，常以作者插语、评注等方式注入他人言语之中，并且使用更善于表达各种感情色彩的方法。这种情形被称为"描述风格"。这种情形又分为两种类型。

（1）作者言语比他人言语更积极

作者言语以语调、口气、幽默的情感等方式渗入他人言语之中，积极减弱作者言语和他人言语之间的界限。文艺复兴时期、18 世纪末以及 19 世纪时期作品都富有代表性，此时权威的教条主义完全被削弱，占优势的是某种社会评价的相对性。这种类型下有时会导致话语中含义因素的减弱，如果戈理笔下主人公的话语有时就几乎失去具体的含义，成了某件物体，像外套或外貌，或成了一些日常生活物品等。

（2）他人言语比作者言语更活跃

他人言语比作者言语更有力、更活跃，仿佛要让作者言语得以消解。比如陀思妥耶夫斯基、安德烈·别雷等人的文艺作品，在话语的一般含义中叙述者代替作者出现，在这种结构中，叙述者的言语就十分充满个性和特色，思想上不"盛气凌人"，好像作品中主人公的言语，有时叙述者的立场还会出现不稳定的状态，因为叙述者用主人公的言语说话。

（三）动态社会关系下的三种句法模式

动态社会关系下，句法模式主要有三种：间接言语模式及其变体、直接言语及其变体、准直接言语模式。研究句法模式的特征和表现，就是研究作者言语转向他人言语时，怎样把自己的语气、评价、感受贯穿于他人言语之中，或者相反，把他人言语贯穿于作者语境之中。

1. 间接言语模式

间接言语能以转述的方式听到他人言语，可以比较积极地领悟到他人言语中的特色，并使这些特色显现出意义。间接言语的价值在于"有分析地转述他人言语"，[①] 直接地、逐字逐句地将直接言语转述成间接言语是行

---

① 〔苏〕米哈伊尔·巴赫金：《马克思主义与语言哲学》，华昶译，载钱中文主编《巴赫金全集》第二卷，李辉凡等译，河北教育出版社，2009，第 472 页。

不通的，"分析是间接言语的灵魂"，① 间接言语所有变体的必然特征是"分析"，只是分析的程度和趋向不太一样。以拉·封丹寓言中主人公驴的直接言语转为间接言语为例。

【例1】 "太好啦！这是真正的表演！"

→ 他说，这太好啦，这是真正的表演。

→ 他异常兴奋地说，这多好，这才是真正的表演。

【分析】 间接言语的"分析"就是要把直接言语中感情激动的成分以转述的形式表现出来，进入间接言语结构中，甚至进入主句中的动词里。

【例2】 驴发出赞叹："太棒了！……"

→ 驴说，这太棒了……

→ 驴说，夜莺唱得太棒了……

【分析1】 在情感激动成分的影响下，直接言语中可能的省略或空出，都不能用间接言语的趋向来分析，这时要在间接言语结构中采取完整的形式来表现。

【分析2】 直接言语中说话人意图的每一个结构和重音的表示法都不能从直接言语转成间接言语。因此，间接言语中并不拥有疑问句、感叹句和祈使句的结构和重音的特征，它们只能在间接言语的内容中被揭示出来。

【分析3】 在大声朗读间接言语时，要用特殊的语调念出诸如"太棒了"这些词语所包含的色彩，将其与其他词语隔开，使人明白这些词语为直接言语的人物所特有。

（1）直观分析变体

间接言语模式中，直观分析变体指说话人具体讲了什么，这些说话的具体内容，说话人的思维立场，可以借助间接言语结构，有分析地被转述。这需要理解他人言语中的思维立场，把他人言语作为说话人固定的思维观点来分析，比如认识性的、伦理性的、日常性的固定观点，分析其中的说话内容，明确他人言语中的主题趋向，保持他人言语意义上的独立，为作者言语的回答和解释趋向提供可能性，同时保持着作者言语与他人言

---

① 〔苏〕米哈伊尔·巴赫金：《马克思主义与语言哲学》，华昶译，载钱中文主编《巴赫金全集》第二卷，李辉凡等译，河北教育出版社，2009，第473页。

语之间明确而又严格的距离。这种变体是转述他人言语直接风格的最好手段。通常情况下，直观分析变体只能在一些纯理性主义和教条主义的作者语境中得到一些发展。这种变体在科学作品、哲学和政论作品等语境中才会遇到，在文学作品语境中很少见。

（2）词语分析变体

间接言语模式中，词语分析变体指作者领悟后分析性地转述他人言语，不但分析说话人的说话内容，还分析说话人的自身语言特点，如说话人的语言风格、思维风格、精神状态、言语表达能力等。作者在把他人言语中的词和短语引入间接引语结构中时，主要考虑这些词和短语可以典型地表现说话人的主观上和修辞上的风格。这些词和短语常常加以引用，使言语上的特殊性、主观性、典型性都能得到明确的感受，作者经常使用引号概括出来，表达作者对此的评价和感受，只不过作者的这种评价是一种"非自由行为"，而作者作为说话人的个性只留下说话的形象而已。此外，词语分析变体为了达到生动的效果，必须"以语言意识中他人言语个性化的最高程度为前提，必须以有能力区分地感知表述的词语层与表述的具体意义为前提"①。具体词语分析变体详见下面实例。

【例3】"谈到死者，他（格里高利）画了个十字，说道，他智能有限，很笨，而且还疾病缠身，更糟的是他不信神；他还说，是费多尔·巴甫洛维奇和大儿子教他不信神的。"（陀思妥耶夫斯基《卡拉马佐夫兄弟》）

【例4】"那边波兰人一出事，他们俩就大摇大摆毫无顾忌地出现了。他们大声地证明说，首先他们俩都'为王权服务'，他们还说'潘·米佳'建议他们用三千卢布来买他们的荣誉，还说他们亲眼看到了他手中有大把的钞票。"（陀思妥耶夫斯基《卡拉马佐夫兄弟》）

【例5】"克拉索特金对于这一指责，态度傲然，他让大家看到，同13岁的同龄人一起玩马戏，玩'我们的时代'，可是件不光彩的事。他这样做是为了表现他的'气恼'。因为他爱他们，而在他的感觉中，谁也不敢向他问个究竟的。"（陀思妥耶夫斯基《卡拉马佐夫兄弟》）

【例6】"他找到她（即娜斯塔西娅·菲利波夫娜）时，她已经处于

---

① 〔苏〕米哈伊尔·巴赫金：《马克思主义与语言哲学》，华昶译，载钱中文主编《巴赫金全集》第二卷，李辉凡等译，河北教育出版社，2009，第478页。

好像是完全疯癫的状态：她大声呼喊着，颤抖着，尖叫着，嚷着说罗戈任被她藏到了花园里，藏在他们家的房子里，说她现在就看到了，说他夜里会揍她……要她的命！"（陀思妥耶夫斯基《白痴》）

【分析】例3-例6，被引入间接引语的他人言语，可以明显感受到它们自己的特色，特别是当它被打上引号时，具有形式主义者所说的"奇异化"的效果，听的人会忍不住使用特别的语气、大声地念出来，这相当于"它们被物化了，它们的修辞色彩显得更鲜明，同时在它们上面体现了作者态度的语气——讽刺、幽默等"①。

【例7】"特里丰·鲍里索维奇无论怎样支吾，但是在审问庄稼汉之后还是承认自己找到了一百卢布，还加了一句话，他已经在当时就把所有的钱都还给了德米特里·费多罗维奇，而且是'诚心诚意地'交给他的，'当时大家都喝醉了，未必能全记得这些'。"（陀思妥耶夫斯基《卡拉马佐夫兄弟》）

【例8】"尽管他回忆起他过去的老爷时，充满了深深的敬意，他还是说了话，比如他说道，他的老爷对米佳很不好，'没有好好教育孩子。米佳这个小家伙，没有我恐怕要被虱子吞吃掉了'。他在讲述米佳的童年生活时又加了这些话。"（陀思妥耶夫斯基《卡拉马佐夫兄弟》）

【分析】例7-例8，当直接言语用间接言语表现时，他人言语的主观色彩在作者所需要的趋向中就会显得更加明确。这种间接言语中直接产生形成的直接言语，就好像是"罗丹雕塑中没有完全脱离未成型巨块的可塑模型"②。

（3）印象变体

间接言语模式中，印象变体介于直观分析变体和词语分析变体之间，主要用于转述他人内在的言语、思想和感受，经常要进行明确、具体、直观的分析。在印象变体中，作者可以轻松自如地、同时也是简略地在言语结构中，说出他人言语中的主旨和重要内容。在这种变体中，作者自己的评价和感受、作者处理材料的主动性可以被强烈地感受到。

---

① 〔苏〕米哈伊尔·巴赫金：《马克思主义与语言哲学》，华昶译，载钱中文主编《巴赫金全集》第二卷，李辉凡等译，河北教育出版社，2009，第477页。

② 〔苏〕米哈伊尔·巴赫金：《马克思主义与语言哲学》，华昶译，载钱中文主编《巴赫金全集》第二卷，李辉凡等译，河北教育出版社，2009，第478页。

【例9】"他想些什么呢？他想他很穷，他想他必须用劳动来给自己挣得独立性和荣誉；他想上帝也许会赐给他智慧和金钱。他还想，竟也有这样一些幸运儿，他们成天游手好闲，智力低下，懒惰成性，可是这些家伙日子过得惬意得不得了！他想他只要再苦干两年；他甚至想到了天气并没有变化；他想河流一直在涨水；他想，涅瓦河上的桥梁未必会被拆掉，他想他要和巴拉莎分开两到三天。他就这样胡思乱想着……"（普希金《青铜骑士》）

【分析】例9中，作为叶甫盖尼的他人言语，在其意识里很直观、很明确无误地出现一些词和短语，与此同时，作者言语中自己的讽刺、他想强调的东西、他在处理和省略材料方面的主动性都被强烈地感受到。

2. 直接言语模式

直接言语模式里，作者语境是个重要的概念，指作者叙述构成的背景里，其中作者的插语和评述，一切带有感情色彩的语调或口气、幽默、讽刺、爱恨、欣赏或蔑视等。直接言语模式的特点是，作者语境和他人言语不可能各说各话，一定会相互感染，在好像主人公真实直接的表述里，他人言语贯穿、分布、隐藏在作者语境中，他人的语气和作者的语气相互切换、相互感染，这种变体会使作者语境变得模糊且具有双重意义。分析直接言语的模式，巴赫金重点不在于作者如何把自己的语气贯穿和分布在他人言语之中，而是他人言语如何贯穿和分布在作者语境中，换言之，是研究作者语境为主背景下的他人言语现象，而不是研究他人言语为主背景下的作者言语现象。

（1）有准备的直接言语变体

直接言语模式中，"有准备的直接引语变体是为相互关系进程的主要趋向（作者的转向）服务的"①。有准备的直接引语变体是从间接引语中产生直接引语的情况。在涉及作者独白和解释直接言语时，在直接言语里加上作者标记，如打上着重号，或在括号内插入各种不同的意见、结语或者仅仅表示赞叹、疑问、怀疑的符号，如"原文如此"等。如果在适当的地方把直接言语的动词与解释和插进的意见相结合，这对于克服直接言语的

---

① 〔苏〕米哈伊尔·巴赫金：《马克思主义与语言哲学》，华昶译，载钱中文主编《巴赫金全集》第二卷，李辉凡等译，河北教育出版社，2009，第480页。

消极性具有实质性的意义。

（2）从准直接言语产生的直接言语变体

直接言语模式中，从准直接言语产生的直接言语变体有趣在于，作者以主人公的视野为视野，在主人公的他人言语中，一半是主人公的他人言语，一半是作者言语，使主人公话语形成一种特别的统觉背景。在这种变体中，出现了作者语气深入渗透到主人公的他人言语之中，但作者语境客观性被削弱，作者语境主观性被加强的现象。作者语境客观性和作者语境主观性分别指作者以自己语气说出和作者以主人公语气说出。在这种变体里，作者语气被完全渲染成主人公的语气，仿佛主人公真实直接的表述，例如陀思妥耶夫斯基《白痴》第二部第五章中梅什金公爵在癫痫病发作前的形象。

【例10】"但是，别人的灵魂黑咕隆咚，俄罗斯灵魂也是黑咕隆咚的，对于很多人是个谜。比如，他跟罗果仁交往已久，关系很密切，'称兄道弟'，——可是，他了解罗果仁吗？在这方面，在所有这类问题上，有时候实在是一片混乱，一锅稀粥，一塌糊涂！"（陀思妥耶夫斯基《白痴》）

【分析】陀思妥耶夫斯基以梅什金公爵的视野为视野，作者语境客观性减弱，作者语境主观性增强，呈现梅什金公爵的语气。梅什金公爵与罗果仁在某种程度上，对许多事情有着一致的看法，彼此之间也掏心掏肺说了许多相知相爱的话，算是确立密切的兄弟般的关系，但他又自问自己算不上对罗果仁非常了解，对罗果仁疑虑重重。作者语境渗透进主人公语境，形成貌似主人公真实的直接言语。

【例11】"哦，他对不起罗果仁，这是不可原宥和极不光彩的过失！不，并不是'俄罗斯灵魂黑咕隆咚'，而是他自己的灵魂一片漆黑，否则怎能设想出如此恐怖的景象？为了在莫斯科说过一些热情诚挚的话语，罗果仁已经称他为兄弟，而他……。但这是病，是谵妄！这一切都会得到解决！……"（陀思妥耶夫斯基《白痴》）

【分析】作者言语与主人公言语交叉重叠，作者语境客观性减弱，作者语气深入渗透，产生准直接言语的直接言语效果，读起来像梅什金公爵在自己语境中反思对罗果仁做得不光彩的地方。

【例12】"但是，果然证实了吗？果然是正确的？为什么他又这样哆嗦，又这样冒冷汗，精神上又是这样一片黑暗和冰凉？是否因为刚才他看

见了这双眼睛？他从夏园走来唯一的目的就是为了看到这双眼睛！（陀思妥耶夫斯基《白痴》）

【分析】这段话里，前面部分作者语境客观性较强，作者语境主观性较弱，最后一句话一半是作者语气，一半是梅什金公爵语气。

（3）物化的直接言语变体

直接言语模式中，物化的直接言语变体是指通过作者代主人公说的言语，即对主人公的客观定义，建立起作者语境，主人公言语实际上充满了作者对主人公客观形象的评价和情绪。在物化的直接言语变体中，作为主人公的他人言语，字面意义的分量远不如它的逻辑意义和它的修辞色彩的分量大。这就好像故事场景中的小丑，他的言语意义已经被他的服饰和行为的意义所覆盖，我们根据小丑舞台上的化妆、服饰和整个场景对小丑进行了解，这样我们在理解小丑话语之前，就已经做好了笑的准备。物化的直接引语主要见于陀思妥耶夫斯基的处女作以及果戈理和"自然派"作家作品中。

（4）引起言语干扰的直接言语变体

直接言语模式中，引起言语干扰的直接言语变体是指，作者语境完全主观化，他人言语的准备，事先叙述出他人言语的主旨、评价和强调的内容，在这里都渲染成主人公语气，在主人公自己的视野里绝对地进行，可以说是包含作者所有语气的他人言语，也可以说是他人言语隐藏在作者语境里。这种变体属于"一种事先预料到的和呈分散状态的他人言语的特殊变体"①。

【例13】"那是一个冬天的夜晚，天气晴好、寒冷；已经是十一点多钟了，可是在首都彼得堡一幢漂亮的两层楼房的一个舒适、装饰豪华的房间里，还坐着三位特别受人尊敬的先生，他们正在就一个有趣的话题进行着引人入胜很有气派的谈话。这三位先生都拥有将军头衔。他们都坐在漂亮柔软的安乐椅里，围着一张小桌，一边侃侃而谈，一边安详而又舒适地啜饮着香槟酒。"（陀思妥耶夫斯基《丑闻》）

【分析】上面整段叙述，不论是主题还是结构都像是作者的叙述，但叙述内部的每个修饰语、定语和评价语则好像是从这个或那个主人公的意

---

① 〔苏〕米哈伊尔·巴赫金：《马克思主义与语言哲学》，华昶译，载钱中文主编《巴赫金全集》第二卷，李辉凡等译，河北教育出版社，2009，第481页。

识中产生出来的。在仅仅几行的文字描写中，修饰语"漂亮"出现两次，"舒适"也出现两次，其他还出现诸如"豪华的""很有气派的""引人入胜""特别受人尊敬的"等修饰语。从描写的角度来看，这些修饰语都是十分庸俗且苍白无力，但其修辞作用在于为两种语气、两种观点和两种言语交错、斗争准备舞台。

【例14】"对他得交代几句：他从一个小官吏开始升迁，他一连四十五年默默地做着浪费时间的麻烦事……他很不喜欢粗枝大叶和感情冲动地做事，认为感情冲动是一种道德上的粗枝大叶。在他生命的最后日子里他完全沉湎于一种甜蜜懒惰的舒适和一贯的孤独之中……他的外表是异常体面的，胡子总是刮得干干净净，显得比自己的年龄要年轻得多。他很善于保养，决心要活得长一些，举手投足都像是一个高贵的绅士。他的地位也是相当舒适的，在哪儿开开会，他作一点笔记。总之一句话，他是一个最受人尊敬的人。他只有一个想法，或者干脆说是一个强烈的欲望，那就是他要拥有一幢属于自己的别墅，建造得有老爷气派而并不坚实。最后，他的这一欲望也实现了。"（陀思妥耶夫斯基《丑闻》）

【分析】在这一大段中，又出现了许多与例13中雷同的庸俗的修饰语，这些修饰语到底来自哪里？为什么会出现这样的修饰语？显然来自这些对自己舒适生活津津乐道的集体意识，产生于对自己所拥有的别墅、自己的地位和自己的官阶所津津乐道的意识，来自房东——三等文官尼基福罗夫在社会上赢得人们羡慕的那种意识。这些修饰语可以视为来自尼基福罗夫的他人言语，但是又不仅仅属于这位主人公的，因为叙述者在进行叙述的时候，好像与"将军们"的看法一样，好像在向"将军们"献媚，好像与"将军们"一鼻孔出气，好像站在"将军们"的立场上。另一方面，作者又在极力，甚至有些夸张地进行挑拨，对所有可能的和实际存在的表述进行有目的的讽刺和挖苦。每一个庸俗的修饰语都是作者通过叙述者对主人公进行的讽刺和挖苦。在这段话中出现了复杂的、大声朗读都难以转达和表现的语气游戏。

《丑闻》后面的这个故事整个地在另一位主角——普拉林斯基的视野里建构起来，充满了这位主人公的修饰语和评价语，也就是主人公的隐蔽言语，与此同时，作者通过叙述者，在故事背景中营造出真正的、打上引号的、内在和外在的"直接引语"。

当故事中的每一个单词，就表现力、感情色彩以及在句中的重要性而言，都不约而同地进入两种相互交叉的语境和两种言语中：一种是作者言语，讽刺和挖苦的言语，另一种是主人公言语，不带讽刺和挖苦色彩。"这种同时出现的两种言语在表现力方面有着不同趋向的关系，说明了句子结构的独特之处，说明了'句法学的反常'和风格的独特之处。"① 只要句子出现在这两种言语的一个界限内，句子结构就会出现一种样子，风格也会是一种样子，这样直接引语中就会出现言语干扰现象——一个"典型的、几乎根本未研究过的语言学现象"②，带来模棱两可的修辞效果。

言语干扰现象虽然也在间接引语的词语分析变体中出现，但是这种相对明确固定的句法表达方法较少见到。比较典型的例证有陀思妥耶夫斯基《白痴》："他找到她时，她已经处于好像是完全疯癫的状态：她大声呼喊着，颤抖着，尖叫着，嚷着说罗果仁被她藏到了花园里，藏在他们家的房子里，说她现在就看到了，说他夜里会揍她……要她的命！"③ 在这段间接言语表达中，可以看到作者在有分析的、有表现力的他人转述中，先是以平实安静的语调进行陈述，后又采用神经有些错乱的女主人公激动不安、歇斯底里的语调。这个句子既要为两个主人公服务，又要与两种言语关联，这种独特的句法起到使语调趋向不同的言语干扰的修辞效果。

（5）修辞性的直接言语变体——"直线变体"

直接言语模式中，修辞性的直接言语变体——"直线变体"是指，修辞性疑问语和修辞性感叹语属于在语境中比较局限的修辞直接言语情况，它们好像处在由作者言语和他人言语的交界处，又或处在一种内在言语的交界处，可以直接进入作者言语，也可以直接进入他人言语，换句话说，可以把它们视为作者的疑问语，也可以把它们作为主人公倾注自身的感叹语来解释。

【例15】 "是谁在溶溶月色里，在万籁俱寂之中，悄悄地一步一步走来？是一个俄罗斯男子。在他面前站着一位契尔克斯少女，温柔地默默地

① 〔苏〕米哈伊尔·巴赫金：《马克思主义与语言哲学》，华昶译，载钱中文主编《巴赫金全集》第二卷，李辉凡等译，河北教育出版社，2009，第484页。

② 〔苏〕米哈伊尔·巴赫金：《马克思主义与语言哲学》，华昶译，载钱中文主编《巴赫金全集》第二卷，李辉凡等译，河北教育出版社，2009，第484页。

③ 转引自〔苏〕米哈伊尔·巴赫金《马克思主义与语言哲学》，华昶译，载钱中文主编《巴赫金全集》第二卷，李辉凡等译，河北教育出版社，2009，第477页。

向他问候。他默默无言望着少女，心里寻思：这是个梦幻？还是感情麻木的无聊游戏？……"（普希金《高加索的俘虏》）

【分析】主人公最后几句的内心独白，即两句的疑问句，不仅属于作者言语，也属于主人公言语，仿佛是主人公在回答作者的修辞性问话，因而可以解释为主人公倾注于自身的内心言语的问话。

【例16】"可怕的声音说明了一切；他眼前骤然天昏地暗。别了，神圣的自由！他只是奴仆一个！"（普希金《高加索的俘虏》）

【分析】"别了，神圣的自由！他只是奴仆一个！"，两个感叹句既是作者言语，也是主人公言语，表现为主人公内心言语中对自己的回答。

（6）被替代的直接言语变体

直接言语模式中，被替代的直接言语变体是指，作者主动性占优势，说话的是作者本人，但用的是主人公的口气，好像作者代替主人公说话。这种替代要求作者言语和被替代的主人公言语在语调上出现一致性，因此没有言语干扰现象。从下面的例子中可以明显看出，作者完全和自己的主人公在评价和语调上保持一致。作者的叙述建立在主人公的语气上，主人公的语气也建立在作者的语气上。

【例17】"哥萨克们俯下身拾起长枪，望着河中那昏暗的浊流，在他们身旁，那些敌人的武器在昏暗中漂浮……你在想什么呢，哥萨克人？你回想起那先前的战役……永别了，自由的哥萨克村庄，父辈的家园，静静的顿河，永别了，战争，还有那美丽的女郎！隐蔽的敌人偷偷靠上岸，一箭离弦，在空中飞驰——一个哥萨克就从血迹斑斑的小山岗上倒下了。"（普希金《高加索的俘虏》）

【分析】这里是作者言语，说话语气虽然是作者的，但听起来是主人公的语气，作者代主人公说话，说一些主人公能说的、应该说的或者需要说的，即普希金代哥萨克人说出与故乡和亲人告别的话。

【例18】"那边横亘着一条条形状相同的小山峦；在它们之间蜿蜒着一条孤零零的小径，忧郁地消失在远方……年轻的俘虏心情沉重，焦躁不安……这条遥远的路通向遥远的俄罗斯，通向他的祖国，在祖国他骄傲地无忧无虑地度过自己火一般的青春年华，在祖国他第一次尝到欢乐，在祖国他热爱着许多可爱的人们，在祖国他也经受了极度的磨难，暴风雨般的生活使他断送了希望、欢乐和前程……他体会到了人世沧桑，他懂得了虚伪生活的代价。他在人们心灵中找到了反叛，在爱的理想中找到了痴梦一场……啊，自由！……他在人世间寻找的只有你，啊，自由……他在人世间看不到任何希望。啊，你们哪，这最后的幻想，你们也从他身旁躲开。他啊，原本就是个奴隶。"（普希金《高加索的俘虏》）

【分析】这里形式上是作者的语气、作者的表述，但表现出来的是俘虏自己"沉重的心情"，俘虏自己的内在言语。如果人称代词由"他"换成"我"，不会出现任何修辞上的或其他方面的不协调、不合理、不一致的地方。这段话中还引入了第二人称"你"，用来呼唤自由和幻想，第二人称的出现更加强了作者言语与主人公言语的一致性。

【例19】 "忘记我吧：我不值得你爱，我不值得你欢喜。……没有狂喜，没有奢望，我是苦难的牺牲品，行将就木……"（普希金《高加索的俘虏》）

【分析】这里主人公的语气建立在作者的语气之上，作者叙述的语气也建立在主人公的语气之上。

【例20】 "为什么你不早早出现在我面前，不在那些我充满了希望和充满了令人陶醉的理想的日子里出现！现在已经晚了！希望的幻影已经消失得无影无踪……"（普希金《高加索的俘虏》）

【分析】第二人称"你"的出现，加强了作者语气和主人公语气在语调和意向上的一致性，没有出现任何言语上的干扰。

【例17】到【例20】除了可以视为被替代的直接言语，也可以视为准直接言语。被替代的直接言语很接近准直接言语，但是在被替代的直接言语中，感觉不到有两种趋向不同的言语的存在，也感觉不到主人公言语在作者言语里的弹性和对抗性，缺乏明显的导致言语干扰现象出现的语法特征和修辞特征。

3. 准直接言语模式

准直接言语现象于1882年由托波勒首先提出，是一种转述他人表述、介于直接言语和间接言语之间的特殊形式。法语、德语、俄语的准直接言语表现方式存在些许差异，定义不同，各家理论解释各不尽然。

（1）形式上的异同

①俄语准直接言语

【例21】 "但是他（科丘别依）在内心深处隐匿了自己的精明强干和

凶狠劲。在极度悲痛中他现在只想着进棺材。他不希望玛泽帕有什么可恶。所有的罪过都是女儿一人造成的。可是现在他与女儿也要分别了：看她在让家庭蒙羞、忘却苍天、忘却法律时怎么去回答上帝……而他却要在蒙受奇耻大辱的家庭圈子内为自己寻找勇敢、坚定和忠诚的同志。"（普希金《波尔塔瓦》）

【分析】句法和修辞上以几个连贯一气的陈述句方式，表现了主人公科丘别依对女儿玛丽亚的责备，省略号方式清晰转达出主人公余怒未消的语气和痛彻心扉的情感。

【例22】"玛泽帕装着一副忧伤的样子，用一副恭顺的目光仰视着沙皇。'上帝明鉴，苍天在上：他是个可怜的首领，二十年忠心耿耿效忠沙皇；他为沙皇倾其所有，赞颂无止……，啊，恶毒多么盲目而疯狂！难道他在垂死之际还开始学习背叛和给名誉抹黑吗？不是他吗，愤然拒绝帮助斯坦尼斯拉夫，羞愧地，拒绝乌克兰王冠，协议把致沙皇的秘密信件，按职责打发了吗？他没有对汗和威严的苏丹的唆使表示沉默吗？乐于用英雄的忠诚，用智慧和军刀与白发沙皇的敌人斗争，奋斗，不吝惜生命，今日凶狠的敌人竟敢玷污他的白发！究竟是谁？伊斯克拉，柯丘别依！还曾一直是他的朋友呢！而且凶手含着凶狠的泪水，以自己冷酷的举动，要严惩他们，给谁严惩呢？坚强的老人！谁的女儿在他的怀抱中？但是他那颗冰冷的心，压制了那单调的絮语。'"（普希金《波尔塔瓦》）

【分析】在这段话中，句法与修辞通过玛泽帕虚伪、恭顺的绝妙语气表现了出来；结构上，这段"流泪的哀诉"是由有价值趋向的作者语境所决定，用陈述性语调表现哀诉和忠心，接着语调被愤怒的语气所渲染，通过修辞性问语夸大自己的功勋，掩盖自己的背叛，最后在一段问与答的对话里，明确对曾经的战友、爱人的父亲，誓不共天："谁被处死了？老者是不会屈服的！谁的女儿去抱住他？……"

在阅读上段话时可以用两种语调来转述每个词语，也就是说，用玛泽帕的哀诉来愤怒地揭露他的虚伪，这种阅读方法完全可以，因为这里我们遇到的是一种简单的、粗糙的、带有修辞性和明确语调的情况。巴赫金认为，在大多数情况下，特别是在准直接言语成为普遍现象时，新文学散文中具有重要干扰的声音转述是不可能的。准直接言语的发展与大量散文体裁向无声音区的转变相联系，这种散文的无声化能使那种语调结构多层化和不能被声音转述的复杂化成为可能，这种语调结构对于新文学而言具有特殊性。

【例23】　"为什么他，公爵，现在不亲自走近他，而是转身离开了他，好像什么也没发现似的，虽然他们的目光已经对视了一下。（是啊，他们的目光对视在一起了！而且他们还相互看了一会。）他不是想亲自拉住他的手，和他一道去那儿的吗？他不是想亲自在明天去他那儿，对他说他去过她那儿了吗？他不是在去他那儿的半路上，当他的心头突然充满了喜悦时，他自己不是断绝了与自己的魔鬼的关系了吗？或者在罗果仁心中有一某种感觉，即在这个人今天的整体形象里，在他说的所有话语中，在他的举止行动和眼神中，能够证实公爵可怕的预感，能够证实他的魔鬼的愤怒诅咒吗？有一种东西他自己能亲眼所见，可是却很难分析和叙述，不能用足够的原因来证实，不过尽管有这么些困难，有这么些不可能，他还不是能够说出全部完整的和强烈的、能不由自主地转入最坚定信仰的印象吗？信仰什么呢？（噢，这个怪物，这个有损尊严的信仰和这个卑贱的预感，是如何折磨公爵的啊！他又是如何自责的啊！……）"（陀思妥耶夫斯基《白痴》）

【分析】　这是梅什金公爵的一段准直接言语，这段话中包含两种言语，一种是作者言语，另一种是主人公梅什金公爵言语，这两种言语不但不要被同等转述，而且还相互干扰，属于两种言语不被一种声音同等转述而干扰的例子。从作者语境表现出他人言语，其困难性在于要把它们经常从作者的重要视野里来回转换成主人公的视野。首先是陈述句，好像作者身为旁观者在密切注视这一切的发生，特别是"公爵"两个词，清楚地交代主人公旁观者身份，括号里的言语更是肯定了对这种旁观者身份的猜测。接着一连串的修辞性问句，语气由作者语境转入到主人公语境里，语境中充满干扰成分，因为梅什金公爵的声音充满肯定自己又怀疑自己、否定自己的语气。最后在"信仰什么呢？"的修辞问句中，言语再次回到作者视野里，表现出作者对主人公的评价和态度。

②法语准直接言语

【例24】　法文小说作品中的句子：Il protesta: "Son père la hatssait!"

中译：他申辩道："他的父亲恨他。"（G. 莱尔希引自巴尔扎克作品）

转成法文直接言语：Il protesta et s'écria: "Mon père te haït!"

中译：他气愤地写道："我的父亲恨我！"

转成法文间接言语：Il protesta et s'écria: que son père la haïssait.

中译：他写信气愤地告诉他说，他的父亲恨他。

转成法文准直接言语：Il protesta: Son père, s'écria – t – il, la haïssait!

中译：他申辩道："他在信中告诉他，说他的父亲恨他。"

【例25】 法文小说作品中的句子：Tout le jour, il avait l'oeil au guet, et la nuit, si quelque chat faisait du bruit, le chat prenait l'argent. (la Fontaine)

中译：白天他一整天都在监视他。到了晚上，哪怕是只猫弄出点声响，他都以为这只猫是要偷走他的钱财。（拉·封丹）

【例26】 法文小说作品中的句子：En vain il (le colonel) parla de la sauvagerie du pays et de la difficuté pour une femme d'y voyager: elle (miss Lydia) ne craignait rien; elle aimait par – dessus tout à voyager à cheval; elle se faissit une fête de coucher au bivac; elle menaçait d'aller en Asie – Mineure. Bref, elle avait réponse à tout, car jamais Anglaise n'avait été en Corse; donc elle devait y aller. (P. Mérimées, *Colomba*)

中译：忽然，上校谈起了乡下的贫困和一个单身女人要去这穷乡僻壤旅行的困难。她（丽蒂亚女士）却不怕，她特别喜欢骑马旅行；她为自己能在野外露营大感满足；她还扬言要去亚洲矿场。总之，她什么都能应付。因为还没有一个英国人在科西嘉岛上度过夏天。（梅里美《高隆巴》）

【例27】 法文小说作品中的句子：Resté seul dans l'embrasure de la fenêtre, le cardinal s'y tint immobile, un instant encore... Et ses bras frémissant se tendirent, en un geste d' imploration: "O Dieu! puisque ce médecin s'en allait ainsi, heureux de sauver l'embarras de son impuissance, O Dieu! que ne faisiez – vous un miracle pour montrer l'éclat de votre pourvoir sans bornes! Un miracle, un miracale!" Il le demandait du fond de son âme de croyant. (Zola, *Rome*)

中译：红衣主教一动不动地倚靠在敞开的窗户上；又过了片刻……他伸出颤抖的双手，作出恳求的姿势："啊，上帝！既然这个医生这样来来去去，他要是能予以拯救，岂不幸哉！啊，上帝！为什么你不能尽显你的奇迹和无限的威力！一个奇迹，只要有一个奇迹啊！"他从心底里发出一个信徒虔诚的祈祷。（左拉《罗马》）

③德语准直接言语

【例28】 Der Konsul ging, die Hände auf dem Rücken, umher und bewegte nervös die Schultern.

Er hatte keine Zeit. Er war bei Gottüberhäuft. Sie sollte sich gedulden und sich gefälligst noch fünfzig mal besinnen！（Thomas Mann，*Buddenbrooks*）

中译：领事双手放在背后，在旁边走来走去，不时地神经质地耸耸肩膀。

他没有时间，他在上帝身边工作很忙。而她应该要忍耐，要静心冥想，要再祈祷 50 次！（托马斯·曼《布登勃洛克一家》）

【例 29】 Herrn Gosch ging es schlecht；mit einer grossen und schönen Armbewegung wies er die Annahma zurück，er könne zu den Glücklichen gehören. Das beschwerliche Greisenalter nahte heran，es war da，wie gesagt，seine Grube war geschaufelt. Er konnte abends kaum noch sein Glas Grog zum Munde führen，ohne die Hälfte zu verschütten，so machte der Teufel seinen Arm zittern. Da nutzte kein Fluchen Der Wille triumphierte nicht mehr（Thomas Mann，*Buddenbrooks*）

中译：戈斯先生的情况可不妙；他做了一个幅度很大而又很优雅的手势，他本该是很幸福的人。可是老年的艰难时光临近了，是时候了。前面说了，他的坟墓已被掘好。死神让他手臂直打战，晚上他几乎不能将盛着格罗格酒的酒杯送到嘴边而不泼出酒来。这时任何诅咒已无用……意志已失去了胜利的力量。（托马斯·曼《布登勃洛克一家》）

【例 30】 Nun kreutzte Doctor Mantelsack im Stehen die Beine und blätterte in seinem Notizbuch. Hanno Buddenbrook sass vornüber gebeugt und rang unter dem Tisch die Hände. Das B，der Buchstabe B war an der Reihe！Gleich würde sein Name ertönen，und er würde aufstehen und nicht eine Zeile wissen，und es würde einen Scandal geben，eine laute，schreckliche Katastrophe，so guter Laune der Ordinarius auch sein mochte... Die Sekunden dehnten sich martevoll. "Buddenbrook" ... jetzt sagte er "Buddenbrook" ... "Edgar" sagte Doctor Mantelsack... （Thomas Mann，*Buddenbrooks*）

中译：现在，曼特尔扎克博士双腿交叉站在那儿翻阅他的笔记本。汉诺·布登勃洛克身体向前倾着坐在那儿，双手却在桌下紧扭在一起。字母"B"，轮到字母"B"了！马上就轮到叫他的名字了。他会立即站起来，虽然他一句不懂。这可是个耻辱，一个明显而又可怕的灾难。教授本应有好的心情，他的运气也可能会不错……可是这几秒钟的时间让人等待得实在难以忍受。"布登勃洛克"……现在念到"布登勃洛克"了……"埃德

加"，曼特尔扎克博士说……（托马斯·曼《布登勃洛克一家》）

【分析】巴赫金小组指出德语的准直接言语与俄语的准直接言语在语法上完全相类似。[①]

（2）定义上的争辩

托波勒 VS 巴赫金小组。托波勒认为，准直接言语是直接言语和间接言语特有的混合形式，从直接言语借用了语调和词序，从间接言语中借用了动词的时态和人称。托波勒把现象归结为"说话人"自己的作用，他声称，"说话人作为过去发生事件的传达者，援引他人独立形式的话语时，就仿佛这个话语是在过去讲的。这时，说话人将当时说的真实表述转变为过去形式，目的在于表明当时说的表述与被表述的过去发生的事件是同时的。此外，说话人使用了另外一些变化（动词的人称形式，代词），目的在于表明这个表述是属于讲述人自己的"[②]。托波勒的定义是基于"说话人"自觉承担风险引入新的话语形式的理论体系，是托波勒对两种旧有形式的拼凑。巴赫金小组认为准直接言语的现象不是托波勒定义中的"混合"，而是一种"趋向"，"是一种对他人表述积极领悟的全新和良好结果的趋向，是作者言语和他人言语相互关系进程中特别的趋向"[③]。巴赫金小组否定"说话人"自己设想、分析和组合就可以构成一种新的语言形式，建立新的社会语言交际趋势，而是只有当说话人的社会语言相互作用的趋势正在形成并被采用，这些趋势的改变受社会经济因素影响，才有个人设想的创造，才可能建立一种全新的对词语的感觉能力，才有了准直接言语的表示方法。

托马斯·卡莱普基 VS 巴赫金小组。托马斯·卡莱普基将准直接言语界定为一种隐蔽的或者模糊不清的言语，它的修辞意义在于，必须猜出是谁在说话，因为从抽象语法学角度看，说话的是作者，从语境看，说话的是主人公。卡莱普基的定义建构在个性意识的理论基础之上，只关注到个性的心理根源和个人主观审美效果。巴赫金小组不认为需要从语法学角度

---

① 〔苏〕米哈伊尔·巴赫金：《马克思主义与语言哲学》，华昶译，载钱中文主编《巴赫金全集》第二卷，李辉凡等译，河北教育出版社，2009，第499页。

② 〔苏〕米哈伊尔·巴赫金：《马克思主义与语言哲学》，华昶译，载钱中文主编《巴赫金全集》第二卷，李辉凡等译，河北教育出版社，2009，第492页。

③ 〔苏〕米哈伊尔·巴赫金：《马克思主义与语言哲学》，华昶译，载钱中文主编《巴赫金全集》第二卷，李辉凡等译，河北教育出版社，2009，第492页。

来推断搞清楚谁说话，因为大家都清楚"主人公是根据意思来说话的"①。这种准直接言语的语言结构特点在于：既包含主人公言语，也包含作者言语；既包含了主人公趋向声音的腔调，也包含了作者趋向声音的腔调；隐蔽的他人言语在作者语境下占据了一定的位置；这种潜在的他人言语行为引发了特殊的语法现象和修辞现象；虽然具有雅努斯神一样的双重面孔，但始终是公开的言语。

巴利 VS 巴赫金小组。巴利称准直接言语现象为"自由间接风格"，认为准直接言语是间接言语古典形式的一种最新变异，这种形式的演变主要由连词 que 的脱落引起，表明语法上句子的并列组合要比主从组合好。具体语言形式在法文中的演变如例 31：第一类型直接言语模式 il disait, qu'il était malade. ＞第二类型准直接言语模式 il disait, il était malade. ＞第三类型间接言语模式 il était malade（disait – il）。［中译：第一类型直接言语模式"他说，是他病了。"＞第二类型准直接言语模式"他说，他病了。"＞第三类型间接言语模式"他病了（他说）"］。巴利表示第二种类型准直接言语模式的变异始终处于动态之中，仿佛以直接言语为极限，不断趋向直接言语，而且即使在最具有表现力的地方，"自由间接风格"终结于何处，而"直接风格"又起于何处，都很难界定。如见例 27，红衣主教所使用的呼语"上帝"，"啊，上帝！为什么你不能尽显你的奇迹和无限的威力！"，这个句子中"上帝"以第二人称"你"出现在间接言语中，但同时又处于呼语的地位，就像在直接言语中一样。在巴利看来，例 31 第二类准直接言语模式 il disait, il était malade.（他说，他病了。），把直接言语的连词 que 脱落，仅靠词序维持前后句子，类似德语的自由间接风格形式（style indirect libre）。作为 20 世纪初抽象客观主义语言学派代表，巴利将语言学形式（formes linguistiques）和思维形象（figures de pensée）进行严格区分，巴利将准直接言语这种纯语言学形式问题归为思维形象问题，巴赫金小组认为这说明在语言（langue）和话语（parole）之间出现方法论脱节现象。巴利理论存在三个问题：准直接言语现象使用纯语言学的语法理论解释；赋予间接言语变体趋向直接言语变体以活力并使其发展变化；法语的准直

---

① 〔苏〕米哈伊尔·巴赫金：《马克思主义与语言哲学》，华昶译，载钱中文主编《巴赫金全集》第二卷，李辉凡等译，河北教育出版社，2009，第 494 页。

接言语类似于德语的自由间接风格形式。针对上述三个问题，巴赫金小组辩驳如下：从语法上看是作者言语，从意义上看是主人公言语，这个"从意义上看"已经超出语言学范畴，不是语法能解释得通；活力不会出现在趋向中，活力出现在话语相互关系中；社会语言趋势在依赖语法结构的同时，可以有不同的外部表现特征，法语原本就是间接言语模式，德语和俄语则会表现为直接言语模式，只有表现最灵活的模式才会开始在确定的方向里变异。

福斯勒学派 VS 巴赫金小组。①欧根·莱尔希于 1914 年定义准直接言语为一种"似同事实的言语"（德文 Rede als Tatsache），好像言语内容是作者所叙述的一种事实，这种定义突出准直接言语的修辞特点在于"更具现实性"。②E. 洛克于 1921 年定义准直接言语为"被体验过的言语"（德文 Erlebte Rede），该定义强调准直接言语的修辞特点在于"想象"。E. 洛克以浮士德一句独白来诠释其定义，见例 32："Habe nun，ach！Philosophie，Juristerei... durchaus studiert mit heissem Bemhün..."（中译：从今往后要学习啊！哲学，法学……完全凭热情……），如果此时观众想向他人转述他听过的且被他体验过的浮士德言语，他要么采取直接言语方式将浮士德原话复述出来，如"Habe nun，ach！Philosophie，Juristerei..."（中译：从今往后要学习啊！哲学，法学……），要么采取间接言语方式表示，如"Faust sagt，dass er leider"（中译：浮士德说，他觉得遗憾……）或"Er hat leider..."（中译：他觉得很遗憾……），如果他渴望唤起自己所体验到的生动印象和感受，一种他对主人公的形象的想象，那么他就会采取准直接言语回忆道"Faust hat nun，ach！Philosophie..."（中译：浮士德现在学过了啊！哲学……），假如涉及的是对过去事情的印象，则表示为"Faust hatte nun，ach！Philosophie..."（中译：浮士德如今学过了啊！哲学……）。由于准直接言语修辞的目的在于传达出想象中艺术形象的言语，所以这种言语形式听上去就像是作者在和自己说话或者作者仿佛听到他所创作的艺术形象在说话。另外，作者运用这种语言形式时，面向读者也只想转达一种想象，只想向读者直接转达自己的印象，希望在读者心中唤起生动的艺术形象，而不是急于向读者告知或通报某事。洛克和巴利最大的不同是，洛克从想象的角度看准直接言语，因而是主人公在说话，巴利从理性的角度看准直接言语，因而是作者在说话。洛克在想象理论的基础上进一步解析准直接言语，他使用"确指过去形式"来辨析准直接言语"未完成形式"想象氛围的情形。关于"确指过去形式"，洛克认为它具有事实上固定的性质；巴赫金小组认为它趋向外部世界，即趋向想象的事物和内容的世界；笔者认为它是作者描述的事实。关于"未完成形式"（Imparfait‐Denkakte），洛克认为它具有经历过和有过印象的性质；巴赫金小组认为趋向内部世界，即趋向想象中意思形成和确立的世界；笔者认为是作者内心想象或揣测。见例33："L'Irlande poussa un grand cri de soulage‐ment, mais la Chambre des lords, six jours plus tard, repoussait le bill：Glad‐stone tombait.（Revnue de d. Mondes, 1900, Mai, cтp. 159）（中译：爱兰德发出刺耳的尖叫，为的是减轻痛苦；上议院一连几天疲惫不堪地讨论，还是拒绝了这项议案；格拉德东没有指望了。《环球杂志》1900年5月，第159页。）例33中"repoussait le bill"和"Gladstone tombait."两句都是准直接言语"未完成形式"，洛克假设用"确指过去形式"来代替这两句准直接言语"未完成形式"，那么句中语气就大为不同。准直接言语"未完成形式""Gladstone tombait."（中译：格拉德东没有指望了。）有一种充满感情的语气，好像是在对自己的对象和自己本身在慢慢叙述中所表达出来的感情；"确指过去形式""Gladstone tomba."（中译：格拉德东很失望。）只是一种干巴巴的公文腔，让人感觉不到格拉德东的失望，感觉到的只是这件事情的重要性。准直接言语"未完成形式""repoussait le bill"（中译：还是拒绝了这项议案）表现出一种紧张的期待，读者可以足够大的声音将其读出，用来抓住说话人的心理状态。洛克建议"repoussait"（拒绝）最后一个音节读起来要用紧张期待的语调，然后这种紧张在"Gladstone tombait"（格拉德东没有指望了）中获得松弛和达到平衡。概而论之，准直接言语"未完成形式"被赋予情感，渗透想象，是一种经过慢慢经受和重新建立起来的表达行为；"确指过去形式"则是一种确定的感受，没有这种慢慢建立起来的想象氛围。③格特劳德·莱尔希于1922年对古法语中准直接言语的形成做过历史分析，并认为是"移情"在其中起了作用。从情感上来看，在准直接言语中，作者省略引入动词如"说过"、"想过"等，仿佛作者很严肃地接受了主人公的话语，在介绍主人公话语时，好像说的就是事实，而不是随便说的话或者臆造出来的话。从形式上来看，准直接言语动词的省略表现出作者与主人公的同一，而未完成形式的使用以及选择与间接言语保持一致的代词，可以表示作者保持自己独立的立场，同时又体现出作者与主人公经历的融合。用莱尔希的话说，只要诗人在移情的基础之上，在心理自居的基础之上，在把自己与他人等同的基础之上，去建立他自己本人的想象，这是可能的。莱尔希分析认为，准直接言语对于拉封丹来说是为移情服务，对拉·布吕耶尔来说则偏向用于讽刺他所描绘的艺术形象，而福楼拜就出现双重性特点，他的内在立场在喜爱和厌恶之间摇摆。之所以会出现双重性特点，主要在于准直接言语既允许自己与所创造的形象混合，又允许自己保持立场，保持自己与自己所创作的艺术形象的距离，这就保证了作者可以在最大程度上表现自己对主人公的爱和恨。④欧根·莱尔希分析认为德语中准直接言语现象的时间最早在托马斯·曼《布登勃洛克一家》中，深受左拉影响。这部家族史所使用的语气就好像是布登勃洛克家族成员中的一员说出来似的。托马斯·曼在最后一部小说《魔山》（1924 年）中赋予准直接言语更深入细致的使用。

福斯勒学派的分析表现出一以贯之的个人主观主义，巴赫金批评福斯勒学派个人主观主义本质上是一种比较模糊和紊乱的思想体系。想象和移情等表现出主观的个人的心理因素和倾向，作为一个思想体系，尚不能清晰地进行自己界定。而在意识形态创作中，准直接言语是一个比较稳定、比较明确的被研究过的产品。如果用一种比较模糊和紊乱的思想体系来解释另一种比较清晰和明确的思想体系，这种解释工作就显得没有意义。所以说尽管福斯勒学派刺激和触动了语言的意识形态灵魂，但"没有走向语言的真正的客观的解释"；尽管接近了历史生活，但"没有接近解释历史"；尽管接近了历史生活激动人心的、永远变化的表层，但"没有接近它的深刻的原动力"。①

巴赫金小组认为在洛克准直接言语的理论体系里，没有反映出作者言语和他人言语相互关系的进程，这种相互关系进程表现在作者语气与他人语气之间产生的冲突和干扰，体现为作者以自己的方式来接受他人言语。巴赫金小组认为格特劳德·莱尔希好像捕捉到这种关系进程，但没有在主观心理语言中表达出来，移情作用不了个人心灵界限和间距的融合，只有

---

① 〔苏〕米哈伊尔·巴赫金：《马克思主义与语言哲学》，华昶译，载钱中文主编《巴赫金全集》第二卷，李辉凡等译，河北教育出版社，2009，第 510 页。

作者的重音语气才可以与主人公的重音语气产生融合。无论是洛克还是格特劳德·莱尔希，都没有意识到评价因素。"评价积存于每一个生动的词语里，被话语的重音和富有表现力的语调表现出来。"① 语言的含义除了固有的字面意义之外，还体现在具体的、生动的重音强调和语调。也就是说，在准直接引语中，作者的重音和语调可以被他人的评价所打断。正是评价区分了准直接言语与替代言语。

　　总之，关于巴赫金话语理论中的修辞诗学问题，本章主要从俄国形式主义和材料美学、系统哲学美学、马克思主义社会学等方面，系统阐述了巴赫金"修辞诗学"思想。

---

① 〔苏〕米哈伊尔·巴赫金：《马克思主义与语言哲学》，华昶译，载钱中文主编《巴赫金全集》第二卷，李辉凡等译，河北教育出版社，2009，第511页。

第三章　巴赫金话语理论中的修辞哲学问题（上）

巴赫金认为不同的话语负有各自特定的历史使命和社会责任，"思想领域里文字著述的命运；还有这类文字著述在特定社会领域，在自己历史发展的特定阶段上，所要解决的那些特殊的历史任务，决定语言哲学、语言学、修辞学的基本内容，决定了思想领域文字著述的特定体裁，也决定了特定的语言思想领域的流派；最后还决定了特定的语言哲学观，具体说是构成所有修辞学流派基础的诗语哲学观"①。话语受特定的历史使命和历史任务的驱动，必然会提出人的现实性和可能性问题，人的自由、必然以及首创的精神问题。

一直以来，传统修辞研究只停留在技巧层面，忽视了发生在杂语和多语世界中的话语修辞现象。巴赫金以俄国形式主义和材料美学、系统哲学美学、马克思主义社会学作为修辞诗学的理论分析依据，揭示出修辞的对话特点，表明文学作品修辞在某种程度上是动态的社会学性质的话语修辞。然而巴赫金对修辞的研究并未止步于此。巴赫金在《1961年笔记》中写道："陀思妥耶夫斯基把精神，亦即个人的最终的涵义立场，变成了审美观照的对象；他善于看到人的精神，犹如在他之前的人们只能看到人的躯体和心灵。"② 由此可知，在巴赫金看来，文学修辞最重要的应该在于参

---

① 〔苏〕米哈伊尔·巴赫金：《长篇小说的话语》，白春仁译，载钱中文主编《巴赫金全集》第三卷，白春仁等译，河北教育出版社，2009，第47页。

② 〔苏〕米哈伊尔·巴赫金：《1961年笔记》，晓河译，载钱中文主编《巴赫金全集》第四卷，白春仁等译，河北教育出版社，2009，第341页。

与建构人的精神世界。

《巴赫金全集》七卷本中，能够反映修辞参与建构人的精神世界的思想主要集中在巴赫金对歌德自传及其教育小说、陀思妥耶夫斯基复调小说以及拉伯雷诙谐小说的话语修辞分析中，本章尝试从时空、狂欢以及诙谐等三个方面勾勒巴赫金话语理论中修辞参与精神建构的三大形态。

第一节　时空修辞哲学

"时空/时空体"俄语表述为 хронотоп，古希腊语表述为 времяместо，英语表述为 chronotope 或 space - time，德语表述为 Zeit - Raum。"时空体"术语源自 1915 年爱因斯坦相对论，见之于数学科学领域。1925 年俄国生理学家乌赫托姆斯基用"时空体"表示生物学中时间和空间的意义。1937～1938 年深受其启发的巴赫金将"时空体"术语借用到文学研究中。

文学中已经艺术地把握了的时间关系和空间关系相互间的重要联系，巴赫金称之为时空体。在文学的时空体里，时间和空间不可分割；时间浓缩成艺术上可见的东西；空间被卷入时间的运动之中；时间标志在空间里出现，空间则通过时间来理解和测量；时间和空间两个不同系列在文学作品中交叉，时间和空间两个不同标志在文学作品中融合，共同构成文学时空体特征。

时空体是一个形式兼内容的文学范畴，在文学中具有体裁的意义。可以说，文学的体裁及体裁类别是由时空体决定的；文学中，时空体里起主导作用的是时间，空间起辅助作用；文学中，人的形象在很大程度上由时空体决定，是时空化了的人的形象。

文学对时空体的把握因历史阶段不同，特点各异。巴赫金将时空体分为四大类型加以分析：歌德的时间视觉时空体、古希腊罗马小说时空体、拉伯雷型时空体及田园诗时空体。这四大时空体都在探讨一个共同的命题：不同时空下个人的命运、历史责任及社会意义。

一　歌德的时间视觉时空体

（一）歌德的时间视觉

自然界中，人们可以观察到时间的出现，比如星移斗转，四季更替，农业节气，万物兴衰，社会兴亡，所以时间和空间是可感可视的，由此巴赫金认为世界的空间具有时间性和成长性，在世界的空间里，时间发生变化，而世界的空间在时间中会前行会成长，因此，在时间里，空间也发生变化，所以艺术家"善于在世界的空间整体中看到时间、读出时间，另一方面又能不把充实的空间视作静止的背景和一劳永逸地定型的实体，而是看做成长的整体，看作事件——这就意味着在一切事物之中，从自然界到人的道德和思想（直至抽象的概念），都善于看出时间前进的征兆"①。能在空间中看出时间，能在世界文学中以可视的方式审视历史时间，并且"做到顶峰的作家之一便是歌德"。②

歌德将可视性作为一种目睹文化来理解，可视性对歌德来说具有目睹的意义。可视性是可视之目的原始级，也是终极级；一切重要的东西才能够而且应该可视，一切不可视的东西就是不重要的东西；可视的东西从内涵到认识都因其复杂性而变得丰满充实。可视性能够将一些最复杂和最关键的概念和思想，用可视的方式表现出来，比如示意图、符号、图表、模型、图画等；哲学世界观的理论基础可以用可视性形象来揭示；语言文字也具有可视性。最重要的，歌德的时间感觉是可视的。歌德的时间可视性具有文学创作"最重要的活力"。③ 即便事物是静止不动、没有任何变化、固定不变的背景，只要被时间可视性渗透，就正好变为运动的主要载体、肇始者、叙事情节的组织中心。重要的运动往往发生在固定不变的背景中。

歌德的时间可视性表现为时间的含义。歌德所看到的物体和现象不是静止的，不是在空间中毗邻、单纯地共存，而是在静止不动的物体和现象背后存在时间的含义，不同的物体和现象会依循时间在发展进化；歌德的时间可视性表现为时间与空间的毗邻关系。歌德用时间充实空间的毗邻关系，揭示出空间的生成和发展及其历史过程；空间里并列的东西，在歌德看来，应该归属于不同时间段、不同成长时代。由于这个缘故，现代性对

① 〔苏〕米哈伊尔·巴赫金：《教育小说及其在现实主义历史中的意义》，晓河译，载钱中文主编《巴赫金全集》第三卷，白春仁等译，河北教育出版社，2009，第230页。
② 〔苏〕米哈伊尔·巴赫金：《教育小说及其在现实主义历史中的意义》，晓河译，载钱中文主编《巴赫金全集》第三卷，白春仁等译，河北教育出版社，2009，第231页。
③ 〔苏〕米哈伊尔·巴赫金：《教育小说及其在现实主义历史中的意义》，晓河译，载钱中文主编《巴赫金全集》第三卷，白春仁等译，河北教育出版社，2009，第236页。

于歌德来说，就是一种异质性，是"过去不同阶段的残余或遗迹，是或近或远的未来的萌芽"①。

在时间可视性的作用下，歌德对时间的叙述就有了历史时间的特点，巴赫金称之为"这是改造自然的人们用双手和大脑创造的重要成果，是人类活动及其整个创造对它的道德和思想的一种逆反映的产物"②。历史时间的可视运动总是紧密联系自然环境、人以及人在自然环境里所创造的一切客体，由此历史时间会存在着过去残留于现在之中的"重要而生动"的痕迹。

巴赫金认为歌德的历史时间视觉反映了歌德对历史时间的哲学认识。歌德的过去不是与世隔绝、囿于自身、只为自身、孤立的片段；歌德的过去与现在始终紧密相连，"过去在历史发展的长河中占有应有的地位"；③歌德的过去与现在的联系不是偶然的和机械的，"因为一切在时间中都占有其牢固和必然的位置"。④ 此外，歌德的过去是富有创造力的，可以在现在中起积极作用，可能这个作用对现在是起消极作用或不起作用；富有创造力的过去决定现在，并影响未来，在一定程度上预先决定着未来。

（二）歌德的时间视觉时空体

歌德的历史时间视觉来自对地域的深刻、精细、具体的感知。如果一处地方，没有人的积极的创造活动，如果不能建造房屋满足人的居住生活，就无法成为人栖息的空间和人的历史舞台。歌德总是以创造性的想象、建设者的视角、可供生息的考量来观察地域，"因为，要理解评价一处地方的标准、评价的尺度，理解这地方人们的活动范围，只能采取建设者的视角，只能从如何把这块地方变成历史生活一部分的观点出发。"⑤ 歌

---

① 〔苏〕米哈伊尔·巴赫金：《教育小说及其在现实主义历史中的意义》，晓河译，载钱中文主编《巴赫金全集》第三卷，白春仁等译，河北教育出版社，2009，第234页。

② 〔苏〕米哈伊尔·巴赫金：《教育小说及其在现实主义历史中的意义》，晓河译，载钱中文主编《巴赫金全集》第三卷，白春仁等译，河北教育出版社，2009，第239页。

③ 〔苏〕米哈伊尔·巴赫金：《教育小说及其在现实主义历史中的意义》，晓河译，载钱中文主编《巴赫金全集》第三卷，白春仁等译，河北教育出版社，2009，第241页。

④ 〔苏〕米哈伊尔·巴赫金：《教育小说及其在现实主义历史中的意义》，晓河译，载钱中文主编《巴赫金全集》第三卷，白春仁等译，河北教育出版社，2009，第241页。

⑤ 〔苏〕米哈伊尔·巴赫金：《教育小说及其在现实主义历史中的意义》，晓河译，载钱中文主编《巴赫金全集》第三卷，白春仁等译，河北教育出版社，2009，第243页。

德以建设者的视角对地方和景色加以观照和理解，这其中就蕴含着时空体的性质。

歌德的时空体采取原始定位法，歌德认为以原始定位法作为确定地方或景色固有的历史地理的逻辑，可以保证这一逻辑始终可见、明白易懂，因为地质地形的观察角度可以阻止想象和情感。在歌德的时空体思想里，只要是可见的每一个地方或景色，都是具体的、有价值的，应该通过人的活动和历史事件来加以阐释。任何幻想、虚构都要让位于肉眼的观察，肉眼可以观察出"在确定地点、确定时间内从事创造与业绩的必然性"[①]。

歌德的时空体以时间的必然性作为组织时间感的中心，以必然性连接现在、过去和将来。这种必然性是明显可见的、具体的、物质的必然性，又是创造材料的、历史的必然性。在歌德的时空体里，空间和时间不可分割；地球的空间和人类的历史不可分割；历史的遗迹总是与人有关，这使历史的时间充满了物质性，空间充满了人的创造性，空间获得人的存在含义。历史时间也好，空间也好，都与人有关，有着必然性，这就形成艺术创作中的必然性。歌德的时空体揭示了时间的完整性，因为在一个空间点上，不同时代、共时性可以共存。

歌德在时间中观察地方和景色，在时间的统摄中观察一切事物，从最抽象的思想到具体的东西，每一个可见之物，都充满时间，打上时间烙印，在时间中获得自己的形式和含义。而在具体的空间里，时间都被打上空间的印记，空间在时间的带动下不再固定不变、静止不动。歌德的世界不存在确定的时间和空间发生毫无联系的任何事情、情节和时间因素，也不存在可以发生在任何地方的事情。在歌德的世界里，"一切都是时空，都是真正的时空体"，[②] "是生根发芽的种子，是彻底现实的、确实可见的种子，同时又是充满了不断发展的真实的未来的种子。"[③]

歌德的历史视觉时空体里，地点是地理上和历史上确定的世界里的一个地方，这个世界因此就成为可视的历史世界，事件就成为在确定的历史

---

① 〔苏〕米哈伊尔·巴赫金：《教育小说及其在现实主义历史中的意义》，晓河译，载钱中文主编《巴赫金全集》第三卷，白春仁等译，河北教育出版社，2009，第247页。

② 〔苏〕米哈伊尔·巴赫金：《教育小说及其在现实主义历史中的意义》，晓河译，载钱中文主编《巴赫金全集》第三卷，白春仁等译，河北教育出版社，2009，第253页。

③ 〔苏〕米哈伊尔·巴赫金：《教育小说及其在现实主义历史中的意义》，晓河译，载钱中文主编《巴赫金全集》第三卷，白春仁等译，河北教育出版社，2009，第262页。

中一个重要的时间上发生的一个确定的因素。歌德的历史视觉时空体使创作想象的一个基本出发点必须是一个确定的具体的地方，情节与人物原本就在其中并随时间慢慢发展，这样场景开设有了形态和人格，而人格化的场景就成为历史时间的证据。这种地点与历史融为一体的新时空体导致艺术形象发生重大改变：艺术形象需要一个确定的处所和一个确定的时间，因此文学作品的人物形象身上开始出现幼稚现实主义的"处所崇拜"和较为复杂、深刻的表现形式；同时人物形象就像歌德笔下的自然一样，由于是必须可视的，所以人的形象既没有内核，也没有外壳，完全外在化，肉体和精神强烈外在化；又由于以历史的视角加以观察，所以人的形象获得了历史的完整性。

二　古希腊罗马小说时空体

早在古希腊罗马时代，就已经创造出了艺术地把握小说时空关系的三种方法，或称三种小说时空体。第一种类型是传奇教喻小说时空体，主要是形成于公元 2～6 世纪的"希腊小说"或"诡辩小说"；第二种类型是传奇世俗小说时空体，按照巴赫金的说法就只有两部作品，即阿普列乌斯的《金驴记》和彼特罗尼乌斯的《萨蒂里孔》；第三种类型是传记小说时空体，主要是古希腊罗马的各种自传和传记形式。

（一）传奇教喻小说时空体

传奇教喻小说的时空体是"传奇时间中的他人世界"体裁，主导因素是传奇时间。

传奇时间的外部结构由两个部分构成，一个是情节展开的出发点，即男女主人公初遇和爆发爱恋之情，另一个是情节结束的终结点，即男女主人公圆满成婚。在传奇时间的情节出发点和终结点之间，传奇时间没有在主人公的生活里和性格中留下任何痕迹，恋情自始至终毫无变化，既没有考验，也没有更成熟更了解，只是纯粹的空白；传奇时间也没有增加生理上的时间长度，年龄上的时间长度，依然年轻美貌，即在主人公产生恋情和满足恋情的两个生理时间点之间，没有历史时间，只是纯粹的空白。可见，传奇时间不具有任何自然界中和日常生活中的周期性，缺乏时间顺序和人类的计算单位，更没有历史阶段可以确定。传奇时间造成在传奇教喻小说的世界，如国家、城市、建筑等，完全没有任何历史时间印记，没有任何时代印记。因此传奇时间的外部结构特点表现为"超时间的空白"。[①]

传奇时间的内部结构主要由一系列奇遇所对应的时间组合起来。在每一回的奇遇里，由"突然地"和"无巧不成书"来组织时间。"突然地"和"无巧不成书"具备一种纯粹的偶然性和独特的逻辑性，因为传奇时间一产生作用，那么正常的、可以用常理解释得通的情况就被迫打断，出现了偶然巧合、偶然相处、偶然分离。传奇时间的内部结构里就是这样充满了偶然的同时性和偶然的异时性，因而为机遇的出场创造了条件。在传奇时间里，每一个时间节点，都受机遇的力量支配。"机遇时间"是非理性力量干预人类生活的一种特殊时间。[②] 机遇的特点在于无法依靠理智分析、英明预见、经验等实现，而是借助于占卜、兆头、神话、预言、梦兆、预感来获得。巴赫金强调传奇时间的偶然性不是一般的偶然性，而是特殊的具有主动精神的偶然性。

传奇教喻小说时空体的空间特点，主要受传奇时间的偶然同时性和偶然异时性的作用，或者说受机遇时间的作用，因而十分广阔和巨大，如需要陆地、海洋、各种不同的国度，以实现劫持、逃跑、追赶、搜寻、监禁等的目的。但这些空间都只是抽象的、空洞的、离散的、粗略的场所，就像巴赫金说的，"巴比伦发生的事，也可以发生在埃及或拜占庭，反之亦然"[③]。

传奇教喻小说时空体的时空关系，由于机遇时间的作用，时间和空间的联系只能是机械的、抽象的联系，时间和空间可以随处移易，毫无确定性和具体性可言。这种时空关系下的世界是抽象的、孤立的、唯一仅有的、别人的世界；那里的东西是不熟悉的，那里的人是不熟悉的，那里的社会政治和生活习惯也是不熟悉的，甚至那里的奇珍异宝也是不熟悉的。传奇教喻小说世界里所有一切传奇的东西都拜机遇所赐。

传奇教喻小说的情节形成一个特殊的时空体——相逢时空体。由于相逢的见或未见，都受同一时间的时间定规与同一地点的地点定规的约束，

---

① 〔苏〕米哈伊尔·巴赫金：《长篇小说的时间形式和时空体形式》，白春仁译，载钱中文主编《巴赫金全集》第三卷，白春仁等译，河北教育出版社，2009，第276页。

② 〔苏〕米哈伊尔·巴赫金：《长篇小说的时间形式和时空体形式》，白春仁译，载钱中文主编《巴赫金全集》第三卷，白春仁等译，河北教育出版社，2009，第280页。

③ 〔苏〕米哈伊尔·巴赫金：《长篇小说的时间形式和时空体形式》，白春仁译，载钱中文主编《巴赫金全集》第三卷，白春仁等译，河北教育出版社，2009，第286页。

相逢表明同一时间同一地点见上面，相逢未成表明没有在同一时间到达同一地点，或同一时间分处不同地方，所以相逢时空体的时间定规和地点定规是不可分割的，同时也是并不相融的。相逢时空体的时间是传奇时间，空间是异国他乡。相逢时空体在文学中起布局结构的作用，即作为情节开端，或者情节高潮，或者情节收尾的布局。

传奇教喻小说时空体的人物形象，是绝对消极的和绝对不变的。虽然小说里的人表现出了空间的被迫移动，比如逃跑、追赶、搜寻等，但人本身缺乏任何主动性，左右人的是"命运"，人承受住了命运的摆布，保全住了自己，不但完好如初，而且毫无改变，"这种特有的一如故我的性质，是希腊小说中组织人物形象的核心因素"①。传奇教喻小说时空体的人物形象是私自性的、是独自性的，这符合了抽象的、孤立的、唯一仅有的、别人的世界的特点。独自的孤立的人，既不觉得自己是某个具体社会的一部分，这个社会也没有给予他一项具体的社会使命。独自的孤立的人与国家、与城市、与社会集团、与宗族、与家庭，都没有任何重要的联系。另外，由于传奇教喻小说时空体使用外在的、类似于当众在法庭雄辩的形式来解决私自的、独自的个人生活内容，所以人物形象在许多地方表现得像一个公共的人，像发表长篇雄辩讲话那样讲述自己的爱情、行动和奇遇中的私人隐秘细节。

总之，传奇教喻小说的时空体在各种大型小说时空体中最为抽象，又最为静止，人物形象和性格特点均缺乏主动精神和创造精神，是孤立的个别人。

（二）传奇世俗小说时空体

传奇世俗小说时空体按照历史进程大致分为四大类，第一类为阿普列乌斯和彼特罗尼乌斯作品；第二类为骑士小说；第三类为兰格伦作品和但丁作品；第四类为骗子、小丑、傻瓜形象。传奇世俗小说时空体的主要特征在于，传奇时间和世俗生活时间相结合，情节的出发点与终结点之间没有"超时间的空白"。

---

① 〔苏〕米哈伊尔·巴赫金：《长篇小说的时间形式和时空体形式》，白春仁译，载钱中文主编《巴赫金全集》第三卷，白春仁等译，河北教育出版社，2009，第291页。

在阿普列乌斯《金驴记》里，其时间包含两个特点，一个是主人公生活旅程以变形为外表，另一个是主人公人生旅程与变形流浪历程融合为一体。人的变形涉及人的转化与同一的问题。《金驴记》很好地实现了转化与同一的深刻结合。在变形的神话外壳中，包含着人的发展思想，这种发展不是直线型，而是跳跃型，于是就带有时间流动的形式，并产生出不同类型的时间序列。《金驴记》的变形深具魔幻性质，成为理解和描绘"脱离开宇宙和历史整体的个别人命运的形式"，变形思想在体裁中的意义在于其具有足够的力量来"把握人的生活命运的整体，以及这一命运中基本的转折关头"①。变形主要用于表现在整个人生中转折性的危急时刻，人怎么变成了另一个人。同一个人以截然不同的形象出现，代表他生活旅程的不同时代、不同阶段。归结起来，变形主题在于表现人的危机和再生。

传奇世俗小说的时间是人生中特别异常的一些时刻，与漫长的人生比较起来，十分短暂，但是这些短暂的时刻决定了这个人的最后形象，也决定了他后来的整个生活的性质。与传奇教喻小说的时间相比，传奇世俗小说的时间给人留下了难以磨灭的印记。与传奇教喻小说的时间一样，传奇世俗小说的时间里也有机遇，但是机遇的作用和意义均有变化。传奇世俗小说的时间里的机遇不仅证明主人公的一贯性，更重要的是塑造出净化的和再生的主人公新形象，这也就使在机遇中起主宰作用的偶然性产生了新的意义。而且传奇世俗小说的空间中，由于人生道路被充塞了许多重要的时间，实在的生活意义，所以对主人公及其命运来说变得至关重要。

尽管传奇世俗小说中同一人不同形象更迭出现，有了一定的积极性，但这里的人仍旧像在传奇教喻小说中一样，是个独自的孤立的人。无论对错、报复、净化、幸福，都带着独自的、孤立的性质，属于个别人的事。整个传奇蜕变序列——过错—惩罚—赎罪—幸福，都只局限于这个人的形象和命运，缺乏积极性。巴赫金指出，这里人的命运和世界之间的联系只具有表面性质，"人的变化、人的蜕变完全与世界无关；世界自身是不变的。因此蜕变带有局部的非创造的性质"②。

---

① 〔苏〕米哈伊尔·巴赫金：《长篇小说的时间形式和时空体形式》，白春仁译，载钱中文主编《巴赫金全集》第三卷，白春仁等译，河北教育出版社，2009，第301页。
② 〔苏〕米哈伊尔·巴赫金：《长篇小说的时间形式和时空体形式》，白春仁译，载钱中文主编《巴赫金全集》第三卷，白春仁等译，河北教育出版社，2009，第307页。

传奇世俗小说中的骑士小说，首先，必须指出骑士小说时间有特殊性，即"突然间"的时间范畴为骑士造就出最如意的环境，骑士在这个奇特的世界里不但可以建立自己的功勋，为自己的功勋扬名，还赞颂他人。其次，机遇一改传奇教喻小说"飞来横祸"的定位，变得对骑士有着极大的吸引力，因为骑士是无私的冒险家，热衷于在奇特的世界里冒险、闯荡和建功立业。再次，骑士小说主人公不但有个性而且有代表性，不同主人公，不论相貌还是命运都是迥然各异。最后，主人公与他的奇特世界浑然一体、骨肉相连，不管主人公去哪一个异国他乡，这些地方都尊崇同一种荣誉，对功勋和耻辱都有相同的看法，好像主人公的世界如同"在家里"。

　　传奇世俗小说中的兰格伦作品和但丁作品，其作品的彼岸因素影响巨大，为时空体赢得象征的意义。彼岸是现实时间里极为短促的一种"幻景"，这个"幻景"含义又超越时间，不过但丁作品里"幻景"因有象征的意味，所以"幻景"的现实时间以及这个时间与传记时间、历史时间里一定时点会有一些契合。兰格伦作品和但丁作品精彩的地方在于，他们所处的时代矛盾激化，为了很好地批判时代，他们将纷繁复杂的矛盾集中在一个时间里加以集中和对比。兰格伦将所有矛盾集中在时间轴的横向上，形成横向时空体。先是在草地上，后在农夫皮尔斯形象周围集合了社会所有等级和阶层的代表，他们集体向农夫皮尔斯拜求真理，帮助他的农事活动。但丁则匪夷所思地把矛盾放在时间轴的纵向上下抻长，形成纵向时空体。但丁的世界上下二十六层，最底下为九层地狱，中间为七层炼狱，最上面为十层天，下面是粗俗的人和物，上面是光辉和语声。但丁的纵向世界，时间逻辑是共时的，可以称之为"万物在永恒中的共存"。① 纵向时空打破了时间的前后顺序，随即也打破了时间顺序带来的间隔，打破间隔造成的对比困难。纵向时空把所有一切矛盾摆在同一时间里，在一个时间断面上比较，以共时世界的观察为手段，揭示过去、现在、将来一切事物的意义。纵向世界的人物形象由于共时的时间标志和时代印记而被赋予深刻的历史性。在但丁的纵向世界里，人物形象充满了要挣脱这个世界的强烈愿望，渴望将这个纵向的共时世界转变为富有生命力的、横向的、

---

① 〔苏〕米哈伊尔·巴赫金：《长篇小说的时间形式和时空体形式》，白春仁译，载钱中文主编《巴赫金全集》第三卷，白春仁等译，河北教育出版社，2009，第346页。

历时的世界。

传奇世俗小说中社会底层文学还出现骗子、小丑、傻瓜形象，他们既不是一般的骗子、小丑和傻瓜，也不是特定的喜剧演员，他们处在艺术和生活的交界，不但体现了"一种既是现实的，又是理想的生活方式"①，还表现出人物形象的一种变形和蜕变。从时空性特点来看，这三种人物形象活动空间主要在广场戏台上或广场游艺假面里；他们的外表以及所做所说均表里不一，需要转义；作为生活演员，他们在广场时间中能存在多久，取决于他们所扮演的角色有多久，一旦没有了这些角色，就没有了他们的存在。从功用特点来看，这三种形象拥有三种特殊的权利，分别为笑谑、伪装和戳穿。他们不与这个世界上任何一种相应的人生历程和人生时光发生联系，看穿每一个处境，看出每一个处境的反面和虚伪，以笑谑否定一切，不仅自己在笑，别人也笑他们，广场上的人通过笑把生活翻了个底朝天；对小说家来说，他选择骗子、小丑、傻瓜来作为面具使用，骗子、小丑、傻瓜信息可以将作者的观察角度很好地伪装起来，好以一个与他人生活无关痛痒的外人身份来对他人生活进行窥视、反映，甚至公之于众；此外，骗子、小丑、傻瓜常常戳穿充斥于人与人之间关系的虚假、伪善和谎言。骗子以清醒、风趣而狡黠的头脑来揭露，小丑以讽刺模拟式的嘲弄来戳穿，傻瓜则以心地忠厚的不理解来对付。骗子、小丑、傻瓜的广场时空体形象十分深刻、复杂而多面。

（三）传记小说时空体

古希腊罗马存在三种自传和传记形式时空体：人的公共的自我意识自传体形式（自传时空体）、传记体（传记时空体）以及单个的自我意识雄辩体变体（雄辩体变体时空体）。

1. 人的公共的自我意识自传体形式的时空体（自传时空体）

人的公共的自我意识自传体形式的时空体共分为五种类型：柏拉图型的自传类型、希腊型的雄辩体自传及传记、希腊哀悼词和第一部自传、罗马的自传和回忆录、罗马和希腊化时期的"关于自己的著述"。

---

① 〔苏〕米哈伊尔·巴赫金：《弗朗索瓦·拉伯雷的创作与中世纪和文艺复兴时期的民间文化》，夏忠宪等译，载钱中文主编《巴赫金全集》第六卷，李兆林等译，河北教育出版社，2009，第9页。

柏拉图型的自传类型是以"寻求真知者的生活道路"时空体为基础，道路通过自以为是的无知，通过自省的怀疑和认识自己，引向真正的认知，后来增加了一系列哲学学派的考试，最后这个模式还包含了危机和蜕变因素。

希腊型的雄辩体自传及传记是现实中人们公开赞扬或公开介绍形诸文字的民众政治行为，最主要的特点在于其外部的现实的时空体。这个现实的时空体公开描绘了自我或他人的生活，这里人的形象没有任何属于私下的、个别的、隐秘的东西，受公众和国家的监督和考察。自传及传记的区别仅在于一个是对待自己生活的态度，另一个是对待他人生活的态度，性质上都一样，都是对待生活的态度。由于古典时期的希腊文化里，任何存在，包括思维，都是看得见，听得到，所以公共的自我意识自传体形式的时空体中，人的形象是"整个是由内向外的"，[①] "人的本身并没有任何听不到、看不见的核心，因为他整个是可以看见可以听到的，整个是外向的"[②]。也就是说，人没有内在的人、私下的人，所有的自我意识都是公开的、完全外在化，比如文学作品中主人公不加节制地哭，说哭就哭等，会以一种十分强烈的方式公开表达自我的情感。巴赫金指出，人的完全外在化，是在人类有机的集体中，"在民间"实现的，因此，当人外在地生存在一个外在的场所时，就形成人的外在整体统一性，人的形象就具有了公共的性质。

在希腊哀悼词的时空体中，由于哀悼词的出发点是攫取被哀悼人成熟且精力充沛的阶段，塑造出一定的理想形象，所以人的形象总是简单而美好，缺少人的形成和发展过程。第一部自传——伊索克拉底自传的时空体是向公众做一个公开的关于自己一生的颂扬性报告。报告以私人物质生活因素、雄辩术教师职业因素、社会国家因素以及哲学思想等共同组合形成一个完整统一的、美好的人物形象，个人的自我意识仅存在于私人物质生活因素中，至于其他个人隐秘的、独特的因素，就完全没有被考虑在内。

罗马的自传和回忆录是依托现实家庭和家族生活的时空体。由于罗马

---

① 〔苏〕米哈伊尔·巴赫金：《长篇小说的时间形式和时空体形式》，白春仁译，载钱中文主编《巴赫金全集》第三卷，白春仁等译，河北教育出版社，2009，第321页。

② 〔苏〕米哈伊尔·巴赫金：《长篇小说的时间形式和时空体形式》，白春仁译，载钱中文主编《巴赫金全集》第三卷，白春仁等译，河北教育出版社，2009，第322页。

的家庭是与国家融为一体的家庭，家长握有国家权力，是家族宗族的偶像，国家的偶像，祖先是民族理想的代表，所以罗马自传和回忆录的自我意识是以家庭和家族为背景，指向家族和祖先，意图后代能够代代相传，这就造成这个自我意识不可能会是私下的、个人的、隐秘的自我意识，而是具有深刻的公共性、历史性和国家性。此外，罗马的自传和回忆录还有"prodigia"的作用，即征兆和释意的作用，这是用来理解和组织自传的原则。"prodigia"是国家命运的标志，预示着幸福或灾难。罗马的自传和回忆录里个人的命运与国家的命运融合在一起，命运好的统治者将会给国家带来幸福，因此罗马的自传和回忆录里"幸福"的范畴不再是个人的、私下的幸福，而是公共的、国家的幸福。"幸福"的范畴私人化是在以后的年代里才开始出现的。

罗马和希腊化时期的"关于自己的著述"则是通过把自己作品依次排列，显示出时间的历史轨迹，并使时间得以客观化地呈现。这里的自我意识开始集中到自身和自我的生活，有了某种新型的公共性。

2. 传记体形式的时空体

罗马和希腊化时期成熟的传记形式受亚里士多德描绘人物方法的影响，出现一种"描绘性格的颠倒法"。它排除了性格的成长过程，把人的少年时期仅仅理解为成熟的先兆。罗马和希腊化时期传记体主要分为两大类型，一个是唯能型，另一个是分析型。

唯能型传记体的"能"是根据亚里士多德对"能"的理解，认为"能"就是在行动、话语及其他表现中展开的人的个性。在这里，人的个性不会为了他人而去特别表露或外露行动、话语及其他表现，人的个性不脱离行动、话语及其他表现来单独存在，也没有存在于行动、话语及其他表现之前或之后，人的个性就存在于这些行动、话语及其他表现中，反过来说，这些行动、话语及其他表现就是人的个性。个性一旦离开了行动、话语及其他表现，就等于个性离开了自己的"外露性、成熟性和可闻性"，[1] 个性就无法成为充分的现实，充分的存在。行动、话语及其他表现越充分，个性的存在也就越充分。因此，唯能型时空体在塑造人物形象

---

① 〔苏〕米哈伊尔·巴赫金：《长篇小说的时间形式和时空体形式》，白春仁译，载钱中文主编《巴赫金全集》第三卷，白春仁等译，河北教育出版社，2009，第329页。

时，需要依靠描写人的行动、话语及其他表现来构建一个稳固的人的形象。展示性格的历史现实和所处环境只为人在行动、话语及其他表现中外露人的个性而服务，不影响个性的发展。唯能型时空既不形成个性，也不创造个性，只是帮助实现个性而已。

分析型传记体是以项目来展开的。这些项目包括：社会生活、家庭生活、战时表现、对朋友的态度、值得记录的名言、美德、罪过、外貌、风度等。人的个性特点和品格，主要依据不同性质不同时间的事情经历来分门别类地列入上述各个项目中。这里时空关系不再以时间为主导因素，而是以人的性格整体性为主导因素，因此出现传记时间被打乱的情况。

3. 单个的自我意识雄辩体变体（雄辩体变体时空体）

单个的自我意识雄辩体包含三个变体：第一种变体是讽刺挖苦地或幽默地描绘自己和自己的生活，个人的、私下的因素被以讽刺和幽默的方式加以表现，而不是以肯定自己的方式出现。第二种变体是私室雄辩体形式，即在友善亲密的氛围里展示人的私室的自我意识。之前在传记中用以展示自我意识的一系列范畴，如成功、幸福、功绩等，开始由公共的、社会的、国家的意义，转到个人的私下的意义。大自然也被纳入个人私室世界里，由此产生了风景，成了人的视野和环境。由于人的形象从公共的、外露的广场生活开始转移到闭锁的、私下的个人生活，人的形象也就开始丧失庄重的仪态和完全的公共外在性。第三种变体是独自对语型，这个时空体出现对待自己本人、对待自身之"我"的一种新态度。[①] 单个的自我意识不需要他人，只依靠自身，在思想领域里寻求精神支柱和最高裁决，甚至有时还出现与"他人"看法的斗争。在独自对语型中，个人隐秘生活事件对个人生活意义重大，但对他人影响甚微，几乎不具有社会政治意义。

三　拉伯雷型时空体

拉伯雷在小说中创作了各种各样别出心裁、荒诞奇特的形象，如饮食、死亡、性、小丑、笑、出生等，这些形象既复杂又矛盾，并且还引进了许多事情之间古老的关联，隐藏着许多感受时间的特定形式以及时间和

---

① 〔苏〕米哈伊尔·巴赫金：《长篇小说的时间形式和时空体形式》，白春仁译，载钱中文主编《巴赫金全集》第三卷，白春仁等译，河北教育出版社，2009，第333页。

空间的特定关系，即特定的时空体。拉伯雷小说作为描写新型的和谐而完整的人、描写人与新的交往形式的时空体，具有"十分引人注目的不同寻常的时空规模"。①拉伯雷小说中的人以及他生活中一切行为、一切事件与时空存在特殊关系，大致可以归纳为三种类型：价值与时空规模的正比关系，事物与思想不合逻辑的毗邻关系，肉体与文字的肯定关系。

在拉伯雷的时空世界里，价值与时空规模成正比关系。也就是说，在拉伯雷看来，一切有价值的东西，一切优质的东西，应该使其价值和优质尽可能地充塞在整个时空里，时空有多长多大，它们也应该有多长多大；而且真正有价值的东西，必然有力量在时空里扩展；一切没有价值的东西、一切劣质的东西，必然在时空里要走向消亡；只是在消亡的过程中，没有价值的东西、劣质的东西还企图使用虚假的彼岸时空来弥补它们的萎缩；价值与时空始终不可分割，没有分或合的过程。价值与时空规模的正比关系被拉伯雷用来与中世纪宗教世界时空观进行对比。在那个时空世界里，现实的时空是浮生和罪恶的源头，没有价值和意义，而且以一切小的、软弱的东西来象征大的、有力的东西，以瞬间来象征永恒，以彼岸时空的虚无存在来消解现实时空的物质存在。拉伯雷通过价值与时空规模的正比关系与中世纪宗教世界时空观进行激烈论辩，力图摆脱彼岸世界观中没有价值和意义的东西，摆脱彼岸纵向时空的象征和等级，摆脱彼岸世界"安提菲齐斯"生育出的彼岸思想畸形者的感染，从而建立一个对现实时空特别信任的世界观，激发人们对广袤时空产生积极探寻的激情。

为了净化和再现时空的规模和价值，在拉伯雷的时空世界里，事物与思想被建立起不合逻辑甚至难以想象的毗邻关系。在中世纪宗教世界时空体里，事物与思想之间的联系渗透着宗教思想和官方思想建构起来的等级关系，又被种种臆想出来的彼岸高低层次所分割，其间还有语言被谎言遮蔽，因此造成美好事物之间无法形成本质的联系，事物与事物之间互相远离，词语与思想之间虚假联系。拉伯雷看起来貌似不合逻辑的毗邻关系，目的在于破坏事物与思想之间普通的毗邻关系，即事物与思想之间已有的、习惯性的联系，切断事物与思想之间虚假的等级关系，消除宗教思想

---

① 〔苏〕米哈伊尔·巴赫金：《长篇小说的时间形式和时空体形式》，白春仁译，载钱中文主编《巴赫金全集》第三卷，白春仁等译，河北教育出版社，2009，第356页。

和官方思想臆想出来起割裂作用的高低层次，破坏宗教思想和官方思想描绘的虚假彼岸图景。这种不合逻辑的毗邻关系实质上存在逻辑性，即顺应事物与思想的本性，解放所有事物和思想，让它们以活生生的机体和多样的品格互相直接接触，重新结合。这种事物与思想之间新的毗邻关系，以一个内在的现实必然性重构出一个新的世界图景。不合逻辑的毗邻关系用以打破或者否定旧世界旧图景的武器是拉伯雷式的笑。拉伯雷式的笑不仅破坏了传统的联系和臆想的层次，还揭开事物与思想之间本来的、显而易见的、直接的毗邻关系。拉伯雷把事物传统之间的联系分割开来，把被传统远离的事物结合起来，建立起不合逻辑的毗邻关系，主要采取各种各样系列的办法来实现。这些系列可以归纳为以下十大类：生理解剖学角度的人体系列、服饰系列、食物系列、饮酒和醉酒系列、性系列、死人系列、大便系列、日用品系列、动物系列、死亡系列。这十个系列都与人和人的生活有关，各有逻辑，各有重点，根据需要交错发展。

在拉伯雷的时空世界里，肉体和文字存在肯定关系。在中世纪禁欲的彼岸思想中，肉体被认为是一具易朽的人体，所以在思想上和文字上极力排斥肉体，否定肉体存在的积极意义；不阐发不思考肉体生活，否定肉体生活的现实意义。"不得文字表现、失去意义的肉体生活，只可能是放荡的、粗野的、肮脏的，是自我毁灭。在文字和肉体之间隔着一个深渊。"①拉伯雷坚信人体及其生命具有不同寻常的复杂性和深刻性，人体必须在现实时空世界里拥有与中世纪禁欲的彼岸思想完全相反的地位和意义，肉体必须得到文字的充分肯定和表达。为此拉伯雷主要从四个方面——生理解剖角度、小丑寡廉鲜耻角度、怪诞类比角度以及民间文学角度——对人体进行描绘，帮助人体获得具体的现实性、物质性，与人发生物质的而非象征的时空联系。这样人体成为测量世界的尺度。人体的大小成为衡量世界大小的尺寸，人体可以判定世界对人的现实分量，人体可以衡量世界对人的价值意义，人体使世界躯体化、物质化、可量化，从而恢复了肉体的文字表现和意义，恢复了古希腊罗马精神中人的外在化、不可言传私生活的彻底被言传，恢复了文字与意义的真实性和物质性，最终落实了文字对肉

---

① 〔苏〕米哈伊尔·巴赫金：《长篇小说的时间形式和时空体形式》，白春仁译，载钱中文主编《巴赫金全集》第三卷，白春仁等译，河北教育出版社，2009，第360页。

体的肯定关系。

拉伯雷时空世界中的主要人物，如高康大、庞大固埃等大人物形象，充分体现价值与时空规模的正比关系，事物与思想不合逻辑的毗邻关系以及肉体与文字的肯定关系。高康大、庞大固埃规模庞大，就如歌德论大人物那样："比较大的人物只不过大在量上而已，他同多数人一样有美德也有缺点，只是数量都很多。"① 巴赫金称赞拉伯雷的大人物为"人的高级阶段"，因为在这种伟大中是对人的本质的赞扬。不过拉伯雷式时空体的人体观最重要的还是要传递人的和谐、人的完善和人的中心化的人文思想。

拉伯雷创作的怪诞的、讽刺模拟的、丑角式的人体系列，是一种人体构造及其生活的表现，更是一种事物、思想与人体和谐相处的表现，因为所有事物现象都能与人体发生直接接触。这主要依靠语言毗邻关系将事物与人体结合在一个语境里，一个句子中，一个词组中。比如拉伯雷会采用"驴唇不对马嘴"这样的语言毗邻逻辑，会采用詈骂的语言毗邻逻辑，甚至会采用亵渎行为的语言毗邻逻辑等，将被中世纪宗教社会、社会制度、世界观、评价体制所摒弃的话语关系，制造成打破常规的、奇特的、又不难理解的事物与人体相关联的词语、人体形象和世界图景。事物与人体直接接触还依靠直接宣传身体文明和身体和谐发展来实现。例如拉伯雷主张人文主义教育、重视各种卫生和体育活动、提倡得到体育锻炼和谐发展的健美文明的人体，就连德廉美修道院也十分讲究身体文明。

关于人的完善和成长问题，巴赫金认为，"在人类生命的集体世界和历史发展的世界上，人的死既没有开创什么的意义，也没有什么了不起的结束的意义"②。高康大在家书中指出，人重要的不是自己躯体的永存，而是自己美好愿望和追求的永存。相较于基督教衰老灵魂在彼岸永生的思想，拉伯雷通过高康大的家书传达一个历史发展的人体形象，即希望老朽的父辈能够在儿孙新的青春中重现美好年华，人间举目可视的形象应该是代代相传的美好体态，是可以延续的人世间的成长和发展，是可以不断得到完善的人。

---

① 〔苏〕米哈伊尔·巴赫金：《长篇小说的时间形式和时空体形式》，白春仁译，载钱中文主编《巴赫金全集》第三卷，白春仁等译，河北教育出版社，2009，第435页。

② 〔苏〕米哈伊尔·巴赫金：《长篇小说的时间形式和时空体形式》，白春仁译，载钱中文主编《巴赫金全集》第三卷，白春仁等译，河北教育出版社，2009，第396页。

拉伯雷式时空体的人体代表的是首创性和人的中心化的人文立场，因为拉伯雷是第一次尝试以人为中心来建构一个新世界新图景的作家。拉伯雷所有的打破和重构的目的只在于要"建立一个体魄和精神浑然一体的人为中心的新图景"。① 被中世纪禁欲的彼岸思想踩在脚底的人体，被拉伯雷俯拾起来，打造成价值与时空规模成正比、毗邻关系不合逻辑、得到文字肯定的人体，是拉伯雷同中世纪禁欲主义的彼岸思想和放荡粗野的现实进行辩论和对抗的最佳选择。

　　在拉伯雷式时空体中，人的笑具有特殊作用。巴赫金所说的笑不是指生理行为和心理行为的笑，而是指社会历史文化中客观化了的笑。在古代综合体基本成分中，自然、爱情、家庭、生育、死亡在许多小说中都得到哲理上的升华，唯独笑没有得到应有的重视。在巴赫金看来，笑在任何时候都不具有正式性，最自由，也最不受约束，甚至笑没有沾染上一般的陈词滥调、致命的官腔。拉伯雷敏锐地感受到笑的本质，把笑纳入否定世界、解构世界的用途中来。拉伯雷把笑与死亡并排构成毗邻关系，打破了语言与思维的刻板模式，瓦解了事物与思想的习惯关系，通过可笑地描写死亡，使死亡形象变得荒诞可笑，如被尿淹死、葡萄核噎死、被屁憋死、葡萄酒桶淹死、因笑致死、生育致死，等等，所以巴赫金说拉伯雷"尽描绘快活的死"。② 拉伯雷的笑纯洁和净化了现实事物，让现实事物脱离了一起瓦解它们、歪曲它们本质的崇高语境，重新回到现实语境中。"在这里一切的历史局限似乎全已取消，被笑扫除干净。"③ 在拉伯雷式时空体中，笑与死亡、饮食、生育毗邻，不但清晰地呈现出拉伯雷笑的本质、笑的来源与传统，更重要的是显现出笑所产生的激进力量，这就是笑可以自由地揭示蕴藏在人身上的所有潜力。

四　田园诗时空体

　　不管田园诗的类型和变体有多少不同，田园诗时空共同性在于：时空

---

① 〔苏〕米哈伊尔·巴赫金：《长篇小说的时间形式和时空体形式》，白春仁译，载钱中文主编《巴赫金全集》第三卷，白春仁等译，河北教育出版社，2009，第396页。

② 〔苏〕米哈伊尔·巴赫金：《长篇小说的时间形式和时空体形式》，白春仁译，载钱中文主编《巴赫金全集》第三卷，白春仁等译，河北教育出版社，2009，第387页。

③ 〔苏〕米哈伊尔·巴赫金：《长篇小说的时间形式和时空体形式》，白春仁译，载钱中文主编《巴赫金全集》第三卷，白春仁等译，河北教育出版社，2009，第433页。

中生活及其事件对地点具有附着性、黏合性，即祖国山河、家乡岭谷、自家房屋；在这有限的空间里，世代相传的局限性生活却无限绵长。田园诗内容共同性在于：严格局限于为数不多的基本生活事实，如爱情、诞生、死亡、结婚、劳动、饮食、年岁，这些事实在狭小的田园诗世界里具有同等的价值，彼此之间相互接近，没有对立。田园诗人的形象共同性在于：人的生活与自然界生活融合在一起。田园诗存在古代的各种毗邻关系，如饮食与劳动的关系、饮食与节日的关系、饮食与家庭的关系等。

随着社会的发展，18 世纪文学提出时间问题，并且时间问题也得到哲学上的认识，于是田园诗的时间开始与城市碎片化的时间，甚至与历史时间形成对比，由此田园诗形式获得重大的意义，开始对现代长篇小说产生巨大影响。田园诗的影响主要表现在五个方面：对地方乡土小说的影响、对卢梭式感伤小说的影响、对家庭小说和家族小说的影响、对田园诗瓦解主题小说的影响，以及对小说中来自民间人物的影响。

在地方乡土小说中，乡土的原则就是世代生活过程与有限的地方保持着不可分割的联系。乡土小说通过复现田园诗式的时空关系和毗邻关系，保持了田园诗一样的年岁和生活过程的周期性、循环性，主人公也是田园诗里的主人公，如农夫、手工业者、乡间牧师、乡村教师等。乡土小说的问题在于文学时间受限，无法升华人物形象的社会历史意义，人的生长原地不动，停留在历史的某个点上。

卢梭式感伤小说改造了田园诗的时间和毗邻关系，如把古代综合体基本成分的自然、爱情、家庭、生育、死亡独立出来，在崇高的哲理上加以升华为世界生命的某种永恒、伟大、明智的力量；赋予这些古代综合体基本成分以个人意识，不但使这种个人意识成为观察的视角，而且这种个人意识还具有医治、净化、安慰的力量，因此卢梭式感伤小说的主人公都是具有内心世界的人物，他们试图通过接触大自然接触普通人来医治自己，学习对待生死问题的明智态度。在卢梭式感伤小说中，改造田园诗的目的在于想重新进入已失去的理想的人类田园生活状态。

家庭小说和家族小说已经脱离田园诗的狭小世界，生活时间也与田园诗有限的局部空间相脱离，主人公在成家立业之前到处漫游，不过主人公的发展以回归狭小家庭为结局。这里的时空重在反映人性与反人性的斗争，表达家庭世界是巨大冰冷的他人世界中一个给人温暖的、真正恢复人与人之间关系的地方，而且在这样的家庭世界里还重现了古代的毗邻关系，如爱情、婚姻、生育、重逢、父母安乐晚年等，但也有家庭小说描写的是异己力量闯进，对家庭世界构成毁灭性破坏。

田园诗瓦解主题小说对瓦解的诠释不尽相同。在歌德、哥尔斯密、让·保罗这一脉来说，强调田园诗中人本身的深刻的人道精神和人与人之间的人道关系；有田园诗瓦解主题小说强调田园诗生活与大自然有机融合的整体性，突出非机械化田园诗般的劳动；最后还有的强调田园诗里没有脱离劳动的物品，这些物品与劳动及田园诗里日常生活紧密联系；同时得以强调的就是田园诗里狭小世界的狭窄性和封闭性。田园诗瓦解主题小说目的是想在庞大而抽象的他人世界里，寻找一个新的基础，把离散自私的人、分工化的机械劳动、脱离劳动性质的物品重新聚拢在一起，使这个大世界能够变成有人道精神的世界。在歌德的《浮士德》第二部和《维廉·麦斯特的漫游时代》里，就提出需要一个能够囊括全人类的新集体来代替田园诗里有限的集体，所以歌德教育小说的观点就很明确地定义为教育自己或改造自己，歌德希望人要会把握世界，把世界改造成属于自己的世界。巴赫金指出，"这一教育过程，是同破坏一切田园诗中的旧关系联系在一起的，是同人的脱离故土联系着的。人的自我改造的过程，在这里溶进了整个社会瓦解和改造的过程，亦即溶进了历史进程"①。

小说中存在许多来自民间的人物，这种情况很多就是受田园诗的影响。这些小说中的人物代表对生死的一种明智态度和豁达心态。与这一形象联系在一起的，就是对饮食、爱情、生育的特殊毗邻关系。最重要的是这些人物形象是永恒的生产劳动的代表，他们常常表现出对官方陋习理所当然的不理解。

综上所述，巴赫金认为时空体决定着文学作品与现实生活二者在艺术上的统一。文学作品中不论时间还是空间都具有各自的价值和情感，时空就是组织小说情节的中心，情节在时空中得到充分的展示和发展，获得了具体性、物质性和历史性。人物形象同样具有时空性，把握住了人物的时间性，就把握住了形象的历史现实性。文学小说中，时空体是多种多样

---

① 〔苏〕米哈伊尔·巴赫金：《长篇小说的时间形式和时空体形式》，白春仁译，载钱中文主编《巴赫金全集》第三卷，白春仁等译，河北教育出版社，2009，第427页。

的，同一部小说中也会存在多种多样的时空体。这些时空体的关系是对话性的，是作者、读者、主人公的对话。

第二节　狂欢修辞哲学

巴赫金指出陀思妥耶夫斯基按照复调原则组织小说，体现了狂欢化精神。巴赫金在研究陀思妥耶夫斯基复调小说时讲到陀思妥耶夫斯基创作特点同欧洲惊险小说的传统有联系，所有各类惊险小说"在他的作品中留下了深刻的印记"。① 陀思妥耶夫斯基小说主人公与欧洲惊险小说主人公很相似。惊险小说主人公没有固定的社会典型特质和个人性格特征，没有确定不变的形象，能够遭遇各种各样事变。陀思妥耶夫斯基小说主人公同样具备惊险小说主人公以上特点，这样主人公就可以既不受性格影响，也不受社会环境决定，参与种种事件，承受惊险情节。巴赫金同意列昂尼德·格罗斯曼对陀思妥耶夫斯基引入惊险世界是为了使叙述扣人心弦，可以有各种奇遇，将崇高和怪诞进行结合的观点，不过巴赫金提出惊险情节对陀思妥耶夫斯基小说主人公有三个功能的作用：第一，惊险情节就像是穿在主人公身上的衣服，可以随意更换；第二，惊险情节十分关注主人公的未确定以及出人意料；第三，惊险情节可以用于考验思想：惊险情节把主人公放在一个不同寻常的环境里，与其他人产生奇遇，发生冲突，"其目的在于考验思想和思想的人，也就是'人身上的人'"②。巴赫金特别指出惊险小说的惊险性同尖锐的问题性、对话性、自白、生平录、说教的结合，不是亘古未有的东西，"新就新在陀思妥耶夫斯基按复调原则运用和理解这种体裁的结合上"③。因此要深入了解巴赫金狂欢修辞哲学思想，可以从巴赫金对陀思妥耶夫斯基复调小说所使用体裁的渊源、特点、影响、作品的剖析入手，进而得以一窥狂欢修辞哲学的概貌。

---

① 〔苏〕米哈伊尔·巴赫金：《陀思妥耶夫斯基诗学问题》，白春仁、顾亚铃译，载钱中文主编《巴赫金全集》第五卷，白春仁等译，河北教育出版社，2009，第132页。

② 〔苏〕米哈伊尔·巴赫金：《陀思妥耶夫斯基诗学问题》，白春仁、顾亚铃译，载钱中文主编《巴赫金全集》第五卷，白春仁等译，河北教育出版社，2009，第136页。

③ 〔苏〕米哈伊尔·巴赫金：《陀思妥耶夫斯基诗学问题》，白春仁、顾亚铃译，载钱中文主编《巴赫金全集》第五卷，白春仁等译，河北教育出版社，2009，第136页。

一　陀思妥耶夫斯基复调小说狂欢化渊源

（一）狂欢节

欧洲小说体裁主要有三个基本来源——史诗、雄辩术和狂欢节，其中狂欢节指"所有狂欢式的庆贺活动的总和"，"是仪式性的混合的游艺形式"，"是没有舞台、不分演员和观众的一种游艺"，狂欢节不是一种文学现象。① 狂欢节里包含了狂欢节世界感受的四大范畴：第一，亲昵。被生活中不可逾越的等级割裂开的人们，在狂欢的广场上形成随便而又亲昵的接触，这决定了狂欢式的自由姿态，还决定了狂欢坦率的语言。第二，插科打诨。在狂欢节中，人与人之间以一种具体感性的、半现实半游戏的形式，表现出一种插科打诨的新型关系。第三，俯就。狂欢节使神圣与粗俗、崇高与卑下、伟大与渺小、明智与愚蠢等接近起来，成为一体。第四，粗鄙。狂欢的人群使用粗鄙亵渎话语、骂人话语等将高尚降格，对神圣进行讽刺模拟。

在狂欢节的演出中，笑谑地给国王加冕脱冕是一个非常重要的双重仪式，是狂欢节世界感受的核心所在，它代表了交替与变更的精神、死亡与新生的精神，与此同时，加冕脱冕还具有令人发笑的相对性，因为加冕一开始就蕴含了脱冕的意思，它代表所有事物总是在自身中孕育着否定或死亡，或者相互。简而言之，就是诞生孕育着死亡，死亡孕育着诞生。加冕脱冕仪式转移到文学结构上，就产生了深刻的象征意义、双重性和令人发笑的相对性。狂欢节上火的形象，也带有双重性。这是既毁灭世界又更新世界的火焰。狂欢节上笑的形象，也有深刻的双重性。狂欢节上的笑指向权力和真理的交替以及世界秩序的交替。狂欢节的笑声，是死亡与再生的结合，是否定的讥笑与肯定的欢呼之笑的结合，是无所不包的笑。狂欢节演出的舞台是广场和附近的街道。所有参加狂欢活动的人都聚集在广场，因此广场就有了全民性的意味。

（二）庄谐体

陀思妥耶夫斯基复调小说体裁源自与狂欢节这条线索密切相关的庄谐

---

① 〔苏〕米哈伊尔·巴赫金：《陀思妥耶夫斯基诗学问题》，白春仁、顾亚铃译，载钱中文主编《巴赫金全集》第五卷，白春仁等译，河北教育出版社，2009，第157、158页。

体。庄谐体形成于古希腊罗马古典文化末期和古希腊文化时期，所有庄谐体体裁与其他体裁的差异就体现在"同狂欢节民间文艺有着深刻的联系。它们或多或少都浸透着狂欢节所特有的那种对世界的感受"①。狂欢节世界感受具有相对性，它削弱了庄谐体中雄辩的严肃性和说理性等特点，形成戏谑的气氛。此外，狂欢节的世界感受还具有强大的改造力量，只要多少与庄谐体有联系的体裁，都会"保存狂欢节的格调"。②巴赫金认为狂欢节世界感受产生的巨大改造力量使所有庄谐体体裁形成三个共性：第一，庄谐体的对象，或者说是理解、评价和表现现实的出发点，是十分鲜明又十分尖锐的时代性；第二，庄谐体有意依靠经验和自由的虚构，而不是依靠传说，来引发读者兴趣；第三，庄谐体都是杂体性和多声性，它拒绝单体性或者说修辞的统一性。巴赫金特别指出："如果文学直接地或通过一些中介环节间接地受到这种或那种狂欢节民间文学（古希腊罗马时期或中世纪的民间文学）的影响，那么这种文学我们可以拟称为狂欢化的文学。"③庄谐体文学就属于狂欢化文学。

（三）狂欢化文学

狂欢节上大型的群众性戏剧演出或者个别的狂欢节表演，犹如一套表示象征意义的具体的感性形式的语言，分解式地表现了统一的狂欢节世界观。这套语言可以在一定程度上转化为同它相近的艺术形象的语言，即文学的语言。狂欢节转为文学的语言就是巴赫金他们所谓的狂欢化。狂欢节的庆典活动造就了许多民间语言写成的诙谐文学和讽刺模拟文学。巴赫金提到，到文艺复兴时期，狂欢节的潮流打破许多壁垒进入了常规生活和常规世界观领域，首先席卷了正宗文学几乎所有体裁，"整个文学都实现了十分深刻而又几乎无所不包的狂欢化"④。在狂欢节世界感受的基础上，形

---

① 〔苏〕米哈伊尔·巴赫金：《陀思妥耶夫斯基诗学问题》，白春仁、顾亚铃译，载钱中文主编《巴赫金全集》第五卷，白春仁等译，河北教育出版社，2009，第138页。
② 〔苏〕米哈伊尔·巴赫金：《陀思妥耶夫斯基诗学问题》，白春仁、顾亚铃译，载钱中文主编《巴赫金全集》第五卷，白春仁等译，河北教育出版社，2009，第138页。
③ 〔苏〕米哈伊尔·巴赫金：《陀思妥耶夫斯基诗学问题》，白春仁、顾亚铃译，载钱中文主编《巴赫金全集》第五卷，白春仁等译，河北教育出版社，2009，第138页。
④ 〔苏〕米哈伊尔·巴赫金：《陀思妥耶夫斯基诗学问题》，白春仁、顾亚铃译，载钱中文主编《巴赫金全集》第五卷，白春仁等译，河北教育出版社，2009，第168页。

成狂欢化的文学体裁结构以及世界观。"文艺复兴是狂欢生活的顶峰，之后便开始走下坡路。"① 巴赫金分析指出，在 17 世纪下半期以前，人们都还是直接参与狂欢节的演出，直接获得狂欢节的世界感受，狂欢节本身就是生活的一种形式，因此狂欢化文学也具有直接的特点。"狂欢化的渊源，就是狂欢节本身。"② 此时的狂欢化不但体现在文学作品的内容上，还体现在体裁基础上。到 17 世纪下半期，狂欢节不再是狂欢化的直接来源，已然狂欢化的文学取代了狂欢节的地位，并成为文学的一种传统。

（四）　狂欢化体裁

陀思妥耶夫斯基复调小说是庄谐体的变体——巴赫金称之为"对话型"。"对话型"庄谐体小说主要受两个对话型狂欢化体裁影响：苏格拉底对话体与梅尼普体。狂欢节世界感受四大范畴在苏格拉底对话体中有所表现，在梅尼普体中则表现得十分鲜明。

以苏格拉底对话体流传下来的只有柏拉图和色诺芬的对话，其他人的创作所剩无几。在巴赫金看来，苏格拉底对话体不是雄辩术的演说体裁，也不是史诗和悲剧，而是狂欢式体裁，是在民间狂欢节基础上成长起来的，具有明显的狂欢节世界感受的特点。苏格拉底对话体的基础是苏格拉底对于真理及人们对真理的思考都具有对话本质的民间见解，这种民间见解基础就是狂欢节的世界感受。不过狂欢节的世界感受决定得了苏格拉底对话体的形式，却无法决定这一体裁的内容，因此随着内容独白化的逐步发展，苏格拉底对话体最终解体，失去了与狂欢节世界感受的联系，后来完全蜕变为问答体。尽管如此，苏格拉底对话体的狂欢节世界感受仍然为"对话型"狂欢化小说带来巨大影响：第一，狂欢节世界感受不但使对话的人们相互之间的常规距离消失，产生了亲昵关系，而且人们与真理之间也同样保持着亲昵关系。第二，苏格拉底对话体采取两种基本手法：对照法和引发法。对照法就是对同一事物不同观点加以对比。引发法是以话激话，引起对方说话。对照法和引发法把思想引导出来变成对语，形成人与

---

① 〔苏〕米哈伊尔·巴赫金：《陀思妥耶夫斯基诗学问题》，白春仁、顾亚铃译，载钱中文主编《巴赫金全集》第五卷，白春仁等译，河北教育出版社，2009，第 168 页。

② 〔苏〕米哈伊尔·巴赫金：《陀思妥耶夫斯基诗学问题》，白春仁、顾亚铃译，载钱中文主编《巴赫金全集》第五卷，白春仁等译，河北教育出版社，2009，第 170 页。

人之间的对答交际。第三，苏格拉底对话体的主人公都是思想家，不但如此，就连所发生的事件都是思想里的事件，都是在探索和检验真理。第四，苏格拉底对话体还采用了对话中的情节场景，特别是生命临终前的情节场景，有一种"生命边沿上的对话"的意味。巴赫金指出，真正"生命边沿上的对话"体裁得以流传是在古希腊罗马文学时期，中世纪文学时期，以及后来的文艺复兴、宗教改革时期的文学中。第五，苏格拉底对话体开始出现思想的形象，即在对话过程中，思想与思想者形象有机结合，形成思想"处于萌芽状态的形象"。① 巴赫金认为："这离后来的'死人的对话'，只有一步之遥了。……不过'苏格拉底对话'没有迈出这一步。"② 苏格拉底对话体在狂欢节世界感受里减弱了狂欢节的笑声，削弱了笑的比重。苏格拉底对话体存在时间不长，在它解体的过程中又形成了其他几种对话体，其中包括梅尼普体。

梅尼普体的"梅尼普"名称来自公元前 3 世纪创造这个讽刺体裁的加达拉哲学家梅尼普，"梅尼普体"则来自公元前 1 世纪罗马学者发禄（Varro）对自己讽刺作品的命名。梅尼普体得到完整流传的是卢奇安写的"梅尼普讽刺"系列作品。"梅尼普讽刺"对欧洲文学影响巨大，"在文学中成了狂欢节世界感受的主要代表者和传播者之一，直到今天"③。梅尼普体的狂欢本质表现得极为突出，有的梅尼普体如发禄就是直接描绘狂欢节的各种庆典。巴赫金归纳梅尼普体狂欢节世界感受特点共十四处。

第一，梅尼普体在狂欢节世界感受里增加了笑的比重，尽管这一比重有消退和增长的变化。第二，梅尼普体可以有极大自由虚构情节和哲理。第三，梅尼普体所创造的奇遇，目的不是用于考验主人公的性格，而是主人公的思想，即考验主人公在世界里的哲理立场。可以说，"梅尼普体的内容是某一思想或真理在世界上（包括人间、地域和奥林匹斯山）的探险"。④

---

① 〔苏〕米哈伊尔·巴赫金：《陀思妥耶夫斯基诗学问题》，白春仁、顾亚铃译，载钱中文主编《巴赫金全集》第五卷，白春仁等译，河北教育出版社，2009，第 144 页。
② 〔苏〕米哈伊尔·巴赫金：《陀思妥耶夫斯基诗学问题》，白春仁、顾亚铃译，载钱中文主编《巴赫金全集》第五卷，白春仁等译，河北教育出版社，2009，第 144 页。
③ 〔苏〕米哈伊尔·巴赫金：《陀思妥耶夫斯基诗学问题》，白春仁、顾亚铃译，载钱中文主编《巴赫金全集》第五卷，白春仁等译，河北教育出版社，2009，第 146 页。
④ 〔苏〕米哈伊尔·巴赫金：《陀思妥耶夫斯基诗学问题》，白春仁、顾亚铃译，载钱中文主编《巴赫金全集》第五卷，白春仁等译，河北教育出版社，2009，第 148 页。

第四，梅尼普体将思想和思想的人同罪恶、堕落、卑鄙以及庸俗结合在一起，将哲理的对话、崇高的象征、惊险的幻想以及贫民窟自然主义有机结合在一起。第五，梅尼普体是解决生与死"最后问题"的一种体裁，因此总是竭力写出边沿上的人决定性的话语和行为，力求包罗万象，力求每一句话、每一个行动都可以反映出整个人的思想以及整个人的生活。第六，梅尼普体里，对话中的情节场景出现三点式结构：从人间到奥林匹斯山，到地狱。这种三点式结构的"边沿上的对话"，影响了文艺复兴时期和宗教改革时期的文学，出现了"天堂入口的文学"和"死人谈话的文体"。三点式结构的情节场景充满狂欢节特征，如奥林匹斯山上随意不拘的亲昵态度，仿佛就是人间的狂欢广场，而地狱也被狂欢化成愉快的地狱。第七，梅尼普体出现"实验性幻想"视角，即居高临下地俯视和观察生活，许多现象由此被剧烈改变自己形体的大小。第八，梅尼普体出现梦境、幻想、癫狂，它们不仅具有题材意义，还有形式上的意义和体裁上的意义，它们帮助读者发现主人公身上可能存在另一个人，过另一种生活，从而使主人公失去史诗和悲剧的整体性和完成性，而且主人公与自己本身的对话态度，也导致主人公失去整体性和完成性。第九，梅尼普体出现闹剧和插科打诨，它们打破了史诗和悲剧世界的完整性，打开了不可动摇的正常事件进程，摆脱了约定俗成的常规和常理。第十，梅尼普体钟爱剧烈的变化更迭，回转于高低之间、升降之间，甚至可以将相去甚远的东西组合在一起。第十一，梅尼普体包含社会乌托邦成分，常常表现梦境或未知国度。第十二，梅尼普体常常出现文体镶嵌和文体混合的插入体裁，目的在于讽刺性模拟。第十三，插入体裁为梅尼普体增强了多体和多声的性质。第十四，梅尼普体常常对思想现实作出尖锐的反应，具有新闻性、政论性、讽刺性和尖锐的现实性的特点。这种现实的政论性总是与梅尼普体其他特点有机结合。

　　梅尼普体不但把生活的内容铸进稳定的体裁当中，凭借着内在逻辑将一切因素不可分割地联结在一起，由此获得重大的文学意义。梅尼普体还善于把各种体裁吸纳进来，如梅尼普体吸纳交谈式演说体、自我交谈、筵席交谈等；也善于渗透到其他体裁中成为其中的一个成分，如希腊小说的梅尼普体因素、古希腊罗马空想作品和天神故事里的梅尼普体因素。巴赫金明确指出："事实上，梅尼普体的所有特点，我们都能在陀思妥耶夫斯基那里找到。这的确属于同一个体裁世界，只是在梅尼普体中这一体裁刚刚处于自己发展的初始阶段，而到了陀思妥耶夫斯基那里已达到自己的顶峰。"① "梅尼普体实质上是给陀思妥耶夫斯基全部创作定调子的"。②

在欧洲文学中，从苏格拉底对话体、梅尼普体一直到莎士比亚、塞万提斯、伏尔泰、狄德罗、巴尔扎克、雨果等，都不曾有过复调，但苏格拉底对话体和梅尼普体为复调的诞生做了"重要的"准备，巴赫金敏锐地观察到陀思妥耶夫斯基小说正是利用这两个传统创造出一种新的文学体裁——对话型狂欢化复调小说，成为真正复调小说的"创造者"。③

二 陀思妥耶夫斯基复调小说的狂欢化体裁

（一）陀思妥耶夫斯基短篇小说中的梅尼普体

《豆粒》是陀思妥耶夫斯基最短小的情节小说之一，是典型的梅尼普体。巴赫金认为，虽然这篇小说篇幅不大，却是陀思妥耶夫斯基创作的小宇宙，许多重要的思想、主题、形象，如"没有上帝和心灵的不朽，什么都可以干"的思想，"没有悔恨的自白"、"不顾廉耻的真相"、"最后意识"、"最后问题"等的主题，"都以极端尖锐而坦率的形式"出现，④ 容纳进这篇小说看似狭小的框架里。现将巴赫金对《豆粒》典型梅尼普体特征分析略举一二。

【例1】 "他说你的语言呀，风格老是变，又零零碎碎的。说一句打住了，再说一句，来个插入句，然后在插入句后再来个插入句，接着来个括弧加点什么，完了又是说一句顿一下……"（《豆粒》，第10卷，第343页）

【分析】 陀思妥耶夫斯基小说《豆粒》（1873年）中，最具梅尼普体特点的是讲述人的形象及其语调。讲述人是一个脱离常规生活处于疯狂边

---

① 〔苏〕米哈伊尔·巴赫金：《陀思妥耶夫斯基诗学问题》，白春仁、顾亚铃译，载钱中文主编《巴赫金全集》第五卷，白春仁等译，河北教育出版社，2009，第156页。
② 〔苏〕米哈伊尔·巴赫金：《陀思妥耶夫斯基诗学问题》，白春仁、顾亚铃译，载钱中文主编《巴赫金全集》第五卷，白春仁等译，河北教育出版社，2009，第178页。
③ 〔苏〕米哈伊尔·巴赫金：《陀思妥耶夫斯基诗学问题》，白春仁、顾亚铃译，载钱中文主编《巴赫金全集》第五卷，白春仁等译，河北教育出版社，2009，第235页。
④ 〔苏〕米哈伊尔·巴赫金：《陀思妥耶夫斯基诗学问题》，白春仁、顾亚铃译，载钱中文主编《巴赫金全集》第五卷，白春仁等译，河北教育出版社，2009，第187页。

沿的人，他鄙视所有人也受所有人鄙视。讲述人引述他人话语，讲述人语调显得摇摆不定，不可捉摸，具有双重性性质，而且语调中充满争辩和内在对话性。

【例2】"走去寻开心，碰上葬人的……我想总有二十五年没来过墓地了。这倒是个去处呀！""首先就有股鬼气。拉来了大约十五个死人。盖棺布的价钱差别可大了。甚至还有两个枢车，一个是将军，一个是太太。好多悲恸的面孔，也好多人是假伤心，又有不少人是公开的嬉皮笑脸。僧侣可用不着抱怨了，是笔收入呀。可有鬼气，鬼气！我可不愿在这儿当僧人。""我审视一个个死人的面孔，小心翼翼地；因为我不大相信自己能过目不忘。有的表情温和，有的可不受看。总之那笑脸并不好，有的还……""那儿还没葬完，我就溜达着出了大门。这里现在是所养老院，往前稍走几步就是个饭馆。还不错，是个过得去的铺子，来个小吃什么的还可以。送葬的人，也聚到这儿不少。我看他们挺快活，心绪真还不错。我吃了点，喝了点。"（《豆粒》，第10卷，第343～344页）

【分析】这段话描写墓地和葬礼方面呈现狂欢化的梅尼普体特点，出现特有的亵渎神灵话语，以及死亡—笑—酒筵的双重性象征。

【例3】"他用最简单的事实来解释这一点。那就是：在地上，当我们活着的时候，误认为死了也就完了。可在这里身体似乎得到重生，生命的余力凝聚起来。不过这些只是发生在意识里。这个，我不知该怎么说，好像是生命凭着惯性继续下来。依他看来，一切都凝聚在意识当中，还能生存两三个月……有时甚至半年……例如这里有这么一位，几乎全都散了架，可每过六个多星期，他还会突然嘟哝出个把字来，当然这已经毫无意义了，比方喊叫：豆粒！豆粒！豆粒！就是说，连他的生命也还留有一点暗淡的火花……"（《豆粒》，第10卷，第354页）

【分析】陀思妥耶夫斯基在这里使用引发法，促使死者在彻底死亡前两三个月"意识的最后生命"里，对自己的意识，对"最后问题"进行充分自由的揭示。

《一个荒唐人的梦》是陀思妥耶夫斯基写于1877年的作品。巴赫金指出，就题材看，这部作品几乎囊括陀思妥耶夫斯基各主要题材，不过就体裁而言则明显属于梅尼普体变体，其主要特征表现为"梦幻讽刺"和"幻想游历"。巴赫金认为，在一般欧洲文学作品中，梦不破坏所描绘生活的完整性，也不破坏主人公形象的完整性，梦没有与普通生活形成对立；但是在梅尼普体中，梦就是另一种可能的生活，是"翻了个儿的生活"，由于梦的生活的对照和梦的生活的加冕脱冕，普通生活突然显得奇怪突兀，迫使普通生活里的主人公像个思想家一样重新理解和评价普通生活，这样梦的生活就与普通生活形成对立，成为考验主人公思想的奇特的情节场景。陀思妥耶夫斯基梦的主题是这样展开的：

"是啊，我那时做了这样一个梦，11月3日的梦！现在它还烦扰我，因为这仅仅是个梦。不过，这梦既然告诉了我真理，那么它是梦不是梦，岂不是无所谓吗？要知道如果你有一回了解了真理，看到了真理，那你就会明白它才是真理，再没有别的真理了，不管你是睡着还是醒着。说它是梦就是梦好了，随人说去吧，可是这个生活，人们那样赞美的生活，我却想用自杀把它结束了。但我的梦，我的梦，啊，梦向我赞美了一种新的、伟大的、重生的、有力的生活！"① 巴赫金评价《一个荒唐人的梦》的梦实质上是"危机之梦"。《一个荒唐人的梦》里主人公"最后问题"也得到紧张的表现，主人公觉得自己就要脱离人生的一切准则和义务，对于道德的思考就尖锐地提了出来，如"要是两个时辰以后我就自杀了，这小姑娘和我还有什么想干，还管什么羞愧不羞愧，世上的一切都同我没关系了！……所以我才冲着可怜的孩子跺脚，尖声大叫：'告诉你说，别说可怜你，就是要干不人道的卑鄙勾当，现在我也做得出，因为过上两个小时就全都完了。'"② 巴赫金表示，虽然《一个荒唐人的梦》没有布局上的对话，但主人公的话语贯穿着内在的对话性，所有的话都在与自身、与他人、与世界说话。

短篇小说《温顺的女性》梅尼普体特征表现在情节尖锐的自我交谈引发法、强烈对比、不般配的俯就、道德考验等。《糟透了的笑谈》梅尼普体特征在于道德考验、酒筵上极端不得体的闹剧、充斥着粗俗、脱冕以及双重性现象。《罪与罚》中，拉斯柯尔尼科夫初访索尼娅和诵读福音书情节，梅尼普体特征表现为信仰与无信仰/温驯与傲气的对话体对照、思想

---

① 〔苏〕米哈伊尔·巴赫金：《陀思妥耶夫斯基诗学问题》，白春仁、顾亚铃译，载钱中文主编《巴赫金全集》第五卷，白春仁等译，河北教育出版社，2009，第199页。

② 〔苏〕米哈伊尔·巴赫金：《陀思妥耶夫斯基诗学问题》，白春仁、顾亚铃译，载钱中文主编《巴赫金全集》第五卷，白春仁等译，河北教育出版社，2009，第198页。

家与罪犯/妓女与正经女人的矛盾结合、坦率的"最后问题"、贫民窟里诵读福音书、拉斯柯尔尼科夫与斯维德里加依洛夫的梦。《白痴》中伊波利特的自白、梅什金公爵凉台上狂欢化对话，《群魔》中斯塔夫罗金的自白、斯塔夫罗金与吉洪对话，《少年》中韦尔西洛夫的梦境，《卡拉马佐夫兄弟》中伊万与阿廖沙的对话以及伊万与魔鬼的对话等，所有这些都是相对完整和独立的梅尼普体。梅尼普体决定着陀思妥耶夫斯基小说情节、布局以及结构，同时也决定着主人公形象以及主人公思想的形象。

（二）陀思妥耶夫斯基中篇小说中弱化的笑

笑是狂欢节世界感受的重要构成因素，狂欢节的笑兼具戏谑和欢呼、辱骂和赞扬的双重性，笑中死亡与降生同在，胜利与失败同存，加冕与脱冕同行，因而产生不可低估的改造力量。当狂欢节的笑转入文学，虽然多少会有些变化，但狂欢节笑的性质和作用依然保存，它决定着文学体裁和形象的构建。

早期文学中，狂欢节的笑是强化的，正如巴赫金所看到的，笑冲到了高音区；即使在艺复兴时期的文学里，拉伯雷作品的笑还依然响彻整个狂欢广场。到十八九世纪的文学，巴赫金发现笑声都减弱了，"弱化到了讽刺、幽默以及其他微弱的形式"[①]。即便如此，巴赫金特别指出，"弱化的笑在世界文学中是个重要现象，是对现实一种确定的但却无法译成逻辑语言的审美态度，亦即艺术地观察和把握现在的一种确定的方法，因之也是架构艺术形象、情节、体裁的一种确定的方法"[②]。在陀思妥耶夫斯基中期创作的中篇小说《舅舅的梦》和《斯捷潘奇科沃村和它的居民》中，巴赫金认为这两部作品里可以清晰地听到笑声，依然保存着笑的双重性。

《舅舅的梦》是简单化的外在的狂欢节世界感受。狂欢化主要表现在一次灾难性的闹剧中，小说女主人公老迈的未婚夫公爵被客人们由腿、牙、眼、肋骨、脸、头发、胡子到鼻子被狂欢节解剖式地戏谑和脱冕加冕，就连女主人公玛利亚·亚历山德罗夫娜·莫斯卡列娃也在客人们连叫

---

① 〔苏〕米哈伊尔·巴赫金：《陀思妥耶夫斯基诗学问题》，白春仁、顾亚铃译，载钱中文主编《巴赫金全集》第五卷，白春仁等译，河北教育出版社，2009，第216页。

② 〔苏〕米哈伊尔·巴赫金：《陀思妥耶夫斯基诗学问题》，白春仁、顾亚铃译，载钱中文主编《巴赫金全集》第五卷，白春仁等译，河北教育出版社，2009，第215页。

带骂、呼啦啦来呼啦啦去中，落到昔日荣耀的废墟里，同样被施以狂欢节的脱冕加冕。此外，女主人公年轻的未婚夫教师瓦夏以悲剧性地自我脱冕和死亡，与老迈的未婚夫公爵构成相反相成的双重性整体，即悲剧与诙谐、高雅与粗鄙、肯定与否定的相互映照。

相比较而言，巴赫金认为《斯捷潘奇科沃村和它的居民》的狂欢化要深刻一些。斯捷潘奇科沃村的狂欢节世界感受主要集中在狂欢节之王福马·福米奇·奥皮斯金周围。围绕福马·福米奇的是一群狂欢节形象的人物，如被爱火折磨得发狂的富有女人塔吉雅娜·伊万诺夫娜，爱慕福马·福米奇到发狂地步的将军夫人，不断换高雅姓氏的发狂的马夫维多普列亚索夫，没完没了做梦的傻子法拉莱，幻想找个富有未婚妻的傻子奥勃诺斯金，被迫学习法语的老头加夫里拉，尖刻的小丑叶热维金，倾家荡产的骠骑兵米津奇科夫，怪人巴赫契耶夫等。这些居民在斯捷潘奇科沃村的生活都脱离了常规的轨道，几乎就是"翻了个儿的世界"。巴赫金评价这种狂欢节的笑深刻地揭示了普通生活里主人公们一般不会出现的行为和性格，正如被狂欢化的福马·福米奇，从食客、名伶到暴君，完全变得不像原来的自己，他的性格已经很难下一个最终的结论。

在陀思妥耶夫斯基中篇小说里，巴赫金发现弱化的笑表现在四个方面：形象结构上、情节场景里、语言风格里、作者最终立场。作者最终立场是弱化的笑获得最有决定性的表现，它排除了主人公生活与思想的严肃性、情调的单一性和观点的绝对化。作者最终立场将严肃性、单一性组织到小说"大型对话"中之后，就不打算结束和终结对话。因此在巴赫金看来，陀思妥耶夫斯基作为作者，期待的永远是"新意"，不可能让严肃性、单一性和绝对化堵住通往"新意"的路。

（三）陀思妥耶夫斯基长篇小说中的狂欢化

巴赫金在分析陀思妥耶夫斯基长篇小说中的狂欢化时，将狂欢化定义为："这不是附着于现成内容上的外表的静止的公式，这是艺术视觉的一种异常灵活的形式，是帮助人发现迄今未识的新鲜事物的某种启发式的原则。狂欢化把一切表面上稳定的、已然成型的、现成的东西，全都相对化了；同时又以自己那种除旧布新的精神，帮助陀思妥耶夫斯基进入人的内心深处，进入人与人关系的深层中去。"①

　　陀思妥耶夫斯基所有长篇小说中，从《罪与罚》开始，就开始实现对话的狂欢化。狂欢化使原来的生活形态、道德基础、信仰成为"腐烂的绳索"，暴露出一直被隐蔽的人的双重性、人的思想的双重性、人的行为的双重性，并将不同的思想拉扯在一起，让不同的人们相互交往，营造出不受约束的亲昵的俯就的对话氛围。不但如此，狂欢化将小说主人公的命运、感情、思想都竭力推到生活的边沿、自己的极限，在《罪与罚》中，连小说情节发生的地点——彼得堡，都处在"存在与不存在的边缘上"，"现实与幻象的边缘上"。② 在地点边缘的狂欢化特点中，存在与不存在的界限，现实与幻象的界限"眼看就会像雾一样消失不见的"③。

　　小说《罪与罚》的狂欢化来源，有部分来自巴尔扎克式的狂欢化和惊险小说式的狂欢化，最重要和最深刻的来源是普希金的《黑桃皇后》。在拉斯柯尔尼科夫梦见自己又在行凶杀死老太婆的情节场景中，陀思妥耶夫斯基采用梦境中的幻想逻辑，从而才有可能塑造出一个被杀死却还能笑的老太婆形象，才有可能把笑和死亡、凶杀结合起来。巴赫金指出，尖笑的老太婆形象很像普希金笔下躺在棺材里使眼色的老伯爵夫人和纸牌上使眼色的黑桃皇后形象。这两个形象以两部作品的总体呼应为背景进行遥相呼应，因为两部作品人物形象的周围环境和基本思想内容是一致的，都是具体历史现象在小说中的狂欢节内涵表现。

　　《罪与罚》中拉斯柯尔尼科夫梦境里出现加冕脱冕因素。梦境中出现楼梯上和楼下的人群，拉斯柯尔尼科夫则站在楼梯顶上，这一幕情节场景好像狂欢节广场上人们给狂欢节国王脱冕并加以嘲笑的场景。小说结尾，拉斯柯尔尼科夫在去警察局自首前，来到广场上，按照梦境中所想的样子，给人们鞠躬，再次出现狂欢节国王脱冕场景。巴赫金认为这里的狂欢节形象与普希金《鲍里斯·戈都诺夫》中僭称王者中三次梦兆的加冕脱冕情景比较对应。

① 〔苏〕米哈伊尔·巴赫金：《陀思妥耶夫斯基诗学问题》，白春仁、顾亚铃译，载钱中文主编《巴赫金全集》第五卷，白春仁等译，河北教育出版社，2009，第219页。

② 〔苏〕米哈伊尔·巴赫金：《陀思妥耶夫斯基诗学问题》，白春仁、顾亚铃译，载钱中文主编《巴赫金全集》第五卷，白春仁等译，河北教育出版社，2009，第220页。

③ 〔苏〕米哈伊尔·巴赫金：《陀思妥耶夫斯基诗学问题》，白春仁、顾亚铃译，载钱中文主编《巴赫金全集》第五卷，白春仁等译，河北教育出版社，2009，第220页。

拉斯柯尔尼科夫梦境中的空间，如上面、下面、楼梯、门坎、走道、广场，都获得了狂欢化的象征意义，一种特殊的"点"的意义。《罪与罚》中多处出现与房屋相关的"点"的空间，如拉斯柯尔尼科夫"棺材"般的房间，紧挨着楼梯口；马尔梅拉多夫一家生活在紧挨着楼梯的过堂屋里；放高利贷的老太婆屋外楼梯口上站着拉铃找她的人们；走廊的门坎上，紧挨着油灯，拉斯柯尔尼科夫对拉祖米欣半吐真情；邻家屋外门坎边，拉斯柯尔尼科夫与索尼娅的交谈等。《罪与罚》中还出现与城市相关的"点"的空间，如广场、街道、建筑物的正墙、小酒馆、罪犯窟、贫民窟、桥梁、排水沟等。在巴赫金看来，这些"点"上都出现危机、剧变、出人意料的命运转折，而且在这些"点"上，人作出了决定、越过禁区、获得新生或招来死亡。陀思妥耶夫斯基作品中的情节，都在这些"点"上展开；那些远离"点"的舒适生活，过的是传记体时间里的传记式生活，不会是陀思妥耶夫斯基想要描绘的生活。在这些"点"中，有的可能只是危机时间，但它的瞬间相当于永恒。

小说《白痴》中心是两个具有双重性的主人公形象，一个是白痴——梅什金公爵，另一个是疯子——娜斯塔西娅·菲里波芙娜。《白痴》的狂欢化既有外表上的具体表现，也有内在的狂欢节世界感受，巴赫金认为狂欢节世界感受的部分，主要受塞万提斯《堂吉诃德》的直接影响。梅什金公爵的白痴形象表现为天真、坦率以及不合逻辑，例如梅什金公爵在广场的替代物——列车的三等车厢里，对多疑孤僻的罗果仁直率祖露自己对娜斯塔西娅·菲里波芙娜的爱恋史；在罗果仁杀死他心爱的娜斯塔西娅时，梅什金和罗果仁在娜斯塔西娅尸体边最后一次会面，梅什金居然对罗果仁的手足情谊达到情感顶峰，巴赫金对这一点的看法是把它提升到充溢着"意识的最后时刻"的感情高度。娜斯塔西娅·菲里波芙娜的疯子形象表现为时不时出现病态的紧张和不合逻辑，总是在各个方面作出违背自己生活地位的反常举止，如去扮演一个没有心肝不顾廉耻的交际花的角色，并且不断逃离和躲藏，因此娜斯塔西娅的疯子形象中不具有白痴公爵的天真性和完整性。此外，巴赫金在分析中还指出，白痴公爵活在欢快的狂欢节天堂里，疯子娜斯塔西娅则活在阴沉的狂欢节地狱里。

小说围绕"白痴"和"疯子"两个主人公所展开的生活被彻底狂欢化，成为"翻了个儿的世界"；所有传统情节被改变作用，出现了尖锐的对立、突如其来的变化；小说中各色主人公也都卷入狂欢节氛围中，出现了狂欢节的闹剧、哄骗行为和不般配的俯就交往。很典型的情节场景发生在《白痴》第一部第八节的伊沃尔京将军客厅里，突然出现的娜斯塔西娅误认梅什金公爵为听差，以不符合平常对待仆从的态度对其破口大骂；带着醉意的将军讲述狂欢节式的趣事；突然出现的罗果仁一伙醉鬼；加尼亚兄妹冲突；梅什金公爵吃耳光；菲尔狄宪柯的挑衅等。就此伊沃尔京将军客厅变成了狂欢节的广场，成就了梅什金狂欢节天堂和娜斯塔西娅狂欢节地狱的第一次交织。

《白痴》的时间特点也出现狂欢节特征。小说第一部情节始于清晨终于晚间，时间节点从日出到日落，巴赫金认为这个时间既不是叙事史诗的时间，也不是传记体时间。从这一天进程的规律来看，应该是狂欢节世界感受的一天，因为这一天包含着无数彻底的更替和根本的变化。狂欢节世界感受的一天适合于描写边沿上的事件和边沿上的主人公，这些都是传记体时间和史诗时间无法做到的。

巴赫金总结陀思妥耶夫斯基所创作的狂欢节形象时，将其归结为双重、毗邻、对话的特点。首先，"这种形象力图在自身中能包括事物形成中的两极，或对照事物中的双方，并且把它们结合起来，如诞生—死亡、少年—老年、上—下、正面—背面、夸奖—叱骂、肯定—否定、悲剧性—喜剧性，如此等等。而且，这种二而一的形象，依据纸牌上人头像的原则，上一端要反映在下一端。这一点可以表述如下：两个对立面走到一起，互相对望，互相反映在对方眼里，互相熟悉，互相理解。"① 其次，在陀思妥耶夫斯基的小说世界里，一切都与自己的对立面毗邻而居。爱情与仇恨毗邻，有神论与无神论毗邻，上升与堕落毗邻，崇高与卑鄙毗邻，对生活热爱与自我毁灭毗邻，纯洁、贞洁与罪过、淫欲毗邻。最后，在陀思妥耶夫斯基的小说世界里，一切人物、一切事物，都应该相互熟悉了解，都应该面对面走到一起，都应该相互交往搭话。一切人与物都应该通过对话关系相互投射，相互辉映。因此，一切分离开来的、相隔遥远的东西，都须聚集到一个时间和空间"点"。

---

① 〔苏〕米哈伊尔·巴赫金：《陀思妥耶夫斯基诗学问题》，白春仁、顾亚铃译，载钱中文主编《巴赫金全集》第五卷，白春仁等译，河北教育出版社，2009，第232～233页。

巴赫金认为狂欢化为建立大型对话的开放性结构提供了可能性，将人与人之间在社会上的互动关系转移到一直以来只是统一、唯一、独白的精神和理智的高级领域里，因为"一个人永远也不可能仅仅在自身中就找到自己完全的体现"①。此外，狂欢化还可以将某一时代个人生活狭小的时空转变为无所不包的、全人类的"宗教神秘剧的场面"②。陀思妥耶夫斯基小说狂欢化创作所表现出的复调风格，为小说创作带来新的理念，获得新的面貌，因此巴赫金特别强调，"复调本身，即享有同等权利的内在没有完成的不同意识之间相互作用这一事实，也要求另一种时空艺术观，用陀思妥耶夫斯基自己的话说，是'非欧几里德'的观念"③。

三 陀思妥耶夫斯基复调小说中的狂欢化主人公

（一）陀思妥耶夫斯基复调小说中主人公的自我意识

陀思妥耶夫斯基复调小说中，主人公自我意识是塑造主人公形象的主导因素。巴赫金在分析陀思妥耶夫斯基复调小说时发现，陀思妥耶夫斯基塑造的不是客体的主人公形象，而是主人公对自己和对世界的议论，即主人公自我意识的形象。陀思妥耶夫斯基对主人公感兴趣的地方只在于他对世界以及对自己的看法，他对自己和周围现实的一种思想与评价的立场。陀思妥耶夫斯基认为重要的不是主人公在世界上是什么，而是世界在主人公心目中是什么，他在自己心目中是什么。巴赫金评价此举"是主人公感受世界的极其重要和根本性特征"④。由于陀思妥耶夫斯基寻找的是以意识活动为主的主人公，于是主人公生活的全部功能就集中为认识的功能——认识自己、认识世界。

陀思妥耶夫斯基主人公自我意识建立在作者的对话立场上。陀思妥耶

---

① 〔苏〕米哈伊尔·巴赫金：《陀思妥耶夫斯基诗学问题》，白春仁、顾亚铃译，载钱中文主编《巴赫金全集》第五卷，白春仁等译，河北教育出版社，2009，第 234 页。
② 〔苏〕米哈伊尔·巴赫金：《陀思妥耶夫斯基诗学问题》，白春仁、顾亚铃译，载钱中文主编《巴赫金全集》第五卷，白春仁等译，河北教育出版社，2009，第 234 页。
③ 〔苏〕米哈伊尔·巴赫金：《陀思妥耶夫斯基诗学问题》，白春仁、顾亚铃译，载钱中文主编《巴赫金全集》第五卷，白春仁等译，河北教育出版社，2009，第 232 页。
④ 〔苏〕米哈伊尔·巴赫金：《陀思妥耶夫斯基诗学问题》，白春仁、顾亚铃译，载钱中文主编《巴赫金全集》第五卷，白春仁等译，河北教育出版社，2009，第 61 页。

夫斯基不是讲述主人公，而是以对话的立场来构思主人公的议论，以整部小说来和主人公谈话。陀思妥耶夫斯基小说《穷人》主人公杰符什金的意识和语言表达出陀思妥耶夫斯基的一个理念：“不能把活生生的人变成一个沉默无语的认识客体，一个虽不在场却完全可以完成定性的认识客体。一个人的身上总有某种东西，只有他本人在自由的自我意识和议论中才能揭示出来，却无法对之背靠背地下一个外在的结论。”① 陀思妥耶夫斯基之后创作的主人公都在激烈地反驳出自他人之口对自己背靠背的定论。陀思妥耶夫斯基大型对话中的主人公如拉斯柯尔尼科夫、索尼娅、梅什金、斯塔夫罗金、伊万·卡拉马佐夫、德米特里等，对自己的未完成性和不确定性有着深刻的认识。这些主人公深切地感受到自己的未完成性，感受到自己有能力从内部发生变化，从而破解一切他人对自己的定论，使之成为谬见。《罪与罚》的侦察员波尔菲里·彼得罗维奇凭借对话直觉深入拉斯柯尔尼科夫未成定型的、没有结局的心灵里去。波尔菲里与拉斯柯尔尼科夫的三次会见，都是“极为出色的真正的复调对话”。② 因此巴赫金说：“只要人活着，他生活的意义就在于他还没有完成，还没有说出自己最终的见解。”③ “要理解个性的真谛，只要以对话渗入个性内部，个性本身也会自由地揭示自己作为回报。”④ 作者的对话立场使主人公的独立性、内在的自由、未完成性和未论定性得到保障。

陀思妥耶夫斯基复调小说中的主人公自我意识具有主人公相对的自由和独立。陀思妥耶夫斯基为保障主人公自我意识相对的自由和独立，区隔了主人公与作者的声音，使主人公与作者保持距离，不让主人公与作者融合，不让主人公成为作者的传声筒。巴赫金认为陀思妥耶夫斯基主人公相对自由和独立“使作品的独白统一体发生解体”。⑤《地下室手记》的主人

① 〔苏〕米哈伊尔·巴赫金：《陀思妥耶夫斯基诗学问题》，白春仁、顾亚铃译，载钱中文主编《巴赫金全集》第五卷，白春仁等译，河北教育出版社，2009，第75页。
② 〔苏〕米哈伊尔·巴赫金：《陀思妥耶夫斯基诗学问题》，白春仁、顾亚铃译，载钱中文主编《巴赫金全集》第五卷，白春仁等译，河北教育出版社，2009，第79页。
③ 〔苏〕米哈伊尔·巴赫金：《陀思妥耶夫斯基诗学问题》，白春仁、顾亚铃译，载钱中文主编《巴赫金全集》第五卷，白春仁等译，河北教育出版社，2009，第75页。
④ 〔苏〕米哈伊尔·巴赫金：《陀思妥耶夫斯基诗学问题》，白春仁、顾亚铃译，载钱中文主编《巴赫金全集》第五卷，白春仁等译，河北教育出版社，2009，第76页。
⑤ 〔苏〕米哈伊尔·巴赫金：《陀思妥耶夫斯基诗学问题》，白春仁、顾亚铃译，载钱中文主编《巴赫金全集》第五卷，白春仁等译，河北教育出版社，2009，第65页。

公就拥有这样相对的自由和独立，他对自己、对他人对自己的评价清清楚楚，每当他自白时，讲到重要处，他都会竭力揣度他人对自己的评价，猜测他人的意思和口气，估计他人会怎么讲出这些话。地下室主人公仿佛在他人意识的镜子中照见自己，看见自己在他人意识中的形象，知道自己在他人意识中的评价。主人公深知对自己的客观评价，既不受他人意识决定，也不受自我意识决定，还要参考"第三者"看法。这些评价，不管偏颇与否，都集中在他手上。最重要的是下定论的人是主人公自己，所有最后的定论还是他自己下，主人公无论如何都要保住最后给自己下定论的权利，这也造成主人公的定论成了一个无法完结、无法完成、永无结果的定论。

主人公自我意识在第二人称的思想视角得到完整的自我揭示和自我阐明。主人公自我意识具有内在逻辑性，不是作者所能任意破坏的，不是可以事先确定了的、已经完成的形象。要描绘和揭示这种逻辑，一切都应该面向主人公，使用第二人称的思想视角和他交谈，来探问他、触动他、刺激他、向他发问，甚至和他辩论、对他嘲笑。第二人称的思想视角感觉到主人公讲的是在场的人，不是讲缺席的人，主人公议论就像另一个他人说出的话语，甚至就像主人公本人说出的一样，营造出"那种看上去的神经质、极度紧张和不安的气氛"①。第三人称则会破坏这种在场对话的紧张氛围。

主人公自我意识与他的周围生活进行全面的对话交往。巴赫金提出，陀思妥耶夫斯基赋予主人公以作者一样的平等地位，参与小说的所有对话。《罪与罚》中拉斯柯尔尼科夫第一次对话式的内心独白，小说中未来的主要主人公就都全部反映在拉斯柯尔尼科夫的意识里。这些主人公都带着他们各自的"真理"、自己的生活立场，与拉斯柯尔尼科夫展开紧张的、重要的"最后问题"的内心对话。所有词句都是双声的、每句话都有两个声音在争辩，对话渗透到每个词句中，激起两种声音的斗争和交替。这场对话式的内心独白是在拉斯柯尔尼科夫什么都知道、什么都考虑、也什么都预见了的情况下发生的，所以实际上这场对话就是拉斯柯尔尼科夫在与他的周围生活的对话。在小说后面发展的情节中，人物、思想、事物等构成小说的一切，都没有游离过拉斯柯尔尼科夫的意识，这一切都以对话的

---

① 〔苏〕米哈伊尔·巴赫金：《陀思妥耶夫斯基诗学问题》，白春仁、顾亚铃译，载钱中文主编《巴赫金全集》第五卷，白春仁等译，河北教育出版社，2009，第83页。

形式与拉斯柯尔尼科夫自我意识相互交往。比如对他个人、对他性格、对他思想、对他行为的各种可能的评价，都是通过他与波尔菲里、索尼娅、斯维德里加依洛夫、杜尼娅以及其他人的对话中，让他意识到。甚至他生活中遇到的一切邂逅和小事，都在与他的意识进行对话，既在回答他的问题，也在向他抛出问题，与他激辩、争论和证实。

（二）陀思妥耶夫斯基复调小说中主人公的思想形象

思想是陀思妥耶夫斯基艺术描绘的对象，陀思妥耶夫斯基复调小说的主人公，不仅能够意识到自身以及自身周围的世界，还能够评说这个世界，因此陀思妥耶夫斯基复调小说的主人公是一个有思想的人，是一个思想者。

作为一个思想者，陀思妥耶夫斯基复调小说的主人公是"人身上的人"，具有未完成的、未有定论的、未有结果的自由。这种蕴含着未完成的自由的"人身上的人"才能成为思想的人，这个主人公形象才能够同有充分价值的主人公的思想形象结合起来。在《卡拉马佐夫兄弟》里，佐西马神父与伊万·卡拉马佐夫之间的真心实意的对话"这个思想在您心里还没有解决，在折磨您"，[①] 以及阿廖沙与拉基京谈话时对伊万下的评语"他内心有种伟大的却没有解决的思想。他是那种不要百万家产，可要弄明白思想的人"[②]。陀思妥耶夫斯基复调小说的主人公都是冥思苦想的人，内心都有种"伟大的却没有解决的思想"，都想"要弄明白思想"。巴赫金分析指出陀思妥耶夫斯基复调小说的主人公"真正的整个生活和自己的未完成性，恰恰就在于需要弄明白思想。如果把他们生存其中的思想给排除掉，那他们的形象就会完全被破坏"[③]。换句话说，陀思妥耶夫斯基复调小说的主人公形象是与主人公的思想形象紧密联系的，在思想中看到主人公形象，又在主人公形象中看到思想。

陀思妥耶夫斯基复调小说中主人公的思想形象建立在陀思妥耶夫斯基对思想对话性的理解上。关于思想的对话性，巴赫金这样认为："思想不

① 〔苏〕米哈伊尔·巴赫金：《陀思妥耶夫斯基诗学问题》，白春仁、顾亚铃译，载钱中文主编《巴赫金全集》第五卷，白春仁等译，河北教育出版社，2009，第110页。

② 〔苏〕米哈伊尔·巴赫金：《陀思妥耶夫斯基诗学问题》，白春仁、顾亚铃译，载钱中文主编《巴赫金全集》第五卷，白春仁等译，河北教育出版社，2009，第111页。

③ 〔苏〕米哈伊尔·巴赫金：《陀思妥耶夫斯基诗学问题》，白春仁、顾亚铃译，载钱中文主编《巴赫金全集》第五卷，白春仁等译，河北教育出版社，2009，第111页。

是生活在孤立的个人意识之中，它如果仅仅停留在这里，就会退化以至死亡。思想只有同他人别的思想发生重要的对话关系之后，才能开始自己的生活，亦即才能形成、发展、寻找和更新自己的语言表现形式、衍生新的思想。人的想法要成为真正的思想，即成为思想观点，必须是在同他人另一个思想的积极交往之中。他人的另一个思想，体现在他人的声音中，就是体现在通过语言表现出来的他人意识中。恰是在不同声音、不同意识互相交往的连接点上，思想才得以产生并开始生活。"①

巴赫金表示，正是陀思妥耶夫斯基把思想看作"不同意识不同声音间演出的生动事件"②。因此在《罪与罚》拉斯柯尔尼科夫第一次对话式的内心独白里，拉斯柯尔尼科夫收到母亲来信、同马尔梅拉多夫相遇，就被反映到了拉斯柯尔尼科夫的意识中，形成拉斯柯尔尼科夫同几位缺席者的紧张对话，以试图解决他自己"思想"存在的问题。在拉斯柯尔尼科夫同波尔菲里紧张而又可怕的对话中，参加这场对话的还有拉祖米欣和扎梅托夫，在这样紧张的面对面的对话和激烈的内心辩驳中，拉斯柯尔尼科夫的整个思想在与他人对话关系中得以完整体现。《卡拉马佐夫兄弟》中伊万·卡拉马佐夫的思想"如果没有心灵的不朽，那么'一切都是允许的'"③贯穿在整部小说中，在多个不同的思想对话交往中最终得以成型。巴赫金还特别指出，陀思妥耶夫斯基已经看出思想的未完成性，"全部现实生活，不是眼下紧迫的需要所概括得了的，因为它有相当巨大的一部分，表现为尚是潜在的、没有说出的未来的思想。"④陀思妥耶夫斯基试图"根据今天的对话给它们准备好的位置来猜出它们，好像在展开了的对话中猜出下一句尚未说出的对语那样"⑤。

陀思妥耶夫斯基复调小说中每一个主人公思想都是一个完整的个人立

---

① 〔苏〕米哈伊尔·巴赫金：《陀思妥耶夫斯基诗学问题》，白春仁、顾亚铃译，载钱中文主编《巴赫金全集》第五卷，白春仁等译，河北教育出版社，2009，第112页。
② 〔苏〕米哈伊尔·巴赫金：《陀思妥耶夫斯基诗学问题》，白春仁、顾亚铃译，载钱中文主编《巴赫金全集》第五卷，白春仁等译，河北教育出版社，2009，第112页。
③ 〔苏〕米哈伊尔·巴赫金：《陀思妥耶夫斯基诗学问题》，白春仁、顾亚铃译，载钱中文主编《巴赫金全集》第五卷，白春仁等译，河北教育出版社，2009，第114页。
④ 〔苏〕米哈伊尔·巴赫金：《陀思妥耶夫斯基诗学问题》，白春仁、顾亚铃译，载钱中文主编《巴赫金全集》第五卷，白春仁等译，河北教育出版社，2009，第115页。
⑤ 〔苏〕米哈伊尔·巴赫金：《陀思妥耶夫斯基诗学问题》，白春仁、顾亚铃译，载钱中文主编《巴赫金全集》第五卷，白春仁等译，河北教育出版社，2009，第115~116页。

场，是主人公在世界所采取的最终的思想立场，是主人公对世界的看法。每一个主人公代表一个思想，一个声音；有多少个主人公就有多少个思想，多少个声音。每一个完整的思想都是在对话的情况下相互交锋、相互比较。主人公们从来不就个别的观点进行争论，"总是以完整的观点争论"①，甚至最短的对语，也是主人公的整体观点。即使主人公们彼此同意，思想与思想之间也始终保持着对话的性质。陀思妥耶夫斯基复调小说中也存在格言思维式的主人公，如《少年》中老公爵索科利斯基总是没完没了地说些庸俗的笑话和格言，韦尔西洛夫也部分地像这种人，斯捷潘·特罗菲莫维奇·韦尔霍文斯基则是较为高级的格言思维的主人公，这些主人公所表现出来的思想形象就是没有决定个性内核的思想形象，缺乏"统帅思想"的思想形象。

在陀思妥耶夫斯基复调小说里，思想与思想之间彼此探索的结果就是要找到一个理想主人公思想形象，一个基督的权威思想形象。在这个多声的世界里应该由一个来自上天的声音去圆满完成对真理的寻觅，正如主人公梅什金公爵想用爱把阿格拉娅和娜斯塔西娅·菲里波芙娜结合起来，阿廖沙在伊留莎下葬后试图建立孩童村社，佐西马梦想建立教堂，韦尔西洛夫梦见黄金时代那样。在陀思妥耶夫斯基看来最权威的思想最崇高的思想形象来自基督，"基督做过错事，这是证实了的！这种炽烈的感情说：我宁愿有过错，宁愿和基督一起，而不愿和您一起……"②

巴赫金通过狂欢化历史渊源以及对陀思妥耶夫斯基复调小说的狂欢化分析，充分揭开狂欢化的复调性质，众多各自独立、互不融合的声音、意识、视野、思想，具有充分价值的不同观点，彼此之间轮番占据着相互交往中的主导地位，进行着一场永无止境的争论、辩驳和斗争，并为永无结果而不胜苦恼。狂欢化的本质就是复调，不同声音保持着各自的独立，同时作为一个独立的声音又共同构成一个统一体，一个比单声结构更高级的统一体。巴赫金把复调比作意志，复调就相当于把几个人的意志结合起来，从原则上复调的众人意志超出了某一个人的意志。狂欢化的复调就借此建构事件、人物和世界。

---

① 〔苏〕米哈伊尔·巴赫金：《陀思妥耶夫斯基诗学问题》，白春仁、顾亚铃译，载钱中文主编《巴赫金全集》第五卷，白春仁等译，河北教育出版社，2009，第125页。

② 〔苏〕米哈伊尔·巴赫金：《陀思妥耶夫斯基诗学问题》，白春仁、顾亚铃译，载钱中文主编《巴赫金全集》第五卷，白春仁等译，河北教育出版社，2009，第127页。

第三节　诙谐修辞哲学

一　诙谐史上的拉伯雷

拉伯雷生于 15 世纪后半叶，卒于 16 世纪中叶。拉伯雷小说深深影响了几乎所有 16 世纪的西方小说家，出现了大批模仿拉伯雷小说风格的追随者，其中最为著名的作品是《梅尼普讽刺论西班牙天主教徒之优点……》（1594 年）和《生活成功之手段》（1612 年）。① 16 世纪，生活在民间的广大群众、文学界、人文主义者界甚至上流社会，这些拉伯雷同时代的人都能理解拉伯雷及其作品，对其作品高度评价，特别是《高康大》和《庞大固埃》。与拉伯雷同时代的历史学家兼作家艾蒂安·巴克这样评论道："在我们中间无人不晓学者拉伯雷在自己的《高康大》和《庞大固埃》中，多么高明地开玩笑，博得人民的爱戴"。②

16 世纪拉伯雷同时代人能理解拉伯雷小说各个因素与世界的统一逻辑关系，如筵席的哲学思想、责骂话语、猥亵话语、低级的滑稽话语、博学话语、滑稽闹剧等因素与世界的同源关系和相互关系；同时代人还能深深感受到拉伯雷小说中节日形象、筵席形象、怪诞人体形象与民间生活千丝万缕的联系，深刻感觉到这些特殊形象的节庆性以及相生的狂欢节气氛；懂得拉伯雷小说欢快诙谐地调节生命与死亡的作用，将拉伯雷视为生命与死亡问题的安慰者和谋士；同时代人自发且素朴地认为拉伯雷小说里对待世界的观点是正宗的、和谐的和统一的，理解拉伯雷小说是件不言而喻的事情。

随着拉伯雷的逝去，同时代人的这种理解也渐渐不复存在，以为拉伯雷小说形象是对世界认识的某种暗码或某种暗示体系，甚至对拉伯雷小说形象的理解开始庸俗化和歪曲。以形象双重性为例，形象双重性肯定的一

---

① 〔苏〕米哈伊尔·巴赫金：《弗朗索瓦·拉伯雷的创作与中世纪和文艺复兴时期的民间文化》，夏忠宪等译，载钱中文主编《巴赫金全集》第六卷，李兆林等译，河北教育出版社，2009，第 70 页。

② 〔苏〕米哈伊尔·巴赫金：《弗朗索瓦·拉伯雷的创作与中世纪和文艺复兴时期的民间文化》，夏忠宪等译，载钱中文主编《巴赫金全集》第六卷，李兆林等译，河北教育出版社，2009，第 69 页。

面被弱化和抽象化为"道德说教的某种消遣性的附属品"。① 比如戴德金《致粗俗之徒》（1549 年、1552 年）和菲沙尔特《难以置信的历史著作》（1571 年）就削弱了拉伯雷小说怪诞形象的肯定意义，给予其否定的解读。可以说戴德金在《致粗俗之徒》中所塑造的圣各罗比安努斯和粗俗之徒的形象就只为了达到吓唬人的目的。因此，到 16 世纪末，拉伯雷小说开始"向正宗文学的最边缘滑去，直到不知不觉几乎完全滑到正宗文学的门外"。②

16 世纪是诙谐史上的高峰，拉伯雷小说是这个高峰的顶点；同时 16 世纪也是诙谐史上重要的转折点，因为诙谐开始失去自己与世界观的重要联系，遭受道德说教和教条主义否定意义的捆绑；不但如此，诙谐还失去自身的历史意味，成为仅仅局限于低级的个人的日常生活的一面；还需要指出的是，随着宗教封建主义的消退，君主专制制度新秩序的出现，近代资产阶级的文化和美学以官方文化的身份曲解了作为民间文化的诙谐概念。正是对待诙谐的态度，造成文艺复兴时期与 17 世纪及其之后的世纪经纬分明。

在民间诙谐文化数千年的发展史上，"拉伯雷就是民间诙谐文化在文学领域里最伟大的表达者"，③ 拉伯雷小说的意义在于它是打开民间诙谐创作巨大宝库的一把钥匙，拉伯雷小说对巴赫金话语理论研究的意义在于它是解读民间诙谐文学史和民间诙谐文学话语修辞的一把钥匙。

二　拉伯雷小说的诙谐源头

（一）三大民间诙谐文化

1. 狂欢节类型的广场节庆活动，各类诙谐的广场表演，小丑、傻瓜、巨人、侏儒、畸形人以及各式各样江湖艺人

狂欢节类型的广场节庆活动以及与之有关的各种诙谐表演或仪式，在

---

① 〔苏〕米哈伊尔·巴赫金：《弗朗索瓦·拉伯雷的创作与中世纪和文艺复兴时期的民间文化》，夏忠宪等译，载钱中文主编《巴赫金全集》第六卷，李兆林等译，河北教育出版社，2009，第 73 页。
② 〔苏〕米哈伊尔·巴赫金：《弗朗索瓦·拉伯雷的创作与中世纪和文艺复兴时期的民间文化》，夏忠宪等译，载钱中文主编《巴赫金全集》第六卷，李兆林等译，河北教育出版社，2009，第 74 页。
③ 〔苏〕米哈伊尔·巴赫金：《弗朗索瓦·拉伯雷的创作与中世纪和文艺复兴时期的民间文化》，夏忠宪等译，载钱中文主编《巴赫金全集》第六卷，李兆林等译，河北教育出版社，2009，第 4 页。

欧洲中世纪人们生活中占的分量较大，所有中世纪的人或多或少都会参与。这些狂欢节形式繁多，内容丰富，比较出名的有愚人节、驴节、复活节游戏、圣诞节、圣礼节、圣马丁节、建堂节、教堂命名节、农事节如葡萄节等。这些狂欢节类型的活动或仪式，最大的特点就是诙谐，截然不同于教会或封建国家官方活动的严肃。

愚人节与宗教弥撒同源，是"节庆诙谐最鲜明、最纯粹的表现之一"。①愚人节仪式上，人们通过直接在祭坛上大吃大喝、裸露身体、换装、假面、跳猥亵的舞蹈等，从物质到肉体层面，对各种宗教仪式和象征进行怪诞的贬低。最为典型的就是人们推举出小丑主教在教堂主持祈祷，这个时候人们手中摇的就不再是香，而是粪便。祈祷完毕，教士们便坐上装满粪便的马车，边向大街行驶边向人群抛洒粪便。②因此中世纪愚人节多半具有对官方祭祀进行讽拟、滑稽改编的性质。15世纪法国宗教界人士这样看待和维护愚人节的戏谑性质，"为了使已成为我们的第二本性，似乎是人天生的愚蠢（滑稽举止），哪怕一年只有一次自由地成为无用之物，这种节日的娱乐活动是必不可少的。酒桶如果不偶尔开个孔，让空气进去，就会胀破。我们大家就像钉得不好的酒桶，会因为智慧的酒而胀破，如果这酒处于对神的虔诚和恐惧的不断发酵中。为使酒不至于坏掉，必须给它通通气。因此我们准许自己在一定的日子里存在滑稽举止（愚蠢），以便以后更尽心竭力地为主服务。"③在这段话中，最重要的就是指出"愚蠢是人的第二本性"，"愚人节是人的第二节庆生活"，这些滑稽愚蠢的举止和诙谐的戏谑是人生活的"通气孔"。

还有一个表现诙谐比较突出的节日是驴节，它是为纪念玛利亚携带圣子耶稣骑驴逃往埃及而设立的。由于这个节日的中心人物是驴子，在举行驴弥撒的时候，在弥撒的每个环节，都伴随着大家模仿驴子的可笑的叫

---

① 〔苏〕米哈伊尔·巴赫金：《弗朗索瓦·拉伯雷的创作与中世纪和文艺复兴时期的民间文化》，夏忠宪等译，载钱中文主编《巴赫金全集》第六卷，李兆林等译，河北教育出版社，2009，第89页。

② 〔苏〕米哈伊尔·巴赫金：《弗朗索瓦·拉伯雷的创作与中世纪和文艺复兴时期的民间文化》，夏忠宪等译，载钱中文主编《巴赫金全集》第六卷，李兆林等译，河北教育出版社，2009，第164页。

③ 〔苏〕米哈伊尔·巴赫金：《弗朗索瓦·拉伯雷的创作与中世纪和文艺复兴时期的民间文化》，夏忠宪等译，载钱中文主编《巴赫金全集》第六卷，李兆林等译，河北教育出版社，2009，第86页。

声，在弥撒结束时，神父学三声驴叫，代替正常弥撒的祝福"阿门"，回应他的也是这样的驴叫声。驴本身丧失生育能力，属于物质—肉体下部中的降格，但驴又为他人带来再生的希望，所以在欧洲传统中，驴是代表物质—肉体下部最古老、最富有生命力的象征之一。

其他比较典型的狂欢节是复活节、圣诞节和筵席。在欧洲古老的传统里，神父允许在复活节时候的教坛上开一些诙谐自由的玩笑，这种长时间封斋之后的"高兴的复活"被称作"复活节的诙谐"，它背后隐藏着两种快活：准许诙谐玩笑的快活，准许吃荤以及过肉欲生活的快活。圣诞节的诙谐主要表现在歌唱通俗的、滑稽的歌曲。中世纪的筵席活动，特别是追思筵席，大吃大喝占很重要的地位。这种饮宴和供奉活动，在开怀吃喝的同时，也是在宽慰死者将永垂不朽，以此战胜对死亡的恐慌和害怕。

2. 各类诙谐的语言作品、口头作品和书面作品、拉丁语作品和各民族语言作品

中世纪讽拟作品经常对严肃和神圣的事物"进行肆无忌惮、令人开心的游戏"。[①] 最古老的讽拟作品是《基普里安的晚餐》，它把从亚当到基督的整部神圣宗教历史写出奇异怪诞的饮宴。另一部古老的圣经娱乐性作品是 *Joca Monacharum*（中文译为《僧侣的玩笑》）。此外还有大量的讽拟宗教作品，如《酒徒弥撒》《赌徒弥撒》《金钱弥撒》《银牌金钱福音书》《巴黎大学生金钱福音书》《赌徒福音书》《酒徒福音书》《猪的遗嘱》《驴的遗嘱》等。

其他对宗教格言或话语进行滑稽改编的最出名的是拉丁语发音"ne"，意为"不"。拉丁语发音"ne"在发音上可讽拟地理解为法语的"nez"，意为"鼻子"。这个法语的"nez"同时也是阳具的代名词。因此，在拉丁文以"ne"开头的启应祷文，如"Ne advertas"（"不要厌恶"）、"Ne revoces"（"不要认出来"）等，被戏谑地统称为"Noms de tout les nez"（"所有鼻子的名字"），即被物质—肉体下部化为"所有阳具的名字"。在拉伯雷的作品中就有启应祷文的典故。启应祷文经常以"Ne reminiscaris delicta nostra"

---

① 〔苏〕米哈伊尔·巴赫金：《弗朗索瓦·拉伯雷的创作与中世纪和文艺复兴时期的民间文化》，夏忠宪等译，载钱中文主编《巴赫金全集》第六卷，李兆林等译，河北教育出版社，2009，第96页。

（"望勿怀念吾罪"），在忏悔圣诗的开头或结尾吟诵。拉伯雷针对大鼻子的人讽拟性地称"desquels est escript：Ne reminiscaris"，即"那些姓氏上带着鼻子的人：如 Ne reminiscaris"。①

3. 各种形式和体裁的不拘形迹的广场语言

各种形式和体裁的不拘形迹的广场语言，如骂人话、指天诅咒、发誓、民间的褒贬诗等在中世纪中起着重要的作用，特别是骂人话："它以一种怪诞的方式贬低被骂者，把他发落到绝对地形学的肉体下部去，发落到生育、生殖器官部位，即肉体墓穴（或肉体地域）中去，让他归于消灭而再生。"②比较典型的骂人话如下流胚、龅牙子、红毛鬼、癞皮狗、丑八怪、坏东西、黑良心、懒汉、馋虫、醉鬼、吹牛、不值钱、土包子、要饭的、寄生虫、混子、臭美、学人样、傻瓜、混蛋、饭桶、猪猡、呆头呆脑、嬉皮笑脸、无赖、流氓、放狗屁、吃人屎等。这些骂人话要么与兽性有关，要么与肉体和肉体生活（饮食、排泄）有关，绝对是一种对人和物"消失而再生"独特的评述。

在中世纪的发誓和诅咒中，许多病症的名称常常起非常大的作用，像"霍乱、鼠疫、传染病"常常成为骂人和诅咒的代号。③ 有时候这些病症名称还使用神职人员来命名，如 le mal saint Antoine（圣安东尼病），le mal saint Vit（圣维特病）等。这种病症命名背后可能隐藏希望圣人能治愈或由圣人承受的意味。中世纪广场诅咒比较典型的有七个，其中五个诅咒是咒人生病的，如安东尼的火、癫痫（mau de terre vous vire）、双腿生疮和患跛症（le maulubec vous trousque）、痢疾（caquesangue vous vire）、肛门丹毒性发炎（le maufin feu… vous puisse entrer aufondemant），其他两个是诅咒死亡的，如让闪电劈死你、让硫黄火焰深渊吞噬你。

在拉伯雷时代，人们常常使用神的各种器官，如上帝的身体、脑袋、血、伤疤、肚子来发誓；或者以保存在教堂里圣徒和苦行者遗骸的手脚等

---

① 〔苏〕米哈伊尔·巴赫金：《弗朗索瓦·拉伯雷的创作与中世纪和文艺复兴时期的民间文化》，夏忠宪等译，载钱中文主编《巴赫金全集》第六卷，李兆林等译，河北教育出版社，2009，第99页。

② 〔苏〕米哈伊尔·巴赫金：《弗朗索瓦·拉伯雷的创作与中世纪和文艺复兴时期的民间文化》，夏忠宪等译，载钱中文主编《巴赫金全集》第六卷，李兆林等译，河北教育出版社，2009，第33页。

③ 〔苏〕米哈伊尔·巴赫金：《弗朗索瓦·拉伯雷的创作与中世纪和文艺复兴时期的民间文化》，夏忠宪等译，载钱中文主编《巴赫金全集》第六卷，李兆林等译，河北教育出版社，2009，第524页。

来发誓。其中以上帝的身体及各部位来发誓被视为最不能容忍，"然而这些发誓恰恰传播得最广"。①　由于发誓是非官方的，常常会被禁止和谴责，但禁止和谴责只会加强发誓的非官方性，加强违反语言规范感觉的敏锐，加强发誓的特殊色彩。某种程度上，发誓被看作对官方世界观体系的破坏，因此是一种语言抗议。

　　15 世纪和 16 世纪中叶各类民间褒贬诗非常流行，可以描述人，也可以描述物。最典型的就是使用——列举修饰语的方法赞美 sots（蠢货），如《圣康钦神秘剧》。②　在《傻瓜独白》四十八行诗里，充满了将近 100 个修褒贬者列举的对傻瓜的修饰语。在《傻瓜新独白》里则使用了 150 个赞美傻瓜的修饰语。③　在克列曼·马罗褒贬诗《酥胸》和《丑胸》里，④　作者像解剖学似的使用了女人肉体上的口、耳、舌、齿、眼、眉等来狎昵、戏谑和赞美胸部。

　　中世纪僧侣、知识分子以及普通老百姓在非官方的、不拘形迹的言语中也常常渗透着物质—肉体下部的要素。拉伯雷同时代人亨利·艾蒂安在《为希罗多德辩护》中常常不自禁地亵渎运用神圣话语，比如在饮酒狂饮中不小心打翻酒杯时，就会很遗憾地抱怨，亵渎地念一句忏悔圣诗："上帝啊，请给我造就纯洁的心灵和正直的灵魂，请在我的肚子里使它们复生，须知酒是能洗净肠子的。"⑤　17 世纪《产妇床前的闲聊》中记录大量与生产、分娩、吃喝等大量物质—肉体下部有关的话题，还有如《女鱼

①　〔苏〕米哈伊尔·巴赫金：《弗朗索瓦·拉伯雷的创作与中世纪和文艺复兴时期的民间文化》，夏忠宪等译，载钱中文主编《巴赫金全集》第六卷，李兆林等译，河北教育出版社，2009，第 217 页。

②　〔苏〕米哈伊尔·巴赫金：《弗朗索瓦·拉伯雷的创作与中世纪和文艺复兴时期的民间文化》，夏忠宪等译，载钱中文主编《巴赫金全集》第六卷，李兆林等译，河北教育出版社，2009，第 490 页。

③　〔苏〕米哈伊尔·巴赫金：《弗朗索瓦·拉伯雷的创作与中世纪和文艺复兴时期的民间文化》，夏忠宪等译，载钱中文主编《巴赫金全集》第六卷，李兆林等译，河北教育出版社，2009，第 490 页。

④　〔苏〕米哈伊尔·巴赫金：《弗朗索瓦·拉伯雷的创作与中世纪和文艺复兴时期的民间文化》，夏忠宪等译，载钱中文主编《巴赫金全集》第六卷，李兆林等译，河北教育出版社，2009，第 489 页。

⑤　〔苏〕米哈伊尔·巴赫金：《弗朗索瓦·拉伯雷的创作与中世纪和文艺复兴时期的民间文化》，夏忠宪等译，载钱中文主编《巴赫金全集》第六卷，李兆林等译，河北教育出版社，2009，第 182 页。

贩的闲聊》（1621～1622 年）、《蒙马特尔郊区的饶舌女人》（1622 年）、《这个时代的大家族仆人的爱情、诡计与阴谋》（1625 年）等，① 这些妇女、仆人的闲聊，都是些闲言碎语或者流言蜚语，但是这些淫词秽语、骂人话、指天赌咒发誓，却有着强大的双重性的物质—肉体下部贬低和更新的力量。

（二）三大古希腊罗马诙谐哲学源泉

拉伯雷时代是"唯一的一个力求将世界的整体景观、将世界观建立在医学之上的时代"②。拉伯雷小说的诙谐怪诞理论主要以希波克拉底理论为依据。拉伯雷首先吸收希波克拉底医学世界观。在希波克拉底医学论文《希波克拉底文集》中，最基本的人体观就是怪诞人体观：人体与世界之间界限不大分明；人体与世界交流密切；人体各种机体的分泌在人体形象中意义重大。

希波克拉底从风、空气、水、地形等四种元素的角度来阐述人体与世界之间的界限和联系问题。在"De Flatibus"（《论风》）一文中，关于气体与人体的关系，希波克拉底声称："人以及其他生物的肉体，靠三种营养维持，其名为：食物、饮料、气（气体）。体内的气，叫屁；体外的气，叫空气。……它吹动的力量可以将树从土里连根拔起，让大海涌起波浪……它是冬天和夏天的原因……气还为太阳、月亮和星星指示道路……气是火的食物……它使得太阳能永远流动……对死人来说，气是死活的原因，而对病人来说，它是疾病的原因。……因为与人们所吃或所喝的一切东西一起，进入肉体的，多少还有一些空气。许多人都是在吃喝之后才打嗝，……"③ 在"De aere, aquis, locis"（《论空气、水和地形》）一文中，希波克拉底这样论述地形与人体问题："有些人的性格，颇

① 〔苏〕米哈伊尔·巴赫金：《弗朗索瓦·拉伯雷的创作与中世纪和文艺复兴时期的民间文化》，夏忠宪等译，载钱中文主编《巴赫金全集》第六卷，李兆林等译，河北教育出版社，2009，第 119 页。
② 〔苏〕米哈伊尔·巴赫金：《弗朗索瓦·拉伯雷的创作与中世纪和文艺复兴时期的民间文化》，夏忠宪等译，载钱中文主编《巴赫金全集》第六卷，李兆林等译，河北教育出版社，2009，第 412 页。
③ 〔苏〕米哈伊尔·巴赫金：《弗朗索瓦·拉伯雷的创作与中世纪和文艺复兴时期的民间文化》，夏忠宪等译，载钱中文主编《巴赫金全集》第六卷，李兆林等译，河北教育出版社，2009，第 407 页。

像多山、多林、多水的地方，而另一些人则像穷山恶水。有些人性格像草地和湖泊，而另一些人的本性却接近平原和干燥光秃裸露的沙漠，……"①在《论七这个数字》中，希波克拉底把大地描写为巨大的人体，他认为地球上每一个地理区域——国家，都与人体某一部分相适应。这些国家人民的所有肉体、日常生活和精神特点，都取决于其肉体的定位。在《传染病》中，希波克拉底将人体分泌尿、屎、汗、黏液、胆汁等的现象视为人体形象，将人体所有现象与人体最后生死进行联系，认为人体现象与天上星座、民族习俗等一样至高无上，诊断一个病人，不仅看天象、看国家特点、民族习性，还有看病人的年龄、话语等现象，即便是病人的打喷嚏、放屁，都要平等对待。在《格言》中对濒死状态做详细描述："如果肚脐上方心灵的热度达到高于横膈膜的地步，而所有水分都被烧干的话，死亡便会来临。"② 在这一部分医学论文中，希波克拉底将死亡视为生命的一个成分，生命由以进行的孔窍，会和人体所有水分、胆汁、黏液、皮肤及血肉一起，"离开这个冷却了的、已经变作死亡模样的肉体的居所"③。希波克拉底清楚地表达了人体的开放性、构成世界的元素在人体中的运动及离开状态，以及孕育中的死亡形象体系。

拉伯雷还吸纳希波克拉底的哲学世界观，《希波克拉底小说》是《希波克拉底文集》附录中的一部分内容，是欧洲第一部书信体长篇小说，是第一部以思想家德谟克利特为主人公的长篇小说，也是第一部关于"躁狂主题"（笑着的德谟克利特的疯狂）的长篇小说。书中描写希波克拉底来到阿布德拉拜访"疯子"德谟克利特，他看到德谟克利特正在研究动物内脏，想通过解剖小鸟来找到胆的位置，因为德谟克利特认为胆汁分泌过多是造成疯狂的原因。在德谟克利特看来，有实际头脑的人既严肃地从事实际活动，又嘲笑自己所有实际活动的严肃性，经常"把疯狂认作睿智，而

---

① 〔苏〕米哈伊尔·巴赫金：《弗朗索瓦·拉伯雷的创作与中世纪和文艺复兴时期的民间文化》，夏忠宪等译，载钱中文主编《巴赫金全集》第六卷，李兆林等译，河北教育出版社，2009，第408页。

② 〔苏〕米哈伊尔·巴赫金：《弗朗索瓦·拉伯雷的创作与中世纪和文艺复兴时期的民间文化》，夏忠宪等译，载钱中文主编《巴赫金全集》第六卷，李兆林等译，河北教育出版社，2009，第411页。

③ 〔苏〕米哈伊尔·巴赫金：《弗朗索瓦·拉伯雷的创作与中世纪和文艺复兴时期的民间文化》，夏忠宪等译，载钱中文主编《巴赫金全集》第六卷，李兆林等译，河北教育出版社，2009，第411页。

把睿智认作疯狂"。① 这种既笨拙又自私，既理智又疯狂，就是典型的理智疯狂双重性。希波克拉底同意德谟克利特的诙谐哲学世界观，因为它以人类生活以及与神和阴间生活有关的一切无谓的人类恐惧和希望为研究对象，对人类社会意义重大。巴赫金认为希波克拉底小说是拉伯雷的诙谐、疯狂、被分解的肉体、它们之间的相互联系以及双重性的出处，希波克拉底理论奠定了拉伯雷关于诙谐具有疗效和诙谐具有"快乐医生"的学说。

巴赫金把亚里士多德名言"在一切生物中只有人类才会笑"看作拉伯雷诙谐小说的第二个哲学源泉。② 亚里士多德认为，婴儿的笑始于出生40天后，只有从这一天开始，他才像是初次成人。普里尼说查拉图斯特拉一生下来就会笑，这是指查拉图斯特拉具有常人所没有的智慧，是智慧的预兆。拉伯雷时代的人们扩展了亚里士多德这句名言的意义：诙谐是人类的高级精神特权，别的生物无法企及。拉伯雷时代的诗人龙萨就曾在诗中写道："上帝使整个世界服从于人，只允许人类会笑，逍遥作乐，而不允许动物会笑，动物没有理性和精神。"③ 笑作为人类的天赋，既由于人类能支配这个世界而产生的，也由于人类具有动物所没有的理性和精神而产生的。所以拉伯雷在《巨人传》第一部起首的诗中以这段话结尾："Mieux est de ris que de larmes escrire. Par ce que rire est le prorpe de l'homme."即"与其写哭，还是写笑的好。因为只有人类才会笑。"④

卢奇安作品，尤其是他的梅尼普在阴间欢笑的形象成为拉伯雷诙谐哲学的第三个源泉，也是文艺复兴时期诙谐哲学的第三个源泉。卢奇安的《梅尼普，或在冥间的旅行》对《巨人传》中爱比斯德蒙在阴间的情节产生重要影响。卢奇安在《冥间的对话》里，通过《第欧根尼与波吕尼刻

---

① 〔苏〕米哈伊尔·巴赫金：《弗朗索瓦·拉伯雷的创作与中世纪和文艺复兴时期的民间文化》，夏忠宪等译，载钱中文主编《巴赫金全集》第六卷，李兆林等译，河北教育出版社，2009，第413页。

② 〔苏〕米哈伊尔·巴赫金：《弗朗索瓦·拉伯雷的创作与中世纪和文艺复兴时期的民间文化》，夏忠宪等译，载钱中文主编《巴赫金全集》第六卷，李兆林等译，河北教育出版社，2009，第78页。

③ 〔苏〕米哈伊尔·巴赫金：《弗朗索瓦·拉伯雷的创作与中世纪和文艺复兴时期的民间文化》，夏忠宪等译，载钱中文主编《巴赫金全集》第六卷，李兆林等译，河北教育出版社，2009，第79页。

④ 〔苏〕米哈伊尔·巴赫金：《弗朗索瓦·拉伯雷的创作与中世纪和文艺复兴时期的民间文化》，夏忠宪等译，载钱中文主编《巴赫金全集》第六卷，李兆林等译，河北教育出版社，2009，第78页。

斯》《卡戎、赫尔墨斯与各种各样的死者》《卡戎与梅尼普》等作品塑造
了诙谐大笑的梅尼普形象，建立起诙谐与阴间（死亡）、诙谐与精神自由
以及诙谐与言论自由的关系。

三大古希腊罗马诙谐哲学源泉确定了拉伯雷小说的诙谐及其意义和价
值，肯定了拉伯雷小说的诙谐是包罗万象的世界观，它具有治疗的效果和
再生的积极作用。

三 拉伯雷小说中的五大诙谐话语

（一）拉伯雷小说中的广场话语

1. 粪与尿的话语

关于粪与尿的话语在拉伯雷小说中作用很大。拉伯雷在小说《巨人
传》第一部前言中就说到 "bren pour luy"（给他大便）；在《巨人传》第
四部 "巴奴日的羊群" 中，生意人丹德诺吹嘘说他的羊尿出来的尿就像上
帝一样有奇效，能提高土地的肥力；[1] 在《巨人传》第一部中，讲高康大
撒尿撒了三个月零七天，十三又四分之三小时零两分钟，撒出了一条罗讷
河及河上的七百艘船只；[2] 在《巨人传》第二部里，拉伯雷称法国和意大
利的全部有药效的温泉均是病中庞大固埃的热尿形成的；在《巨人传》第
三部，拉伯雷用特有的语言创造出 "...offcialement...forgerent Orion"，字
面上译为 "按将军的方式造出" 或 "按阁下的方式造出"，但实际上意味
着 "用尿造出"，因为在他们那个年代，人们把夜壶称作 "将军"；[3] 在
《巨人传》第四部结尾处，巴奴日因受惊吓而屙了一裤子屎，因此受到同
伴嘲笑，但巴奴日最后摆脱了恐惧，并说出下面一席话："哈，哈，哈！
乌埃！这是什么鬼玩意儿啊？你们说这是大便、大粪、屎、秽物、脏物、

---

[1] 〔苏〕米哈伊尔·巴赫金：《弗朗索瓦·拉伯雷的创作与中世纪和文艺复兴时期的民间文
化》，夏忠宪等译，载钱中文主编《巴赫金全集》第六卷，李兆林等译，河北教育出版
社，2009，第165页。

[2] 〔苏〕米哈伊尔·巴赫金：《弗朗索瓦·拉伯雷的创作与中世纪和文艺复兴时期的民间文
化》，夏忠宪等译，载钱中文主编《巴赫金全集》第六卷，李兆林等译，河北教育出版
社，2009，第167页。

[3] 〔苏〕米哈伊尔·巴赫金：《弗朗索瓦·拉伯雷的创作与中世纪和文艺复兴时期的民间文
化》，夏忠宪等译，载钱中文主编《巴赫金全集》第六卷，李兆林等译，河北教育出版
社，2009，第168页。

排泄物、米田共、人中黄、狼粪兔粪、鸟粪鹿粪、干粪、硬粪或者羊粪么？我认为这是爱尔兰的郁金香。对，对，不错！是爱尔兰的郁金香！没错儿！咱们喝酒去吧！"①

粪与尿的排泄行为与土地的肥沃有着牢不可破的联系。从身体地形学的角度来说，粪与尿位处物质—肉体下部，具有贬低、毁灭的否定意思，但物质—肉体下部同时又是受胎和分娩的下部，所以又蕴含着多产和更新的肯定意义，使粪与尿又成为欢快的物质，排泄粪尿具有了克服和战胜恐惧的作用。此外，粪与尿作为大地与肉体的中介物，使肉体接近大地。肉体在世时，以粪便奉献大地，粪便就像死者的肉体一样，肥沃大地。节庆日的抛洒粪便、浇尿行为，类似于往墓穴里撒土，或者类似于将种子播进犁沟，在怪诞现实主义里代表欢快诙谐地埋葬旧的正在死亡的同时也即将诞生的世界。正如所有物质—肉体下部形象一样，粪与尿的形象是正反同体，它们既贬低、扼杀又复兴、更生，它们既美好又卑下，把生与死、分娩的阵痛与濒死的挣扎紧密联系。粪与尿"既是贬低性的，又是温柔的，它用一种最轻松的、毫不可怕的诙谐方式将坟墓与分娩集于一身"②。

2. 肠子的话语

巴赫金指出，在拉伯雷小说中"les tripes"（肠子）不止一次出现。拉伯雷在《巨人传》第一部的前言中，用吹嘘的语气写了下面一段话："难道这什么也不算么？你们去给我找一本书，不管是哪种文字，不管属于哪类学科，只要它能有这种功能、这种效力、这种特性就行，我情愿出半品脱肠子。没有，先生们，没有这种书。我这本书是找不到第二本的，无可比拟的，独一无二的。即便把我送进地狱的火里，我也是坚持这个说法。不过不是随大溜，而是'专门'这样做。假如有人说有的话，你们可以直截了当地把他们当做骗子，宿命论者，虚伪骗人的、诱惑的人。"③ 在拉伯

---

① 〔苏〕米哈伊尔·巴赫金：《弗朗索瓦·拉伯雷的创作与中世纪和文艺复兴时期的民间文化》，夏忠宪等译，载钱中文主编《巴赫金全集》第六卷，李兆林等译，河北教育出版社，2009，第196页。

② 〔苏〕米哈伊尔·巴赫金：《弗朗索瓦·拉伯雷的创作与中世纪和文艺复兴时期的民间文化》，夏忠宪等译，载钱中文主编《巴赫金全集》第六卷，李兆林等译，河北教育出版社，2009，第196~197页。

③ 〔苏〕米哈伊尔·巴赫金：《弗朗索瓦·拉伯雷的创作与中世纪和文艺复兴时期的民间文化》，夏忠宪等译，载钱中文主编《巴赫金全集》第六卷，李兆林等译，河北教育出版社，2009，第181页。

雷小说《巨人传》第一部第五章"酒客醉话"里，一位准备干下一杯酒的人对另一个说："您大可不必把什么东西都拿到河中去洗，它（酒）会来清洗内脏的。"① 这里的"内脏"，既指他吃的动物肠子，也指他的肚子。在小说《巨人传》第一部第四、五、六章里关于肠子的情节如下："这便是嘉佳美丽生产时的情形，如果你们不信，叫你们脱脱大肠！""那一天是二月三日，嘉佳美丽就是因为多吃了牛肠而在饭后脱了大肠。她吃的是一种特别肥的牛肠子。这种牛是在牛槽里用两刈草养肥的。"② 高朗古杰担心肠子吃太多对妻子不好，就促狭地说："谁多吃肠子就是想吃粪。"但是嘉佳美丽不听劝阻，仍然吃了十六桶再加两桶零六大盆的肠子，所以"这么多的造粪材料，还能不把她撑坏！"于是在《巨人传》第一部第六章里嘉佳美丽的肚子成为主题："功夫不大，她即开始叹气、呻吟、喊叫起来。立时从四面八方来了许多接生婆，她们摸了摸嘉佳美丽的下身，摸到一些臭烘烘的肉皮，以为一定是孩子下来了，其实是她脱了肛，那是直肠（你们叫做大肠），我们前面已经说过，因为多吃了牛肠，滑出来了。"

中世纪时期，肠子作为一种食物不容易储藏，因此宰牛季节时，人们将肠子清洗后就会毫无节制地吃完。肠子不太容易清洗干净，多少都会残留一些粪便在肠子里，所以吃肠子就意味着会吃到粪，有些人还特别喜欢吃洗不太干净带粪的肠子。另外，中世纪时期杀人叫"放肠子"，女人生孩子前，下身先滑出来的不是孩子而是肠子。肠子作为一种食物，它是廉价的；作为身体重要的内脏，又是一种宝贵的生命。肠子就是通过这样一些环节与内脏、肚子、死亡、生育联系在一起，"汇集成一个不可分割的怪结——生命、死亡、分娩、排泄、食物"。③ 在身体地形学中，"les tripes"作为"肚子"是物质—肉体的上部，作为"肠子"是物质—肉体的下部，"les tripes"构成物质—肉体上部和下部的汇聚，大地与天空的结

① 〔苏〕米哈伊尔·巴赫金：《弗朗索瓦·拉伯雷的创作与中世纪和文艺复兴时期的民间文化》，夏忠宪等译，载钱中文主编《巴赫金全集》第六卷，李兆林等译，河北教育出版社，2009，第183页。

② 〔苏〕米哈伊尔·巴赫金：《弗朗索瓦·拉伯雷的创作与中世纪和文艺复兴时期的民间文化》，夏忠宪等译，载钱中文主编《巴赫金全集》第六卷，李兆林等译，河北教育出版社，2009，第249页。

③ 〔苏〕米哈伊尔·巴赫金：《弗朗索瓦·拉伯雷的创作与中世纪和文艺复兴时期的民间文化》，夏忠宪等译，载钱中文主编《巴赫金全集》第六卷，李兆林等译，河北教育出版社，2009，第182页。

合；在怪诞现实主义中，"les tripes"（肠子）形象代表的是"既扼杀又分娩、既吞食又被吞食"、具有正反同体性的物质—肉体形象，是怪诞现实主义的"游戏秋千"。拉伯雷通过"les tripes"（肠子）一词词义上的正反同体和异类性，"创作出一首多么精彩和谐的交响曲"。①

3. 吆喝的话语

中世纪民间广场充斥着大量"cri"（吆喝）的话语。"cris de Paris"（巴黎的吆喝）作为一种赞美的广场话语体裁，对拉伯雷来说相当重要。在拉伯雷小说《巨人传》第二部前言里是以吆喝开头的："最有名、最英勇的优胜者，高贵的人们和普通的人们，喜欢阅读引人入胜和体面的书籍的人们！你们一定看见过、读到过、研究过巨人高康大不可思议的伟大传记，并且像真正的信徒相信《圣经》和《福音书》那样相信它，而且还不止一次地当你们和那些可敬的夫人小姐们在一起感到无话可说的时候，就拿这有趣的长篇故事来述说一番，使得你们得到许多人的赞扬和历久不忘的怀念！"②

"巴黎的吆喝"最重要的是巴黎商贩响亮的吹嘘语气。《巨人传》第二部前言就是典型的"巴黎的吆喝"，它不是老老实实、直截了当、"一本正经"的推销，而是充满了民间的诙谐。吆喝者不仅戏弄地吹嘘以兜售书籍，还吹捧观众为"最最可敬的"人。吆喝所用之词都是极尽赞美，修饰语都以最高级形式出现，如"très illustres"（非常卓越的）、"très chevaleureux"（非常具有骑士风度的）、"gentillesses"（优雅美丽的）、"honnestetés"（诚实正直的）、"grandes"（伟大的）、"inestimables"（无法估量的）等，甚至声称这些相信伟大传记的人们就像真正的信徒，不仅应受到"赞扬"，而且值得"历久不忘的怀念"。除了言过其实的吆喝和语意双关的颂扬之外，吆喝者还会带喜剧性地打赌发誓，比如谁能指出比《高康大大事记》更好的书，作者情愿付出"半品脱场子"；作者情愿为了坚持书的好，情愿为了坚持自己这点信念甘愿被烧死；吆喝中还无所顾忌地宣称，两个月

---

① 〔苏〕米哈伊尔·巴赫金：《弗朗索瓦·拉伯雷的创作与中世纪和文艺复兴时期的民间文化》，夏忠宪等译，载钱中文主编《巴赫金全集》第六卷，李兆林等译，河北教育出版社，2009，第 183 页。

② 〔苏〕米哈伊尔·巴赫金：《弗朗索瓦·拉伯雷的创作与中世纪和文艺复兴时期的民间文化》，夏忠宪等译，载钱中文主编《巴赫金全集》第六卷，李兆林等译，河北教育出版社，2009，第 178 页。

来售出的《高康大大事记》比九年中卖出的《圣经》还要多。这种吆喝的吹嘘正反同体，带有自嘲的味道，又充满欢快的广场气氛，引发人们自由畅快的笑声。

"巴黎的吆喝"还令拉伯雷作品中的修饰语带上"烹饪"的特征。[①] 在拉伯雷小说《巨人传》里，当安那其国王被赶下王位后，巴奴日想使他成为一个卖绿酱油的商贩，便教他"吆喝"卖绿酱油。据说单卖绿酱油就有107 种吆喝。在"巴黎的吆喝"里，每一种货物——食物，酒或物品——都有专门的吆喝用语、吆喝旋律、吆喝语调，有专门的词语形象、音乐形象、抑扬顿挫的诗歌形象，每一特定的吆喝就是一首专门推荐和赞美某一特定商品的四行诗。这些五花八门的吆喝，让街道和广场人声鼎沸。这些形形色色、五花八门的"巴黎的吆喝"推出了一个充满各种食品、菜肴和物品的世界，构成喧闹的厨房和喧闹的盛宴，通过每一种食物、每一道菜肴、每一件物品惯用的韵脚、韵律和形式，汇成"一首不绝于耳的厨房与盛宴的街头交响曲"，[②] 形成一个具体生动、有血有肉、有滋有味和充满广场喧闹的全民生活。最重要的是，"巴黎的吆喝"是自由的广场话语，它不教训人、不揭发人、不恐吓人，同时它轻松、欢快、无所畏惧、洒脱不羁、坦率直白，说话的人与广场上的人可以打成一片、笑作一团，因此"巴黎的吆喝"是响亮的广场话语，是正反同体的正极广场赞美话语，它存在于人群之中，既是人群发出来的，又是对人群发的。

4. 赞美—辱骂的话语

在拉伯雷小说《巨人传》第一部的前言里，赞美—辱骂的音调占据主导地位，确定着整个话语的语气、风格和动态。前言以赞美—辱骂的特殊称呼语开头："Beuveurs très illustres et vou Veroles tres precieux"（著名的酒友，还有你们，尊贵的花柳病患者……）。[③] 在前言一开头，拉伯雷继续使

---

① 〔苏〕米哈伊尔·巴赫金：《弗朗索瓦·拉伯雷的创作与中世纪和文艺复兴时期的民间文化》，夏忠宪等译，载钱中文主编《巴赫金全集》第六卷，李兆林等译，河北教育出版社，2009，第 205 页。

② 〔苏〕米哈伊尔·巴赫金：《弗朗索瓦·拉伯雷的创作与中世纪和文艺复兴时期的民间文化》，夏忠宪等译，载钱中文主编《巴赫金全集》第六卷，李兆林等译，河北教育出版社，2009，第 206 页。

③ 〔苏〕米哈伊尔·巴赫金：《弗朗索瓦·拉伯雷的创作与中世纪和文艺复兴时期的民间文化》，夏忠宪等译，载钱中文主编《巴赫金全集》第六卷，李兆林等译，河北教育出版社，2009，第 188 页。

用这种赞美—辱骂的话语来展现苏格拉底的形象："阿尔奇比亚代斯说苏格拉底就是这样：因为从外表看，也就是单从外表形象看，你们真会觉着他不值一个葱皮钱。他确实生得太丑陋了，形象可笑，尖鼻子、牛眼睛、疯子面孔、行动率直、衣饰粗俗，既无财产，更没有女人爱他，任何官也做不来，一天到晚嘻嘻哈哈，跟谁都会碰杯，讲不完的笑话，不肯让人看出他渊博的学识，但是你打开小盒，就会在里面发现一种崇高的，无法估价的药品，也就是说，超人的悟性，神奇的品德，百折不挠的勇气，无比的节操，镇静的涵养，十足的镇定，对于人们梦寐以求的，劳碌奔波的，苦苦经营的，远渡重洋追求的，甚至为之发动战争的一切，更是蔑视到使人难以相信的地步。"① 拉伯雷最后还仍然以赞美—辱骂的话语在《巨人传》前言里形成结尾："现在，你们高兴吧，我亲爱的人，快快活活地读下去吧，愿你们身心舒坦，腰肢轻松！可是听好，笨蛋们，让鼠疫染上你们，可别忘了为我干杯，我会马上回敬你们！"②

上面这些广场话语选词造句近乎辱骂，这种不拘形迹的辱骂却是温柔的，后面潜藏着赞美。苏格拉底赞美—辱骂的话语里，以最高级堆砌起对苏格拉底近乎歌功颂德的赞美；在前言的结尾中赞美话"mes amours"（我亲爱的人）和骂人话"vietzdazes"（字面"驴鸡巴"，雅译为"笨蛋们"）形成一种欢快的、猥亵的骂人话语氛围，目的只在于邀请众人一起快活读书、开怀畅饮。

骂人话、诅咒、发誓则是赞美话语的反面，是负极的广场赞美话语。在《巨人传》第一部的前言里，通篇充满直截了当的骂人话语："一个糊涂的修士、少见的马屁精"，"一个四不像"，"一个坏蛋"，"唠叨鬼"。③拉伯雷小说《巨人传》第二部前言的结尾也是一段诅咒骂人的话语："现在我来结束我这篇前言，如果我在故事里说过一句瞎话，我情愿把灵魂、

---

① 〔苏〕米哈伊尔·巴赫金：《弗朗索瓦·拉伯雷的创作与中世纪和文艺复兴时期的民间文化》，夏忠宪等译，载钱中文主编《巴赫金全集》第六卷，李兆林等译，河北教育出版社，2009，第189页。

② 〔苏〕米哈伊尔·巴赫金：《弗朗索瓦·拉伯雷的创作与中世纪和文艺复兴时期的民间文化》，夏忠宪等译，载钱中文主编《巴赫金全集》第六卷，李兆林等译，河北教育出版社，2009，第191页。

③ 〔苏〕米哈伊尔·巴赫金：《弗朗索瓦·拉伯雷的创作与中世纪和文艺复兴时期的民间文化》，夏忠宪等译，载钱中文主编《巴赫金全集》第六卷，李兆林等译，河北教育出版社，2009，第188页。

肉身、五脏、六腑全部交给十万篮子小魔鬼。同样，假使你们不完全相信我在这本《高康大大事记》里所述说的，就叫圣安东尼奥的火烧你们，羊癫风折磨你们，闪电劈你们，腿上生疮瘸着走，拉痢疾拉得骨瘦如柴，浑身颤抖，肛门发炎，像索多玛、蛾摩拉那样被硫黄、火焰、深渊吞咽!"①

骂人话、诅咒、发誓作为负极的广场话语，它也是正反同体。它是非官方的话语，故意地破坏社会公认的语言规矩如礼节、礼貌、客套、谦恭、尊卑之别等等。"如果它们达到了足够的数量，而且是故意为之的话，就会对整个语境、对整个言语产生巨大的影响：它们将言语转移到另一个层面，把整个言语置于各种语言规范的对立面。因此这样的言语便摆脱了规则与等级的束缚以及一般语言的种种清规戒律，而变成一种仿佛是特殊的语言，一种针对官方语言的黑话。"②

广场话语是具有两个面孔的雅努斯。赞美—辱骂的话语就像雅努斯的两个面孔，一面是赞美的面孔，另一面必是辱骂的面孔。赞美处在辱骂的边缘，赞美中充满辱骂，其间无法画出一道明确的界线，也无法指明，赞美在哪里结束，辱骂又从何处开始。

（二）拉伯雷小说中民间节日的形式与形象

1. 打架斗殴的形式与形象

"拉伯雷的小说，是整个世界文学中最节日化的作品"。③ 在拉伯雷小说中打架斗殴是十分常见的狂欢节形象。在小说《巨人传》第四部"诉讼国"里，生活着甘心挨打以换取报酬的执达吏。约翰修士花 20 金币挑了一个"Rouge Muzeau"（酒糟鼻）执达吏来进行肉体各部位解剖式、狂欢化的殴打。在《巨人传》第二部《庞大固埃》里，庞大固埃打败安那其国王，把他交给巴奴日处置，巴奴日用小丑行头给他换装，让他卖绿酱油，

① 〔苏〕米哈伊尔·巴赫金：《弗朗索瓦·拉伯雷的创作与中世纪和文艺复兴时期的民间文化》，夏忠宪等译，载钱中文主编《巴赫金全集》第六卷，李兆林等译，河北教育出版社，2009，第 184 页。

② 〔苏〕米哈伊尔·巴赫金：《弗朗索瓦·拉伯雷的创作与中世纪和文艺复兴时期的民间文化》，夏忠宪等译，载钱中文主编《巴赫金全集》第六卷，李兆林等译，河北教育出版社，2009，第 211 页。

③ 〔苏〕米哈伊尔·巴赫金：《弗朗索瓦·拉伯雷的创作与中世纪和文艺复兴时期的民间文化》，夏忠宪等译，载钱中文主编《巴赫金全集》第六卷，李兆林等译，河北教育出版社，2009，第 315 页。

最后给他娶了位老娼婆，这位老娼婆就辱骂和殴打他。关于混战，最出名的场面是约翰修士在修道院葡萄园里杀戮13622人的情节。整场血腥的激战就为了拯救用新采摘的葡萄酿成的酒。另一个杀戮情节就是《巨人传》第二部第二十五章庞大固埃战胜安那其国王的660名轻骑兵后，用火药烧死这些骑兵，并用焚烧中的骑兵来烤他们的野味。

在《巨人传》第四部第十四章里，拉伯雷详细讲述巴舍公爵府三次对三位不同执达吏的群殴场面。为了逃避对打人的惩罚，人们设计了一场"nopces à mitaines"（戴手套的婚礼），① 这样就名正言顺地在嘻嘻哈哈热闹的婚庆气氛中，把执达吏打得七荤八素人事不知，既打出了胸中的恶气，也打出了狂欢化的快乐。以痛殴第二位执达吏场面为例："（乌达尔先生）举拳便打，迎面重击，一时戴打架手套的拳头从四面八方像雨点一般一齐落在执达吏头上。'喜啊，喜啊，喜啊！可别忘了这次的喜事啊！'大家一齐叫嚷。这一顿揍可够重的，嘴里、鼻子里、耳朵里、眼睛里都出了血。最后打得他遍体鳞伤，肩膀脱骱，前额、后脑、后背、前胸、两只胳膊，全都给打坏了。你们可以相信，在亚威荣举行狂欢节的时候，那些学生的热闹情况，也及不上今天的这场殴打。执达吏一直被打得昏倒在地。后来往他脸上泼了好些酒，把一条黄绿两色的布条拴在他的袖子上，扶他上了他那匹鼻涕邋遢的瘦马。"②

打架斗殴的场面是一场"对肉体的解剖式、狂欢化—厨房—医疗式的罗列"。③ 打架斗殴的细节带有狂欢节的寓意。给执达吏泼酒隐含着从小丑到国王的换装，系彩带则意味着小丑国王成了节日的祭品。最重要的一点是，戴手套的婚礼习俗允许日常生活中绝不允许的自由，可以用拳头打来宾，不管他们是什么身份和地位。这样日常生活的等级制度在这里被暂时废除，人与人的距离消失，极大凸显乌托邦社会的因素，好像进入一个平

---

① 〔苏〕米哈伊尔·巴赫金：《弗朗索瓦·拉伯雷的创作与中世纪和文艺复兴时期的民间文化》，夏忠宪等译，载钱中文主编《巴赫金全集》第六卷，李兆林等译，河北教育出版社，2009，第225页。

② 〔苏〕米哈伊尔·巴赫金：《弗朗索瓦·拉伯雷的创作与中世纪和文艺复兴时期的民间文化》，夏忠宪等译，载钱中文主编《巴赫金全集》第六卷，李兆林等译，河北教育出版社，2009，第227页。

③ 〔苏〕米哈伊尔·巴赫金：《弗朗索瓦·拉伯雷的创作与中世纪和文艺复兴时期的民间文化》，夏忠宪等译，载钱中文主编《巴赫金全集》第六卷，李兆林等译，河北教育出版社，2009，第228页。

等自由的国度。挨打的无法抱怨这乌托邦的社会法则。在这个婚礼上，游戏的舞台与生活之间的界限也变得模糊不清，二者互相转化，既是舞台，又是生活。此外，打架斗殴带来了群体性的欢乐，它在笑谑中完成，这使得打架斗殴具有狂欢节自由笑声的属性。在每一个被殴打对象的后面，拉伯雷都仿佛看到了国王、过去的国王、王位的觊觎者。所有这些人物都是行将过时的权力和真理，他们占据着统治地位，是旧的思想、法律、信仰、美德的个体化身，而时间以世界主人的身份，让他们的腔调显出可笑的原形，把他们变成为虚张声势、故作威严、自以为是的"稻草人"、滑稽的怪物，于是在时间的世界里被人们谑笑着撕碎在人民的广场上。可以说，拉伯雷小说的打架斗殴是双重性的，它既杀害生命又赠予生命，既结束旧事物又开始新事物。

2. 魔鬼出巡的形式与形象

魔鬼出巡作为民间节日广场的一个组成部分在拉伯雷小说里十分具有代表性。《巨人传》第四部里拉伯雷通过巴舍公爵的嘴里讲述出利用魔鬼出巡所进行的一出"悲惨的滑稽剧"。住在圣马克桑的维庸准备为尼奥尔集市排演一出宗教神秘剧《耶稣受难记》。剧中需要一件天主圣父的外衣，当地圣器室执事塔波古始终不肯出借，因为他坚持认为这是对宗教的亵渎。维庸打算报复，他把排演布置在塔波古必经之路上。当塔波古出现的时候，众魔鬼围着他鬼哭狼嚎，摇响手中的铃铛，向塔波古投掷燃烧的冒着浓烟的树枝，特别是还去吓唬塔波古骑的马。由于马受惊，被马镫套住脚的塔波古就这样被碎尸在马匹跑回修道院的路上。

魔鬼出巡是宗教神秘剧的民间节日广场演出的组成部分。作为宗教神秘剧的演出，必须在专门的舞台上表演。但是传统习俗里允许在神秘剧上演前几天，允许众魔鬼的演出者穿着演出的行头在大街小巷里游荡，甚至远到城郊。这在演出的通告里都会广而告之。穿着魔鬼演出服的人感受到了日常生活中感受不到的极大自由，完全在日常禁忌之外，极端的时候，这些扮演魔鬼的人，通常情况下都是些穷人，就会抢劫，依仗魔鬼角色身份捞取一些物质上的好处。所以中世纪的社会也会发布特别禁令来限制魔鬼们在角色之外的自由。

魔鬼出巡中魔鬼的角色代表着非官方的性质，他们在舞台上辱骂、猥亵、制造笑料、肆意叫喊，无论说话还是做事都与官方基督教的世界观相违背。魔鬼出巡中魔鬼是双重性的，魔鬼们手上所持武器，都是厨房家什，披挂都是狂欢化的打扮，所以他们既是魔鬼，又类似于小丑和傻瓜。尽管魔鬼出巡是宗教神秘剧，但又有着不同于一般舞台剧所没有的狂欢化的放肆和自由的权利。从这一点上说，魔鬼出巡已经超越了舞台，进入了日常生活，舞台与生活的界限消失了，魔鬼得到了特别的赋权，惩治他人而不受惩罚。

魔鬼出巡闹剧中，塔波古死状悲惨，但死有余辜。在古代神话里，酒神狄奥尼索斯的游戏规则里，凡是反对狄奥尼索斯的人都会被狄奥尼索斯的狂女们撕成碎片，像彭特斯国王就是这样死法。塔波古因为根据哥特时代精神原则，不肯出借服装而成了狄奥尼索斯的敌人，所以遭受了残酷的惩罚。拉伯雷严惩塔波古是有原因的。在拉伯雷的眼里，塔波古"是最凶恶的敌人"，因为塔波古是一个"不会笑且憎恨笑的人"。① 塔波古拒绝施惠圣衣的行为就是典型的不会笑之人的行为。这种行为的背后深深烙着"哥特时代的精神及其建立于恐惧和强迫之上的单方面的严肃性及其'sub specie aeternitatis（永恒观念）'"。② "麻木的、凶恶的虔诚式严肃性"③ 执着于停滞的、不可动摇的等级制度，严厉拒绝任何角色的交替与更新。魔鬼出巡所需的圣衣代表着更新、新生和复活，塔波古出于对舞台、对滑稽剧、对诙谐的古老教会的敌意，害怕把圣衣变成舞台与游戏的对象，拒绝施惠圣衣，代表着狂欢文化里不肯生育、不能结果、顽固的、死亡的老年对更新、新生、复活的拒绝，对广场的、欢乐的、真理的拒绝，所以落得肉体被肢解成一个纯粹狂欢化的下场。

3. 游戏、预言、占卜的形式与形象

五花八门的游戏、预言、占卜和祝福在民间广场里占有重要地位，在拉伯雷小说里起着重大的作用。拉伯雷在《巨人传》第一部第二十二章里

---

① 〔苏〕米哈伊尔·巴赫金：《弗朗索瓦·拉伯雷的创作与中世纪和文艺复兴时期的民间文化》，夏忠宪等译，载钱中文主编《巴赫金全集》第六卷，李兆林等译，河北教育出版社，2009，第306页。

② 〔苏〕米哈伊尔·巴赫金：《弗朗索瓦·拉伯雷的创作与中世纪和文艺复兴时期的民间文化》，夏忠宪等译，载钱中文主编《巴赫金全集》第六卷，李兆林等译，河北教育出版社，2009，第306页。

③ 〔苏〕米哈伊尔·巴赫金：《弗朗索瓦·拉伯雷的创作与中世纪和文艺复兴时期的民间文化》，夏忠宪等译，载钱中文主编《巴赫金全集》第六卷，李兆林等译，河北教育出版社，2009，第306页。

列出年轻的主人公饭后游戏清单多达 271 个游戏名称，其中包括一长串纸牌游戏、一系列室内案头游戏、一整套室外游戏。此外，拉伯雷还利用丰富的游戏辞典作为隐喻和比喻的来源，比如含有色情隐喻的游戏词语"joueurs de quille"（九柱玩家），有表现成功与失败的游戏词语如"c'est bien rentré de picques!"（真是一张臭牌！）等。

拉伯雷小说里有两处重要的故事情节建构在游戏形象上。第一个是小说《巨人传》第一部的最后一章"谜诗预言"。"谜诗预言"作者认为，如果星相和神启的预言是可能的话，那么他预言在这个冬天，在这个地方，"las du repoz et fachez du sejour"（将出现一种人，闲得发慌）。[1] 这些闲得发慌的人带来骚乱，离间亲朋好友，鼓动结党营私，教唆父子对立，毁灭社会秩序，抹杀社会等级，消除社会敬畏，以至于"灿烂丰富的历史，还从未使人这样惊奇"[2]。作者接着描绘了世界开始出现大洪水、大地震以及火焰，最后以祥和与欢乐结束。高康大认真接受这个预言，认为它符合当代社会现实，悲伤地预感到笃信福音的人将遭受迫害。约翰修士则断然拒绝预言里那些严肃阴暗的意义，他这样嚷嚷："随便你说它有多高深的寓意和涵义，你，以及其他的人，高兴怎样胡思乱想，都随你们的便。反正在我看来，我认为没有别的什么意思，只是用隐晦的语言描写一场网球赛罢了。"[3] 约翰修士这样解释预言里的形象：社会骚乱指球员分组，大洪水指球员流汗，宇宙火焰指炉灶的火，球员打球后需要在炉灶前休息，而后球员一起饮宴寻欢。约翰修士最后的结束语是："好好地大吃一顿！"[4] 这种狂欢化的精神在"庞大固埃的预测术"里也得到体现，因为这篇作品里有各种的物质—肉体形象："在大斋期脂肪将逃避豌豆""肚子

① 〔苏〕米哈伊尔·巴赫金：《弗朗索瓦·拉伯雷的创作与中世纪和文艺复兴时期的民间文化》，夏忠宪等译，载钱中文主编《巴赫金全集》第六卷，李兆林等译，河北教育出版社，2009，第 268 页。

② 〔苏〕米哈伊尔·巴赫金：《弗朗索瓦·拉伯雷的创作与中世纪和文艺复兴时期的民间文化》，夏忠宪等译，载钱中文主编《巴赫金全集》第六卷，李兆林等译，河北教育出版社，2009，第 268 页。

③ 〔苏〕米哈伊尔·巴赫金：《弗朗索瓦·拉伯雷的创作与中世纪和文艺复兴时期的民间文化》，夏忠宪等译，载钱中文主编《巴赫金全集》第六卷，李兆林等译，河北教育出版社，2009，第 269 页。

④ 〔苏〕米哈伊尔·巴赫金：《弗朗索瓦·拉伯雷的创作与中世纪和文艺复兴时期的民间文化》，夏忠宪等译，载钱中文主编《巴赫金全集》第六卷，李兆林等译，河北教育出版社，2009，第 269 页。

要做领导""屁股将最先坐下"；有各种民间形象："过节时人们在馅饼里找不到豆子国王"；还有各种游戏形象："骰子不理睬我们的祈求""常常地，与其说是失分，不如说是需要"。以及狂欢化的化装和街头混乱形象："一部分人化装是为了欺骗另一部分人，而且大家都像傻瓜和疯子似的满大街跑：你永远也不会在大自然中见到如此的混乱了。"① 第二个基于游戏形象的情节是法官勃里德瓦掷骰子来裁决案件。老法官勃里德瓦裁定一切案子都是通过掷骰子，因为司法术语"作出法庭裁决"法文是"alea judiciorum"，而"alea"就是指玩游戏用的骰子。勃里德瓦理所当然地认为用骰子断案是严格遵守司法程序的规定。此外，勃里德瓦还遵守另一条规定"In obscuris minimum est sequendur"（对不明案件应作最轻/最谨慎判决），在判决不明案情时，他就挑选体积上最小的、最轻微的骰子。如果需要比较两起供述孰轻孰重，他就把被告供述的案卷放在原告供述的案卷里，然后掷骰子来决定。于是拉伯雷通过掷骰子游戏讽刺性模拟勃里德瓦的诉讼裁决，让全部严肃、沉重的诉讼一下子变得欢快而好笑。

"谜诗预言"里讽刺模拟式的预言和游戏形象与历史现实联系在一起，这是"将历史过程作为游戏来理解的狂欢化观念"。② 拉伯雷通过用变化无常、充满痛苦的一般世俗生活来描写九柱游戏的方法，把沉重、可怕、严肃、重要、阴郁的结局变得出人意料的明快、欢乐和轻盈，相当于将乐曲从小调变成为大调，意味着世界的未来不神秘，也不阴森可怕，而是轻松和欢快。另外，这也是对五花八门严肃性预言和预测术的讽刺性模拟，以此达到反对这些预言和预测术的严肃腔调以及它们看待和解释生活、历史、时间的方式。巴赫金认为，"跟严肃的、阴郁的东西对立的是戏谑的、欢乐的东西；跟意外的、古怪的东西对立的是普通的、日常的东西；跟抽象而高雅的东西对立的是物质和肉体的东西"③。"谜诗预言"借助游戏、

---

① 〔苏〕米哈伊尔·巴赫金：《弗朗索瓦·拉伯雷的创作与中世纪和文艺复兴时期的民间文化》，夏忠宪等译，载钱中文主编《巴赫金全集》第六卷，李兆林等译，河北教育出版社，2009，第265页。

② 〔苏〕米哈伊尔·巴赫金：《弗朗索瓦·拉伯雷的创作与中世纪和文艺复兴时期的民间文化》，夏忠宪等译，载钱中文主编《巴赫金全集》第六卷，李兆林等译，河北教育出版社，2009，第262页。

③ 〔苏〕米哈伊尔·巴赫金：《弗朗索瓦·拉伯雷的创作与中世纪和文艺复兴时期的民间文化》，夏忠宪等译，载钱中文主编《巴赫金全集》第六卷，李兆林等译，河北教育出版社，2009，第264页。

预言、谜语，从狂欢化角度去描绘历史事件，又利用预言、预测这类民间节日形象很好地评价时代的变化和历史的变迁。游戏、预言、谜语与节日的形象结合在一起形成一个有机的、统一的整体，"它们的公分母就是欢乐的时间"，① 它们一起将阴郁的世界末日论通过游戏变成"欢乐的怪物"，它们一起将历史过程拟人化，进而培育人们去清醒而无畏地认识社会的变化和历史的变迁。

占卜主要集中在小说第三部巴奴日对未婚妻的占卜。巴奴日想结婚又害怕结婚，因为他害怕被他的未婚妻戴上绿帽子。为解除这个烦忧，他几次占卜，但每次占卜结果都一样，即他一定会被他妻子戴上绿帽子，而且妻子还会打他和掠夺他。巴奴日不想接受这样一个不可避免的命运，于是找约翰修士谈话，他不断引证自己生殖器罕见的能力，约翰修士对此做了一番解释："我明白你的意思了，不过，时间会把一切冲淡的。云石也好，斑石也好，没有不衰老和损坏的东西。如果你现在还不老，几年以后，就会听到你承认你的家伙耷拉下去了，因为袋里没有东西了。"② 在谈话结尾，约翰修士插进一个宝石戒指的故事。指环作为女性生殖器的象征，代表着受孕与复活没有终点，企图用手指堵住这个指环，就像巴奴日想逃避自己的命运一样，是不可能的和徒劳的。

中世纪时期，绿帽子主题是对衰老丈夫剥去衣冠、打他、嘲弄他，对他脱冕的行为，同时也是让年轻女人受孕和生育的行为，因为"女人的肚子是无穷无尽的和无法满足的；女人在生理上是敌视一切衰老（作为生育新事物的起点）的"。③ 巴奴日很顽固地想避免这个命运，这是因为他想成为永远年轻的丈夫、永恒的国王、永恒的时间。但女人的生育与男人的永恒是相对立的，女人的生育总是无情地揭露男人不想衰老的痴心妄想，因此戴绿帽子是年轻女人对老年男人的脱冕。再者，中世纪广为流传的神话主题之一就是国王父亲对儿子的恐惧，因为神话故事里儿子是国王父亲必

---

① 〔苏〕米哈伊尔·巴赫金：《弗朗索瓦·拉伯雷的创作与中世纪和文艺复兴时期的民间文化》，夏忠宪等译，载钱中文主编《巴赫金全集》第六卷，李兆林等译，河北教育出版社，2009，第275页。

② 〔法〕弗朗索瓦·拉伯雷：《巨人传》，成钰亭译，上海译文出版社，1990，第547页。

③ 〔苏〕米哈伊尔·巴赫金：《弗朗索瓦·拉伯雷的创作与中世纪和文艺复兴时期的民间文化》，夏忠宪等译，载钱中文主编《巴赫金全集》第六卷，李兆林等译，河北教育出版社，2009，第268页。

然的谋杀者和王位的窃取者。女人不仅可以生育儿子，而且可以将儿子藏匿起来不让国王父亲追杀，以此保证新旧世界的交替和更新，因此女人的生育可以造成对旧世界国王的脱冕。所以在占卜这个故事情节里，巴奴日代表着衰老丈夫的形象，顽固的老年形象，以及旧世界国王的形象，他不肯接受新旧世界的交替和更新，表现出的是对年轻生命的女性形象以及对诞生新生事物的恐惧和害怕。

（三）拉伯雷小说中的筵席形象

1. 筵席形象

在拉伯雷小说里，几乎没有一页不出现筵席形象，这些筵席形象主要以从饮食范畴里借用来的比喻和修饰语的形式呈现。在《巨人传》第一部里，摇篮里庞大固埃的最初形象就是吃食形象；巴奴日在土耳其故事情节中的主要形象是铁钎上烤肉的形象；国王安那其打仗的全部故事情节都贯穿着首都筵席形象，最后以阿莫罗人在首都举行民间农神节宴会结束；爱比斯德蒙造访阴间王国的故事也渗透着筵席形象。在《巨人传》第二部里，情节是从屠宰节上的筵席开始；在教育年轻的高康大中，食物形象起着最主要的作用；在毕可罗寿大战刚开始的时候，高康大回家，高朗古杰就在举办筵席，列出非常详尽的菜肴和野味清单。本部小说中以食物范畴作为隐喻和比喻十分丰富，最典型的就是书中以 "Et grad chere!"（盛宴!）① 为结束。在《巨人传》第三部里，筵席形象散在各种故事情节里，最突出的是巴奴日召集神学家、医生和哲学家进行咨询午宴，在午宴中讨论女性的秉性和婚姻问题。在《巨人传》第四部里，筵席形象在香肠大战的狂欢化情节中占据主导地位；在描写巡回演出人员生活的故事情节中出现一长串菜肴和饮料的场景；在"风岛"上有关巨人布兰格纳里伊吞食事物的情节起着重要的作用；这部小说里为"厨房修士"专门修书一章；这部小说以轮船上的会餐结束，最后一句话以巴奴日"让我们干杯!"② 结束。

---

① 〔苏〕米哈伊尔·巴赫金：《弗朗索瓦·拉伯雷的创作与中世纪和文艺复兴时期的民间文化》，夏忠宪等译，载钱中文主编《巴赫金全集》第六卷，李兆林等译，河北教育出版社，2009，第319页。

② 〔苏〕米哈伊尔·巴赫金：《弗朗索瓦·拉伯雷的创作与中世纪和文艺复兴时期的民间文化》，夏忠宪等译，载钱中文主编《巴赫金全集》第六卷，李兆林等译，河北教育出版社，2009，第319页。

轻松、欢乐、胜利、新生的庆典时刻必然属于所有的筵席形象。"筵席是一切民间节庆欢乐不可或缺的部分。没有筵席就连现有的任何一种令人发笑的戏剧演出都是行不通的。"① "筵席总是为庆祝胜利而举行。这是它的本质属性。宴会式的庆典是包罗万象的：这是生对死的胜利。"② 拉伯雷筵席形象不是个别人日常的、局部生活的吃喝形象，而是"民间节庆仪典上的饮食"，是"普天同庆"的饮食。③ 这种"丰富性"和"全民性"决定了筵席形象的外形以及正面夸张、隆重快乐的基调。拉伯雷筵席形象还表明事情的结束或完成，有时候还是一系列事情合适的镶框。拉伯雷筵席形象与生、死、斗争、胜利、喜庆、更新的本质相联系，具有多面性，意义重大，是荒诞现实主义文学富有生命力的表现。

2. 离奇怪诞的筵席肉体形象

筵席形象总是与离奇怪诞的肉体形象紧密联系。在《巨人传》第二部里，作者描述阿韦利被杀死以后，大地吮吸他的血，变得十分肥沃，人们吞吃长在大地上的山茱萸果实，肉体也因此变得十分壮大；《巨人传》第二部的主题就是庞大固埃张开大嘴吃喝，每一次能喝光4600头母牛所产的奶。给他喂粥的是一口大钟。有一天早上，他想吃奶，在挣脱绑在摇篮上的手后，直接抄起一头母牛，啃掉那头母牛的奶头、半个肚子，连同肝和腰子，还吞下一条牛腿，高康大驯养的一头熊也被他像吃小鸡一样吃掉了。即使庞大固埃被捆在摇篮上，他照样还能背着摇篮走进高康大举行宴会的大厅，由于他的双手被缚，他只得伸出舌头，用舌头从餐桌上够东西吃。另一个建立在肉体形象和吃喝形象上的联系就是庞大固埃母亲的胸怀里会驶出一辆满载腌渍好的下酒菜的大车。

离奇怪诞肉体的生命力主要表现在饮食上。肉体的裸露性、未完成性、与世界的相互关系通过饮食得到十分具体、生动的表现：肉体来到世

---

① 〔苏〕米哈伊尔·巴赫金：《弗朗索瓦·拉伯雷的创作与中世纪和文艺复兴时期的民间文化》，夏忠宪等译，载钱中文主编《巴赫金全集》第六卷，李兆林等译，河北教育出版社，2009，第317页。

② 〔苏〕米哈伊尔·巴赫金：《弗朗索瓦·拉伯雷的创作与中世纪和文艺复兴时期的民间文化》，夏忠宪等译，载钱中文主编《巴赫金全集》第六卷，李兆林等译，河北教育出版社，2009，第322页。

③ 〔苏〕米哈伊尔·巴赫金：《弗朗索瓦·拉伯雷的创作与中世纪和文艺复兴时期的民间文化》，夏忠宪等译，载钱中文主编《巴赫金全集》第六卷，李兆林等译，河北教育出版社，2009，第317页。

界，它吞咽、吮吸、吃喝，通过吸纳世界上的东西来充实自己，使自己长大成人。肉体与世界的接触始于嘴巴，通过嘴巴对食物的啃、磨、吞、咀嚼，一方面体验世界，品尝世界的各种滋味，另一方面吞食世界，将世界吸纳到自己的身体，使世界成为自己的一部分；饮食活动消除了肉体与世界的界限。在肉体与世界相互关系的饮食形象上，很大程度上集中反映了人的意识的觉醒。"这种人与世界在食物中的相逢，是令人高兴和欢愉的。在这里是人战胜了世界，吞食着世界，而不是被世界吞食。人与自然界限的消除，对人来说具有非常积极的意义。"①

离奇怪诞的肉体形象与饮食的关系离不开劳动。饮食与劳动密不可分，食物的一系列形象，作为劳动最后的胜利阶段，代表着劳动的整个过程。肉体是在劳动中与自然界相逢，在劳动中与自然界斗争，肉体通过吞食食物表明在劳动中对自然界的战胜。但不要夸大劳动斗争中的胜利，肉体通过劳动中的斗争获得生存和食物，只代表肉体形象吞食的是所争取到的自然界的一部分而已。巴赫金指出，无论是饮食，还是劳动，都是集体的，全社会参与的；筵席作为集体劳动的结束，是集体的、全民的、社会性的活动；庆祝胜利的肉体把被征服的自然界的食物吸收到自己身上，可以获得新生；所以拉伯雷小说离奇怪诞的筵席肉体形象是集体的、全民的肉体形象，也是令人高兴、欢愉和新生的肉体形象。

3. 筵席交谈形象

筵席交谈是古老而独特的传统。拉伯雷小说筵席交谈形象主要以筵席作为智慧话语和诙谐真理的镶边来展开。中世纪的筵席交谈与古希腊的不同，不再进行哲学交谈和争论，而是进行一些离奇怪诞的交谈，带有对秘密晚餐进行模拟性讽刺的因素，基本内容是"自由地嘲弄神职人员"。② 在生活的筵席上，宗教文本、弥撒词语、祈祷文片段被讽刺模拟性改编为与饮食有关的口语，贬低化到与每一杯酒、每一片面包相伴。拉伯雷小说里

---

① 〔苏〕米哈伊尔·巴赫金：《弗朗索瓦·拉伯雷的创作与中世纪和文艺复兴时期的民间文化》，夏忠宪等译，载钱中文主编《巴赫金全集》第六卷，李兆林等译，河北教育出版社，2009，第320页。
② 〔苏〕米哈伊尔·巴赫金：《弗朗索瓦·拉伯雷的创作与中世纪和文艺复兴时期的民间文化》，夏忠宪等译，载钱中文主编《巴赫金全集》第六卷，李兆林等译，河北教育出版社，2009，第337页。

约翰修士"喝醉时的谈话"称得上是"酒宴上的自由主义"。①

拉伯雷把筵席形象作为表现"绝对无畏的欢愉的真理最良好的媒体"。② 对拉伯雷来说，严肃性要么是过去真理的风格，是注定要灭亡势力的风度；要么是被一切恐惧吓坏了的软弱无能的腔调。一切高雅的、严肃的官方文体形象折射出注定消逝的政权和真理的严肃性以及严肃性背后的虚假和无能。但是筵席上的交谈、饭桌上的谈话通常是笑谑的、无拘无束的谈话，这种谈话无形中扩大了在民间节日期间开怀大笑的自由权利，这些筵席交谈产生的笑、词汇、语调是对完整的、新的真理的理解。在拉伯雷看来，只有在酒宴的氛围中、在吃饭的时间里，相互交谈的人才能排除谨小慎微的想法，也只有这样放松的交谈语调才能说出自由的、坦诚的真理，因为"真理就内质而言，都是自由的、愉悦的和唯物的"③。

拉伯雷把筵席形象作为战胜恐惧的媒体。筵席上的"面包"和"葡萄酒"是劳动和斗争赢来的，它们代表吞食世界而不被世界吞食的胜利，肉体吃面包、喝酒就是在品尝征服世界、吞食世界的滋味，肉体在物质层面吃吃喝喝的行为驱散了对寒冷世界和死亡世界的恐惧，并且通过世界持续不断的供养得以长大成人。

拉伯雷把筵席形象作为对未来寄予希望的媒体。筵席可以为令人高兴的生育而举行，筵席也可以为令人悲伤的逝世而举办，筵席还免不了对未来的希望送上颂扬美好的祝酒词，而现在节日更加注重"话未来"，这赋予筵席一种摆脱过去旧束缚的新形象，充满了通向美好未来的快乐和希望。

拉伯雷的筵席形象是双重性的。"葡萄酒和面包都具有各自的逻辑和真理"，④ 既具有胜利的喜悦和欢愉的感情色彩，同时也有鞭挞时弊的强烈

① 〔苏〕米哈伊尔·巴赫金：《弗朗索瓦·拉伯雷的创作与中世纪和文艺复兴时期的民间文化》，夏忠宪等译，载钱中文主编《巴赫金全集》第六卷，李兆林等译，河北教育出版社，2009，第338页。

② 〔苏〕米哈伊尔·巴赫金：《弗朗索瓦·拉伯雷的创作与中世纪和文艺复兴时期的民间文化》，夏忠宪等译，载钱中文主编《巴赫金全集》第六卷，李兆林等译，河北教育出版社，2009，第325页。

③ 〔苏〕米哈伊尔·巴赫金：《弗朗索瓦·拉伯雷的创作与中世纪和文艺复兴时期的民间文化》，夏忠宪等译，载钱中文主编《巴赫金全集》第六卷，李兆林等译，河北教育出版社，2009，第325页。

④ 〔苏〕米哈伊尔·巴赫金：《弗朗索瓦·拉伯雷的创作与中世纪和文艺复兴时期的民间文化》，夏忠宪等译，载钱中文主编《巴赫金全集》第六卷，李兆林等译，河北教育出版社，2009，第333页。

愿望。人民可以饮宴，教皇们也可以纵酒行乐。人民的面包和葡萄酒是全民的、集体的、丰盛的、富裕的物质形象，是肯定的夸张；教皇们不以人民的名义饮宴，却让人民承担一切费用。教皇们的面包还是面包，葡萄酒也仍然美好，但教皇们的面包和葡萄酒的逻辑是不一样的逻辑，是衰败的、干瘪的物质形象，是否定的讽刺。全民性的肉体和个人狭隘、自私的肉体之间的世界观和价值观差别也极其深刻。筵席中"肥胖的大肚子""张大的嘴""巨大的男性生殖器""吃得很饱的人"形象充满矛盾和复杂的特点。肥沃土壤上生长出来的恶魔和贪吃的人民勇士的胖肚子，填不饱的西蒙尼斯特修道院院长的大肚子，这些极端形象之间完全水火不容，一个代表全民性的丰富精神，另一个是贪婪自私的贫瘠精神，甚至有时候这些普天同庆形象与寄生形象完全融合在一个矛盾、冲突又统一的整体形象内部。

（四）拉伯雷小说中的怪诞人体形象

在拉伯雷小说中怪诞人体形象得到十分夸张、十分强烈的表现。在《巨人传》第一部第四十五章，约翰修士将修道院钟楼怪诞化为男根形象。原文如下："【C'est（dist le moyne）*bien rentré de picques*！】【Elle pourroit estre aussi layd que *Proserpine*，elle aura，*par Dieu*，*la saccade* puisqu'il y a moynes autour，*car un bon ouvrier mect indifferentement toutes pieces en oeure.*】【Que *j'aye la verolle* en cas que ne les trouviez，engroissees a vostre retour，car seulement *l'ombre du clochier d'une abbaye est feconde.*】"① 译文："【这可靠不住！】【她就是丑得像普罗赛尔波娜，老实告诉你，也有人骑，附近不就有修道院的僧侣么？一个好工匠不管什么机器都开得动。】【你们这次回去，她们要不一个个肚子都大起来，叫我长大疮！修道院钟楼的影子也会叫人生孩子。】"约翰修士这段话里的怪诞氛围由下面几个语境因素构成：第一个括号"*bien rentré de picques*"，原义为"一张臭牌"，转义为"不可靠"；第二个括号"*Proserpine*"是丑陋的地狱女王普罗赛尔波娜形象，在身体地形学中，地狱等同于肉体下部；"*par Dieu*"是宗教话语"上帝"，在这里指对天发誓说老实话；"*la saccade*"意为"骑马"，"*car un bon ouvrier mect*

---

① 〔苏〕米哈伊尔·巴赫金：《弗朗索瓦·拉伯雷的创作与中世纪和文艺复兴时期的民间文化》，夏忠宪等译，载钱中文主编《巴赫金全集》第六卷，李兆林等译，河北教育出版社，2009，第354页。

indifferentement toutes pieces en oeure" 意为 "好手艺人任何材料都能派上用场"，均暗指性交，"骑马" 与 "手艺" 被降格到物质肉体下部层面；第三个括号 "*j'aye la verolle*" 是诅咒话语 "长大疮"，为物质肉体下部；最后在一层层怪诞氛围的烘托下，"*l'ombre du clochier d'une abbaye est feconde*" 拉伯雷夸张地将修道院钟楼怪诞化为巨大的男根。这些由物质肉体下部构成的话语造成事物的肉体化、降格化和怪诞化，其目的不止于嘲讽修道院的放荡和淫逸，更多的还在于脱冕修道院宣扬的基本立足点，即 "虚伪的、禁欲主义的理想"，"抽象的、不妊的永恒性"。[①]

在《巨人传》第二部第十五章，巴奴日的巴黎城墙形象也得到同样语境的支持。庞大固埃对巴奴日说："你听说过阿瑞锡拉的故事吗？有人问他，为什么拉刻代蒙那座大城没有城墙时，他指着城内精通武艺、骁勇健壮、兵器充实的居民说道，'这就是城墙'。他的意思是说只有人的骨头才称得起是城墙，没有比老百姓的勇武更可靠、更坚固的城墙了。城内住有如此英勇善战的居民，那是再可靠也没有了，他们不用担心再造什么城墙。"阿瑞锡拉的城墙是士兵的傲骨，巴奴日的城墙却是用生殖器来建造："我看此地女人的那个东西比石头还便宜，应该用它们来造城墙，依照建筑学的对称法把它们排好，最大的放在头一排，然后像驴背似的堆起来，先用中等大小的，后用最小的，最后再把修道院里那么多裤裆里的硬东西串连起来，跟布尔日高大的城寨那样，一个尖一个尖地排列起来。这样的城墙，什么鬼家伙能拆得动啊？没有任何金属品能像它一样经得起打击。让那些家伙来磨蹭好了，冲着天主说话，你马上就可以看见一种神圣的产物像下雨似的把梅毒散给他们，而且还非常快。冲着魔鬼说话，决不骗人！不仅是这一点，连雷也劈不开：为什么？因为那玩意儿都祝过圣，或者受过封。"[②] 巴奴日的话语除了讽刺巴黎女性肉体的低廉、修道院修士的荒淫无度之外，还有另一番用意。对比《巨人传》第三部第八章，巴奴日认为防护生殖器的锁子甲是甲胄中最重要的一部分，他说："其实丢掉脑

---

① 〔苏〕米哈伊尔·巴赫金：《弗朗索瓦·拉伯雷的创作与中世纪和文艺复兴时期的民间文化》，夏忠宪等译，载钱中文主编《巴赫金全集》第六卷，李兆林等译，河北教育出版社，2009，第356页。

② 〔苏〕米哈伊尔·巴赫金：《弗朗索瓦·拉伯雷的创作与中世纪和文艺复兴时期的民间文化》，夏忠宪等译，载钱中文主编《巴赫金全集》第六卷，李兆林等译，河北教育出版社，2009，第357页。

袋，不过死一个人，可是丢掉那玩意儿，等于死掉全人类。"① 因为性器官是丢卡利翁和比拉恢复被洪水毁掉的人类的重要材料，是丢卡利翁和比拉重建人类这座建筑物的石头。按照圣经说法，人对生殖器的武装始于无花果叶子。巴奴日相信人在"黑铁时代"被迫穿上的锁子甲，最终会因自己的和平使命而彻底解除。所以，在巴奴日看来，生殖器具有牢不可破的肉墙力量，意味着对军事力量的脱冕。

在怪诞人体形象中，人脸部的所有特征中，嘴巴占据优势地位，起着重要的作用。巴赫金指出，脸的怪诞就表现在一张脸只有一张大大张开的嘴，脸上其他器官都成了嘴的框架，"是这张大张着的、吞咽着的肉体的无底洞的框子"②。在怪诞地形学中，与张开的大嘴等值的形象还有肚子、身体的孔洞、井、地窖等。大张的嘴也是民间节庆体系中"中心的、最主要的形象之一"③。在喜剧、魔鬼剧中，大张的嘴就成了魔鬼经典形象的表现。地狱的入口就被描写成"地狱之嘴"，一张撒旦张开的大嘴。大张的嘴吞食吞咽食物，某种程度上这种行为就是死亡和灭绝的代表，大张的嘴好像"一扇敞开的、通向下部、通向肉体的地狱的大门"④，实质上在大张的嘴里确实是整整一个巨大的被吞食的世界。

庞大固埃就是一张大嘴的形象，这首先要从词源和民间文化中来考察。在词汇里，庞大固埃是一个普通名词，意思指因喝酒过量造成的喉咙失声；在魔鬼戏中，庞大固埃是鬼母普罗赛尔波娜送给魔王路西菲尔四个小鬼中的一个，代表四大元素中的水。庞大固埃出于对盐和焦渴的欲望，喜欢整治爱喝酒的人，常常往酒鬼大张的嘴里撒盐，让这些酒鬼醒来后感到无比的干渴。

在这些传统内核的基础上，拉伯雷创作了大嘴的庞大固埃形象。《巨

---

① 〔法〕弗朗索瓦·拉伯雷：《巨人传》，成钰亭译，上海译文出版社，1990，第461页。

② 〔苏〕米哈伊尔·巴赫金：《弗朗索瓦·拉伯雷的创作与中世纪和文艺复兴时期的民间文化》，夏忠宪等译，载钱中文主编《巴赫金全集》第六卷，李兆林等译，河北教育出版社，2009，第361页。

③ 〔苏〕米哈伊尔·巴赫金：《弗朗索瓦·拉伯雷的创作与中世纪和文艺复兴时期的民间文化》，夏忠宪等译，载钱中文主编《巴赫金全集》第六卷，李兆林等译，河北教育出版社，2009，第370页。

④ 〔苏〕米哈伊尔·巴赫金：《弗朗索瓦·拉伯雷的创作与中世纪和文艺复兴时期的民间文化》，夏忠宪等译，载钱中文主编《巴赫金全集》第六卷，李兆林等译，河北教育出版社，2009，第370页。

人传》第二部第二章"威严的庞大固埃出世"中，庞大固埃诞生在阿非利加大地异常干渴的时候，"有三十六个月又三个星期零四天、再加上十三个钟头还要多一点，没有下过雨……"①。"庞大"在希腊文里意思是"一切"，"固埃"在非洲毛里塔尼亚文里意思是"干渴"，高康大给儿子取名"庞大固埃"，意思是说庞大固埃出生的时候，世界都在干渴，而且也预示着庞大固埃将来要做渴人国国王。在《巨人传》第二部第二十八章"庞大固埃怎样神奇地战胜渴人国人和巨人"中，庞大固埃携带整船的盐，将这些盐通通撒进敌人一个军的大大张开的嘴里，"因为他们一个个都张着大嘴睡觉"②。庞大固埃将每一张大嘴填上满满的盐巴，令这些倒霉的家伙渴上加渴。在《巨人传》第二部第三十二章"庞大固埃怎样用舌头遮蔽整队队伍；作者在庞大固埃嘴里看见什么"中，庞大固埃带领大部队来攻打渴人国，经过平原地带时突遇暴雨，为了不让士兵淋雨，庞大固埃只伸出一半舌头，"就像一只母鸡卫护小鸡那样"，③ 把整支部队都盖住了。作者为了爬到庞大固埃的舌头上，"足足走了两法里多路"。④ 庞大固埃的大嘴里是"一个完整的、鲜为人知的世界"⑤，生活在里面的居民深信这个世界比大地还古老。庞大固埃的牙齿犹如丹麦的高山，口腔里不但有辽阔的草原，还有广大的森林，以及高大坚固的城市。作者在庞大固埃的大嘴里"足足住了四个月"⑥。在《巨人传》第二部第三十三章"庞大固埃怎样得病又怎样痊愈"中，庞大固埃胃不舒服，为了治病，他吞咽下"比罗马维吉尔钟楼顶上的球还要大"⑦ 的 17 个大铜球，这些铜球里要么装着提灯笼的侍卫，要么装着扛铁锹的农民，要么装着扛筐子和篓子的人，铜球带着这些人滑入庞大固埃的身体里为他治病。

　　巴赫金指出，拉伯雷小说的怪诞人体形象是一种人体生命描写法，以此来建构一个夸张的世界。在拉伯雷小说中怪诞人体形象得到十分夸张和

---

① 〔法〕弗朗索瓦·拉伯雷：《巨人传》，成钰亭译，上海译文出版社，1990，第 233 页。
② 〔法〕弗朗索瓦·拉伯雷：《巨人传》，成钰亭译，上海译文出版社，1990，第 377 页。
③ 〔法〕弗朗索瓦·拉伯雷：《巨人传》，成钰亭译，上海译文出版社，1990，第 402 页。
④ 〔法〕弗朗索瓦·拉伯雷：《巨人传》，成钰亭译，上海译文出版社，1990，第 403 页。
⑤ 〔苏〕米哈伊尔·巴赫金：《弗朗索瓦·拉伯雷的创作与中世纪和文艺复兴时期的民间文化》，夏忠宪等译，载钱中文主编《巴赫金全集》第六卷，李兆林等译，河北教育出版社，2009，第 385 页。
⑥ 〔法〕弗朗索瓦·拉伯雷：《巨人传》，成钰亭译，上海译文出版社，1990，第 404 页。
⑦ 〔法〕弗朗索瓦·拉伯雷：《巨人传》，成钰亭译，上海译文出版社，1990，第 408 页。

强烈的表现。怪诞人体形象体现为人体外观与内貌、人体与物体、人体与世界的交混。人体外观如嘴巴、鼻子、臀部等部位，人体内貌如肠子、血液、心脏等部位，在同一个怪诞形象中，这些外观与内貌常常混合在一起。物体可以是建筑物、城墙等人造的东西，在怪诞形象中，物体与人体融合也很常见。最重要的是怪诞人体形象包罗万象，不但强调全宇宙的元素如地球、水、空气，还反映宇宙间的等级关系，并且与各类自然现象如山川、河流等融合在一起，怪诞人体成为微型宇宙的集中表现。怪诞人体形象中凸起的人体部位，凹进去的人体洞眼，常常打破新旧人体之间、人体与世界之间的界限，形成相互交换和双向交流；好像一部正在上演的人体戏剧，不停地演出饮食与排泄、新生与死亡、吞食与被吞食的人体戏剧事件，把"生命的开端和终结密不可分地交织在一起"[1]。怪诞人体形象的双体性是无穷的肉体生命链，"是一个环节介入另一个环节、一个人体生命从另一旧的人体生命的死亡中诞生的那些部分"[2]。

在现代规范的人体形象中，人体中所有超出界限的部位，所有可以凸起、可以孕育的部位，所有导向内部的孔洞，所有可以凹进、可以吞食的部位，全部被砍掉、取消、封闭或软化。人体已经变成"一种完全现成的、完结的、有严格界限的、封闭的、由内而外展开的、不可混淆的和个体表现的人体"[3]。现代规范的人体是个体的、界限分明的、厚实沉重、无缝无孔的正面形象，与这些部位有关的狎昵话语被禁止，人体丧失了扩展的象征话语，剩下的都是官方的、"体面的"话语。现代规范的人体形象转化为只关于日常的和个体心理层面的狭隘的意义，再没有与社会生活和宇宙整体发生直接联系的意义。现代规范的人体形象的死亡就是单一语义的死亡，不会是死亡中新的生命诞生；衰老就是单一语义的衰老，不会是衰老中的青春再生；雌的就是单一语义的雌，不会出现雌雄同体现象。人

① 〔苏〕米哈伊尔·巴赫金：《弗朗索瓦·拉伯雷的创作与中世纪和文艺复兴时期的民间文化》，夏忠宪等译，载钱中文主编《巴赫金全集》第六卷，李兆林等译，河北教育出版社，2009，第362页。

② 〔苏〕米哈伊尔·巴赫金：《弗朗索瓦·拉伯雷的创作与中世纪和文艺复兴时期的民间文化》，夏忠宪等译，载钱中文主编《巴赫金全集》第六卷，李兆林等译，河北教育出版社，2009，第363页。

③ 〔苏〕米哈伊尔·巴赫金：《弗朗索瓦·拉伯雷的创作与中世纪和文艺复兴时期的民间文化》，夏忠宪等译，载钱中文主编《巴赫金全集》第六卷，李兆林等译，河北教育出版社，2009，第365页。

体相互交混、人体与物体相互交混、人体与世界相互交混的"双体性倾向"① 在现代规范的人体形象中已然消失。

（五）拉伯雷小说中的物质—肉体下部形象

1. 擦屁股的物质—肉体下部形象

擦屁股的物质—肉体下部形象既揭示拉伯雷一切形象都在向下运动，也表明幸福在于来自阴间永恒的快感。在《巨人传》第二部第三十章，拉伯雷详细描绘小高康大擦屁股情节。高康大试验过各种各样擦屁股的方法，这些方法可以列成一条长长的清单，比如宫女们的服饰，包括丝绒护面、帽子、围脖、耳帽、金饰物，侍从的帽子、三月猫、皇后熏过安息香的手套，各种植物如丹参、茴香、莳萝、牛膝草、玫瑰花等，各式青菜如白菜、萝卜、菠菜等，自己的裤裆，床单、被子、窗帘、坐垫、台布，头巾、枕头、拖鞋、背包、筐子等，还用过各类动物擦屁股如母鸡、公鸡、小鸡、兔子等，还有律师的公文皮包、风帽、包发帽，甚至打猎的假鸟。擦屁股最不舒服的是耳帽上边一大堆粪球似的金饰件，它把高康大的屁股刮破了，惹得高康大大声诅咒："巴不得圣安东尼的神火把造首饰的银匠和戴首饰的宫女的大肠都烂掉！"② 猫会把高康大的屁股抓破；筐子用起来很不舒服。擦屁股比较舒服的如宫女丝绒护面，因为丝绒柔软；擦屁股最好的帽子是长毛，因为它擦得最干净。高康大最后找到的、新鲜又最好的擦拭物是这样的："但是，总的看来，我可以说，并且也坚持这个意见，那就是所有擦屁股的东西，什么都比不上一只绒毛丰满的小鹅，不过拿它的时候，须要把它的头弯在两条腿当中。我以名誉担保，你完全可以相信。因为肛门会感受到一种非凡的快感，既有绒毛的柔软，又有小鹅身上的温暖，热气可以直入大肠和小肠，上贯心脏和大脑。别以为极乐世界的那些英雄和神仙的享受，就像这里老太太们所说的那样，只是百合花、仙丹或是花蜜，他们的享受（照我的看法），就是用小鹅擦屁股，苏格兰的

---

① 〔苏〕米哈伊尔·巴赫金：《弗朗索瓦·拉伯雷的创作与中世纪和文艺复兴时期的民间文化》，夏忠宪等译，载钱中文主编《巴赫金全集》第六卷，李兆林等译，河北教育出版社，2009，第368页。

② 〔法〕弗朗索瓦·拉伯雷：《巨人传》，成钰亭译，上海译文出版社，1990，第59页。

约翰大师就是这个想法。"① 高康大评价这个方法为"这是我所了解的方法中最高贵，最完善，最方便的方法"。②

高康大用物品来擦屁股，是对物品的降格、脱冕以及侮辱。把物品用来擦屁股表示它只配擦屁股，把擦屁股擦疼的东西，是连擦屁股的资格都不配，只能遭受人们的诅咒；在拉伯雷看来，金饰件就是粪球一样的东西，连擦屁股都不配。用猫擦屁股则是一幕闹剧，讽刺一件物品或一个人，被派上不适合他的，甚至相反的用场，只会引起混乱和倾轧；其他人物用来擦屁股的用意，侍女要擦屁股，戴长毛帽子的人总是位居高位的人，更要擦屁股；律师就是要用来擦屁股的。还有那些罗列出来的物品自有其逻辑，比如一些物品本该用来戴在头脸上的，用来保护肉体上部的，现在却被移到下部使用，就相当于变成厕纸，暗指脸面就是屁股，没那么崇高和伟大，屁股不见得就是屁股，它比脸面更高尚、更自然、更淳朴。拉伯雷挑选这些物品，无疑在进行一次"年度大盘点"，重新以新的方式检验它们，重新检查它们的特性和原本的意义，检测物品的瑕疵程度，调整物品的价值大小，保证年度盘点的真实性和纯洁度。拉伯雷对物品的盘点是一次愉快的盘点，把物品从困扰它们的严肃性及恐惧中解放出来，为人们带来轻松和愉悦，就像高康大最后一次擦拭时所感受到的那种心满意足和怡然自得。生活的快感来自民间物质—肉体下部，而不是宗教社会的精神上部；幸福来自阴间的满足，而不是来自天堂的永恒。

2. 复活和阴间幻象的物质—肉体下部形象

爱比斯德蒙复活和他在阴间的幻象是拉伯雷对福音书典故的讽刺性改编。爱比斯德蒙头颅被砍后，巴奴日把他的头放在自己的裤裆里焐暖，又将爱比斯德蒙的尸体抬到筵席喝酒的地方，用上好的葡萄酒将爱比斯德蒙的脖子和头洗干净，最后巴奴日发誓，如果治不活爱比斯德蒙，他情愿掉脑袋。于是爱比斯德蒙开始活了过来，睁眼、打哈欠、打喷嚏、放屁，巴奴日给他喝了一大杯放有一片甜面包的陈年白酒，爱比斯德蒙就被彻底地、神奇地治好了。巴奴日判断爱比斯德蒙彻底活过来的最重要依

---

① 〔法〕弗朗索瓦·拉伯雷：《巨人传》，成钰亭译，上海译文出版社，1990，第62页。

② 〔苏〕米哈伊尔·巴赫金：《弗朗索瓦·拉伯雷的创作与中世纪和文艺复兴时期的民间文化》，夏忠宪等译，载钱中文主编《巴赫金全集》第六卷，李兆林等译，河北教育出版社，2009，第425页。

据是爱比斯德蒙放了一个大响屁。巴奴日说："ceste heure est il guery."（现在可以保证好了。）① 这句话是福音书里的话，原指睚鲁女儿复活时修士讲的话，而判断她活的依据是她能吃东西。这里讽刺模拟福音书：下部的重要性超过上部，生命复活和象征的现实标志在于屁股的放屁，而不是嘴巴的呼吸。

爱比斯德蒙复活后描述他所见到的地狱是一幅很有趣的场景，因为这里与上面的世界完全相反。马其顿王亚历山大在修补裤子，英雄阿基勒斯"长着一头秃疮"，教皇西克斯图斯在治疗花柳病，而第欧根尼则阔得不得了，艾比克森德穿着漂亮的衣服在饮酒作乐，从前教皇的仇敌作家约翰·勒·迈尔在阴曹地府当了教皇，从前的丑角凯耶特和特里布莱成了红衣主教，克塞尔克塞斯卖芥末哄抬价格被维庸撒到芥末里，穿林朝"圣安东尼神火"画像小便被地府宗教裁判官贝纽莱差点烧死。整个幻象镶嵌在筵席形象中，因为庞大固埃结束故事时说道："好了，孩子们，现在咱们先来吃点东西喝点酒吧，不要客气，因为这个月里正是喝酒的好时候。"②

一直以来阴曹地府形象汇聚着两种不同文化交叉对立的双重现象。一方面是官方基督教世界观，另一方面是民间广场世界观；一方面在一定形式和一定程度上存在基督教恐惧、恫吓的阴暗严肃性，另一方面也存在以广场自由的笑声驱散恐惧的欢乐和愉悦；一方面是个别生命结束、命运完成、宿命审判的形象，另一方面是历史中行进的人类肉体死亡、新生、成长的形象。据巴赫金考证，早在11世纪遵守教规的基督徒已经把阴曹地府的形象与狂欢节的形象紧密联系在一起。到中世纪的时候，狂欢节因素成功将阴曹地府形象转化为欢乐的民间广场形象，作为阴曹地府形象的地狱出现在文艺复兴时期一切节庆和狂欢活动中。复活和阴间幻象的物质—肉体下部形象力求以笑声战胜阴曹地府的阴暗严肃性，将其变为欢乐的狂欢节的丑八怪。爱比斯德蒙复活和他在阴间的幻象形象就是这样一种形象，

---

① 〔苏〕米哈伊尔·巴赫金：《弗朗索瓦·拉伯雷的创作与中世纪和文艺复兴时期的民间文化》，夏忠宪等译，载钱中文主编《巴赫金全集》第六卷，李兆林等译，河北教育出版社，2009，第438页。

② 〔苏〕米哈伊尔·巴赫金：《弗朗索瓦·拉伯雷的创作与中世纪和文艺复兴时期的民间文化》，夏忠宪等译，载钱中文主编《巴赫金全集》第六卷，李兆林等译，河北教育出版社，2009，第441页。

以把头放裤裆、撒尿、殴打、辱骂、换装等一系列狂欢化形象明确表明向下运动，表示欢乐来自下面的阴曹地府。在拉伯雷小说里，神瓶祭司说，真正的财富蕴藏在地的下面，英明的时间将开发出所有藏在地下的宝藏，揭开地下的秘密。因此共同构成世界新图景的相对中心是人类肉体、土地以及时间，而不是向上的精神、天空和永恒。

3. 褒贬语的物质—肉体下部形象

拉伯雷小说里没有中立话语，没有第三者"无动于衷"的立场，都是褒贬语这种把赞美与非难融合在一起的混合体。在《巨人传》第三部第二十六章，巴奴日因婚姻问题犹豫不决，于是来向约翰修士求助。巴奴日使用"Couillon"（笨蛋、放荡鬼）这个词作为求助呼语，把这个词说了153遍，每一遍都附一个赞美的修饰语，如"告诉你，我的小放荡鬼，我的乖放荡鬼，有名的放荡鬼，长瓜的放荡鬼，像火枪一样的放荡鬼，有后劲的放荡鬼……"。在《巨人传》第三部第二十八章，约翰修士答复巴奴日也同样选择"Couillon"作为呼语，使用了150个修饰语，只是因为不满巴奴日的表现，所以语调不同，使用不同情感的修饰语，如"你说呀，消沉的放荡鬼，腐朽的放荡鬼，发霉的放荡鬼，冷淡的放荡鬼……"。《巨人传》第三部里，有一处独特的赞美祷文，是庞大固埃和巴奴日争先恐后地表扬丑角特里布莱身上一种特质："folie"（愚蠢）。他们总共使用了308个修饰语来修饰特里布莱愚蠢的程度，这些修饰语分别来自天文、音乐、医学、宗教、国家关系、猎鹰等领域。

褒贬语共同的特点在于，所有修饰语与所修饰的词没有任何联系，使用得出人意料、不合逻辑，让人觉得毫无准备。被修饰的词在一系列的修饰语中显得十分孤立，好像"在完成着有损身份的婚姻"。[①] 不同的是，在巴奴日153个修饰语中，都带着正面性质，它们共同描写出"最佳状态"的"放荡鬼"，属于歌功颂德类型。约翰修士的150个修饰语则是骂人的，用以说明这个"放荡鬼"极其恶劣、极其可怜。庞大固埃和巴奴日使用308个某种品质最高程度的修饰语，目的在于赞美"愚蠢"，用以表现"愚蠢"的聪明。

① 〔苏〕米哈伊尔·巴赫金：《弗朗索瓦·拉伯雷的创作与中世纪和文艺复兴时期的民间文化》，夏忠宪等译，载钱中文主编《巴赫金全集》第六卷，李兆林等译，河北教育出版社，2009，第478页。

褒贬语反映出修辞学层面的双重性，是双面孔的雅努斯。首先，是褒贬语中一系列的修饰语，经过不合逻辑的使用后，在本质上得到对原来意义和用法的脱冕，在新的使用范围内得到革新和新生。其次，不管是"Couillon"（笨蛋、放荡鬼）、"folie"（愚蠢）都存在双重性。这些词既褒扬也贬抑。它们既是正常世界的丑角，又是反常世界的国王。在官方话语中，对褒贬语的语调区分得十分细致，因为语调反映着已经确立的社会等级，官方的评价等级，以及由官方确定下来的物品与现象之间的关系界限；但是在非官方的世界里，它们是被禁的新图景的中心，也是物质—肉体下部的主宰，语调愈是狎昵，褒贬的界限愈是模糊，褒贬开始在一个人物一个物品上重合，最终在整个人类肉体整个物品世界重合。褒贬语的双重性之间没有准确的界限，说不准从哪一个点开始是褒，也说不准从哪一个点起是贬。从亲昵语调到讥笑语调都只是在加强褒贬语的双重性。最后，拉伯雷小说的褒贬语不仅出现在作者话语里，也出现在人物话语里；不仅针对整体，也针对每个具体现象。事物整体是褒贬同时存在的，在一些个别的声音里褒贬是分得清的，但在整体声音里是一个双重的统一体。"褒贬融合是拉伯雷话语最重要的本质"①。

四　拉伯雷诙谐小说的影响

诙谐包罗万象，诙谐是真理的、自由的、合法的、猥亵的、双重双声的和以笑为武器的。拉伯雷小说的诙谐性使巴赫金认识到，精神领域的诙谐与崇高的严肃性相比，"诙谐具有深刻的世界观意义，这是关于整体世界、关于历史、关于人的真理的最重要的形式之一。"② 中世纪的严肃是官方的、专横的，是与暴力、禁令、限制联系在一起，"在这种严肃性中总是有恐惧和恐吓的成分"③。诙谐的包罗万象就在于把严肃对待世界的所有

① 〔苏〕米哈伊尔·巴赫金：《弗朗索瓦·拉伯雷的创作与中世纪和文艺复兴时期的民间文化》，夏忠宪等译，载钱中文主编《巴赫金全集》第六卷，李兆林等译，河北教育出版社，2009，第477页。
② 〔苏〕米哈伊尔·巴赫金：《弗朗索瓦·拉伯雷的创作与中世纪和文艺复兴时期的民间文化》，夏忠宪等译，载钱中文主编《巴赫金全集》第六卷，李兆林等译，河北教育出版社，2009，第76页。
③ 〔苏〕米哈伊尔·巴赫金：《弗朗索瓦·拉伯雷的创作与中世纪和文艺复兴时期的民间文化》，夏忠宪等译，载钱中文主编《巴赫金全集》第六卷，李兆林等译，河北教育出版社，2009，第103页。

形式全都吸收到诙谐游戏中来，针对一切普遍性，没有例外，以达到实现"诙谐把关于世界的欢快真理从使真理黯然无光的阴森谎言的外壳中，从用威严编织起来的恐惧、痛苦和暴力中解放出来"的目的。[①] 诙谐来自普通的、日常的事物，来自物质和肉体的层面，来自与严肃和阴郁相对的事物，诙谐以此战胜严肃和恐惧。如果用诙谐诠释时代和未来，那么生活的重音必将由抽象和高雅转到物质和肉体，这样时代和历史的变迁就可以得到重新评价和理解。诙谐的自由是一种相对的自由和合法，尽管时宽时狭，但还是始终存在，因为它与节日联系在一起，与节日的气氛融合在一起，得到节庆的解放、暂时的脱轨和乌托邦的激进。诙谐的自由带着猥亵，却是无法引起情欲的冷峻的猥亵，同时也是引起哲学思考的猥亵。诙谐建立的是官方世界的彼岸双重世界，是中世纪人都要参与的第二个世界、第二种生活。诙谐中的死亡和诞生、成长和形成、处于变化、尚未完成的变形状态，是双重的和双声的；诙谐的所有形象基本倾向都是一个形象正反两面的正反同体，是语调高与低及褒与贬、世界旧与新、肉体死与生、变形始与末、地形上与下及内与外、时空既往与将来、认识的肯定与否定等的双重和双声。此外，在笑文化与官方的"严肃性"之间，诙谐的笑是全民性的笑，欢乐的笑、自由的笑、兴奋的笑、新生的笑、讥笑的笑、冷嘲热讽的笑、埋葬的笑，这个肯定又否定的带着双重性的笑就是要笑这整个世界的可笑之处。对哲学家来说，拉伯雷的笑可能是撒旦式的笑，不过巴赫金却认为，拉伯雷诙谐的笑对抗了官方的严肃性，这是在人学会笑之后，学会了在笑中面对大自然的威吓力量，在笑中面对来自阶级社会的世界恐惧，在笑中锻炼出"真正的人类大无畏的自我意识"，[②] 因此，在巴赫金看来，拉伯雷的笑表现了自由、活力和更替等的积极因素，这使诙谐的笑成为观察世界的一种锐利武器，具有其他艺术手段所不具备的观察现实的特殊功能。

诙谐的狂欢与怪诞是狂欢与怪诞的诙谐。诙谐中的狂欢是游戏的，可

---

① 〔苏〕米哈伊尔·巴赫金：《弗朗索瓦·拉伯雷的创作与中世纪和文艺复兴时期的民间文化》，夏忠宪等译，载钱中文主编《巴赫金全集》第六卷，李兆林等译，河北教育出版社，2009，第195页。

② 〔俄〕B. C. 瓦赫鲁舍夫：《围绕巴赫金的"狂欢化"理论的悲喜剧游戏》，夏忠宪译，《俄罗斯文艺》1999年第4期。

以生死更替、否定中肯定、正面中反面。拉伯雷小说的狂欢化使巴赫金了解到"狂欢节的世界感受"是人对生活和生存的一种世界观。这种节日的感受，显示着不断更新与更替，不断的死亡与新生，衰颓与生成，充满了辩证的对立与统一的思想。狂欢节形式具有明显的可感性，有接近艺术的形式，又不具有纯艺术的戏剧演出形式，处在艺术和生活的交界，它既是生活的一种形式，又含有强烈的游戏成分，没有舞台和非舞台之分，没有演员和观众之分，所有人都生活其中，可以说，就是"生活本身在演出"，①以自己的方式再生与更新。狂欢的小丑和傻瓜既不是一般的怪人和傻瓜，也不是特定的喜剧演员，他们处在艺术和生活的交界，体现了一种特殊的生活方式，"一种既是现实的，又是理想的生活方式"。②狂欢形象的否定是形象的否定，也是具体的否定。狂欢形象的否定不是没有东西，狂欢形象否定的背后是同类的反面形象，是否定物体的背面，是狂欢节的颠倒。否定改变了被否定的形象，形成新的时空体形象，这种形象既是空间的改变和消灭，比如空间位置的迁移或排列的改变，也是时间的改变和消灭，比如被当作以往和过去来处理，同时又以新的时空形式得以存留和发展。诙谐中的怪诞可以形象上夸张和变形，地形上转移和颠倒、性质上降格和贬低。古典身体形象以局限性、封闭性和自足性为基础而建立，怪诞身体形象则是以身体界限的转换为基础而建立。怪诞指向物质—肉体下部，下部是孕育生命的大地和人体的怀抱，下部永远是生命的起点。夸大的身体、孔洞、饮食、排泄以压倒优势的地位从身体地形学上降格和贬低高雅、抽象、崇高、官方，把属于上部天空的精神因素下降到下部大地的物质因素，让死亡在大地进行，同时也让新生在大地孕育。饮宴的大地不再是阴暗的、严肃的、压抑的，而是明朗的、快乐的和颂扬的。拉伯雷小说的怪诞化使巴赫金相信怪诞后的形象可以实现对形象的降格，即把一切崇高的、精神性的、理想的和抽象的东西转移或颠倒到物质—肉体下部层面进行贬低。这种贬低化意味着形象的世俗化和物质化，有生命力的形象

---

① 〔苏〕米哈伊尔·巴赫金：《弗朗索瓦·拉伯雷的创作与中世纪和文艺复兴时期的民间文化》，夏忠宪等译，载钱中文主编《巴赫金全集》第六卷，李兆林等译，河北教育出版社，2009，第8页。
② 〔苏〕米哈伊尔·巴赫金：《弗朗索瓦·拉伯雷的创作与中世纪和文艺复兴时期的民间文化》，夏忠宪等译，载钱中文主编《巴赫金全集》第六卷，李兆林等译，河北教育出版社，2009，第9页。

属于远离不吸收也不生育的天空，靠拢吸纳又生育的大地。贬低化既埋葬也播种，以便更好更多地重新生育，因此贬低化不仅具有毁灭、否定的意义，而且也具有肯定和再生的意义。

拉伯雷小说的诙谐思想是绝对冷峻、使人清醒的思索，与后世代严肃的官方庆典作品相比，是"整个世界文学中最具节日化的作品"。① 拉伯雷小说的诙谐包罗万象，是真理的、自由的、合法的、猥亵的、双重的、双声的和以笑为武器的，诙谐的狂欢与怪诞是狂欢与怪诞的诙谐。拉伯雷诙谐思想是巴赫金修辞哲学思想的重要形态之一。

---

① 〔苏〕米哈伊尔·巴赫金：《弗朗索瓦·拉伯雷的创作与中世纪和文艺复兴时期的民间文化》，夏忠宪等译，载钱中文主编《巴赫金全集》第六卷，李兆林等译，河北教育出版社，2009，第76页。

第四章　巴赫金话语理论中的修辞哲学问题（下）

　　巴赫金关心话语修辞哲学问题始于传统修辞学对长篇小说的诗语哲学观。

　　20世纪20年代小说的散文话语"在修辞学中争得一席之地"，[①] 出现一批具体分析小说修辞的著作，有人特别研究"艺术散文有别于诗歌的修辞特色"。[②] 传统修辞学进行修辞分析的基本范畴是"诗性语言""语言个性""形象""象征""史诗风格"，传统修辞学所依据的诗语哲学观是"语言哲学、语言学和修辞学都公认说话者同'自己'统一而又唯一的语言，保持着单纯和直接的关系，公认说话者是以普通的独白话语来实现这一语言。它们实际上只承认语言生活中的两极，两极之间排列着它们所能理解的一切语言现象和修辞现象；这两极就是一个统一语言的体系，以及用这一语言说话的个人"[③]。

　　"语言体系""独白表述""说话者个人"等传统修辞学的诗语哲学概念，虽历经不同时代不同流派的语言哲学、语言学和修辞学，也增添了不少意味，然而基本内容却一直不变。传统修辞学的诗语哲学观"内容都窄

---

① 〔苏〕米哈伊尔·巴赫金：《长篇小说的话语》，白春仁译，载钱中文主编《巴赫金全集》第三卷，白春仁等译，河北教育出版社，2009，第38页。
② 〔苏〕米哈伊尔·巴赫金：《长篇小说的话语》，白春仁译，载钱中文主编《巴赫金全集》第三卷，白春仁等译，河北教育出版社，2009，第38页。
③ 〔苏〕米哈伊尔·巴赫金：《长篇小说的话语》，白春仁译，载钱中文主编《巴赫金全集》第三卷，白春仁等译，河北教育出版社，2009，第47页。

而且小，容纳不下作为艺术散文的小说话语"，① 无法驾驭长篇小说的社会性杂语，"整个现代修辞学，连同其语言哲学的基础，都不能适应长篇小说独有的特点"②。现代修辞学和话语哲学陷入一个进退两难的境地："要么承认长篇小说（以及与之接近的整个艺术散文）为非艺术体裁，或只是貌似艺术体裁；要么从根本上改变作为传统修辞学基础并决定其一切范畴的那种诗语观。"③

巴赫金清醒地意识到，只有从"涉及到话语生活中几乎完全未被语言学和修辞学界阐释过的那些方面，也就是话语在杂语世界和多语世界里的生活和行为"④ 来建构现代修辞学的诗语哲学观，只有从一系列话语哲学问题入手，才能比较全面和深入地诠释了话语与说话人、与社会、与历史的关系问题。为此，本章尝试从话语外位性、话语不确定性、话语完成性、话语未完成性、话语社会性、话语斗争性、话语对话性等方面对巴赫金修辞哲学问题加以探讨。

第一节　话语外位性

话语外位性是指人根据自己在世界的具体且唯一的能动的位置，思考围绕以自己为中心的空间关系、时间关系的价值问题。话语外位性是巴赫金话语修辞哲学的出发点。话语外位性是审美主体在存在中完美能动性的唯一出发点。外位性贯穿巴赫金一生的全部创作，是巴赫金使用最频繁也是最重要的术语之一。不论是哲学世界里"我"与"他人"的关系，还是修辞审美世界中作者与主人公的关系，抑或是时空世界里作者与读者的关系，都是以外位性为出发点。话语修辞的外位性构成巴赫金对话、狂欢、

---

① 〔苏〕米哈伊尔·巴赫金：《长篇小说的话语》，白春仁译，载钱中文主编《巴赫金全集》第三卷，白春仁等译，河北教育出版社，2009，第 44 页。
② 〔苏〕米哈伊尔·巴赫金：《长篇小说的话语》，白春仁译，载钱中文主编《巴赫金全集》第三卷，白春仁等译，河北教育出版社，2009，第 45 页。
③ 〔苏〕米哈伊尔·巴赫金：《长篇小说的话语》，白春仁译，载钱中文主编《巴赫金全集》第三卷，白春仁等译，河北教育出版社，2009，第 44 页。
④ 〔苏〕米哈伊尔·巴赫金：《长篇小说的话语》，白春仁译，载钱中文主编《巴赫金全集》第三卷，白春仁等译，河北教育出版社，2009，第 52 页。

时空等理论的依据，也是巴赫金矛盾、对立、统一、融合等观点的基石。巴赫金说："一个绝对的意识，没有任何外位于自身的东西，没有任何外在而从外部限制自己的东西，是不可能加以审美化的。"① 外位性的审美使"作者极力处于主人公一切因素的紧张外位：空间上的、时间上的、价值上的以及涵义的外位。处于这种外位，就能够把散见于设定的认识世界、散见于开放的伦理行为事件（主人公自己看是散见的事件）之中的主人公，整个的汇聚起来，集中他和他的生活，并用他本人所无法看到的那些因素加以充实而形成一个整体"。②

现实世界是实有之人可参与的世界，对人来说，它可知、可感、可听、可触。巴赫金指出，在人的参与性意识里，人从自身出发，认为世界是以自己所处的具体且唯一的位置来展现，分布在自己的周围。人根据在世界的具体且唯一的位置，一个能动的位置，思考以自己为中心的空间关系、时间关系的价值，那么"空间时间的规定性、情感意志的语调和涵义"③ 就成为具体且唯一的"有价值的统一体"。高、低、上、下、远、近、迟、早、已经、应当等，就不再是思想里可能的含义，而是人在具体且唯一的位置实际参与中得到的具体而特定的含意。人的具体且唯一的位置使空间有了可睹可感的价值，时间获得实在的分量，"使一切方面（世界是人们实际而负责地体验着的统一的和唯一的整体）成为有分量的、非偶然的、有价值的东西"④。

实有之人是现实世界审美观照的条件。长篇小说需要利用作者的外位性以及作者创造个性的审美过程才能得以完成。审美观照世界的建构，"是在审美行为中实现的对世界观照结果的建构，而行为本身和我本身（行为主体）却处于建构之外，被排除在建构之外"⑤。从原则上讲，作者

---

① 〔苏〕米哈伊尔·巴赫金：《审美活动中的作者与主人公》，晓河译，载钱中文主编《巴赫金全集》第一卷，晓河等译，河北教育出版社，2009，第118页。
② 〔苏〕米哈伊尔·巴赫金：《审美活动中的作者与主人公》，晓河译，载钱中文主编《巴赫金全集》第一卷，晓河等译，河北教育出版社，2009，第110页。
③ 〔苏〕米哈伊尔·巴赫金：《论行为哲学》，贾泽林译，载钱中文主编《巴赫金全集》第一卷，晓河等译，河北教育出版社，2009，第58页。
④ 〔苏〕米哈伊尔·巴赫金：《论行为哲学》，贾泽林译，载钱中文主编《巴赫金全集》第一卷，晓河等译，河北教育出版社，2009，第58页。
⑤ 〔苏〕米哈伊尔·巴赫金：《论行为哲学》，贾泽林译，载钱中文主编《巴赫金全集》第一卷，晓河等译，河北教育出版社，2009，第73页。

只是作为观照者参与其间，外位于被审美观照的世界。从情感意志的角度来看，作者外位于主人公是作者出于对主人公的珍爱，不参与主人公的现实认识和伦理行为，将自身排除在主人公生活之外，为主人公清理出他的整个生活，"关切地理解并完成主人公的生活事件"①。作者创造个性的审美过程，不管是内在的事件还是外在的布局，都只能围绕着人的价值中心来建构。

巴赫金对审美观照的世界——艺术的世界进行分析，认为审美观照的世界应该围绕一个具体的价值中心而展开，而人就是这个审美观照世界的价值中心。人成为价值中心是因为人具体且唯一，人可以思考、可以观察、可以珍爱，人有生、有死、有爱。巴赫金称："只有爱心才能在审美上成为能动的力量。"② 只有与珍爱结合，时空的价值含义才可能呈现多样性。"只有有生有死的具体之人的价值，才能为空间和时间序列提供比例关系的尺度。"③ 如果人作为审美观照的对象，那么人就成了作品里的主人公。

作者的意识和价值层面外位于主人公。首先，作者的意识外位于主人公的意识。"作者的意识是意识之意识，亦即涵盖主人公意识及其世界的意识"，④ "原则上外位于主人公本身的"⑤。作者意识外位，在于作者独有的一定的稳固的"超视超知"，能够实现主人公的整体性。巴赫金称："这个唯一之我的具体外位性，我眼中的无一例外之他人的具体外位性，以及由这一外位性所决定的我多于任何其他他人之超视（与超视相关联的是某种欠缺，因为我在他人身上优先看到的东西，正是只有他人才能在我身上看到的东西。但对我们来说，这一点并不重要，因为'我——他人'这一相对关系在我的生活中是不能具体地逆向倒转的），通过认识可得到克服。"⑥

---

① 〔苏〕米哈伊尔·巴赫金：《审美活动中的作者与主人公》，晓河译，载钱中文主编《巴赫金全集》第一卷，晓河等译，河北教育出版社，2009，第 111 页。

② 〔苏〕米哈伊尔·巴赫金：《论行为哲学》，贾泽林译，载钱中文主编《巴赫金全集》第一卷，晓河等译，河北教育出版社，2009，第 65 页。

③ 〔苏〕米哈伊尔·巴赫金：《论行为哲学》，贾泽林译，载钱中文主编《巴赫金全集》第一卷，晓河等译，河北教育出版社，2009，第 65 页。

④ 〔苏〕米哈伊尔·巴赫金：《审美活动中的作者与主人公》，晓河译，载钱中文主编《巴赫金全集》第一卷，晓河等译，河北教育出版社，2009，第 108 页。

⑤ 〔苏〕米哈伊尔·巴赫金：《审美活动中的作者与主人公》，晓河译，载钱中文主编《巴赫金全集》第一卷，晓河等译，河北教育出版社，2009，第 108 页。

⑥ 〔苏〕米哈伊尔·巴赫金：《审美活动中的作者与主人公》，晓河译，载钱中文主编《巴赫金全集》第一卷，晓河等译，河北教育出版社，2009，第 119 页。

巴赫金又称超视"决定着我在某些方面的特殊的能动性"，① "观照行为源于对他人内外观察的超视，因而是纯粹审美的行为"②。超视的审美行为即为审美移情，"我必须移情到这个他人身上，从价值上像他本人那样从内部观察他的世界，站在他的位置上去，然后又回到自己的位置上来，用在他身外的我的这一位置所得的超视，充实他的视野，赋予它框架，以我的超视、我的超知、我的意愿和情感为它创造一个使之最后完成的环境。"③对主人公人体外形、人体身缘感受、空间世界里人的外在行为进行的绘声绘色的审美加工，以及作者对主人公所见所闻的领域，对主人公原则上无法企及的领域都是超视超知的外位审美。"作者不仅看到而且知道每一主人公、以至所有主人公所见所闻的一切，而且比他们的见闻还要多得多；不仅如此，他还能见到并且知道他们原则上不可企及的东西。"④ 主人公意识"从四面八方被作者思考主人公及其世界并使之完成的意识所包容：主人公自己的话语为作者关于主人公的话语所包容、所渗透。主人公在生活（认识与伦理）中对事件的关注，也为作者的艺术兴趣所包容"。⑤ 其次，作者的价值层面外位于主人公的价值层面。艺术作品具有两重价值，一重是主人公的价值，另一重是作者的价值。作者的价值层面总是极力"要包容和封闭主人公的层面"⑥，只要作者的价值层面与主人公的价值层面处在一个层面上，就无法完成对主人公的审美观照，"不要说作者处在主人公之内，就是在价值层面上与主人公并肩而立和相互对立，也会歪曲作者的观察，并缺少充实及完成主人公的因素"⑦。作者的价值层面外位于主人公

---

① 〔苏〕米哈伊尔·巴赫金：《审美活动中的作者与主人公》，晓河译，载钱中文主编《巴赫金全集》第一卷，晓河等译，河北教育出版社，2009，第120页。

② 〔苏〕米哈伊尔·巴赫金：《审美活动中的作者与主人公》，晓河译，载钱中文主编《巴赫金全集》第一卷，晓河等译，河北教育出版社，2009，第121页。

③ 〔苏〕米哈伊尔·巴赫金：《审美活动中的作者与主人公》，晓河译，载钱中文主编《巴赫金全集》第一卷，晓河等译，河北教育出版社，2009，第121页。

④ 〔苏〕米哈伊尔·巴赫金：《审美活动中的作者与主人公》，晓河译，载钱中文主编《巴赫金全集》第一卷，晓河等译，河北教育出版社，2009，第108页。

⑤ 〔苏〕米哈伊尔·巴赫金：《审美活动中的作者与主人公》，晓河译，载钱中文主编《巴赫金全集》第一卷，晓河等译，河北教育出版社，2009，第109页。

⑥ 〔苏〕米哈伊尔·巴赫金：《审美活动中的作者与主人公》，晓河译，载钱中文主编《巴赫金全集》第一卷，晓河等译，河北教育出版社，2009，第99页。

⑦ 〔苏〕米哈伊尔·巴赫金：《审美活动中的作者与主人公》，晓河译，载钱中文主编《巴赫金全集》第一卷，晓河等译，河北教育出版社，2009，第111页。

的价值层面。巴赫金认为，由于作者积极地发现并意识到某种给定的、实有的、内容确定的东西，在作者的绘声绘色的描述行为中，作者已经站得高出这些事物，又因为这是对价值的界定，所以作者在价值上也高出这些事物。作者正是利用作者意识高于主人公意识、作者的价值层面外位于主人公的价值层面的特权，从自身出发，在行为出发点的自身之外发现认识的世界。

由此作者对主人公形成"一种基本的审美上富有成效的立场"①：作者总是极力处在主人公空间、时间、价值和含义的紧张外位上。审美的外位性立场使主人公及其生活汇聚为一个整体。审美的外位性立场"把主人公从统一的和唯一的开放的存在事件中抽取出来"，② 使作者能够去描绘主人公的外表形象，身后背景，以旁观者的身份，理解并完成主人公的生活事件，帮助完成主人公生活事件的结局："因为我处在他的身外，最后的结束语要由我来说出。而要求和决定我这最后的裁决，是我对他人的具体而全面的外位性，是对他人整个生活、他人价值取向和责任在空间上、时间上和涵义上的外位性。这一外位立场使自己实际上做不到的事情不仅在事实上而且在道德上成为可能，这就是从价值上肯定和接受他人内心存在的全部实有的现实。"③

在审美的外位性立场下，作者与主人公形成三种关系：作者与主人公是伙伴关系、作者与主人公是敌人关系、主人公就是作者。巴赫金认为，有时作者会偏离外位性，如果没有外位性立场，作者与主人公会形成另外的三种关系：第一，主人公控制着作者。第二，作者控制主人公，把完成性因素纳入主人公内部，这时作者对主人公的立场就可能成为主人公对他自己的立场。主人公开始评判自己，作者的反应进入主人公的心灵，或者表现在他的话语之中。第三，主人公本人就是自己的作者，他对自己的生活以审美方式加以思考，仿佛在扮演角色。在《审美活动中的作者与主人公》第五章"主人公的涵义整体"中，行为、自省自白、自传、传记、抒情主人公、性格、典型、身份、人物、圣徒传中的主人公思想含义外位性

---

① 〔苏〕米哈伊尔·巴赫金：《审美活动中的作者与主人公》，晓河译，载钱中文主编《巴赫金全集》第一卷，晓河等译，河北教育出版社，2009，第110页。

② 〔苏〕米哈伊尔·巴赫金：《审美活动中的作者与主人公》，晓河译，载钱中文主编《巴赫金全集》第一卷，晓河等译，河北教育出版社，2009，第110页。

③ 〔苏〕米哈伊尔·巴赫金：《审美活动中的作者与主人公》，晓河译，载钱中文主编《巴赫金全集》第一卷，晓河等译，河北教育出版社，2009，第236页。

各不相同，与作者的关系也相应不同。"在某一具体作品内部，作者和主人公相互关系的事件往往有几个方面：主人公和作者相互斗争，或者彼此接近，或者分道扬镳；不过要充分地完成作品，必须要两者截然分开而由作者获胜"。① "在自省自白中既没有主人公，也没有作者，因为不存在实现他们相互关系的立场，不存在价值外位的立场。"② 但是自省自白的外位立场依然存在，"但它不用在审美上，而是在道德上、宗教上"。③ 传记或自传是"距离最近的外位形式"。④ "在所有的艺术价值中，传记的艺术价值外位而超越自我意识的程度最小，所以传记的作者与其主人公最接近，他们仿佛可以互换位置，也因此主人公和作者在艺术整体之外可能就是同一个人"。⑤ "传记的任务是写给参与同一他性世界的亲近读者的，这个读者持有作者的立场，取批评态度的读者，在一定程度上视传记为一种艺术构建和最终完成的半成品。这样来接受传记，通常能充实作者的立场以达到完全的价值外位，并注入更加重要的起完成作用的外位因素。"⑥ 抒情诗中，主人公和作者关系也很接近，不过作者立场强大而且权威得多，主人公"几乎不是在生活，而仅仅是反映到积极的作者（即控制主人公的他人）的心灵之中"⑦。抒情诗的基础是合唱。抒情诗中作者的权威就相当于合唱的权威。巴赫金特别指出，任何抒情诗都得靠相信可能有合唱的附和才能生存，合唱诗和个体诗之间没有明确区分界限，"区别只可能是修辞因素和形式技巧上的特点"⑧。只要对合唱的信任削弱，抒情诗就会荡然无存。

---

① 〔苏〕米哈伊尔·巴赫金：《审美活动中的作者与主人公》，晓河译，载钱中文主编《巴赫金全集》第一卷，晓河等译，河北教育出版社，2009，第293页。

② 〔苏〕米哈伊尔·巴赫金：《审美活动中的作者与主人公》，晓河译，载钱中文主编《巴赫金全集》第一卷，晓河等译，河北教育出版社，2009，第254页。

③ 〔苏〕米哈伊尔·巴赫金：《审美活动中的作者与主人公》，晓河译，载钱中文主编《巴赫金全集》第一卷，晓河等译，河北教育出版社，2009，第256页。

④ 〔苏〕米哈伊尔·巴赫金：《审美活动中的作者与主人公》，晓河译，载钱中文主编《巴赫金全集》第一卷，晓河等译，河北教育出版社，2009，第258页。

⑤ 〔苏〕米哈伊尔·巴赫金：《审美活动中的作者与主人公》，晓河译，载钱中文主编《巴赫金全集》第一卷，晓河等译，河北教育出版社，2009，第259页。

⑥ 〔苏〕米哈伊尔·巴赫金：《审美活动中的作者与主人公》，晓河译，载钱中文主编《巴赫金全集》第一卷，晓河等译，河北教育出版社，2009，第273页。

⑦ 〔苏〕米哈伊尔·巴赫金：《审美活动中的作者与主人公》，晓河译，载钱中文主编《巴赫金全集》第一卷，晓河等译，河北教育出版社，2009，第279页。

⑧ 〔苏〕米哈伊尔·巴赫金：《审美活动中的作者与主人公》，晓河译，载钱中文主编《巴赫金全集》第一卷，晓河等译，河北教育出版社，2009，第278页。

描写主人公整体是主人公和作者关系中要实现的一项基本任务。在巴赫金的眼中，主人公从一开始就作为一个整体而存在，这个整体是以性格来加以塑造的，作者的积极性从一开始就顺着主人公性格进行勾勒运动，这样做的目的就在于要回答出主人公是一个怎样的人。作者以自己全方位外位于主人公的特权描写主人公，主人公也在最大限度上保持独立性，"作者整个地与主人公这一生活积极性相抗衡，把它译成审美的语言，针对主人公的生活积极性的每一因素提出外位的艺术界定"①。

主人公全面的、本质的、独特的个性存在的规定性就是主人公的命运，它预定了主人公生活的全部事件，决定着主人公的全部生活、全部行为。作为一种艺术价值，命运外位于自我意识，它是一种调整、安排、统一"所有外位于主人公的诸因素"的基本价值。古典型性格就是作为命运来塑造，主人公之所以如此行事，是因为他本就是这样的人。对古典型性格中主人公和作者的关系，巴赫金建议"作者不应过分凌驾于主人公之上，也不应利用自己外位性中纯时间的优势和偶然性的特权"②。作者要利用的是"外位性中的永恒因素"，因为古典型主人公要做的一切，要发生的一切，都是事先给定的，是应该发生而不能不发生的，他的过去是人的永恒过去。因此，从永恒这个角度来理解外位性，外位性就不应该是一种特殊的、自以为是的和标新立异的立场。而比如浪漫型的主人公，作为一种观念的塑造，主人公是"以自身根据为目的发出行动"，实现对象和含义的价值，某种必要的生活真谛，因此，"主人公把作者对他的一切外位性界定都接了过去，使其服务于自己，服务于自我发展和自我界定；这一自我发展因此变成无尽的了"。③ "外位性变成偶然的和零碎的因素，丧失了自身的整体性"。④ 巴赫金还从主人公典型入手，把主人公的典型与主人公的性格进行对比，认为性格比较靠近世界的边缘，典型比较远离世界的

---

① 〔苏〕米哈伊尔·巴赫金：《审美活动中的作者与主人公》，晓河译，载钱中文主编《巴赫金全集》第一卷，晓河等译，河北教育出版社，2009，第281页。
② 〔苏〕米哈伊尔·巴赫金：《审美活动中的作者与主人公》，晓河译，载钱中文主编《巴赫金全集》第一卷，晓河等译，河北教育出版社，2009，第283页。
③ 〔苏〕米哈伊尔·巴赫金：《审美活动中的作者与主人公》，晓河译，载钱中文主编《巴赫金全集》第一卷，晓河等译，河北教育出版社，2009，第287页。
④ 〔苏〕米哈伊尔·巴赫金：《审美活动中的作者与主人公》，晓河译，载钱中文主编《巴赫金全集》第一卷，晓河等译，河北教育出版社，2009，第288页。

边缘；"性格居于过去，典型存于现在"；"性格的周围环境带有一些象征性质，性格的周围环境只是物体的杂陈"。① 因此，主人公的典型主要是靠作者外位性的认识因素，即外位性所获得的超视。巴赫金把超视分为两种，一方面是直觉概括，另一方面是直觉的功能制约。"创造人物形象典型性的直觉概括，要求对主人公持有一个坚定、从容、自信、权威的外位性立场"。② 典型化概括是一个明显的外位性因素。创造人物形象典型性的直觉的功能制约，要求"外位性中的认识因素可能达到很高的能力，作者要去发现制约着主人公行为（他的思想、情感等等）的因果因素：经济的、社会的、心理的、甚至生理的（如艺术家/作者是医生，而主人公是病人）因素"。③ 圣徒传中，作者放弃自己对圣徒的至关重要的外位性立场，顺从纯粹的传统形式。

巴赫金认为艺术的任务是构筑一个具体的世界，这个世界是以具体而唯一的、活生生的人的躯体为价值中心的空间世界，以人的心灵为价值中心的时间世界，以及蕴含实在含义的世界。空间、时间和含义的三者关系构成一个艺术世界的审美统一体。

作者对主人公及其世界的审美创作立场，是从超越生活的积极角度来加以观察的。作者不仅从内部参与生活，从内部理解生活，更从外部珍爱生活，这是作者从外部把握生活的重要审美立场。作者外位的审美把世界凝聚成一个"完成自足的形象"，④ 为万物找到价值等值物，为万物找到价值立场，同时作者作为艺术世界的积极创造者，他的立场"应该处在他所创造的世界边缘上，因为一旦他闯入这一世界，就会破坏它的审美稳定性"。⑤ 只有在作者外位的审美立场下，被审美观照的世界才可以"稳定而自足"。

作者对生活世界的审美离不开审美的外位性立场。"把加工和完成主

① 〔苏〕米哈伊尔·巴赫金：《审美活动中的作者与主人公》，晓河译，载钱中文主编《巴赫金全集》第一卷，晓河等译，河北教育出版社，2009，第289页。
② 〔苏〕米哈伊尔·巴赫金：《审美活动中的作者与主人公》，晓河译，载钱中文主编《巴赫金全集》第一卷，晓河等译，河北教育出版社，2009，第290页。
③ 〔苏〕米哈伊尔·巴赫金：《审美活动中的作者与主人公》，晓河译，载钱中文主编《巴赫金全集》第一卷，晓河等译，河北教育出版社，2009，第291页。
④ 〔苏〕米哈伊尔·巴赫金：《审美活动中的作者与主人公》，晓河译，载钱中文主编《巴赫金全集》第一卷，晓河等译，河北教育出版社，2009，第297页。
⑤ 〔苏〕米哈伊尔·巴赫金：《审美活动中的作者与主人公》，晓河译，载钱中文主编《巴赫金全集》第一卷，晓河等译，河北教育出版社，2009，第297页。

人公及其世界的手法以及受其制约的加工和调整（内在地克服）材料的手法，合而为一统称之为风格。"风格的统一除了需要驾驭生活的设定性之外，还特别需要作者的外位性立场，因为风格不仅是加工材料的风格，更是观察世界的风格。首先，"风格要依靠生活中认识伦理的价值语境的稳定统一性，所以，它排除了内容创造方面的标新立异"①。巴赫金认为，内容创作标新立异大多已经标志着审美创作的危机。为了风格的稳定统一，作者要善于去创造新的认识伦理价值，要善于在生活方面进行新的努力，还有善于通过他人来确定自己在事件中的位置。其次，"审美的文化就是边界的文化，所以，它要求有拥抱生活的充分信任的温馨氛围"②。为了能够审美地创造和加工人的内外边界，作者需要坚定外位立场，相信一切从外部把握生活的力量，为创造世界的价值而放慢进程长时间驻足在审美世界的边界上。最后，"从容是意识的一种有据的价值取向，是审美创造的条件；从容是信任态度在存在事件中的表现；这是一种负责的、应付裕如的从容"③。对生活的审美需要作者对生活采取审美的外位性，而不是伦理的外位性，只有对生活的纯粹现象性、纯粹直观性，以及从容完成生活始终保持浓厚兴趣，作者才能从容完成对生活世界的审美。

第二节　话语不确定性

小说的发展和形成始终是在进行时态中，当然这并不意味着小说的虚无性，作为一种特色鲜明的文体，其确立已是不争的事实。这里的不确定性是指小说边界的模糊、巨大的包容性和开放性。它不满足于也反对自身的故步自封，恰恰相反，它就是站在不断自我批判的基础上逐步确立和发展自我的。如陈清侨所言，"巴赫金认为小说跟许多其他文类不同之处，还在于它无法由一些特定的形式去界定。经过这样的诠释，小说的性质重

① 〔苏〕米哈伊尔·巴赫金：《审美活动中的作者与主人公》，晓河译，载钱中文主编《巴赫金全集》第一卷，晓河等译，河北教育出版社，2009，第307～308页。
② 〔苏〕米哈伊尔·巴赫金：《审美活动中的作者与主人公》，晓河译，载钱中文主编《巴赫金全集》第一卷，晓河等译，河北教育出版社，2009，第309页。
③ 〔苏〕米哈伊尔·巴赫金：《审美活动中的作者与主人公》，晓河译，载钱中文主编《巴赫金全集》第一卷，晓河等译，河北教育出版社，2009，第310～311页。

新被赋予一种逍遥自在的新颖性，这使文类成为特别适合表现探索、更新和反叛精神的美感形式了。"① 巴赫金认为，"语言是生活着的，并且正是在这里历史地形成的，在具体的言语交际中，而不是在抽象的语言学的语言形式体系和说话者的个人心理之中形成。"② 生活话语，是历史流动的话语，是具体语境下不断交互的话语。生活语言常常带有自己活生生的思想情感、行为意志，具有浓厚的意识形态，充满生活的全部内容和意义，可以说生活语言遍布日常生活的每一个细微的角落。话语不确定性表现在表述者在所有情况中，"都不是同作为语言单位的单词打交道，也不是同这一单词的意义打交道，而是同一个完成了的表述、同一个具体的涵义，即这一表述的内涵打交道；单词的意义在这里是在言语交际的特定的现实条件下同一定的实际的现实发生联系。"③ 因此分析话语的不确定性，要从言语交际的角度出发。在巴赫金的思想体系里，话语不确定性与言语交际四个因素密切相关：情景、社会评价、话题和情态。

一　情景的不确定性

生活话语可以清楚地观察到语言的社会本质。依据巴赫金对生活话语的剖析，应该由两个部分组成：（1）语言实现的（进行的）部分；（2）暗示的部分。

"表述的生活涵义和意义（无论它们怎样）都与表述的纯词汇构成不相符合。说出的话语都蕴含着言外之意。对话语（同意或反对）的那些被称为'理解'和'评价'的东西，总是在词语之外还包含着生活的情景。"④ 离开生活语境的话语，其语义几乎是空洞的，语义丰富、充满歧义在于非语言的生活语境，即暗示的那个部分。暗示是一种"省略推理"，充满了社会性，它不是说话者个人的主观心理活动，个人的思想或者情

---

① 陈清侨：《美感形式与小说的文类特性——从卢卡契到巴赫金》，载陈平原、陈国球主编《文学史（第一辑）》，北京大学出版社，1993，第61页。

② 〔苏〕米哈伊尔·巴赫金：《马克思主义与语言哲学》，华昶译，载钱中文主编《巴赫金全集》第二卷，李辉凡等译，河北教育出版社，2009，第440页。

③ 〔苏〕米哈伊尔·巴赫金：《言语体裁问题》，晓河译，载钱中文主编《巴赫金全集》第四卷，白春仁等译，河北教育出版社，2009，第168~169页。

④ 〔苏〕米哈伊尔·巴赫金：《生活话语与艺术话语》，吴晓都译，载钱中文主编《巴赫金全集》第二卷，李辉凡等译，河北教育出版社，2009，第90页。

感，而是同一家庭、职业、阶级、某个社会集团、同一时代情景下，所有说话者的感知和共同的认同。巴赫金把情景看作非语言的语境。情景不是存在于话语的外部，而是存在于话语的内部，情景"绝不只是表述的外部因素"，而"是作为表述意义必要的组成部分进入话语"。① 情景的不确定性是话语不确定性的表现之一。

"表述依靠共同参与者同属的一个存在的生活片段所固有的真实的物质属性，并使这个物质的共同性获得意识形态的表现和意识形态的进一步发展。"② 也就是说，要确定表述的意义，离不开情景的两个要素——说话人和情景，说话人和情景的关系构成解读情景的关键。

解读情景的前提条件，首先，说话人要有共同的空间视野，即需要共同参与者同属一个存在的生活片段所固有的真实的物质属性；其次，说话人对情景的共同认知，即共同参与者对共同空间视野的共同属性有共同意识形态的表现、认知和理解；最后，说话人对情景具有共同评价。

但情景的宽泛度决定话语不确定性的程度。情景越狭窄，话语不确定性的程度就越小；如巴赫金举例，两个坐在房间里的人说"是这样"的例子，说话人"一起看到窗外的雪"，"一起知道现在已经五月"，内心"一起想到冬天太长，希望春天快点到来"。③ 在这个例子里，话语情景是狭窄的，"是这样"的语义显得比较明晰。随着情景越宽泛，话语不确定性的程度就越大。宽泛的情景指空间和时间扩展的宽泛。空间可以大到家庭的、家族的、民族的、阶级的。时间可以从日期的时间扩展到年代的时间，甚至整个时代的时间。

二 社会评价的不确定性

在社会集团所熟悉的极为多样的事物和意义之中，如果正好某个一定的意义、一定的事物进入此时此地的说话人或进行思想交流的人的视野里，那么在这么广泛的情景视野中，话语与社会历史环境之间语义的确

---

① 〔苏〕米哈伊尔·巴赫金：《生活话语与艺术话语》，吴晓都译，载钱中文主编《巴赫金全集》第二卷，李辉凡等译，河北教育出版社，2009，第83页。

② 〔苏〕米哈伊尔·巴赫金：《生活话语与艺术话语》，吴晓都译，载钱中文主编《巴赫金全集》第二卷，李辉凡等译，河北教育出版社，2009，第83页。

③ 〔苏〕米哈伊尔·巴赫金：《生活话语与艺术话语》，吴晓都译，载钱中文主编《巴赫金全集》第二卷，李辉凡等译，河北教育出版社，2009，第83页。

定，就只能依靠"生活确认的、固定的成分和重要的基本的社会评价"①。社会评价不但"仿佛与相应的事物和现象一起成长"，而且还使"远方和过去与当代融为一体"②。最重要的是，社会评价从语言形式和语言意义的选择上决定话语。在一切已说出的词语中，能够最清楚最直接表达社会评价的是声调。"语调总是处于语言和非语言、言说和非言说的边界上。在语调中说话直接与生活相关。"③声调在生活话语中具有完全独立于言语含义所构成的意义，声调的不确定直接决定社会评价的不确定，声调的不确定由社会生活的下面几个原因构成。

（一）最直接的生活环境和当下的心情

"同一个惯用的词，当然，说出来有着很大的声调差异，它取决于生活环境和心情的多样性。"④正如陀思妥耶夫斯基在《作家日记》中所提到的，六个酒鬼使用同一个粗话，不需要某种物体的支撑，不借助词的意义和语法的联系，直接由表现说话者评价的声调表达他们的思想、感觉甚至论断。这些声调的变化始终没有超出他们直接而短暂的生活环境以及各自狭小的内心世界。把声调变化的现象扩展开来，"几乎每一个人都有自己惯用的感叹词或副词，或者有时还有语义饱满的词，人常常用它来作为一种纯声调的解释，解释细微的、而有时又是很大的日常生活环境和心情"⑤。

（二）社会集团的暗示评价

"音调确定着话语与非语言语境的紧密联系：生动的语调仿佛把话语引出了其语言界限之外"，⑥要想很好地理解表述，就要注意到语言含义形

①　〔苏〕米哈伊尔·巴赫金：《生活话语与艺术话语》，吴晓都译，载钱中文主编《巴赫金全集》第二卷，李辉凡等译，河北教育出版社，2009，第85页。
②　〔苏〕米哈伊尔·巴赫金：《文艺学中的形式方法》，李辉凡、张捷译，载钱中文主编《巴赫金全集》第二卷，李辉凡等译，河北教育出版社，2009，第313页。
③　〔苏〕米哈伊尔·巴赫金：《生活话语与艺术话语》，吴晓都译，载钱中文主编《巴赫金全集》第二卷，李辉凡等译，河北教育出版社，2009，第86页。
④　〔苏〕米哈伊尔·巴赫金：《马克思主义与语言哲学》，华昶译，载钱中文主编《巴赫金全集》第二卷，李辉凡等译，河北教育出版社，2009，第450页。
⑤　〔苏〕米哈伊尔·巴赫金：《马克思主义与语言哲学》，华昶译，载钱中文主编《巴赫金全集》第二卷，李辉凡等译，河北教育出版社，2009，第450页。
⑥　〔苏〕米哈伊尔·巴赫金：《生活话语与艺术话语》，吴晓都译，载钱中文主编《巴赫金全集》第二卷，李辉凡等译，河北教育出版社，2009，第86页。

成的背后是社会集团的社会视野的存在。"一定的视野形成一定的评价，一定的评价沉淀在一定的语义层面上。"① 只有熟悉某个社会集团的暗示评价，才能了解这个集团使用这个语调的含义。社会集团的暗示评价，就是一种集团价值观念，它除了与此时此刻、短暂的时间有关，也与长远的历史有关，还与经济基础有关。有一些人的社会评价密切联系社会生活中当前的、此时此刻大家关心的现象，另一些人的社会评价则提出"社会集团生活中整整一个时代的巨大的历史任务"，② 此外，随着经济基础的扩大，对于人可触及、理解和存在着的世界范围在现实地扩大着，评价的视野也就随之扩大和变化。

（三）社会评价的共同性

明确的语调和说出语调的信心依赖于这一共同性。"当一个人预料他人不同意，或起码怀疑他人是否同意，他就用另外的语调说出自己的话，而且一般用另一种方式建构自己的话语。""不仅是语调，而且整个语言的形式结构，在相当的程度上，取决于话语以什么态度对待言语所指望的那个社会环境评价的暗示共同性。"③ 由于社会评价是一种"和声支持"，在有"和声支持"或者没有"和声支持"的情况下，语调产生明显变化。在获得预期"和声支持"的基础上，语调会变得自信；在没有坚定的"和声支持"的情况下，语调就会弱化，就会因夹杂其他一些音调变得复杂，甚至失去信心。

（四）听众的参与

在具体语境下，环境和听众可以使内部言语外化为一定的表现，这种表现被置于未说出的生活环境中，由其他的表述参加者的行为、举动或回答来加以丰富。由于听众参与形成的语调可以形成和声，表述者可能希望得到和声支持，可能指望他人同感，这些还只是听众参与形成的语调指向

---

① 〔苏〕米哈伊尔·巴赫金：《马克思主义与语言哲学》，华昶译，载钱中文主编《巴赫金全集》第二卷，李辉凡等译，河北教育出版社，2009，第451页。
② 〔苏〕米哈伊尔·巴赫金：《文艺学中的形式方法》，李辉凡、张捷译，载钱中文主编《巴赫金全集》第二卷，李辉凡等译，河北教育出版社，2009，第266页。
③ 〔苏〕米哈伊尔·巴赫金：《生活话语与艺术话语》，吴晓都译，载钱中文主编《巴赫金全集》第二卷，李辉凡等译，河北教育出版社，2009，第87页。

听众方面的不确定性，在语调运动的方向中，语调可以指向一个不在场的第三参与者。"一切语调都面向两个方向：针对作为同盟者或见证人的听者和针对作为第三个生动的参与者的表述客体，语调骂它、抚爱、轻视或推崇它。这个双重的社会指向，确定和领会语调的一切方面。"① 尽管在简化的生活话语里，第三参与者虽未完全确定，但语调已经明确标注出它的位置，显示出它的存在，只是它还未获得语义的等价物，还未被指出，而且话语中"他人评价常常打断作者的重音和语调"。②

三　话题的不确定性

每一个话语同时兼有话题与意义。"在话题和意义之间不能够划上一道清楚的界线"③，不存在没有意义的话题，也不存在没有话题的意义。但即便如此，话题和意义仍然存在细微区别，这种差别揭示了话题为什么是不确定性的。

话语意义由一系列语言因素构成。当我们通过意义了解表述的一切因素时，"这些因素在一切重复中被反复和保持自身的一致"④。比如在表述"几点了？"中，表述意义"由进入其中的词法和句法联系、疑问语调等的词语、形式意义所构成的"。因为意义以词法、句法、语调等形式被分成一系列进入其中的语言因素，所以意义在所有历史的说话环境中始终一样。话题试图等同于该形成因素，但还是不能被分成该形成因素，即不能分成词法、句法、语调等语言因素。

话题是一个复杂的活跃的符号体系，"是形成意识对存在形成的反应"。⑤ 和意义相比，话题是不可分割的和不可重复的。"确定而统一的意义、统一的涵义，属于任何一个作为整体的表述。我们称整个表述的这一

---

① 〔苏〕米哈伊尔·巴赫金：《生活话语与艺术话语》，吴晓都译，载钱中文主编《巴赫金全集》第二卷，李辉凡等译，河北教育出版社，2009，第89页。

② 〔苏〕米哈伊尔·巴赫金：《马克思主义与语言哲学》，华昶译，载钱中文主编《巴赫金全集》第二卷，李辉凡等译，河北教育出版社，2009，第514页。

③ 〔苏〕米哈伊尔·巴赫金：《马克思主义与语言哲学》，华昶译，载钱中文主编《巴赫金全集》第二卷，李辉凡等译，河北教育出版社，2009，第445页。

④ 〔苏〕米哈伊尔·巴赫金：《马克思主义与语言哲学》，华昶译，载钱中文主编《巴赫金全集》第二卷，李辉凡等译，河北教育出版社，2009，第445页。

⑤ 〔苏〕米哈伊尔·巴赫金：《马克思主义与语言哲学》，华昶译，载钱中文主编《巴赫金全集》第二卷，李辉凡等译，河北教育出版社，2009，第445页。

思想为它的话题。话题应该是统一的，否则，我们就没有谈论一个表述的任何基础。"① 同时话题又是个人的，具体的，是历史环境的一部分，"是产生表述的具体历史环境的表现"。②

话题取决于语言学内部构成的形式，如词汇、词法、句法的形式，语音、语法语调，语法语调绝不是情感语调，这种"特殊的语法语调"指的是结束的语调、说明的语调、区分的语调、列举的语调等，还有专门的叙述语调、疑问语调、感叹语调和祈使语调。③ 话题还取决于某一具体的历史环境或非话语环境。不同的历史环境或非话语环境，话语的话题千差万别。艺术交往与科学交往，生活交往与商务交往，环境不同，言语交际中，同样的表述，话题就得到不一样的理解。表述"几点了？"，不同的表述环境，每一次"几点了？"都具有另外的话题；陀思妥耶夫斯基《作家日记》中酒鬼六次"言语行为"，都由同一个流行的粗话构成，六个酒鬼每一次表述所固有的话题时，所说的每一个话语所特有的话题都不一样。正因为话题不是借助于词的意义和语法联系，而是借助于具体的语境，才有了话题的不确定。

随着社会的发展，许多汇入人类词语和精神之中的新话语含义，为了与旧的含义对立，会对旧含义予以改造，并借助旧的含义，揭示新的含义。每一个含义领域中都充满着不间断的新旧斗争。"在涵义的构成中，不存在任何凌驾于形成之上的东西，不存在任何脱离社会视野的辩证发展的东西。"④ 社会在不断形成中，也在不断拓展着自己对形成着的存在的接受，在这一过程中，任何绝对固定不变的东西不可能存在，所以意义，"它的抽象的、自身一致的因素，会被话题所吞噬，为话题的激烈矛盾所肢解，以便以新的意义形式和短暂的稳定与一致重新呈现出来。"⑤

---

① 〔苏〕米哈伊尔·巴赫金：《马克思主义与语言哲学》，华昶译，载钱中文主编《巴赫金全集》第二卷，李辉凡等译，河北教育出版社，2009，第444页。
② 〔苏〕米哈伊尔·巴赫金：《马克思主义与语言哲学》，华昶译，载钱中文主编《巴赫金全集》第二卷，李辉凡等译，河北教育出版社，2009，第444页。
③ 〔苏〕米哈伊尔·巴赫金：《文艺学中的形式方法》，李辉凡、张捷译，载钱中文主编《巴赫金全集》第二卷，李辉凡等译，河北教育出版社，2009，第173页。
④ 〔苏〕米哈伊尔·巴赫金：《马克思主义与语言哲学》，华昶译，载钱中文主编《巴赫金全集》第二卷，李辉凡等译，河北教育出版社，2009，第452页。
⑤ 〔苏〕米哈伊尔·巴赫金：《马克思主义与语言哲学》，华昶译，载钱中文主编《巴赫金全集》第二卷，李辉凡等译，河北教育出版社，2009，第452页。

四　情态的不确定性

情态与现实有关。我们在选择词语时，是以构思中我们表述的整体为出发点的，而我们所构思所创造的整体总是有情感色彩的；正是这个整体把自己的，实为我们的情态，辐射到我们所选的每一个词语身上，可以说是用整体的情态去感染词语。我们选词根据词的意义，词义本身是没有情态的，但从其他词语考虑即从我们的表述整体考虑，这个词又可能符合或不符合我们的情态目的。词语的中态词义一旦在一定的现实的言语交际条件中同特定的、实际的现实相联系，"便会迸发出情态的火花"。① 只有在表述中，语言与具体的现实相联系，才能产生情态的火花；不论在语言体系中，或者在我们身外客观存在的现实中，"都不可能迸发出这种情感的火花"。② 中态词义＋现实，形成情态，在情态之下，一个词接一个词，词语不断延展，意义不断延伸，言语交际不断产生新的话语。总之，感情、评价、情态是语言之词所没有的，它们只是在词语实际用于具体表述的过程中才能产生。词义本身（不与实际现实相联系）"是不表情感的"。③

情态与体裁有关。当我们在构建表述过程中选择词语时，我们远非总是从语言体系中撷取它们，不是选择词典里中态的形式。我们通常是从其他的表述中撷取它们的，首先是与我们在体裁上相近的表述，即题材、布局风格（语体）相近的表述；也就是说，我们选择词语是根据它们的体裁属性。言语体裁不是语言的形式，而是典型的表述形式；体裁正是作为典型的表述形式，才包容着一定的典型的为该体裁所固有的情态。词语在体裁之中可获得某种典型的情态。体裁与言语交际的典型情景、典型题材相对应，因而也与典型环境中词义同具体的实际现实之间某种典型的联系相对应。由此可能出现典型的情态，而情态又仿佛附着于词语身上。当然，这种典型的体裁情态不是属于作为语言单位的词语，不进入词义之中，而仅仅反映词语及其意义同体裁的关系，即同典型表述的关系。这种典型的

---

① 〔苏〕米哈伊尔·巴赫金：《文艺学中的形式方法》，李辉凡、张捷译，载钱中文主编《巴赫金全集》第二卷，李辉凡等译，河北教育出版社，2009，第169页。

② 〔苏〕米哈伊尔·巴赫金：《文艺学中的形式方法》，李辉凡、张捷译，载钱中文主编《巴赫金全集》第二卷，李辉凡等译，河北教育出版社，2009，第170页。

③ 〔苏〕米哈伊尔·巴赫金：《文艺学中的形式方法》，李辉凡、张捷译，载钱中文主编《巴赫金全集》第二卷，李辉凡等译，河北教育出版社，2009，第170页。

情态和相应的典型语调，"不具备语言形式的那种强制力"①，是较为自由的一种体裁规范性。言语体裁一般说来很容易转换语调，"悲哀的可以变成诙谐风趣的，其结果是获得某种新的情调"②，例如戏谐的墓志铭体裁。这一典型的（体裁的）情态可以视作词语的"修辞韵味"，但这一韵味不是属于语言之词本身，而是属于常用该词语的体裁，这是"在词语中听到的体裁整体的回声"。③

　　情态与个人有关。情态是他人的个人情态的回声。词语的体裁情态，还有体裁的表情语调，是无人称的，正像"言语体裁本身是无人称的"④一样，因为言语体裁是个人表述的典型形式，但不是表述本身。语言之词是无主的，但同时我们只在特定的个人表述中听到它们，在特定的个人作品中读到它们，而在这里词所具有的已不是典型的情态，还有不同程度上鲜明表现出来的、视体裁而定的、个人的情态，而"个人情态是独一无二的，为个人表述语境所决定"。⑤ 语言之词在词典中的中态意义，保证了语言的共同性和所有操该语说者的相互理解，但在实际言语交际中的用词总是带有个人具体语境的性质。所以，可以说，任何一个词对说者来讲，都存在于三个层面上：一是中态的而不属任何个人的语言之词；二是其他人们的他人之词，它充满他人表述的回声；三是我的词，因为既然我同它在一定情景中打交道，并有特定的言语意图，它就已经渗透着我的情态。在后两个层面上，词语是有情态的，但我再说一遍，这一情态不属于词语本身，它产生在词与实际现实在实际情景中的交汇点上，而这种交汇是由个人的表述实现的。在这种情况下，他人情态似乎把词语变成了他人完整表述的代表，特定的评价立场的代表。"词语表现着个人的某种评价立场"⑥，如有威望

① 〔苏〕米哈伊尔·巴赫金：《言语体裁问题》，晓河译，载钱中文主编《巴赫金全集》第四卷，白春仁等译，河北教育出版社，2009，第171页。
② 〔苏〕米哈伊尔·巴赫金：《言语体裁问题》，晓河译，载钱中文主编《巴赫金全集》第四卷，白春仁等译，河北教育出版社，2009，第171页。
③ 〔苏〕米哈伊尔·巴赫金：《言语体裁问题》，晓河译，载钱中文主编《巴赫金全集》第四卷，白春仁等译，河北教育出版社，2009，第171页。
④ 〔苏〕米哈伊尔·巴赫金：《言语体裁问题》，晓河译，载钱中文主编《巴赫金全集》第四卷，白春仁等译，河北教育出版社，2009，第171页。
⑤ 〔苏〕米哈伊尔·巴赫金：《言语体裁问题》，晓河译，载钱中文主编《巴赫金全集》第四卷，白春仁等译，河北教育出版社，2009，第171页。
⑥ 〔苏〕米哈伊尔·巴赫金：《言语体裁问题》，晓河译，载钱中文主编《巴赫金全集》第四卷，白春仁等译，河北教育出版社，2009，第172页。

的活动家、作家、学者、父亲、母亲、朋友、老师等的某种评价立场，好像是一个表述的缩影。

情态与他人言语有关。两个言语之间，类似对话中不同对话之间的关系，能区分出他人言语的那种语调（在书面语中用引号标明），是一种十分特殊的现象：这仿佛是把言语主体的更替移至表述内部。由这一更替所划出的边界，在这里变得模糊而特别：说者的情态力透这些边界，渗入他人言语；我们便可用讽刺、愤怒、同情、敬佩等语调来传达他人的言语，这一情态是靠表情的语调来实现的，在书面语中靠他人言语周围的语境，我们能准确地预测、感觉到这一情态，或者是靠非语言的情景来推测，因为情景能暗示出相应的情态。这样一来，他人言语就具有了双重情态：一个是自己的亦即他人的情态，另一个是援引它的那个表述的情态。这种情况首先发生在以下的条件中：他人言语，哪怕是一个词，但在这里获得了完整表述的力量；得到公开引用并有明确的标志，如纳入引号中；言语主体的更替和对话的相互关系在这里留下了清晰的回声。而在任何的表述中，当我们在言语交际的具体条件下对其进行较为深入的研究时，就会发现一系列半隐蔽的和隐蔽的他人话语，虽然它所具有的他性程度各不相同。所以，表述仿佛充溢着言语主体交替的遥远而微弱的回声，充溢着对话的泛音，遍布着极度模糊的完全渗进作者情态的表述边界。表述由此看来是十分复杂而多面的现象，不应孤立地看它，也不应只看它同作者（说者）的关系，而应视它为言语交际链条中的一环，看它与相关联的他人表述的关系，"这些关系过去通常不是在语言的布局和修辞层面上揭示的，而只是在指物意义的层面上揭示的"。①

第三节　话语完成性

关于完成的问题是艺术学的一个十分重要的问题，这个问题至今尚未受到足够的重视。因为"可完成性是艺术不同于其他意识形态领域的独有

---

① 〔苏〕米哈伊尔·巴赫金：《言语体裁问题》，晓河译，载钱中文主编《巴赫金全集》第四卷，白春仁等译，河北教育出版社，2009，第176～177页。

的特点"。①

一 审美交往完成性

艺术作品的社会交往是审美交往，因为"它完全凭艺术品的创造，凭观赏中的再创造而得以完成"②。从这个意义上说，审美交往并不满足于表达者的表达与接受者的接受，这只完成了审美交往的一部分，另一部分的审美交往在接受者进行表达之后才得以完成。由此可见，审美交往中，前一部分的主动权掌握在表达者手中，后一部分的主动权掌握在接受者手中。这后一半的主动权表现为回应或应答。每一个对语都具有特殊的完成性，不管多么简短和不连贯，都表现出说者的某种立场，接受者针对这一立场可以作出回答，可以采取应答的立场，这就是话语特殊的完成性，也是表述的基本特征之一。

二 应答完成性

话语的完成性仿佛是言语主体交替的内在方面，这一交替之所以能实现，是因为说者说尽了（或者写尽了）他在此时此刻或此种条件下想说的一切。我们在聆听或阅读的时候，明显地能感觉到话语的结束，仿佛听到说者的结束语"dixi"。③ 话语的完成性有其特殊的标准，那就是对表述作出回应，对它采取应答立场，这是表述完成性的第一个标准，也是最重要的标准。符合这一标准的有日常的简短问话，例如"几点钟了？"，说者可以对它作出回答；还有生活中的请求，说者可以满足它或不满足它；学者学术上的见解，说者可以赞同它或者不赞同它，全部地赞同它或部分地赞同它；作家的文艺作品，说者可以对它作整体的评价。

巴赫金认为，为了能对表述作出反应，某种完成性是必须有的。为了做到这一点，仅仅从语言方面来理解表述是远远不够的。一个完全可理解的完成的句子，如果这是个句子而不是由一个句子构成的一个完整的表

---

① 〔苏〕米哈伊尔·巴赫金：《文艺学中的形式方法》，李辉凡、张捷译，载钱中文主编《巴赫金全集》第二卷，李辉凡等译，河北教育出版社，2009，第277页。
② 〔苏〕米哈伊尔·巴赫金：《生活话语与艺术话语》，吴晓都译，载钱中文主编《巴赫金全集》第二卷，李辉凡等译，河北教育出版社，2009，第81页。
③ 〔苏〕米哈伊尔·巴赫金：《言语体裁问题》，晓河译，载钱中文主编《巴赫金全集》第四卷，白春仁等译，河北教育出版社，2009，第157页。

述，并不能唤起应答的反应，因为这虽可理解，却还不是一切。这个"一切"作为表述整体性的特征，"既不能从语法上，也不能从抽象意义上加以确定。"① 表述的这种能保障作出应答（或应答性理解）的完成了的整体性，是由三个方面（或因素）决定的，这三个方面在表述的有机整体中不可分割地联系在一起：（1）指物意义的充分性；（2）说者的言语主旨或言语意图；（3）典型的布局体裁的完成形式。②

第一个因素，即表述主题的指物意义的充分性，"在不同的言语交际领域里有着深刻的不同"。③ 在日常生活的事实性领域或事务性领域，这些领域的言语体裁程式化高，几乎不存在创造因素，因此充分性几乎达到极点；创作领域，特别是科学领域，做出应答的完成性则很低，但在一定程度上，由于囿于"作者确定的主旨"，也可以获得相对的完成性。第二个因素，即表述者的主旨或意图，还是可以从整体上获得把握。在每一个表述中，从独词的日常对语到科学或文学的复杂巨著，我们都可把握、理解、感觉说者的言语主旨或决定表述整体、长短和边界的言语意图。我们可以想象出说者想要说什么，我们便以这一言语主旨、这一言语意图来衡量表述的完成性。在言语交际的特定条件下，在与此前表述的必然联系之中，"这一主旨既决定事物的选择，也决定表述的边界和它指物意义的完成性"。④ 第三个因素，即表述的稳定的言语体裁形式是最重要的。在各种各样的表述中，最常见的是生活意识形态的表述。生活意识形态的表述有许多不同的行为形式，比如文化沙龙、机关集会、农村晚集、城市酒宴、午休闲谈、节日庆典等，不同的行为形式产生不同的表述体裁。另一种常见的表述是意识形态表述。意识形态表述也有许多不同的形式，比如公示、宣言、文学、论文、著作等表述体裁。所有的表述都具有一定的相对稳固的典型的整体建构形式。即便在闲聊中，我们也会按照一定的程式化

---

① 〔苏〕米哈伊尔·巴赫金：《言语体裁问题》，晓河译，载钱中文主编《巴赫金全集》第四卷，白春仁等译，河北教育出版社，2009，第158页。
② 〔苏〕米哈伊尔·巴赫金：《言语体裁问题》，晓河译，载钱中文主编《巴赫金全集》第四卷，白春仁等译，河北教育出版社，2009，第158页。
③ 〔苏〕米哈伊尔·巴赫金：《言语体裁问题》，晓河译，载钱中文主编《巴赫金全集》第四卷，白春仁等译，河北教育出版社，2009，第158页。
④ 〔苏〕米哈伊尔·巴赫金：《言语体裁问题》，晓河译，载钱中文主编《巴赫金全集》第四卷，白春仁等译，河北教育出版社，2009，第159页。

的形式来组织话语。某种程度上，学会说话就意味着学会构建表述，因为说话就是在使用表述，而不是使用单个的句子，更不是使用单个的词。"这些稳定的言语体裁，可以帮助我们在聆听时估量言语大致的长度，以及可能的结尾。"① 言语体裁与语言形式相比，要远为多变，灵活，可塑；但对说者个人来说，它们具有规范的意义，"不是由说者创造，而是为他规定"②。

三 双声完成性

在巴赫金看来，话语的完整性不是由第一个声音创造的，而是由第二个声音所创造。"一切崇高和美好的东西"——这不是普通含义上的一句完整的话语，而是带着语调和感情的特殊词组。这是风格，世界观，一类人的代表，它让人联想起语境，它包含着两个声音，两个主体，一个一本正经地这么说，另一个则讽刺地模仿前者这么说。在词组之外，单抽出来说"美好"和"崇高"这两个词，它们并没有双声性，因为没有言语主体，就没有第二个声音的存在；只有当词组变成表述时，即获得言语主体时，第二个声音才会进入该词组。"一个词如果成为表述的缩影，即获得作者，也能成为双声。"③

第四节 话语未完成性

巴赫金认为，在除艺术之外的意识形态创作的任何领域里，不存在本义上的完成。任何完成、任何终结在这里都是相对的、表面的，通常都是由外部原因造成的，而不是由客体本身内在的完成性和完备性决定的。学术工作的结束带有这样的相对性。实际上，学术工作永远不会结束；一个人结束了，另一个人接着干。科学是一个整体，永远不会完结。它不会分

---

① 〔苏〕米哈伊尔·巴赫金：《言语体裁问题》，晓河译，载钱中文主编《巴赫金全集》第四卷，白春仁等译，河北教育出版社，2009，第160页。

② 〔苏〕米哈伊尔·巴赫金：《言语体裁问题》，晓河译，载钱中文主编《巴赫金全集》第四卷，白春仁等译，河北教育出版社，2009，第162页。

③ 〔苏〕米哈伊尔·巴赫金：《文本问题》，晓河译，载钱中文主编《巴赫金全集》第四卷，白春仁等译，河北教育出版社，2009，第302页。

为一系列已完成的和独立自在的作品。意识形态其他领域里也是这样。"任何地方都不存在本质上完成的和详尽无遗的作品"①。

一　主题的未完成性

完成与结束是两个概念，时间性的艺术可以结束，这个结束，仅仅指的是结构上的完成，主题则永远无法完成。在意识形态创作的各个领域，表述只可能有结构上的完成，而不能有主题上的真正完成。在意识形态领域，只有某些哲学体系，如黑格尔的体系，毫无根据地希望达到认识领域内的这种主题上的完成。在意识形态的其他领域之中，只有在宗教的基础上才可能有这样的奢望。在文学中，全部问题正好在于这种本质的、实物的、主题的完成，而不在于表述在言语方面的表面的完成上。在文学中，有时恰恰可以不要那种处于文学外围结构上的完成，可以采用言不尽意的手法，但是这种外表的未完成性更加有力地衬托出内在的主题的完成性。

二　小说体裁的未完成性

巴赫金认为："小说体裁的诞生和形成，完全展现在历史的进程之中。长篇小说的体裁主干，至今还远没有稳定下来，我们尚难预测它的全部可塑潜力。""小说不仅仅是诸多体裁中的一个体裁。这是在早已形成和部分地已经死亡的诸多体裁中间唯一一个处于形成阶段的体裁。这是世界历史新时代所诞生和哺育的唯一一种体裁，因此它与这个新时代有着深刻的血缘关系。""小说从来不让自己任何一个变体稳定不变。"② 在小说发展的整个历史当中，小说体裁总是力求对变体施以讽拟或滑稽化。小说体裁的未完成性是小说自我批判的态度。与此同时，小说赋予其他体裁小说性，使其他体裁也变得自由、可塑，特别在杂语事实这一方面，使其他体裁得以更新语言成分，出现对话成分，还渗进笑谑、讽刺、幽默、自我嘲讽等。最重要的是，小说体裁的未完成性赋予这些其他体裁以问题性，使这些体裁也获得了特殊意义的未完成性，"并同没有定型的、正在形成中的现代

---

① 〔苏〕米哈伊尔·巴赫金：《文艺学中的形式方法》，李辉凡、张捷译，载钱中文主编《巴赫金全集》第二卷，李辉凡等译，河北教育出版社，2009，第276页。

② 〔苏〕米哈伊尔·巴赫金：《史诗与长篇小说》，白春仁译，载钱中文主编《巴赫金全集》第三卷，白春仁等译，河北教育出版社，2009，第500页。

生活（未完成的现在）产生密切的联系"①。

三 现时的未完成性

小说里，在不同时间的等级上发生转变，会决定艺术形象的结构中出现的根本转变。现时就小说所谓的"整体"而言，原则上以及本质上都是没有完成的东西，小说与现时共振，它永远奔向不知终点的未来，永远不会停止，与时间密切相关的小说全心全意延续，永远不停止向未来迈进脚步的。霍奎斯特认为，小说性是在与其他形式做斗争中的一个窥探/发现未来的观察孔，"文学，当它限定（enacts）小说性时（当然不仅仅是以小说的形式），它就变成了一个由此可以预见未来的观察孔（loophole），不然，未来就会被其他话语形式所遮蔽（obscured）"②。可以说，当现时成为人们把握时间和世界中心的时候，时间和世界就失去自己的完成性，无论就其整体来说还是就其每一部分来说都是如此。世界的时间模式发生变化，没有开头的话，也没有最后的话，因为最后的话还没说出来。时间和世界在艺术家的意识里，时间和世界第一次成为历史的时间和世界。因为这个时间和世界开始虽还表现得不很清晰、模模糊糊，后面就展现为一个形成的过程，一个朝着实际的未来不断前进的运动，一个统一的、无所不包而又永无完结的过程。任何的事件、任何的现象、任何的东西，总之艺术描绘的任何对象，都要失去它们在"绝对过去"的叙述世界里"所具有的那种完结性、无济于事的现成性、不变性"。③艺术对象正是通过与现时沟通，才被纳入世界的没有完结的形成过程中去；这个艺术对象身上也打上了没有完成的印记。不论对象在时间上距我们多远，总是通过时间不停的交替而同我们并非现成的现时联系着，总是同我们的未完成性、同我们的现时发生一定关系，而我们的现时则向没有完结的将来前进。在这一没有完结的环境里，对象在意义上失去一成不变的性质：它的内涵和意义会随着环境的进一步展开而更新和发展。在艺术形象的结构中，上述这一点

---

① 〔苏〕米哈伊尔·巴赫金：《史诗与长篇小说》，白春仁译，载钱中文主编《巴赫金全集》第三卷，白春仁等译，河北教育出版社，2009，第500～501页。

② Michael Holquist, *Dialogism: Bakhtin and his World*, New York: Rouledge, 2002, p. 82.

③ 〔苏〕米哈伊尔·巴赫金：《史诗与长篇小说》，白春仁译，载钱中文主编《巴赫金全集》第三卷，白春仁等译，河北教育出版社，2009，第525页。

导致了根本的变化。形象获得了一种特别的现实性。形象在某种形式中和某种程度上，同至今仍在继续发展的生活事件发生了关系。"作者和读者，很大程度上参与了这生活事件"。①

第五节　话语社会性

话语社会性指包括修辞话语在内的任何话语都是一种社会现象。话语社会性是巴赫金话语修辞哲学的基础。修辞话语是活生生的话语，是广场大街、城市乡村、各种社会集团、各代人和不同时代的话语。话语修辞的社会性无处不在，它表现在劳动协作、意识形态交流、偶尔的生活交往、相互的政治关系等一切人们相互影响、相互交往中。鉴于话语社会性，巴赫金在《长篇小说的话语》中就开门见山地指出："本文的主旨，在于克服文学话语研究中抽象的'形式主义'同抽象的'思想派'的脱节。形式和内容在话语中得到统一，而这个话语应理解为是一种社会现象；它所活动的一切方面，它的一切成素，从声音形象直至极为抽象的意义层次，都是社会性的。"② 话语社会性的主旨，"决定了我们把重点放在'体裁修辞学'上"③。

早在《文艺学中的形式方法》第三编《诗学中的形式方法》第一章《作为诗学对象的诗歌语言》中，巴赫金讨论《生活实用语言问题》时就提出一个问题："在语言学制订其基本概念时，利用得最少的是生活实用表述。"语言学对现实生活语言现象的忽视导致"与直接对话式的言语交际形式相联系的多语现象，直到最近尚处于语言学的视野之外"④。对于语言学来说，语言是用规范形式组织起来的抽象的系统；但对于生活在多语世

① 〔苏〕米哈伊尔·巴赫金：《史诗与长篇小说》，白春仁译，载钱中文主编《巴赫金全集》第三卷，白春仁等译，河北教育出版社，2009，第 526 页。

② 〔苏〕米哈伊尔·巴赫金：《长篇小说的话语》，白春仁译，载钱中文主编《巴赫金全集》第三卷，白春仁等译，河北教育出版社，2009，第 36 页。

③ 〔苏〕米哈伊尔·巴赫金：《长篇小说的话语》，白春仁译，载钱中文主编《巴赫金全集》第三卷，白春仁等译，河北教育出版社，2009，第 36 页。

④ 〔苏〕米哈伊尔·巴赫金：《文艺学中的形式方法》，李辉凡、张捷译，载钱中文主编《巴赫金全集》第二卷，李辉凡等译，河北教育出版社，2009，第 228 页。

界中的人的意识来说，语言是用杂语形式组织起来的关于世界的具体见解。

　　修辞学不重视体裁修辞学的社会性，修辞学的风格和语言脱离了体裁，那么话语就成了话语生理上的组织标本；如果修辞学只服务于艺术家个人技巧的语言学上抽象的话语，关注艺术家个人和流派的风格，只分析艺术家个人和流派的细小修辞差异，那么就不可避免地忽视了风格的社会基调，忽视了体裁命运的变化，以及文学话语随之发生的变化。脱离体裁的修辞学被巴赫金称为"书房技巧的修辞学"。脱离体裁的修辞学"对自己要研究的课题，失去了真正哲理的和社会的角度，淹没在修辞的细枝末节之中，不能透过个人和流派的演变感觉到文学话语重大的不关心个人名字的变化"①。脱离体裁的修辞学即使研究艺术家的个人风格和流派的色调，也会不可避免地只得到浮浅而空洞的解释。

　　语言—言语的事实是通过言语相互作用的社会事件来建构，由表述及其表述群来实现，不管是生活的表述还是艺术的表述都是社会的。巴赫金指出，"表述的结构是纯粹的社会结构，是存在于说话者之间的个人的言语行为。"② 即使是具体的表述也是社会符号的个别形成，也是受社会关系决定和约束的，比如表述风格个体化就是其社会氛围决定的。表述的社会性使巴赫金断言"最直接的社会氛围和更广泛的社会环境从内部完全决定着表述的结构"，"表述是言语流动的现实单位"。③ 要想有效地分析各种表述的整个形式，就得承认即便是单个表述也是纯社会现象。巴赫金称："表述的风格形式，是社会的形式，并且语言现实所真正归入的表述言语流本身是一种社会的语流。其中间每一滴都是社会的，它形成的整个进程也是社会的。"④

　　表述的整体形式就是言语体裁。对于言语体裁的作用，巴赫金称："如果不存在言语体裁，如果我们不掌握它们，如果我们不得不在言语过程中从头创造它们，自如而且首次地组织每一个表述，那么言语交际、思

① 〔苏〕米哈伊尔·巴赫金：《长篇小说的话语》，白春仁译，载钱中文主编《巴赫金全集》第三卷，白春仁等译，河北教育出版社，2009，第36页。
② 〔苏〕米哈伊尔·巴赫金：《马克思主义与语言哲学》，华昶译，载钱中文主编《巴赫金全集》第二卷，李辉凡等译，河北教育出版社，2009，第443页。
③ 〔苏〕米哈伊尔·巴赫金：《马克思主义与语言哲学》，华昶译，载钱中文主编《巴赫金全集》第二卷，李辉凡等译，河北教育出版社，2009，第428、440页。
④ 〔苏〕米哈伊尔·巴赫金：《马克思主义与语言哲学》，华昶译，载钱中文主编《巴赫金全集》第二卷，李辉凡等译，河北教育出版社，2009，第437页。

想交流便几乎是不可能的了。"① 在社会思想交流中，每一个说话的人，出于说话意图的考虑去选择一定的言语体裁，或者去适应一定的言语体裁。现实生活中，人们运用各种各样言语体裁说话，按一定言语体裁组织言语，以一定的言语体裁进行思想交流。由于社会交往中交际参与者社会地位的不同，尊崇、严格、恭敬、亲昵、隐秘等风格的话语，话语风格从修辞角度分析和从体裁角度分析，结果大相径庭，"从纯粹修辞角度看，把它们作为历史上变化着的礼仪、礼貌、文雅形式在语言中的反映"②。从体裁角度看，则属于各种类型的体裁。

在多语的社会生活中，话语交际活动决定了风格和体裁。"在生活实用的言语交际中，言语的分寸具有特别重要的意义。言语的分寸的构形力量和组织力量是很大的。它可以构成生活中的话语，确定说话的风格和体裁。"③ 不但如此，就连多语社会造成的语言分化也在进一步影响着各种职业、体裁、流派和个性的话语。语言分化形成大小不等的社会力量，"用一些确定的（因而起着限定作用的）意向和语调来充实语言；这一过程是长期的（相对说来），是具有社会性的（是集体进行的）"，④ 话语分化的社会力量整个地瓜分语言，甚至渗进种种意向和语调，消解"任何中立的、'没主儿'的话语和形式"。⑤ 在巴赫金看来，话语总是充满着职业体裁的味道，特定作品的味道，甚至某个人某个日子的味道。"每个话语都散发着它那紧张的社会生活所处的语境的气味；所有话语和形式，全充满了各种意向。话语不可避免地会带有在上下文语境中得来的韵致（体裁的、流派的、个人的）。"⑥

艺术作品依附于体裁，体裁是整个作品、整个表述的典型形式。只有

---

① 〔苏〕米哈伊尔·巴赫金：《言语体裁问题》，晓河译，载钱中文主编《巴赫金全集》第四卷，白春仁等译，河北教育出版社，2009，第160页。

② 〔苏〕米哈伊尔·巴赫金：《言语体裁问题》，晓河译，载钱中文主编《巴赫金全集》第四卷，白春仁等译，河北教育出版社，2009，第160页。

③ 〔苏〕米哈伊尔·巴赫金：《文艺学中的形式方法》，李辉凡、张捷译，载钱中文主编《巴赫金全集》第二卷，李辉凡等译，河北教育出版社，2009，第229页。

④ 〔苏〕米哈伊尔·巴赫金：《长篇小说的话语》，白春仁译，载钱中文主编《巴赫金全集》第三卷，白春仁等译，河北教育出版社，2009，第71页。

⑤ 〔苏〕米哈伊尔·巴赫金：《长篇小说的话语》，白春仁译，载钱中文主编《巴赫金全集》第三卷，白春仁等译，河北教育出版社，2009，第72页。

⑥ 〔苏〕米哈伊尔·巴赫金：《长篇小说的话语》，白春仁译，载钱中文主编《巴赫金全集》第三卷，白春仁等译，河北教育出版社，2009，第72页。

在具有一定体裁形式里，艺术作品才实际存在；只有与体裁的整体联系起来，艺术作品的每个成分的结构意义才能理解，所以巴赫金认为"诗学恰恰应从体裁出发"①。艺术作品的现实性决定了文学体裁的现实性。巴赫金声称任何体裁的艺术作品，在现实中都有两个面向，这两个现实性的面向决定着艺术作品的类型，即决定着艺术作品的体裁。"第一，作品面向听众和接受者，面向表演和接受的条件。第二，作品从内部向外，根据其主题的内容来把握生活。"② 每一种体裁都以各自的方式，在主题上面向生活，面向现实，从事件和问题上把握生活，在艺术交往过程中最终实现文学体裁的社会现实性。另外，把握现实需要体裁方法论，"体裁是集体把握现实、旨在完成这一过程的方法的总和，通过这种把握能掌握现实的新的方面。对现实的理解，在思想的社会交际过程中不断发展着和形成着，因此体裁的真正诗学只可能是体裁的社会学"③。

长篇小说中的多语现象，虽然存在"故意为之的修辞上的多语（多民族语）混合"④，但真正的积极的多语现象是长篇小说体裁观察和理解现实必不可少的前提。"多声现象和杂语现象进入长篇小说，在其中构成一个严谨的艺术体系，这正是长篇小说体裁独有的特点。致力于文学的语言意识可以观察到语言生活中丰富多彩的杂语事实。历史上语言的真实情况是杂语形成的过程，里面充斥着种种未来的和往昔的语言、处于消亡中的古板的语言贵族、语言暴发户、难以计数的寻求自立的语言，这些栖身于语言（它的一切词语和形式）之中的各种社会和历史的声音，有的成功有的不很成功，覆盖的社会面有广有窄，应用的思想意识领域也各自不同，赋予语言以特定的具体涵义的声音，在小说中组合而成严密的修辞体系，反映出作者在时代的杂语中所占据的独具一格的社会和思想立场"⑤。"不同

---

① 〔苏〕米哈伊尔·巴赫金：《文艺学中的形式方法》，李辉凡、张捷译，载钱中文主编《巴赫金全集》第二卷，李辉凡等译，河北教育出版社，2009，第276页。
② 〔苏〕米哈伊尔·巴赫金：《文艺学中的形式方法》，李辉凡、张捷译，载钱中文主编《巴赫金全集》第二卷，李辉凡等译，河北教育出版社，2009，第278页。
③ 〔苏〕米哈伊尔·巴赫金：《文艺学中的形式方法》，李辉凡、张捷译，载钱中文主编《巴赫金全集》第二卷，李辉凡等译，河北教育出版社，2009，第284页。
④ 〔苏〕米哈伊尔·巴赫金：《多语现象作为小说话语发展的前提》，白春仁译，载钱中文主编《巴赫金全集》第四卷，白春仁等译，河北教育出版社，2009，第125页。
⑤ 〔苏〕米哈伊尔·巴赫金：《长篇小说的话语》，白春仁译，载钱中文主编《巴赫金全集》第三卷，白春仁等译，河北教育出版社，2009，第80页。

语言、不同派头、不同风格的形式标志，在小说中便是不同社会视野的象征。"① 小说中的语言形象就是与自己话语、语言连成一体的某一社会思想的形象，同时也是社会视野的形象。长篇小说话语充满了内在的社会对话性，这需要揭示话语的具体社会语境。这个具体的社会语境，"决定着话语的整个修辞结构，它的'形式'和它的'内容'，并且不是从外部决定，而是从内部决定，因为社会性对话发生在话语自身内部，在它的一切要素中，不论是'内容'的要素，还是最属'形式'的要素。即使是诗歌话语，也是社会性的话语。不过诗歌的形式反映较长的社会过程，所谓社会生活的'世代趋向'。"② "与长篇小说这一体裁特点相适应的修辞学，只可能是社会学性质的修辞学。"③

甚至词汇学、语法学都需要从体裁修辞学的社会性出发，即"同样有赖于表述和言语体裁问题的解决"④。比如对词语修辞研究，就要从杂语的事实出发。"观察发现的这种杂语性质，以及把握杂语现象的方法，决定着词语的具体的修辞生命。"⑤ 中世纪时期，社会阶层对话语进行分等级对待，文艺复兴时期，这种话语等级被打破，等级打破所造成的社会变化就被及时地"反映在修辞的'词汇选择'上"。⑥ 所以尽管词汇学和语法学从根本上不同于修辞学，但词汇研究和语法研究都需要修辞方面的探索和分析。

在许多情况下，从体裁社会性来理解词汇、语法和修辞三者的关系，它们之间的界限就仿佛完全消失。"有些现象，一部分研究家把它归到语法学领域，另一部分研究家则把它归入修辞学领域。"⑦ 可以说，在任何

① 〔苏〕米哈伊尔·巴赫金：《长篇小说的话语》，白春仁译，载钱中文主编《巴赫金全集》第三卷，白春仁等译，河北教育出版社，2009，第142页。
② 〔苏〕米哈伊尔·巴赫金：《长篇小说的话语》，白春仁译，载钱中文主编《巴赫金全集》第三卷，白春仁等译，河北教育出版社，2009，第79页。
③ 〔苏〕米哈伊尔·巴赫金：《长篇小说的话语》，白春仁译，载钱中文主编《巴赫金全集》第三卷，白春仁等译，河北教育出版社，2009，第79页。
④ 〔苏〕米哈伊尔·巴赫金：《言语体裁问题》，晓河译，载钱中文主编《巴赫金全集》第四卷，白春仁等译，河北教育出版社，2009，第146页。
⑤ 〔苏〕米哈伊尔·巴赫金：《长篇小说的话语》，白春仁译，载钱中文主编《巴赫金全集》第三卷，白春仁等译，河北教育出版社，2009，第75页。
⑥ 〔苏〕米哈伊尔·巴赫金：《多语现象作为小说话语发展的前提》，白春仁译，载钱中文主编《巴赫金全集》第四卷，白春仁等译，河北教育出版社，2009，第126页。
⑦ 〔苏〕米哈伊尔·巴赫金：《言语体裁问题》，晓河译，载钱中文主编《巴赫金全集》第四卷，白春仁等译，河北教育出版社，2009，第146页。

一个具体的语言现象中，是否结合体裁社会性来加以观察，会影响到词汇、语法和修辞的既合又分的情形："如果把这个现象放在语言体系中研究，那么这是语法现象，而如果放到个人表述或言语体裁的整体中去研究，那么它就是修辞现象。因为说者选择特定的语法形式，这本身就是修辞行为。"①

如果说体裁修辞学的社会性是一座大厦，那么音的社会性就是构造这座大厦的砖块。从音的角度来讨论社会性问题将更有助于加强对话语的社会性的理解和运用。

长篇小说是社会现实的一个部分，它也是音的和发音的综合体。艺术地组成长篇小说的音的综合体既不是物理学上的音，也不是表达者和接受者的心理行为，组织长篇小说的音的综合体旨在引起思想交流的反应，并对此作出反应，是思想交际活动的部分，因此音的个别现实性，不再是自然体的现实性，而是历史现象的现实性。

音的社会性主要体现在音义的结合上。巴赫金与索绪尔最大的不同在于，巴赫金认为音与义不是偶然的结合，不是任意性的，而是结构性的相互关系，是社会性的。"音的整个实体具有物质的统一性和组织性。这个整体是在现实的时间和现实的空间里组成的。"语音的"意义及其组织能满足这个物质的整体的要求，并在与它不断的联系中构成和展开。因此，一方离开另一方也就无法理解。只有在结构的统一体中，音作为它的一个因素，才成为诗学的音，意义才成为诗学的意义，两者的关系才不是偶然的，而是结构性的相互关系"②。在现实空间和现实时间内结合的语音，其空间和时间具有社会性，是社会交际的条件。"有社会意义的音"才是社会交际的意识形态实体。"在个体和自然界的范围内，无法理解它。"③ "有意义的音及其组成的问题，与社会听众问题、与讲话者与听众的相互交流问题、与他们之间的等级距离问题相联系。有意义的音是相互影响的社会行为的成分，它根据这种行为的性质而发出不同的声响。对有意义的音及

---

① 〔苏〕米哈伊尔·巴赫金：《言语体裁问题》，晓河译，载钱中文主编《巴赫金全集》第四卷，白春仁等译，河北教育出版社，2009，第146页。

② 〔苏〕米哈伊尔·巴赫金：《文艺学中的形式方法》，李辉凡、张捷译，载钱中文主编《巴赫金全集》第二卷，李辉凡等译，河北教育出版社，2009，第238页。

③ 〔苏〕米哈伊尔·巴赫金：《文艺学中的形式方法》，李辉凡、张捷译，载钱中文主编《巴赫金全集》第二卷，李辉凡等译，河北教育出版社，2009，第239页。

其组成来说，它的社会听众具有决定作用。"① "音不在机体内，不在自然界，音在人们之间，而且在社会上有组织的人之间。"②

音义结合的外部表现受社会关系制约。任何表现都是受社会关系制约的。以饥饿为例，作为一个以饥饿为表现中心的话语事件，它的外部表述取决于在此事件中一定情景下联系着的直接的和间接的参与者——相关的听话者和说话者。饥饿的具体情景形成具体话语表述模式，规约着话语表述的内容、形式、音调、行为、风格，比如事件参与者会发出这个声音，不发出那个声音；会反抗、会哀求、会自信、会胆怯、会懊恼、会愤恨等。音义结合的内部体验受社会关系制约。饥饿的内部感受，一方面取决于体验的最直接氛围，另一方面取决于"挨饿者的一般社会地位"，即"在哪一种价值环境中，在哪一种社会视野中，来认识饥饿的体验"。③心灵体验的结构是社会的，因为其认识的程度与它对社会的熟悉程度成正比关系。即使是简单模糊的感受，也是受最直接的社会氛围所影响，比如婴儿对母亲的啼哭。

体验的社会性问题是说话者与听话者的关系问题。在对待具体听话者的态度上，体验会走向两种极端，一端是"我—体验"范式、另一端是"我们—体验"范式，体验在这两个极端中游走。"我—体验"的终极是丧失自我的明确的意识形态形式，呈现为动物性的生理反应。"我们—体验"则与其社会定位密切相关，"个人所在的集体越巩固、越有组织、越被分化出来，那么他的内心世界就越清晰、越复杂。"④体验以努力实现外部表现为目标，但是外部表现不一定就能被实现。可是一旦被实现，被实现的外部表现将给内部表现——体验以反作用："它开始把内部生活联系起来，给予它更稳定的表现。"⑤因此巴赫金得出一个结论："与其说是表现适应

① 〔苏〕米哈伊尔·巴赫金：《文艺学中的形式方法》，李辉凡、张捷译，载钱中文主编《巴赫金全集》第二卷，李辉凡等译，河北教育出版社，2009，第239页。

② 〔苏〕米哈伊尔·巴赫金：《文艺学中的形式方法》，李辉凡、张捷译，载钱中文主编《巴赫金全集》第二卷，李辉凡等译，河北教育出版社，2009，第240页。

③ 〔苏〕米哈伊尔·巴赫金：《马克思主义与语言哲学》，华昶译，载钱中文主编《巴赫金全集》第二卷，李辉凡等译，河北教育出版社，2009，第429页。

④ 〔苏〕米哈伊尔·巴赫金：《马克思主义与语言哲学》，华昶译，载钱中文主编《巴赫金全集》第二卷，李辉凡等译，河北教育出版社，2009，第430页。

⑤ 〔苏〕米哈伊尔·巴赫金：《马克思主义与语言哲学》，华昶译，载钱中文主编《巴赫金全集》第二卷，李辉凡等译，河北教育出版社，2009，第433页。

于我们的内部世界，倒不如说我们的内部世界适应于我们表现的可能性及其可能的途径与方向。"① 组织表现的中心一定是在外部，是在围绕个体的社会环境和社会关系中。在谈到内部表现时，巴赫金认为个体的自我体验，并不是上述所指的"我—体验"，而是被分化出来并形式化的个人主义，是属于"我们—体验"。个体的自我体验深受外部社会定位所决定，而不是内部感受，因为这是用"我的个人经济活动的整个政治结构，来对我在法律、客观确定性和防御性中的社会属性和自卫情况，进行意识形态的解释"②。孤独的自我体验也是类似于个体的自我体验，仍然需要依赖于"我们—体验"的这种范式。意识受社会关系制约。在巴赫金的眼里意识一定有所表现，应该"是一个客观事实和巨大的社会力量"，"在客观化之外，在一定的物质形式（手势、内部话语、喊叫的物质形式）体现之外，意识是一种虚构"③。

第六节　话语斗争性

话语斗争性既包含了话语含义的斗争性，也包含了官方语言与杂语之间的斗争性，还包含了他人话语中的斗争性。

一　话语含义的斗争性

语言含义领域里新旧含义存在斗争，语言含义的形成联系着该社会团体的评价视野，并且评价视野形成于对该团体有意义，有重要性的全部整体含义之中，并完全取决于经济基础的扩大。在基础扩大的情况下，对于人可触及、理解和存在着的存在范围在现实地扩大着。原始社会的畜牧能手几乎不关心任何事，任何事也几乎与他无关；资本主义时代的人，与一切都有着直接的关系，与遥远的极地，甚至与遥远的星星。这种评价视野

---

① 〔苏〕米哈伊尔·巴赫金：《马克思主义与语言哲学》，华昶译，载钱中文主编《巴赫金全集》第二卷，李辉凡等译，河北教育出版社，2009，第433页。
② 〔苏〕米哈伊尔·巴赫金：《马克思主义与语言哲学》，华昶译，载钱中文主编《巴赫金全集》第二卷，李辉凡等译，河北教育出版社，2009，第432页。
③ 〔苏〕米哈伊尔·巴赫金：《马克思主义与语言哲学》，华昶译，载钱中文主编《巴赫金全集》第二卷，李辉凡等译，河北教育出版社，2009，第433页。

的扩大是辩证地完成的。被引入社会注意范围的、汇入人类词语和精神之中的那些存在的新方面，要去干预那些过去注意到的存在因素，与它们进行斗争，重新评价它们，改变它们在价值视野的统一体中的位置。这一辩证的过程反映在语言意义的形成之中。然而为了与旧的含义对立，给以改造，新的含义应在旧的含义中，并借它之助，得到揭示。由此在存在的每一个含义领域中都产生出不间断的斗争。在含义的构成中，不存在任何凌驾于形成之上的东西，不存在任何脱离社会视野的辩证发展的东西。形成着的社会拓展着自己对形成着的存在的接受。在这一过程中，不可能有任何绝对固定不变的东西。所以"意义，它的抽象的、自身一致的因素，被话题所吞噬，为话题的激烈矛盾所肢解"[1]，以便以新的意义形式和短暂的稳定与一致重新呈现出来。

二　官方语言与杂语之间的斗争性

每一表述都参与"统一的语言"，[2] 即向心力量和倾向；同时又参与社会的和历史的杂语现象，即四散的分解的力量。表述的生存和形成的真正环境，是对话化了的杂语环境。这杂语作为语言，是没有姓名的社会性现象；而作为个人的表述，则是具体的、有充实内容的、有所强调的东西。更有甚者，这个杂语是有意地同语言核心相对立才出现的。它是一种目的在于讥讽的模仿，是与当代各种官方语言针锋相对的东西。这是对话化了的杂语。小说话语的斗争性在于整个长篇小说的发展史上，长篇小说同现有雄辩术体裁（政论、道德、哲学等体裁）间密切的相互作用，无论是和谐还是斗争，都从未停止过，而且可能不亚于它同艺术体裁（叙事、戏剧、抒情等）间的相互作用。不过，在这种延续不断的相互关系中，"长篇小说的话语总保持着自己质的特殊性，不可归结为雄辩术的话语"[3]。小说领域里话语与历史和社会的紧密关系中存在斗争，小说要求能特别感觉到活生生的话语身上那种历史的和社会的具体性和相对性，也就是话语同

---

① 〔苏〕米哈伊尔·巴赫金：《马克思主义与语言哲学》，华昶译，载钱中文主编《巴赫金全集》第二卷，李辉凡等译，河北教育出版社，2009，第452页。

② 〔苏〕米哈伊尔·巴赫金：《长篇小说的话语》，白春仁译，载钱中文主编《巴赫金全集》第三卷，白春仁等译，河北教育出版社，2009，第49页。

③ 〔苏〕米哈伊尔·巴赫金：《长篇小说的话语》，白春仁译，载钱中文主编《巴赫金全集》第三卷，白春仁等译，河北教育出版社，2009，第46页。

历史进程和社会斗争的紧密关系。小说的话语是还处于这种斗争和敌对之中而未冷却的话语，是尚无结果而充满敌对语调的话语。"小说正是驾驭这样的话语，使其服从自己那不断发展的统一的风格。"①

三　他人话语中的斗争性

"他人话语是言语的言语，表述的表述。"② 在转达他人话语的各种形式中，一种表述与另一种表述的积极关系被表现出来，在语言本身的固定结构形式中表现出来。他人话语存在专制的话语和具有内在说服力的话语，因此他人话语的斗争性就表现在话语与权威的斗争以及话语与他人话语的斗争。

专制话语把被转述的"他人的言语"与正转述的"作者的言语"严格而准确地隔开，以利于"他人的言语"的个性发展。在此情形下，容易形成非个性化的直接引语。这种非个性化的直接引语传递的信息是"权势对接受言语影响的程度和言语的意识形态可信度及公式化程度"③。权势的教条主义或者唯理的教条主义都会削弱言语的个性化。巴赫金提醒道："应该注意到被转述的他人言语的社会等级状况。越是强烈地感知他人言语的等级程度，它的界限就越清晰，它就越少地渗入到评述和插语的意向中。"④ 专制话语早在过去就已得到承认，是先我而在的话语。话语同权威结合，会获得特别的强调，有种特别的独立性。这个话语要求外界与它保持一定距离。要想借助镶嵌这种话语的上下文，给它带来意义上的变化，极其困难；要镶嵌它，上下文必须离它很远才行。接受和理解这话语的人，是久远的后代，所以不可能发生争论。它的语义结构稳定而呆滞，因为它是完整结束了的话语，是没有歧解的话语；它的含义用它的字面已足以表达，这含义变得凝滞而无发展。它无法变成重要的双声语进入混合

---

① 〔苏〕米哈伊尔·巴赫金：《长篇小说的话语》，白春仁译，载钱中文主编《巴赫金全集》第三卷，白春仁等译，河北教育出版社，2009，第115页。
② 〔苏〕米哈伊尔·巴赫金：《马克思主义与语言哲学》，华昶译，载钱中文主编《巴赫金全集》第二卷，李辉凡等译，河北教育出版社，2009，第458页。
③ 〔苏〕米哈伊尔·巴赫金：《马克思主义与语言哲学》，华昶译，载钱中文主编《巴赫金全集》第二卷，李辉凡等译，河北教育出版社，2009，第464页。
④ 〔苏〕米哈伊尔·巴赫金：《马克思主义与语言哲学》，华昶译，载钱中文主编《巴赫金全集》第二卷，李辉凡等译，河北教育出版社，2009，第467页。

句。"当它完全丧失自己的权威时，就干脆成了客体对象，成为遗物，成为东西。"①

具有内在说服力的话语，表现为"作者的言语"力图瓦解"他人的言语"的严密而封闭的状态，语言"更精辟透彻、更善于表达各种感情色彩"，② 作者插语和评述夹杂在他人言语之中。要么作者以其语调、口气、幽默、讽刺、爱或恨、欣赏或蔑视渗入他人言语之中。作者言语渗入他人言语，总是意识到自己的主观性，总是评论、插话，总是与主观的他人言语相对立。要么他人言语比作者言语更有力、更活跃，他人言语让作者语境逐渐消解，作者语境失去自己的客观性，比如在文艺作品中作者被叙述者代替，其言语十分个性化，且立场不稳定。

具有内在说服力的话语，总是半自己半他人的话语。它同具有内在说服力的其他话语，紧张地相互作用，相互斗争。我们思想观念的形成过程，正是形诸话语的不同思想观点、角度、派别、评价在我们意识中紧张争斗，夺取统治地位的过程。它的意义结构是开放而没有完成的；在每一种能促其对话化的新语境中，它总能展示出新的表意潜力。它是现代的话语，即使诉诸后代，也是把后代当成现代人。它包含有关于听者的某一特定的见解，包含有听者的统觉背景，考虑听者的不同程度的回答，并保持一定的距离。所有这些对于理解话语的历史命运，都是至关重要的。镶嵌具有内在说服力的话语的方法，可以实现具有内在说服力话语相互间对话化的相互影响，实现自由地创造地发挥他人话语，实现渐进的交融结合，实现话语界限的演变，实现语境从远处为引进他人话语预做准备，实现能反映这种有内在说服力的话语同一本质的其他一些特点，如未完成性、创造性、对话交往性。把具有内在说服力的话语引进新语境，应用到新材料，摆到新环境，目的在于得到新回答，含义产生新光辉，获得自己的新话语。表现和镶嵌具有内在说服力的话语的方法非常灵活和富于变化，具有内在说服力的话语在上下语境中无所不在，能把自己的特殊语调传染给周围的一切，更能作为特别标出的他人话语不时冒出，取得充分的物质表

---

① 〔苏〕米哈伊尔·巴赫金：《长篇小说的话语》，白春仁译，载钱中文主编《巴赫金全集》第三卷，白春仁等译，河北教育出版社，2009，第128页。
② 〔苏〕米哈伊尔·巴赫金：《马克思主义与语言哲学》，华昶译，载钱中文主编《巴赫金全集》第二卷，李辉凡等译，河北教育出版社，2009，第468页。

现（如话语领区）。

　　具有内在说服力的话语很容易成为艺术描绘的对象，特别是当说话人的形象同某些类型的具有内在说服力的话语结合起来的时候，如伦理型、哲理型、社会政治型等话语。富有说服力的话语和说话人形象，在某些受到考验而客体化的场合具有特别重要的意义，如在个人意识中，多种不同的他人声音常常为了扩大各自的影响而相互斗争。这种对话语和形象展开的争斗，或企图通过客体化摆脱影响甚至揭露，看起来还是一种交谈，但这种交谈性质已然不同：这里是向它质问，把它置于一种新境地以便揭示它的弱点，找到它的疆界，感觉出它的客体性。因此这样的风格模拟，常常变成讽刺性模拟，不过倒不是笨拙的讽刺，因为曾经具有内在说服力的他人话语，会起而反抗，时常能摆脱任何讽刺性模仿的语调。在这个基础上，产生出深刻的双声性和双语性的小说形象；这些形象体现了"同曾经左右作者的有内在说服力的那个他人话语的斗争"。[1] 小说的双声性，与诗体和雄辩体的双声现象不同，它总是趋于形成双语现象，这种双声性既不会拓展为逻辑上的矛盾，也不会变成纯粹戏剧性的对立，这就决定了小说对话的一个特点："说着不同语言的人们趋于互不理解"。[2]

第七节　话语对话性

　　话语对话性指"具有同等价值的不同意识之间相互作用的特殊形式"[3]。话语对话性是巴赫金话语修辞哲学的核心。把话语对话性视为争论、辩证、讽刺性模拟是一种狭义的理解。"这是对话性的外在的最醒目也是最简陋的形式"[4]。话语对话性来自陀思妥耶夫斯基复调小说的结构特点，巴赫金发现复调小说结构的所有成分之间，小说内部和小说外部的各

---

① 〔苏〕米哈伊尔·巴赫金：《长篇小说的话语》，白春仁译，载钱中文主编《巴赫金全集》第三卷，白春仁等译，河北教育出版社，2009，第133页。

② 〔苏〕米哈伊尔·巴赫金：《长篇小说的话语》，白春仁译，载钱中文主编《巴赫金全集》第三卷，白春仁等译，河北教育出版社，2009，第140页。

③ 董小英：《再登巴比伦塔：巴赫金与对话理论》，三联书店，1994，第7页。

④ 〔苏〕米哈伊尔·巴赫金：《1961年笔记》，晓河译，载钱中文主编《巴赫金全集》第四卷，白春仁等译，河北教育出版社，2009，第325页。

部分各成分之间的一切关系，都存在着对话关系，如同对位旋律一样相互对立着。复调是不同声音合唱同一个主题，话语对话性的道理也是如此，不同话语合奏出一个修辞主题。话语对话性不完全是话语的对话关系，巴赫金认为，"对话关系指：同意或反对的立场，评价。"① 根据巴赫金，"在接近自己对象的所有道路上，所有方向上，话语总得遇上他人的话语，而且不能不与之产生紧张而积极的相互作用"，② 故而推测话语对话性首先是存在两个普遍意义的话语主体，一个"我"，另一个"他人"，属于主体性的范畴；其次才是两个主体处在紧张的对立的对话关系中。这两个主体是不同声音的代表。两个主体实施的言语行为即对话，"话语总是作为一方的现实的对话而产生于对话之中，形成于在对象身上同他人话语产生对话性相互作用之中。话语对自己对象的陈述，带有对话的性质。"③ 只有圣经神话故事里的亚当，在没有"他者"的伊甸园里发表第一番言辞时才没有对话。只要是人的具体的历史的话语，总避不开这种对话性的对话。

长篇小说是一个包含多种修辞统一体的修辞整体，充满多语、杂语和多声的话语现象。长篇小说内"几种性质不同的修辞统一体，后者有时分属于不同的语言层次，各自服从于不同的修辞规律"④。"这些性质迥异的修辞统一体进入长篇小说中，结合而成完美的艺术体系，服从于最高的修辞整体；而这个整体绝不等同于其中所属的任何一种修辞统一体。"⑤ 长篇小说话语包含了语言的内在分野，"民族语内部分解成的各种社会方言、各类集团的表达习惯、职业行话、各种文体的语言、各代人各种年龄的语言、各种流派的语言、权威人物的语言、各种团体的语言和一时摩登的语言、一日甚至一时的社会政治语言（每日都会有自己的口号，自己的语

---

① 〔苏〕米哈伊尔·巴赫金：《言语体裁问题〈相关笔记存稿〉》，史铁强译，载钱中文主编《巴赫金全集》第四卷，白春仁等译，河北教育出版社，2009，第 211 页。

② 〔苏〕米哈伊尔·巴赫金：《长篇小说的话语》，白春仁译，载钱中文主编《巴赫金全集》第三卷，白春仁等译，河北教育出版社，2009，第 56 页。

③ 〔苏〕米哈伊尔·巴赫金：《长篇小说的话语》，白春仁译，载钱中文主编《巴赫金全集》第三卷，白春仁等译，河北教育出版社，2009，第 57 页。

④ 〔苏〕米哈伊尔·巴赫金：《长篇小说的话语》，白春仁译，载钱中文主编《巴赫金全集》第三卷，白春仁等译，河北教育出版社，2009，第 38 页。

⑤ 〔苏〕米哈伊尔·巴赫金：《长篇小说的话语》，白春仁译，载钱中文主编《巴赫金全集》第三卷，白春仁等译，河北教育出版社，2009，第 39 页。

汇，自己的腔调）。"① 这些"社会性杂语现象"通过"作者言语、叙述人言语、穿插的文体、人物言语"进入小说，形成一些基本的布局结构统一体。在这些基本的布局结构统一体中，多种社会的声音，不同社会的声音，形成多种联系和关系，"总是在某种程度上构成对话的联系和关系"②。长篇小说体裁是在分散离心的历史轨道上形成的，汇聚了社会底层生活的方言杂语，这些俚语体裁组织起来的杂语不同于长期以来服务于官方的"统一语言"，杂语的"目的在于讥讽的模仿，是与当代各种官方语言针锋相对的东西。这是对话化的杂语"③。

传统修辞学不懂得各种社会性杂语进入长篇小说以后，一些基本的布局结构统一体会形成更高一层的修辞整体。传统修辞学不研究长篇小说中多种社会的声音以及不同社会的声音构成的特殊的社会对话。传统修辞学认为长篇小说就像长篇史诗一样，是个封闭而自足的封闭体系，不需要任何别的表述存在；长篇小说的话语体系好像语言学的语言体系，不存在与其他语言的对话关系；长篇小说纯粹就是一个自满自足的独白语，面对的只是消极被动的听众。传统修辞学研究者在具体的小说"修辞分析的尝试"中，或局限于对小说家语言的语言学描写，或局限于列举"归于修辞学的传统范畴"的"小说的某些修辞因素"。④ 传统修辞学"修辞分析不针对小说的整体，而只针对其中从属性的这个或那个修辞统一体"。⑤ 这种以小说从属的修辞统一体的修辞分析代替小说整体的修辞统一体的修辞分析，实则完全改变了小说修辞的真实意义。"修辞学在这里变成了研究个人语言的一种特别的语言学，或者是研究表述的语言学。"⑥

巴赫金尖锐地指出杂语和多语的语言形态和话语现象，"对语言学和

---

① 〔苏〕米哈伊尔·巴赫金：《长篇小说的话语》，白春仁译，载钱中文主编《巴赫金全集》第三卷，白春仁等译，河北教育出版社，2009，第39页。
② 〔苏〕米哈伊尔·巴赫金：《长篇小说的话语》，白春仁译，载钱中文主编《巴赫金全集》第三卷，白春仁等译，河北教育出版社，2009，第39页。
③ 〔苏〕米哈伊尔·巴赫金：《长篇小说的话语》，白春仁译，载钱中文主编《巴赫金全集》第三卷，白春仁等译，河北教育出版社，2009，第50页。
④ 〔苏〕米哈伊尔·巴赫金：《长篇小说的话语》，白春仁译，载钱中文主编《巴赫金全集》第三卷，白春仁等译，河北教育出版社，2009，第38页。
⑤ 〔苏〕米哈伊尔·巴赫金：《长篇小说的话语》，白春仁译，载钱中文主编《巴赫金全集》第三卷，白春仁等译，河北教育出版社，2009，第39页。
⑥ 〔苏〕米哈伊尔·巴赫金：《长篇小说的话语》，白春仁译，载钱中文主编《巴赫金全集》第三卷，白春仁等译，河北教育出版社，2009，第41页。

修辞学的学术思想，竟没有产生任何明显的影响。"① 这是因为传统修辞学存在以下几个根本性的问题：第一，传统修辞学缺乏对话思维。"沿着语言生活里集中倾向的轨迹发展而诞生与形成的语言哲学、语言学和修辞，忽视体现着语言生活离心力的这一对话化了的杂语。因此它们也就不可能理解语言的这样一种对话性：对话性是不同的社会语言观斗争的结果，而不是语言内部个人意向斗争的结果，或者逻辑矛盾的结果。其实，就连语言内部的对话（戏剧的、雄辩术的、认识性的、生活的），迄今为止也几乎还根本没有从语言学和修辞学角度加以研究。不妨直接地说，话语的对话因素及与之相关的一切现象，直到现在仍然处于语言学的视野之外。"② 第二，传统修辞学缺乏对话方法论。"倘若我们把作品看成是某种对话中的一方对语，它的风格要受到它同此一对话（整个谈话）中其他对语的相互关系的制约，那么从传统修辞学的角度来看，研究这种对话化了的风格，是没有适宜的方法的。这类现象中最突出的而且形诸于外的现象（辩论体、讽拟体、讥讽体），通常都被当作雄辩术现象，而不认为是文学现象。修辞学把每一修辞现象，全都封闭在这一闭锁自足的独白语境中，仿佛是把它投入同一语境的牢房之中。这个表述不能同别的表述相互呼应，不能在同其他表述的相互作用之中实现自己的修辞意义，反倒必须仅仅在自己封闭式的语境中来全部实现自我。"③ 第三，传统修辞学缺乏对话主体。"传统修辞型的话语只知道有自己（即自己的语境），只知道自己的对象，自己直接表现的情味，还有自己统一的又是唯一的语言。超出它的语境而存在的其他话语，它只看作是与己无关的话语，属语言现象，是没有主体的话语，只是普通的言语的能力而已。按照传统修辞学的理解，直接表现的话在表述自己对象时，仅仅从自己对象方面遇到阻力（即对象难以用话语囊括，对象难以言传）；它在驾驭对象的过程中，并不感到他人话语强大和多方的抗拒。没有谁妨碍它，

①〔苏〕米哈伊尔·巴赫金：《长篇小说的话语》，白春仁译，载钱中文主编《巴赫金全集》第三卷，白春仁等译，河北教育出版社，2009，第52页。
②〔苏〕米哈伊尔·巴赫金：《长篇小说的话语》，白春仁译，载钱中文主编《巴赫金全集》第三卷，白春仁等译，河北教育出版社，2009，第50页。
③〔苏〕米哈伊尔·巴赫金：《长篇小说的话语》，白春仁译，载钱中文主编《巴赫金全集》第三卷，白春仁等译，河北教育出版社，2009，第50～51页。

没有谁同它争辩。"①"小说和小说话语的修辞整体"被传统修辞学全部忽略反映了"托勒密式的对语言修辞世界的见解"。②

巴赫金认为话语修辞就发生在话语修辞的对话性里："活生生的话语要在修辞上获得个性化，最后定型，只能是在同上述这一特殊地带相互积极作用的过程中实现。"③话语对话性的修辞艺术魅力在长篇小说身上得到彰显，巴赫金说："话语处于他人话语（不管这话语在多大程度上属于他人）中间而含有对话意向——这一点为话语增添了新的重要的艺术潜力，造就了话语的特殊的散文艺术性；而这一散文艺术性最全面最深刻的表现，就在长篇小说中。"④不过长篇小说话语修辞的对话性现象"开始引起语言科学和修辞学的关注，但它们在言语生活所有领域中的原则意义和广泛意义，还远没有为人们理解"⑤。

话语修辞的对话性渗透话语整个结构及其语义和情味，但在过去对话只是作为组织话语的一种外在的布局结构形式来加以研究，话语的内在对话性，包括对话中的对话性和独白语中的对话性，几乎完全被忽略不计。话语内在对话性或多或少存在于一切话语领域中，"可恰恰是话语这种内在的对话性，这种不形之于外在对话结构、不从话语称述自己对象中分解为独立行为的对话性，才具有巨大的构筑风格的力量。"⑥表现为语义、句法以及布局结构上的话语内在对话性特点，"至今语言学和修辞学还根本未加以研究（正如就连一般对话的语义特点也还没有得到研究一样）"。⑦

---

① 〔苏〕米哈伊尔·巴赫金：《长篇小说的话语》，白春仁译，载钱中文主编《巴赫金全集》第三卷，白春仁等译，河北教育出版社，2009，第53页。
② 〔苏〕米哈伊尔·巴赫金：《长篇小说的话语》，白春仁译，载钱中文主编《巴赫金全集》第三卷，白春仁等译，河北教育出版社，2009，第38、66页。
③ 〔苏〕米哈伊尔·巴赫金：《长篇小说的话语》，白春仁译，载钱中文主编《巴赫金全集》第三卷，白春仁等译，河北教育出版社，2009，第54页。
④ 〔苏〕米哈伊尔·巴赫金：《长篇小说的话语》，白春仁译，载钱中文主编《巴赫金全集》第三卷，白春仁等译，河北教育出版社，2009，第53页。
⑤ 〔苏〕米哈伊尔·巴赫金：《长篇小说的话语》，白春仁译，载钱中文主编《巴赫金全集》第三卷，白春仁等译，河北教育出版社，2009，第53页。
⑥ 〔苏〕米哈伊尔·巴赫金：《长篇小说的话语》，白春仁译，载钱中文主编《巴赫金全集》第三卷，白春仁等译，河北教育出版社，2009，第57页。
⑦ 〔苏〕米哈伊尔·巴赫金：《长篇小说的话语》，白春仁译，载钱中文主编《巴赫金全集》第三卷，白春仁等译，河北教育出版社，2009，第57页。

话语内在对话性铸就了长篇小说的杂语修辞面貌，长篇小说的形象则深刻反映了长篇小说话语内在对话性。巴赫金称："话语在同一语言范围内与他人表述之间（这里是话语本来就有的对话性），在同一民族语范围内与其他'社会语言'之间，最后在同一文化、同一社会思想观念范围内与其他民族语言之间，都有着对话性；正是这种对话性决定着上述那些独特的现象。"① 当长篇小说接触到社会杂语中的话语对象时，作者话语、叙述者话语、主人公话语、一般人话语，"我的话语"与"他人话语"，交织在一起，有议论，有评价，有同意的对话，有不同意的对话，有不同理解，有不理解的对话，还有故意的不理解等等，所有这些话语意向陷入一种紧张而又复杂的相互关系中。"所有这一切会给话语形式以重大影响，会浸透到话语含义的各个层次中，会使话语的情味变得复杂，会影响到它的整个修辞面貌。"② 长篇小说中任何一个话语现象都是曾经被说熟了的对象，也是曾经被争论过的对象，既得到过"我的话语"与"他人话语"的阐明，也还继续被"我的话语"与"他人话语"遮蔽。在"我的话语"与"他人话语"的复杂关系中"话语便进入这明暗相交的复杂斗争中，在其间勾勒出自身的语义和修辞的轮廓来"③。

　　在复杂的话语内在对话性中，长篇小说话语的艺术形象究竟怎样形成？根据话语内在对话性的特点，巴赫金指出在长篇小说的话语对象身上，会贯穿着不同的他人话语的言语意向，如他人话语的种种不同理解和议论，这些他人话语在相遇中形成对话往来，通过对话互相作用，这些他人话语的意向被积极组织。巴赫金把这种他人话语中的不同意向比作光束，这些话语光束折射在话语对象身上，"类似在狭义诗语中的语义辞格，使'离群的词语'烘托出形象来"④。巴赫金认为这些话语意向的光束穿过"他人话语、评价、褒贬的地带上"会形成一种社会性的氛围，"是话语所

<hr />

① 〔苏〕米哈伊尔·巴赫金：《长篇小说的话语》，白春仁译，载钱中文主编《巴赫金全集》第三卷，白春仁等译，河北教育出版社，2009，第53页。
② 〔苏〕米哈伊尔·巴赫金：《长篇小说的话语》，白春仁译，载钱中文主编《巴赫金全集》第三卷，白春仁等译，河北教育出版社，2009，第54页。
③ 〔苏〕米哈伊尔·巴赫金：《长篇小说的话语》，白春仁译，载钱中文主编《巴赫金全集》第三卷，白春仁等译，河北教育出版社，2009，第54页。
④ 〔苏〕米哈伊尔·巴赫金：《长篇小说的话语》，白春仁译，载钱中文主编《巴赫金全集》第三卷，白春仁等译，河北教育出版社，2009，第54页。

处的围绕对象的社会氛围，迫使对象变幻出五光十色的形象来"。① "艺术散文的形象就是如此，长篇小说的形象尤其如此。"② 巴赫金认为一切文学体裁，甚至抒情诗，都会出现这种"对话化了的形象"。即使对感情主义作品、抒情诗来说，径直地表达意向都"会显得不可原谅的幼稚"，而且就是这样一种幼稚的意向处理，也"不可避免地要带有内在的争辩性质"。③ 长篇小说话语在穿过他人话语形成各种不同意向、各种褒贬的地带时，为了"我的话语""我的情感意味"的深入，同这一地带中各种他人话语发生共鸣或者争鸣，"要在这一对话的过程中形成自己的修辞面貌和情调"④。

根据话语对话意向的不同形式、程度和结果，可以分为杂语、双声语、多语等具有内在对话性的话语。杂语，用他人语言讲出的他人言语，折射作者意向，这种讲话的语言是一种特别的双声语。它立刻为两个说话人服务，同时表现两种不同的意向，一是说话的主人公的直接意向，二是折射作者意向。杂语有两个声音、两个意思、两个情态、两种世界观、两种语言间凝聚。两个声音形成对话式的呼应关系，仿佛彼此了解，仿佛相互谈话。"幽默的话语、讽刺的话语、讽刺性模拟的话语、叙述人折射的话语、人物话语、镶嵌体裁的话语等，都是内在对话化了的双声语。双声语实现了内在对话化的话语。"⑤ 双声性产生了小说型的对话，但作为话语对话性取之不竭的源泉仍然留在语言中，因为话语内在对话性，必定要随着语言的分化相伴而来，它是语言中充塞着杂语意向的结果。诗体和雄辩体的双声现象，不是杂语，不是社会上不同语言的真正的重要的合奏，只是一种表演，是"杯水的风波"。⑥ 超出民族语范围的多语，在长篇小说中极其罕

---

① 〔苏〕米哈伊尔·巴赫金：《长篇小说的话语》，白春仁译，载钱中文主编《巴赫金全集》第三卷，白春仁等译，河北教育出版社，2009，第55页。
② 〔苏〕米哈伊尔·巴赫金：《长篇小说的话语》，白春仁译，载钱中文主编《巴赫金全集》第三卷，白春仁等译，河北教育出版社，2009，第55页。
③ 〔苏〕米哈伊尔·巴赫金：《长篇小说的话语》，白春仁译，载钱中文主编《巴赫金全集》第三卷，白春仁等译，河北教育出版社，2009，第55页。
④ 〔苏〕米哈伊尔·巴赫金：《长篇小说的话语》，白春仁译，载钱中文主编《巴赫金全集》第三卷，白春仁等译，河北教育出版社，2009，第55页。
⑤ 〔苏〕米哈伊尔·巴赫金：《长篇小说的话语》，白春仁译，载钱中文主编《巴赫金全集》第三卷，白春仁等译，河北教育出版社，2009，第107~108页。
⑥ 〔苏〕米哈伊尔·巴赫金：《长篇小说的话语》，白春仁译，载钱中文主编《巴赫金全集》第三卷，白春仁等译，河北教育出版社，2009，第108页。

见。一般长篇小说中的多语，最多是该民族语的分化，但真正的积极的多语现象，会在小说史上起到决定性的作用。果戈理作品中笑的多语事实为语言生活带来深刻的批判态度。多语的意识让语言取得一种新的性质，变得与闭塞的单语意识截然不同。在戏剧性话语、雄辩性话语、认识性话语、生活性话语中普遍存在话语内部的对话。"话语处于他人话语中间而含有对话意向——这一点为话语增添了新的重要的艺术潜力，造就了话语的特殊的散文艺术性；而这一散文艺术性最全面最深刻的表现，就在长篇小说中。"①

在话语内在对话性的特点里，除了投在对象身上的他人话语时所采取的对话态度外，另外还有一个针对预期听者答话里的他人话语的对话态度。一种是针对表述对象的内在对话性，即在对象身上同他人话语相遇所产生的对话性；另一种是听者主观视野成为两者相逢的舞台。后者的对话性"带有较多的主观心理性，而且时常带有偶然性；有时是硬扯在一起，有时是颇可争议的"②。巴赫金称这两者在实际修辞分析时很难区分，但在话语中造成的"修辞效果"不一样。③巴赫金认为对他人话语采取一定的态度属于风格的任务。"风格有机地包容着自内向外的表态，包容着自身因素与他人语境各种因素的相互关联。风格的对内政策（诸因素的结合），受到它的对外政策（对他人话语的态度）的决定。"④

在生活话语、论辩话语、科学话语里，对话性往往成为特殊的外在的话语行为，要么表现为直接对话，要么表现为布局结构上的对话，与他人话语形成泾渭分明又相互争辩的对话布局；但是在艺术性散文中，"特别是在长篇小说里，这一对话性则渗透到话语称述自己对象的过程本身，渗透到话语的情调中，从而给话语涵义和句法结构带来了变化"⑤。话语内在对话性所形

---

① 〔苏〕米哈伊尔·巴赫金：《长篇小说的话语》，白春仁译，载钱中文主编《巴赫金全集》第三卷，白春仁等译，河北教育出版社，2009，第53页。
② 〔苏〕米哈伊尔·巴赫金：《长篇小说的话语》，白春仁译，载钱中文主编《巴赫金全集》第三卷，白春仁等译，河北教育出版社，2009，第60页。
③ 〔苏〕米哈伊尔·巴赫金：《长篇小说的话语》，白春仁译，载钱中文主编《巴赫金全集》第三卷，白春仁等译，河北教育出版社，2009，第61页。
④ 〔苏〕米哈伊尔·巴赫金：《长篇小说的话语》，白春仁译，载钱中文主编《巴赫金全集》第三卷，白春仁等译，河北教育出版社，2009，第62页。
⑤ 〔苏〕米哈伊尔·巴赫金：《长篇小说的话语》，白春仁译，载钱中文主编《巴赫金全集》第三卷，白春仁等译，河北教育出版社，2009，第62页。

成的对话化的相互呼应，从内到外都给长篇小说"增添了活力和戏剧性"。①

巴赫金批评诗歌体裁的艺术作品不利用话语内在对话性来达到艺术目的，把话语内在对话性完全排除在作品的"审美对象"的范围之外。巴赫金特别指出："在长篇小说中，内在对话性成为小说风格一个极其重要的因素，在这里得到艺术上特殊的加工。"② 长篇小说的发展，"就在于对话性的深化，它的扩大和精细"。③ 任何一部长篇小说都充满着对话的泛音，不仅有外在角度的对话性，如小说结构布局上的对话，作者与主人公之间的对话，主人公们之间的相互对话，还有内在角度的对话性，如主人公内心分裂的对话。巴赫金指出，在陀思妥耶夫斯基之后，"复调有力地闯入了整个世界文学"。④ 复调小说中，所有重要的联系和关系都具有对话性，"如声音、人物形象、小说布局，还有每一句话中的微型对话关系（准确地说是分解），等等"⑤。

长篇小说话语修辞的对话性反映出话语对话性的普遍意义，对话性不只创造了话语修辞的艺术形象，更创造了话语，"经过思考而出现于特定历史时刻和特定社会阶层的生动的表述，不能不触及社会思想围绕表述这一对象所形成的千百条生动的对话线索，不能不成为社会性对话的参与者。表述正是在这一对话里产生出来的，是对话的继续，是一席对语，而不是从别的什么地方去接近对象。"⑥ 因此巴赫金称话语是"说话者和听话者关系的产物"，⑦ 是"说话者和对话者之间共同的领地"⑧。

话语对话性是话语的本质，"表述本身整个的是由非语言学因素（对

---

① 〔苏〕米哈伊尔·巴赫金：《长篇小说的话语》，白春仁译，载钱中文主编《巴赫金全集》第三卷，白春仁等译，河北教育出版社，2009，第62页。

② 〔苏〕米哈伊尔·巴赫金：《长篇小说的话语》，白春仁译，载钱中文主编《巴赫金全集》第三卷，白春仁等译，河北教育出版社，2009，第62页。

③ 〔苏〕米哈伊尔·巴赫金：《长篇小说的话语》，白春仁译，载钱中文主编《巴赫金全集》第三卷，白春仁等译，河北教育出版社，2009，第79页。

④ 〔苏〕米哈伊尔·巴赫金：《文本问题》，晓河译，载钱中文主编《巴赫金全集》第四卷，白春仁等译，河北教育出版社，2009，第311页。

⑤ 〔苏〕米哈伊尔·巴赫金：《陀思妥耶夫斯基—1961年》，潘月琴译，载钱中文主编《巴赫金全集》第四卷，白春仁等译，河北教育出版社，2009，第377页。

⑥ 〔苏〕米哈伊尔·巴赫金：《长篇小说的话语》，白春仁译，载钱中文主编《巴赫金全集》第三卷，白春仁等译，河北教育出版社，2009，第54页。

⑦ 〔苏〕米哈伊尔·巴赫金：《马克思主义与语言哲学》，华昶译，载钱中文主编《巴赫金全集》第二卷，李辉凡等译，河北教育出版社，2009，第428页。

⑧ 〔苏〕米哈伊尔·巴赫金：《马克思主义与语言哲学》，华昶译，载钱中文主编《巴赫金全集》第二卷，李辉凡等译，河北教育出版社，2009，第427页。

话因素）构筑而成的，它也与其他的表述紧密相联。这种非语言学因素（对话因素）也从内部渗透到外部”①。“表述的最典型的和最重要的成分”② 是由一定社会集团和利益的代表的说话者之间固定不变的和比较一般的相互关系决定的。从一个表述内部的含义联系来看，具有指物的逻辑的性质，科学系统中的含义联系，哪怕潜在的无限长的表述，都是指物的逻辑；但不同表述之间的实在含义联系，则是对话性质的，或者至少是带有对话色彩的。在巴赫金看来，任何两个表述，如果我们把它们放在实在含义层面上加以对比，那它们就会处于对话的关系之中。“对话关系——这是言语交际中任何表述之间的（涵义）关系。”③

话语是连接说话者和听话者的桥梁，话语对话性的主体就是说话者和听说者。任何一个具体的话语一定是由说话者和听话者这两大社会组织互构的，其针对者一定是听话者。说话者“我”，听话者“他人”，这二者在时空上相对而立，是真实存在中的两个实在，是活生生的、有主体意识的人。话语缺“我”或缺“他人”都不能成为对话性话语。话语不管是谁的，也不管是为了谁的，“我”和“他人”总是同时存在，相互定位，共同获得意义，用巴赫金的话说就是“任何话语都是在对‘他人’的关系中来表现一个意义的。在话语中我是相对于他人形成自我的，当然，自我是相对于所处的集体而存在的”④。

话语修辞的对话性既有口头的对话关系，也有书面的对话关系，在更大的层面上，还有文本的对话关系，所以话语对话关系不只是“我”和“他人”之间言语的相互作用，也不止于人们面对面的直接言语交际，“而是无论什么样的，任何一种言语交际”。书籍作为印刷出来的一种言语行为，就是一种话语对话关系，“它一般是在直接的和生动的对话中被讨论着”⑤。

① 〔苏〕米哈伊尔·巴赫金：《文本问题》，晓河译，载钱中文主编《巴赫金全集》第四卷，白春仁等译，河北教育出版社，2009，第 303 页。

② 〔苏〕米哈伊尔·巴赫金：《文艺学中的形式方法》，李辉凡、张捷译，载钱中文主编《巴赫金全集》第二卷，李辉凡等译，河北教育出版社，2009，第 306 页。

③ 〔苏〕米哈伊尔·巴赫金：《文本问题》，晓河译，载钱中文主编《巴赫金全集》第四卷，白春仁等译，河北教育出版社，2009，第 313 页。

④ 〔苏〕米哈伊尔·巴赫金：《马克思主义与语言哲学》，华昶译，载钱中文主编《巴赫金全集》第二卷，李辉凡等译，河北教育出版社，2009，第 427 页。

⑤ 〔苏〕米哈伊尔·巴赫金：《马克思主义与语言哲学》，华昶译，载钱中文主编《巴赫金全集》第二卷，李辉凡等译，河北教育出版社，2009，第 438 页。

　　话语修辞的对话性存在于一定语境内。话语总是通过历史的具体的语言事实进入生活，而生活则通过历史的具体的语言事实进入活的话语。话语在社会分化力量的作用下，每一具体的话语不但参与社会中居主导地位的"统一语言"，同时还参与社会的和历史的"个性语言"。在话语混杂过程中，"统一语言"和"个性言语"形成"对话化了的杂语环境"。① 只有在这样的杂语语境下，才能明了"我"的话语与"他人"话语之间的对话关系。像书籍这种文本形式的话语对话性，清晰可见于创作文本过程中的具体语境。首先，语境里的意识形态是对话的：书面的言语行为都是从科学问题或艺术风格的一定状况出发，于是"书面的言语行为仿佛进入了大范围的意识形态对话：回答着什么，反驳着什么，肯定着什么，预料着可能的回答和驳斥，寻求着支持等等"②。其次，语境里的意识主体是对话的："文本的生活事件，即它的真正本质，总是在两个意识，两个主体的交界线上展开。人文思维的速记——总是一种特殊对话的速记：这是文本（研究的思考的对象）与所创造的框架语境（置疑性的、理解性的、诠释性的、反驳性的等语境）两者复杂的相互关系；在这一关系中实现着学者的认识和评价思维。这是两个文本的交锋，一个是现成的文本，另一个是创作出来的应答性的文本，因而也是两个主体，两个作者的交锋。"③ 再次，语境里的多语体是对话的：在有意地或自觉地采用多语体（风格）文本中，凭借对他人话语的意向和态度，就有许多可以相互比较的共同点，这种比较就属于对话式的比较，所以各语体（风格）之间存在对话关系。而且不管怎样不同风格的语言，"它们可能被看作是观察世界的不同视角"，④ 因此相互之间可能产生对话关系。最后，语境里的人的行为是对话的：话语还可以是人的行为，巴赫金将人的行为视为一种潜在的文本。人的行为，如爱、恨、怜悯、慈悲等，在某种程度上总是对话性的。人的行

---

① 〔苏〕米哈伊尔·巴赫金：《长篇小说的话语》，白春仁译，载钱中文主编《巴赫金全集》第三卷，白春仁等译，河北教育出版社，2009，第49页。

② 〔苏〕米哈伊尔·巴赫金：《马克思主义与语言哲学》，华昶译，载钱中文主编《巴赫金全集》第二卷，李辉凡等译，河北教育出版社，2009，第439页。

③ 〔苏〕米哈伊尔·巴赫金：《文本问题》，晓河译，载钱中文主编《巴赫金全集》第四卷，白春仁等译，河北教育出版社，2009，第300页。

④ 〔苏〕米哈伊尔·巴赫金：《长篇小说的话语》，白春仁译，载钱中文主编《巴赫金全集》第三卷，白春仁等译，河北教育出版社，2009，第71页。

为在自己时代的对话语境中可以得到更好的理解，因为行为在对话语境里，与语境形成对白，意义立场得以建构，进而形成一套获得理解的动因体系。

　　要理解话语修辞的对话性需要建立听众的统觉背景。巴赫金称"话语哲学和语言学只知有对话语的消极理解"，①说的就是把话语当语言学的语言来看待，脱离语境来看待的情形。如果脱离开具体语境，话语就成为一堆死物，一种语言生理标本，既说不清，也道不明，能被理解到的只是语言的字面意义，而话语的实在含义却无法得到理解。语言的字面意义可以在语言学背景上得到理解，但话语的实在含义一定要依靠具体语境作为背景。具体语境中同一话题各种具体话语表现出的不同见解、观点和评价，在听众心里形成一幕巨大的话语交织而成的听众统觉背景。这个听众统觉背景是他人话语组成的杂语，孕育着"种种回答和反驳"。为理解这一听众统觉背景，话语重又与他人话语相遇，"这个他人话语对表述的风格便带来新的独特的影响"②。

　　话语修辞的对话性应答，既是一种"积极接受""积极理解"的言语倾向，同时又是一种"积极应对"的言语立场。在对话中，听话者接受和理解话语意义，并从听的那一刻起就确立听的积极应对立场。在生活对话中，听话者的对话目标总是积极指向下一步回话，积极考虑回话，再根据回话组织话语。在布局结构为独白语的论辩演说话语中，也是以听者及其回答作为对话目标，论辩演说话语的对话应答常常是公开的、显露的和具体的，话语在结构上出现对待听话者、考虑听话者的外在对话布局形式。在整个言语活动链条中，作为其中一个环节的书面语，也是在努力回答或针对某个回答，书面语的对话应答既包含理解、批评，也包含内在反驳，呈现出明显的内在对话性。就算外在对话显示度不高的文献也是如此，"任何一种文献都在继续着前人的劳动，与他们争辩，等待着积极的回答，预料着回答等等"③。在话语修辞的对话性应答反应中，应答不仅体现在外

------

①　〔苏〕米哈伊尔·巴赫金：《长篇小说的话语》，白春仁译，载钱中文主编《巴赫金全集》第三卷，白春仁等译，河北教育出版社，2009，第58页。

②　〔苏〕米哈伊尔·巴赫金：《长篇小说的话语》，白春仁译，载钱中文主编《巴赫金全集》第三卷，白春仁等译，河北教育出版社，2009，第59页。

③　〔苏〕米哈伊尔·巴赫金：《马克思主义与语言哲学》，华昶译，载钱中文主编《巴赫金全集》第二卷，李辉凡等译，河北教育出版社，2009，第411页。

在的对话布局结构上，也体现在听话者和说话者之间深刻的内在对话上，更为重要的是听话者是一个积极参与、积极接受、积极理解、积极应对的人。巴赫金批评语言学家，在生活对话和论辩演说的对话性应答反应分析中，只"研究针对听者的种种布局结构形式，而不探究听者对文意和风格等深层的影响"①。实际上任何话语都在积极应答，只不过有些话语的应答没有表现到外在的布局结构上而已。作为应答的言语倾向，积极的理解是参与形成话语的一种重要力量，"话语从中感到反对或者感到支持，两种态度都能丰富话语。"② 国内谭学纯、朱玲两位学者认为，听话者的应答不但可以"参与"还可以"补足"，"参与完整表达的意义生成"以及"补足省略表达的修辞信息"③ 是对巴赫金"应答"的延伸和拓展。

---

① 〔苏〕米哈伊尔·巴赫金：《长篇小说的话语》，白春仁译，载钱中文主编《巴赫金全集》第三卷，白春仁等译，河北教育出版社，2009，第58页。
② 〔苏〕米哈伊尔·巴赫金：《长篇小说的话语》，白春仁译，载钱中文主编《巴赫金全集》第三卷，白春仁等译，河北教育出版社，2009，第58页。
③ 谭学纯、朱玲：《广义修辞学》，安徽教育出版社，2001，第343页。

结　语

　　本书从中国本土理论——广义修辞学视角出发，在语言学、诗学、哲学三个学科基础上，对《巴赫金全集》（七卷本）进行修辞技巧、修辞诗学和修辞哲学方面的系统解析，主要观点如下。

　　巴赫金批评传统修辞学狭隘的修辞技巧观是抽象客观主义语言学思维下的修辞观，存在十个亟须修正的根本性问题：孤立的历史存在、成分的语音意义、物化的词语含义、唯心的词义本体论、抽象的句法系统、封闭的话语语境、孤立的独白表述、外在化的对话结构、虚伪的理解理论以及偷梁换柱的修辞分析。巴赫金认为修辞应是一门大技巧，需从大处着手，在更为开阔的视野下，采取更为丰富的方法进行探究。巴赫金对修辞技巧的践行，既包含了话语最细微最细腻变化的发音、手势、表情、含义、关联等的变化，又包含了话语极为宽广复杂的社会评价，主要包含话语声音、话语意义、话语联系、话语评价、话语语感等五个因素。五个话语修辞技巧因素中，话语语感反映着其他四个因素，是其他四个因素与说话者个人发生联系的那一侧面，即感到声音、含义、联系和评价的生成过程。在每一个因素中，都竭力实现话语内容和形式的统一，但话语语感起主导作用，是构成能量的焦点。话语评价最清楚也最表层地借助于声调表达出来，声调在多数情况下取决于直接的情境和往往最短暂的环境。巴赫金特别提到准直接引语也同样存在这样一个非常重要的现象和因素：他人的话语评价常常打断作者的话语重音和语调。巴赫金主张，为了研究艺术的全部特殊性，研究者应当有正常的眼力和广阔的意识形态视野。正是在这样的思想指导下，巴赫金运用对比的方法，通过话语现象、布局风格、体裁形式及语言形象等四条宏观修辞路径，古代文学的讽拟滑稽化和现代文学的幽默讽拟化等两条微观修辞路径，清晰描写出传统修辞学所欠缺的大修辞格局。话语修辞所面对的应该是一个由标准语、杂语甚至多语构成的话语现象，基于这种话语现象，话语修辞可分为两种布局风格：独白型布局风格和对话型布局风格。基于话语现象和布局风格，话语的体裁形式一般分为两种类型：一是代表官方的、向心力的话语体裁，二是代表底层的、离心力的话语体裁。受时代的影响，巴赫金以对立和斗争的眼光看待代表底层的、离心力的话语体裁与代表官方的、向心力的话语体裁，对代表底层的、离心力的话语体裁予以高度认可，认为由俚俗体裁组织起来的杂语体裁，有意同处于语言核心的官方话语体裁对立，通过体裁上讥讽的模仿，与当代各种官方语言针锋相对。小说中语言形象是每一个表述背后所存在的一种社会性语言，连同它的内在逻辑和内在必然性。语言形象具有特定的社会视野，是双声双语的，刻画语言形象的双声和双语框架被镶嵌在语境里。所有小说塑造语言形象的方法归结为无法分割的三个基本范畴和三个方法：（1）语言的混合；（2）语言对话化的相互关系；（3）纯粹的对话。关于讽拟滑稽化，在古希腊罗马人的文学意识中，他们认为艺术的整体必须庄谐一致，艺术应该由两个部分构成，一方面是直来直去的严肃的形式，另一方面则是相应等值的笑谑、讽拟和滑稽化。现代长篇小说在引进和组织杂语时，通常会造成标准语的分化和杂语性的形成，这样就出现一些特别的语言结构形式，这些语言结构形式都有特殊的修辞潜力，构成长篇小说幽默讽拟的话语风格。

巴赫金从未提过修辞诗学的说法，但不论是形式主义诗学、美学诗学还是社会学诗学，巴赫金从概念、对象、任务到方法论的诗学阐释，始终与修辞研究的目标相一致。在形式主义者诗歌语言的结构里，包括了声音、词汇、形象、韵律、结构、体裁、主题以及风格，这些结构因素没有哪一个不是修辞要研究的对象。修辞从狭义的层面来看，不论是句段、篇章，都是研究一种语言结构的形式，一种选择和组合的技巧。俄国形式主义者研究诗歌语言的形式规律，以形式方法为重，过于在技巧层面上强调和突出材料、手法和风格的作用。在批判形式主义极端化的同时，巴赫金重新确立诗学的概念或者说诗学的任务。在巴赫金看来，诗学不仅指诗歌语言，还指文学语言，而且诗歌语言和文学语言同属艺术话语。巴赫金认为，不单单诗歌语言和文学语言可以属于诗学语言，只要在一定条件下、一定背景下，生活中一个最简单的表述，一个运用得当的词语，甚至一个单词，都可以成为艺术接受的对象，都可以成为具有诗学特征的诗学语言。可以说，巴赫金的诗学包括了生活话语和艺术话语，而艺术话语则包含了诗歌语言和文学语言。巴赫金站在马克思主义文艺学立场上，希望把现代诗学建立在一种真正科学的方法论上。巴赫金站在系统哲学美学的角度，从内容、材料和形式三者关系出发，认为认识的现实、伦理行为的现实是艺术作品的内容，更精确的说法是审美客体的内容；正确确立材料在艺术创作中的地位，掌握对待形式的正确态度；艺术认识是有内容的，而不是纯形式的，通过系统分析诗学的审美对象，揭示艺术内容的意义、形式的概念和材料的作用，得出一些诗学基本的定义，这样从方法论上对诗学重新界定，调整了诗学研究的视野，进而为真正科学的理论诗学提供一个相对科学的基础。巴赫金进一步从马克思主义社会学的观点，指出诗学属于意识形态领域的活动，应当运用社会学的方法，诠释什么是体裁、风格、情节、主题、母题、人物、韵律、节奏以及旋律构造，最后在语言哲学的基础上表达话语与社会的密切关系。马克思主义社会学方法综合了哲学世界观的一般性和艺术作品的独特性，辩证地理解意识形态的独特性，很好地把意识形态的独特性与社会历史生活的具体性和客观性结合起来考虑，讲清楚诗学为什么是社会学的诗学，诗学内在结构的功能问题，厘清诗学结构是社会学的事实。句法模式是转述他人言语的各种表现形式，包含了"直接言语""间接言语""准直接言语"等各种变体和类型。运用马克思主义社会学方法分析句法问题，可以发现在这些转述他人言语的形式中，这种表述与那种表述彼此之间的关系会在语言本身的固定结构形式中表现出来，而不是在主题结构中。这些现象在语言学家看来是次要的，但如果从社会学角度予以重视，它们所具有的方法论上的意义和超语言学的特征却能得以彰显。

《巴赫金全集》（七卷本）中，关于人的精神世界问题的探究散落各处，能够较有代表性和较为集中反映的，主要在巴赫金对歌德自传及其教育小说、陀思妥耶夫斯基复调小说以及拉伯雷诙谐小说的话语修辞分析中。话语受特定的历史使命和历史任务的驱动，必然会提出人的现实性和可能性问题，人的自由、必然以及首创的精神问题。巴赫金以歌德自传及其教育小说、陀思妥耶夫斯基复调小说以及拉伯雷诙谐小说为话语分析对象，对话语参与人的精神建构做了修辞哲学方面深入的研究。时空体是一个形式兼内容的文学范畴，在文学中具有体裁的意义。可以说，文学的体裁及体裁类别是由时空体决定的；文学中，时空体里起主导作用的是时间，空间起辅助作用；文学中，人的形象在很大程度上由时空体决定，是时空化了的人的形象。巴赫金指出陀思妥耶夫斯基按照复调原则组织小说，体现了狂欢化精神。巴赫金敏锐地观察到陀思妥耶夫斯基小说利用苏格拉底对话体和梅尼普体两个传统创造出一种新的文学体裁——对话型狂欢化复调小说，陀思妥耶夫斯基成为真正复调小说的"创造者"。巴赫金总结陀思妥耶夫斯基所创作的狂欢节形象时，将其归结为双重、毗邻、对话的特点。巴赫金认为，狂欢化为建立大型对话的开放性结构提供了可能性，将人与人之间在社会上的互动关系转移到一直以来只是统一、唯一、独白的精神和理智的高级领域里。巴赫金通过狂欢化历史渊源以及对陀思妥耶夫斯基复调小说的狂欢化分析，充分揭开狂欢化的复调性质，众多各自独立、互不融合的声音、意识、视野、思想，具有充分价值的不同观点，彼此之间轮番占据着相互交往中的主导地位，进行着一场永无止境的争论、辩驳和斗争，并为永无结果而不胜苦恼。16 世纪是诙谐史上的高峰，拉伯雷小说是这个高峰的顶点；同时 16 世纪也是诙谐史上重要的转折点。拉伯雷小说对巴赫金话语理论研究的意义在于它是解读民间诙谐文学史和民间诙谐文学话语修辞的一把钥匙。希波克拉底的哲学世界观、亚里士多德名言"在一切生物中只有人类才会笑"、卢奇安作品，这三大古希腊罗马诙谐哲学源泉确定了拉伯雷小说的诙谐及其意义和价值，肯定了拉伯雷小说的诙谐是包罗万象的世界观，具有治疗的效果和再生的积极作用，是绝对冷峻、使人清醒的诙谐思想。拉伯雷诙谐的狂欢与怪诞是狂欢与怪诞的诙谐，拉伯雷诙谐中的狂欢是游戏的，可以生死更替、否定中肯定、正面中反面。拉伯雷的诙谐包罗万象，是真理的、自由的、合法的、猥亵的、双重双声的和以笑为武器的。拉伯雷小说的诙谐性使巴赫金认识到，精神领域的诙谐与崇高的严肃性相比，诙谐具有深刻的世界观意义。

巴赫金认为长篇小说出现独白诗语哲学观，只有从话语外位性、话语不确定性、话语完成性、话语未完成性、话语社会性、话语斗争性、话语对话性等七大特性角度，才有可能解决这一系列话语哲学的原则问题，从而比较全面和深入地诠释了话语与说话人、与社会、与历史的关系问题。话语外位性是指人根据自己在世界的具体且唯一的能动的位置，思考围绕以自己为中心的空间关系、时间关系的价值问题。话语外位性是巴赫金话语修辞哲学的出发点。话语外位性是审美主体在存在中完美能动性的唯一出发点。外位性贯穿于巴赫金一生的全部创作，是巴赫金使用最频繁也是最重要的术语之一。不论是哲学世界里"我"与"他人"的关系，还是修辞审美世界中作者与主人公的关系，抑或是时空世界里作者与读者的关系，都是以外位性为出发点。话语修辞的外位性构成巴赫金对话、狂欢、时空等理论的依据，也是巴赫金矛盾、对立、统一、融合等观点的基石。分析话语的不确定性，要从言语交际的角度出发。在巴赫金的思想体系里，话语不确定性与言语交际四个因素——情景、社会评价、话题和情态密切相关。巴赫金认为，在除艺术之外的意识形态创作的任何领域里，不存在本义上的完成。任何完成、任何终结在这里都是相对的、表面的，通常都是由外部原因造成的，而不是由客体本身内在的完成性和完备性决定的。完成与结束是两个概念，时间性的艺术可以结束，这个结束，仅仅指的是结构上的完成，主题则永远无法完成。话语社会性指包括修辞话语在内的任何话语都是一种社会现象。话语社会性是巴赫金话语修辞哲学的基础。修辞话语是活生生的话语，是广场大街、城市乡村、各种社会集团、各代人和不同时代的话语。话语社会性无处不在，它表现在劳动协作、意识形态交流、偶尔的生活交往、相互的政治关系等一切人们相互影响、相互交往中。话语社会性的主旨是从声音形象直至极为抽象的意义层次都是社会性的，这决定了修辞学重点应该放在体裁修辞学上。话语斗争性既包含了话语含义的斗争性，也包含了官方语言与杂语之间的斗争性，还包含了他人话语中的斗争性。话语对话性是具有同等价值的不同意识之间相互作用的特殊形式。话语对话性是巴赫金话语修辞哲学的核心。把话语对话性视为争论、辩证、讽刺性模拟是一种狭义的理解。话语对话性来自陀思妥耶夫斯基复调小说。巴赫金发现复调小说结构的所有成分之间，小说内部和小说外部的各部分各成分之间的一切关系，都存在着对话关系，如同对位旋律一样相互对立着。复调是不同声音合唱同一个主题，话语对话性的道理也是如此，不同话语合奏出一个修辞主题。话语对话性不完全是话语的对话关系。话语对话性首先是存在两个普遍意义的话语主体，一个"我"，另一个"他人"，属于主体性的范畴；其次才是两个主体处在紧张的对立的对话关系中。这两个主体是不同声音的代表。两个主体实施的言语行为即对话，只要是人的具体的历史的话语，总避不开这种对话性的对话。

跋

——为郑竹群《巴赫金话语理论：以广义修辞学为阐释视角》而作

杨健民

一

郑竹群教授的新著即将出版，她的导师谭学纯教授为其作了个大气磅礴的序言。拜读之后，我明白这个序言是澄明的，其中蕴含的学术的信仰、圣徒的激情与智者的思想，让我感到敬畏和安宁。郑竹群邀我写个"跋"，我踌躇再三。说实在的，由于学科之隔，《巴赫金全集》的话语理论广义修辞学研究，这个"严重的"话题我是不敢随意触碰的，也不知从何说起，不只因为困惑，更是因为学养不足。谭学纯教授用"从仰视他者到平视对话"这一句话，就给概括尽了，珠玉在前，瓦石难当，我的这个"跋"弄不好就要成为"狗"尾续"貂"了。

但我最终还是忍不住。有时候觉得自己太浅薄了，想在学术圈子里找个间隙，瞅瞅其中的堂奥，也许可以穿越一下内心的迷惘。学术人生，最重要的就是"弄明白学术的意义"，在这里，任何的不经心或不走脑都不是学术的正途，而只能是"野狗耕地"。

作为一本专著，竹群所驾驭的话题，不仅触碰了巴赫金的话语理论，触碰了谭学纯的广义修辞学，而且触碰了她个人心灵的内容——这可能是更为重要的——倘若不是如此，那些"学问"就只能是从书本到书本，而不是经过自己灵魂思考和心灵拷问的学问。

我几乎是全程关注了竹群这本专著的写作。竹群写得很累，也很重，她像一峰骆驼，终日驮着巴赫金在茫茫旷野里行走，烈日与寒风几乎是同时照耀或吹动着她。她知道这是一本"严重"的书，然而她依然不折不扣"严重"地写了下来，为了克服甚至驱离这个"严重性"。

的确，人只有置身于某种"严重性"空间里，才能找到属于他（她）自己的"话语理论"，就像置身阴影才能见到光明。我想，作为学人，他们所具有的学术信念和勇气，总会将一种"静谧的激情"镶嵌在内心深处。我同时坚定地认为，学人的生存境界和学术写作，必须在"苦难与阳光"之间苦苦挣扎。

二

这本新著是寄寓在竹群内心的重要话题，它是"幸福而又绝望"的。那段日子是怎么熬过来的？她每天被巴赫金的话语理论和广义修辞学折磨着、逼迫着，时常在午夜的幽暗中醒来。醒在黑夜里的感觉往往是痛苦甚至是战栗的。然而，竹群总算是熬过来了。

我清楚地记得，今年的某个春夜，竹群的先生陪着她在福州一条著名的内河——安泰河边散心。她先生闪到一个角落，给我电话，让我安慰一下竹群。从他的几近哭腔的声音里，我能感觉到一种"影响的焦虑"在折磨着他。在这之前，我已经给竹群打过一次电话了。于是，我再次拨了她的手机。她接了，我都不忍进入她的忧伤。我以一种"剩水残山"的静气，听着她的"哭诉"，努力安慰着她，鼓励着她，想"驮"出她的忧伤。这个时候，我似乎是更加深刻地理解了里尔克在《严重的时刻》里写下的那一句："有谁在世上某处哭"。

每个人都有自己经验生命的方式和经历，竹群也不例外。十二三年前，我接到我供职的单位规划办主任的电话。我匆匆下楼，他递给我一份课题申报书，让我给看下。我倚在他的办公室门框边，匆匆把那份申报书翻了一下，最后掩了起来，发现申报者是"郑竹群"，就不假思索地喷出了四个字："胸无成竹"。没承想郑竹群此时就坐在这间办公室里，还有一位她的领导，也是我的老朋友。我是初次见到她，轻轻瞄了一眼，发现她的脸色变得"严峻"，神情呆滞。我想我可能是触碰了她内心的某个柔软之处，但泼出去的水已经无可收拾了，只好跟她面面相觑，无言以对。

几天后，规划办主任告诉我：我的那四个字让竹群哭了整整三天。我为此难过了好一阵子。人世话语太匆匆，不知不觉地就"得罪"了一个人。据说她哭过之后，问先生她还是不是做学问的"料"？她先生斩钉截铁地安慰她：你一定是块"大料"！看来是"伤心人别有怀抱"，人生的那部分"幻美如斯"，有时还真的需要由自己的爱人给予。

竹群从此振作了起来，从"胸无成竹"一步步走到了"胸有成竹"。她没有"枯萎而进入真理"，而是以她的"沉思的生命"和"行动的生命"，坚守着她的学术立场，将"信念伦理"和"责任伦理"认认真真驯化了一遍。在穿越内心迷雾和学术围城的过程中，她看到了光亮。她说她应该为意义而生，为"胸有成竹"而生。她评教授，当院长，考博士，一路呼啸而来，不止于"关怀自身"，而在于触碰个人心灵的内容——我以为这才是她的最重要的地方。

三

话题似乎应该转到竹群的新著上来，但前有谭学纯教授的序言，我在这里的饶舌便是隔靴搔痒了。由于工作关系，我要审读许多学术论文。尽管这是我的经验生命的方式之一，我却一直觉得，阅读别人的论文，总有一种"生活在别处""思想在外面"的感觉。然而不管怎样，这些都是我们的"生存美学"，所以学会积极地生活，让身体和思想回到阳光之下，才是我们所需要的。我想，竹群同样是如此。当她把学术当作自己生命的一部分时，她就一定明白：无论怎样经验学术生命的方式，都将是自己在这个世界的"生动的在场"，因为只有这样，才会理解人生的某个时刻，就是为了追求一种价值的真实。

我对于巴赫金的理论谱系知之甚少，虽然对他的"复调""对话"和"狂欢"理论有所接触，然而只是了解他的宏大理论中的一点皮毛。谭学纯教授认为，有关巴赫金的研究成果与修辞学少有瓜葛，即便是《巴赫金全集》中与修辞关联度最高的"话语"理论，其"修辞问题"也是"巴赫金热"中的冷冻层。竹群的新著正是以一刀一刀的生动姿态，挖掘了巴赫金研究的修辞冻层，以《巴赫金全集》（七卷本）为考察对象，对巴赫金话语理论进行广义修辞学的阐释。这无疑是巴赫金研究的一种新的思路。

对此我确乎无须赘言，谭学纯教授已经十分明确地点明。我对这本新著的震惊始于那些熟悉的术语，当然也始于巴赫金的理论。在那些惊人的活跃里，包含着竹群强烈的表述的欲望，论著中所有关于巴赫金话语理论和广义修辞学解释的纹理，都已经被挖出了冷冻层。所以，理论一直是严阵以待的。

无论是挖掘巴赫金，还是用广义修辞学去提撕巴赫金，我想都必须抛弃或者超越表象进而挖掘背后的"本质"，从具象的此岸泅渡到意义的彼岸。如果将巴赫金设定为谜面，那么重要的是运用本土的广义修辞学作为参照系，去考察巴赫金话语理论中的修辞思想，从而找到谜底——这就是这本新著所要做的。

符号学理论告诉我们，人类发明抽象的符号是为了表现生活，与此同时，形式的转换与改造也出现了。形形色色的符号体系催生了操作符号的学者，这表明了现实的某些意义将逐渐退隐，只有某些特定的形式——比如话语理论——才可能有效地截留、汇集或者象征。这是人类话语文明的开始，也是一种修辞学理论的开始。历史如何拐入这一辙，是这本新著要解决的问题。

这是一场艰难的理论突围。在突围过程中，竹群扮演的无疑就是操盘手角色。她的先生——一位饱读诗书、知识广博的有识之士，勇敢地充当了竹群的"配角"。他一个个地为竹群寻找有关巴赫金的"词频"，甚至陪着竹群熬过不知多少个通宵。在这里，我想暂时屏蔽一个常用的概念——不眠之夜，因为能够穿刺般地攫取巴赫金的秘密，并且能够深深打动我的，恰恰不是什么"时间"，而是那种学术判断力的凝聚。

竹群的先生对于竹群来说，就是一场和谐的"卷入"，他的登场成功地闯入了竹群的意义区域。我对他的知识面广博的认识是从一个成语——"民胞物与"——开始的，这不是一个人人都懂得的成语，但是他能恰如其分地运用到某一次的交谈之中，可见他的语言功力显然是有效地扩大了竹群的意义区域的版图。

所以说，竹群是幸运的，有一个学殖深厚的导师，还有一个无时无刻眷顾的先生——这或许已经是梦寐以求的成功。

在深秋，为竹群的新著说了这么些闲言碎语，其实没有什么幽深的渊薮，也不属于什么"话语"，它只是作为一个跋而已。我突然想到德语诗人保罗·策兰的一句诗——

这个秋天将意味深长……

2021 年 11 月 1 日

图书在版编目（CIP）数据

巴赫金话语理论：以广义修辞学为阐释视角 / 郑竹
群著 . -- 北京：社会科学文献出版社，2022.8
ISBN 978 - 7 - 5228 - 0268 - 8

Ⅰ.①巴…　Ⅱ.①郑…　Ⅲ.①巴赫金（Bakhtin，
Mikhail Mikhailovich 1895 - 1975）- 修辞学 - 研究　Ⅳ.
①H05

中国版本图书馆 CIP 数据核字（2022）第 106165 号

巴赫金话语理论：以广义修辞学为阐释视角

著　　者 / 郑竹群

出 版 人 / 王利民
责任编辑 / 黄金平
责任印制 / 王京美

出　　版 / 社会科学文献出版社·政法传媒分社（010）59367156
　　　　　　地址：北京市北三环中路甲 29 号院华龙大厦　邮编：100029
　　　　　　网址：www. ssap. com. cn
发　　行 / 社会科学文献出版社（010）59367028
印　　装 / 三河市龙林印务有限公司

规　　格 / 开　本：787mm × 1092mm　1/16
　　　　　　印　张：17.5　字　数：286 千字
版　　次 / 2022 年 8 月第 1 版　2022 年 8 月第 1 次印刷
书　　号 / ISBN 978 - 7 - 5228 - 0268 - 8
定　　价 / 98.00 元

读者服务电话：4008918866